Grundkurs Philosophie

von
Gerd Gerhardt

Band 2

Ethik
Politik

Bayerischer Schulbuch-Verlag · München

Bildnachweis
Verlag Karl Alber, Freiburg i. Br.: 13, 66 u. – Bayerische Staatsgemäldesammlung, München: 53 – Deutsche Presse Agentur, Frankfurt: 119 – Fackelträger Verlag, Hannover: 153 (Peter Gaymann) – Focus Hamburg: 82 (Magnum Paris) – Harvard University, Cambridge: 238 (John Rawls) – Dieter Henrich, München: 252 – Interfoto, München: 60, 127, 184, 185, 198, 216 – Lotte Kohler, New York: 143 – Sieghard Liebe, Leipzig: 206 – Monash University, Clayton, Australien: 98 (Peter Singer) – Preußischer Kulturbesitz, Berlin: 55 – Süddeutscher Verlag, München: 27, 36, 40, 41, 49, 52, 61, 63, 64, 73, 78, 81, 92, 95, 109, 129, 134, 136, 146, 151, 155, 161, 162, 167, 171, 181, 203, 204, 205, 210, 225, 230 – Suhrkamp Verlag, Frankfurt: 218, 254 – Time Life Books, Nederland: 34/35 (aus: C. M. Bowra, Klassisches Griechenland) – Ullstein Bilderdienst, Berlin: 190 – Universität Konstanz: 114 (Prof. Dr. Friedrich Kambartel) – Universität Regensburg: 88 (Prof. Dr. Franz Kutschera) – Universität Zürich: 222 (Prof. Dr. Hermann Lübbe) – University of Michigan Press: 30 (Bob Kalmbach) – U.S.I.S, Bonn: 177

1992
1. Auflage

Hubertusstraße 4, 8000 München 19
Lektorat: Stephanie Staudacher
Satz: Cicero Lasersatz, Augsburg
Druck: Wagner, Nördlingen
ISBN 3-7627-7073-5

Inhalt

Vorwort

Der vorliegende Band hat die menschliche Praxis zum Gegenstand. Die praktische Philosophie ist, traditionell ausgedrückt, eine Theorie vom menschlichen Handeln, insoweit es auf das Gute bzw. das Glück (Thema der Ethik) oder auf Macht bzw. das Gemeinwohl abzielt (Thema der Politik, genauer: der Politischen Philosophie).

Ein Hauptanliegen dieses Bandes ist die Verbindung von historischer *und* systematischer *Betrachtung. Die einzelnen Kapitel sind so ausgewählt, daß sie zentrale Fragen und Aspekte der beiden Disziplinen Ethik und Politische Philosophie abdecken. Die ersten beiden Ethikkapitel dienen der Einführung. Alle weiteren Kapitel sind in ihrer Abfolge historisch geordnet und ergeben so zugleich einen Überblick über die Geschichte der betreffenden Disziplin. Allerdings ist jedes Kapitel auch aus sich heraus verständlich, so daß Auswahl und Reihenfolge der Kapitel nach eigenem Gutdünken bestimmt werden können.*

In fast allen Kapiteln wird zunächst anhand klassischer *Texte ein Problem entfaltet und eine Problemlösung angeboten. Dann zeigen* moderne *Autoren, wie sich die klassischen Gedanken aus heutiger Perspektive darstellen und fortführen lassen. So soll gesichert werden, daß das Studium der Klassiker nicht zum Selbstzweck oder nur als Philosophiegeschichte (Was war?) betrieben wird. Zwar ist es durchaus wünschenswert, den jeweiligen Autor in die besonderen individuellen und gesellschaftlichen Lebensverhältnisse einzubinden, denn sie gehen doch in die Problemstellung und in die Gewichtung der Argumente unausgesprochen ein; aber der systematischen Fragestellung (Was gilt?) gehört der Vorrang.*

Zur methodischen Arbeit des Philosophen gehört seit Sokrates' Zeiten die Begriffsklärung. *Daher werden einige Kapitel um ein oder zwei lexikalische Stichwörter erweitert, die teilweise auch durch philosophiegeschichtliche Querverbindungen den Begriff in einen größeren Zusammenhang stellen.*

Aufgrund der Grenzen eines Lehrbuchs sind fast alle Texte nur Auszüge (deren Titel vom Herausgeber des Bandes, nicht vom jeweiligen Verfasser stammen). Die Länge der Texte ist so gewählt, daß sie kurz genug sind, um überschaubar zu bleiben, aber lang genug, um einen differenzierten Gedankenzusammenhang verfolgen zu können. Natürlich bleiben die Auszüge Fragmente; sie sollen zu kritischer Auseinandersetzung Anlaß geben; gleichwohl darf nicht vergessen werden, daß man damit nicht das gesamte Werk, dem der Auszug entnommen ist, kennenlernen und kritisch würdigen kann.

Trotz der Berücksichtigung vieler aktueller Texte: Eine wirkliche Aktualisierung verlangt darüber hinaus, Gedanken, Bilder und Ereignisse des Tages hinzuzuziehen – auch solche, die auf den ersten Blick nichts mit Philosophie zu tun haben. Unsere eigenen Alltagserfahrungen, die Zeitungen und andere Medien bieten täglich Stoff genug. Damit können philosophische Gedanken an jeweils neuen Beispielen erläutert und diskutiert werden. Da diese Materialien leicht zu finden sind und schnell veralten, wird in diesem Band darauf verzichtet.

Philosophische Texte sind gedanklich und sprachlich oft anspruchsvoll und verlangen eine intensive Bearbeitung. Bilder und Graphiken mögen der Auflockerung und Veranschaulichung dienen. Die beigefügten Anmerkungen sollen das Verständnis erleichtern, doch darf man erwarten, daß Leserinnen und Leser der Sekundarstufe II, wenn nötig, ein Wörterbuch zur Hand nehmen, um gebräuchliche Fremdwörter auch selbst nachzuschlagen. Die Arbeitshinweise am Ende der Kapitel verstehen sich nur als Anregungen, in einen eingehenderen Dialog mit den Texten zu treten.

Vorwort

TEIL A:
ETHIK

1 Einführung

1.1 Ein Problem. Was tun? – William K. Frankena

Nehmen wir an, Sie haben sich Ihr ganzes Leben lang bemüht, ein guter Mensch zu sein, Ihre Pflicht nach bestem Wissen zu erfüllen und an das Wohl Ihrer Mitmenschen zu denken. Angenommen auch, viele Ihrer Mitmenschen sind gegen Sie, Ihr Tun mißfällt ihnen, sie sehen in Ihnen gar eine Gefahr für die Gesellschaft, ohne jedoch beweisen zu können, daß Sie es sind. Nehmen wir ferner an, Sie werden angeklagt, vor Gericht gestellt und von einem Geschworenengericht von Ihresgleichen zum Tode verurteilt, und zwar in einer Weise, die Ihnen mit Recht ungerecht erscheint. Angenommen schließlich, Ihre Freunde haben, während Sie in der Haft auf die Urteilsvollstreckung warten, alles vorbereitet, damit Sie fliehen und mit ihrer Familie ins Exil gehen können. Ihre Freunde machen geltend, daß sie die nötigen Bestechungsgelder aufbringen können und sich durch die Beihilfe zu Ihrer Flucht keiner Gefahr aussetzen, daß Sie das Leben noch länger genießen können, wenn Sie fliehen; daß es für Ihre Frau und für Ihre Kinder besser wäre; daß Ihre Freunde Sie weiterhin besuchen können, und daß man im allgemeinen für Ihre Flucht sein wird. Würden Sie die Gelegenheit ergreifen?*

Der geschilderte Fall ist nicht etwa ausgedacht, sondern hat sich tatsächlich zugetragen. Doch bevor Sie in Platons Dialog „Kriton" nachlesen, wie sich Sokrates, Platons Lehrer, im Jahre 399 v. Chr. in dieser Frage entschied (3.1), sollten Sie selbst überlegen, wie Ihre Antwort ausfiele.

1.2 Womit beschäftigt sich die Moralphilosophie? – William K. Frankena

Wir treiben Moralphilosophie, wenn wir, wie Sokrates, die Ebene verlassen, auf der wir uns von herkömmlichen Regeln leiten lassen, und auch jene Ebene, auf der wir solche Regeln internalisiert[1] haben, so daß man von einer „Innensteuerung" sprechen kann; und wenn wir uns auf eine Stufe begeben, auf der wir kritisch und selbständig denken (womit die Griechen in Sokrates' Tagen begannen) und im sittlichen Handeln eine Art von Autonomie erlangen. Wir können drei Typen der Reflexion unterscheiden, die in der einen oder anderen Form die Moral zum Gegenstand haben.

1. Die deskriptiv-empirische Art der Untersuchung[2], wie sie auf historischem oder sozialwissenschaftlichem Gebiet von Anthropologen, Historikern, Psychologen und Soziologen durchgeführt wird. Ihr Ziel ist es, moralische Phänomene zu beschreiben und zu erklären oder aber eine Theorie des menschlichen Verhaltens zu entwickeln, die für ethische Fragen von Belang ist.

2. Normatives Denken von der Art, wie Sokrates es im „Kriton" geübt hat und wie jeder es übt, der danach fragt, was richtig, gut oder moralisch geboten ist. Dieses Denken kann die Form eines normativen Urteils annehmen, wie „Ich sollte nicht versuchen, aus dem Gefängnis zu entfliehen",

1 internalisiert: verinnerlicht
2 deskriptiv: beschreibend; im Gegensatz zu normativ: vorschreibend, maßgebend

* William K. Frankena, Analytische Ethik. Deutscher Taschenbuch Verlag, München 1972, S. 17

„Wissen ist gut“, oder

„Es ist stets falsch, jemanden zu schädigen“;

dabei umfaßt es die Begründung dieses Urteils oder doch die Bereitschaft zu einer solchen Begründung. Weiter kann es die Form einer Auseinandersetzung mit uns selbst oder einem Partner annehmen, in der es darum geht, was in einem besonderen Fall oder im allgemeinen gut oder richtig ist, und die dann zu einem normativen Urteil der genannten Art führt.

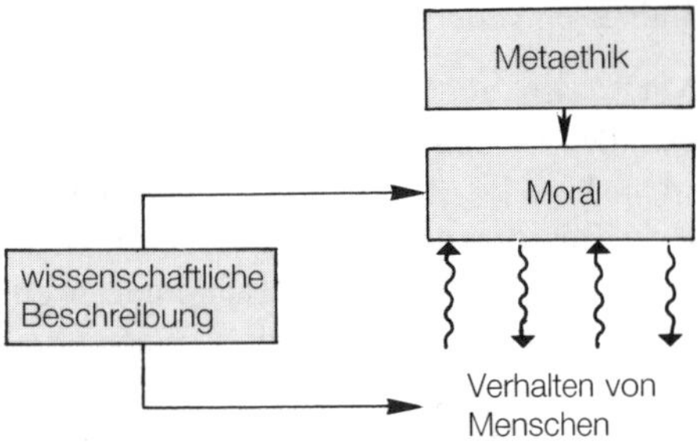

3. Schließlich das „analytische“, „kritische“ oder „metaethische“ Denken. Das ist jene Art des Denkens, zu der, wie wir annahmen, Sokrates gekommen wäre, hätte man ihn in der Rechtfertigung seiner normativen Urteile bis zur äußersten Grenze getrieben. In der Tat gelangte er in anderen Dialogen zu einem Denken dieser Art. Dieses Denken besteht nicht aus empirischen[3] oder historischen Untersuchungen oder Theorien und ist auch nicht um die Aufstellung oder Verteidigung von normativen oder wertenden Urteilen bemüht. Es versucht nicht, besondere oder allgemeine Fragen darüber zu beantworten, was gut, richtig oder geboten ist. Es hat vielmehr logische, erkenntnistheoretische oder semantische Fragen wie die folgenden zum Inhalt: Worin liegt die Bedeutung der Ausdrücke „(moralisch) richtig“ oder „gut“, d.h. wie werden sie gebraucht? Wie können ethische Urteile und Werturteile bewiesen oder gerechtfertigt werden? Lassen sie sich überhaupt rechtfertigen? Was ist das Wesen der Moral? Wie unterscheidet sich die Moral von anderen Bereichen des Lebens? Was ist die Bedeutung von „frei“ oder „verantwortlich“?*

3 empirisch: durch (wissenschaftliche) Erfahrung gewonnen; im Gegensatz zu apriorisch: unabhängig von Erfahrung gültig (trifft auf logische Sätze und Definitionen zu, z.B.: Perlon ist eine Polyamidfaser)

1.3 Vier Positionen der normativen Ethik – Norbert Hoerster

(...) Angenommen, A möchte sich von seiner Frau scheiden lassen, um seine Sekretärin zu heiraten. B, ein Freund des A, macht ihm deshalb Vorhaltungen; er hält A's Schritt für moralisch falsch. B macht sich also das moralische Urteil zu eigen: „A sollte sich nicht scheiden lassen“. Im Zuge der von A geforderten Begründung dieses Urteils könnte B früher oder später (je nach seiner moralischen Grundüberzeugung) etwa die folgenden Sätze ins Treffen führen:

1. „Wenn du dich scheiden läßt, versündigst du dich; nach dem Willen Gottes darf eine gültig geschlossene Ehe zu Lebzeiten der Ehegatten nicht aufgelöst werden“; oder

2. „Du hast Deiner Frau durch die Eheschließung in bindender und feierlicher Form versprochen, zeitlich unbegrenzt eine enge Lebensgemeinschaft mit ihr zu führen. Ein solches Versprechen darf man nicht brechen, nur weil man jemanden kennengelernt hat, den man momentan attraktiver findet“; oder

* Ebd.

3. „Das Unglück, das du durch eine Scheidung über deine Frau und deine Kinder brächtest, würde das Glück, das du in deinem Alter noch für dich und deine neue Frau erwarten könntest, weit überwiegen. Man darf sein eigenes Glück nicht auf Kosten anderer verfolgen"; oder

4. „Auf die Dauer gesehen, würdest du dir in deiner Situation mit einer Scheidung und einer Wiederheirat nur schaden. Man sollte nie etwas tun, wodurch man auf lange Sicht die eigenen Interessen verletzt".

Mit diesen alternativen Begründungsversuchen des B für sein moralisches Ausgangsurteil befinden wir uns durchaus noch im Rahmen einer denkbaren moralischen Alltagsdiskussion – wenngleich die Argumente bereits eine Stufe der Allgemeinheit erreicht haben, auf die sicher nicht jede derartige Diskussion führt. Man beachte, daß in jedem der vier Argumente mindestens zwei verschiedene Behauptungen enthalten sind: Zum einen vertritt B jeweils ein bestimmtes moralisches Prinzip („Wer Gottes Willen zuwiderhandelt, ... Wer ein Versprechen bricht, ... Wer andere unglücklich macht, ... Wer sich selber schadet, der handelt moralisch falsch"). Und zum anderen behauptet B, daß A in seiner konkreten Situation unter dieses moralische Prinzip fällt und daher, wenn er sich scheiden läßt, moralisch falsch handelt. Dementsprechend bieten sich für A zwei grundsätzlich verschiedene Möglichkeiten der Erwiderung auf B's Argumente: Er kann bestreiten, daß er tatsächlich unter das entsprechende Prinzip fällt (etwa daß eine Ehescheidung oder zumindest eine Ehescheidung in seiner Situation tatsächlich dem Willen Gottes zuwiderläuft); oder er kann das von B geltend gemachte moralische Prinzip selbst attackieren (etwa indem er behauptet, der Wille Gottes sei für die Bestimmung des moralisch Richtigen nicht der entscheidende Gesichtspunkt). Wenn A den letzteren Weg wählt und wenn B sodann versucht, das von ihm geltend gemachte Moralprinzip A gegenüber mit Argumenten zu verteidigen, dann – so wird man annehmen dürfen – hat der Disput zwischen den beiden eine derartig fundamentale Ebene erreicht, daß er als moralphilosophisch oder ethisch bezeichnet werden kann. Und zwar handelt es sich um einen Disput im Bereich der *normativen Ethik:* es geht um die oberste Norm – oder doch eine der obersten Normen – sittlich richtigen Handelns. Dabei repräsentieren die vier alternativen Argumente des B die vier wichtigsten normativ-ethischen Positionen innerhalb der Moralphilosophie: die Positionen einer religiösen, einer deontologischen[1], einer utilitaristischen[2] und einer egoistischen Ethik.
(...) Der Streit über das moralische Problem, ob es für A richtig sei, sich scheiden zu lassen, führte A und B in unserem fingierten Beispiel dazu, sich mit normativer Ethik zu beschäftigen. *Wir* dagegen haben, indem wir in den letzten beiden Abschnitten den möglichen Verlauf dieses Streites analysiert haben, *Metaethik* getrieben: A und B ging es um das richtige Verhalten des A (und in diesem Zusammenhang um die obersten Prinzipien jedes richtigen Verhaltens); uns ging es darum, in welcher Form und mit welchen Methoden A und B ihr Problem in Angriff nahmen. Gegenstand unserer Überlegungen war also die *Sprache der Moral* (die Sprache, in der über moralisch richtiges Verhalten geredet wird), die Art der Argumentation, mit deren Hilfe moralische Probleme gelöst werden können. Während die normative Ethik fragt „Was ist letztlich moralisch richtig?", fragt die Metaethik „In welcher Weise lassen sich Urteile über das moralisch Richtige rechtfertigen?".*

1 deontologisch: auf Pflichten aufbauend
2 utilitaristisch: auf Nützlichkeitsüberlegungen aufbauend

* Norbert Hoerster, Ethik und Moral. In: D. Birnbacher und Norbert Hoerster (Hrsg.), Texte zur Ethik. Deutscher Taschenbuch Verlag, München 1976, S. 10–12

1.4 Überblick zur Geschichte der philosophischen Ethik

Die Geschichte der philosophischen Ethik beginnt damit, daß die Sophisten (griech. sophoi = die Weisen) – ihr bedeutendster Vertreter war ***Protagoras*** *(ca. 485–415 v. Chr.) – bezweifeln, daß die als verbindlich geltenden gesellschaftlichen Regeln gott- oder naturgegeben seien; sie seien nur Konventionen, willkürliche Übereinkünfte, die von den Menschen und ihren Lebensverhältnissen abhängen. (Vgl. das Relativismusproblem in 2.3.) Die in den folgenden Kapiteln vertretenen Philosophen sind jeweils hervorgehoben.*
Sokrates *(470–399 v. Chr.) versucht dagegen im* argumentierenden *Dialog moralische Begriffe* objektiv *zu bestimmen (vgl. 1.1, 3). Wie er für seine philosophischen Überzeugungen konsequent bis in den Tod einsteht, hat große Bewunderung hervorgerufen, so daß sich viele spätere Philosophenschulen auf ihn berufen – so die bedürfnislosen Kyniker (berühmt ist Diogenes „in der Tonne") und die Akademiker, die Anhänger Platons (427–347 v. Chr.). Er gründet 387 in Athen die Akademie, um Sokrates' Gedanken weiterzuentwickeln.*
Während Platon das Gute als unrealisierbare Idee *auszeichnet, entwirft sein Schüler* ***Aristoteles*** *(384–322 v. Chr.) eine Ethik, die daran festhält, daß das Gute und das* Glück *auch im Leben* verwirklichbar *sein müssen: Der Normalbürger verwirklicht es im tugendhaften Leben, der Philosoph genießt das Glück seiner geistigen Tätigkeit (vgl. 4).*
In der Zeit des Hellenismus, als sich die Kultur der griechischen Polis durch innere Streitigkeiten und den Siegeszug Alexanders des Großen auflöst, werden in Athen um 300 v. Chr. zwei konkurrierende Schulen gegründet, die stoische und die epikureische, die sich untereinander und mit der Tradition einig sind, daß der Philosoph ein vernünftiges Leben führen müsse.
Epikur *(341–270 v. Chr.) möchte seinen Anhängern durch Vernunft Gleichmut (Ataraxie) vermitteln gegen die von zufälligen Atombewegungen regierte Natur. Dazu zieht er sich in den privaten Freundeskreis zurück. Maßstab dieses individuellen Glücks ist die* subjektive Befriedigung *(Freude, Lust, griech.: hedoné).*
Die Stoa *(begründet von Zenon, benannt nach ihrem Versammlungsort: stoa poikile = „bunte Säulenhalle") weitet den Blick vom griechischen Stadtstaat hinaus zum Kosmos. Als erste Philosophie tritt sie für die Gleichheit der Menschen ein, wie das konkurrierende Christentum. Sie gewinnt damit in allen Schichten Anhänger: Der Sklave Epiktet, um 100 n. Chr., wie auch Marc Aurel, der ab 161 n. Chr. römischer Kaiser war, verfaßten stoische Schriften.*
Dem Stoiker erscheint die Welt (Natur, Kosmos) als geordnet durch Vernunft, *daher ist sie auch durch Vernunft beherrschbar. Glück erreicht der Weise in der* Bedürfnislosigkeit *(wenngleich abgemildert gegenüber den radikalen Kynikern) und in der Unempfindlichkeit gegenüber den Leidenschaften* (Apathie) *und Schicksalsschlägen* (Ataraxie). Marcus Tullius ***Cicero*** *(106–43 v. Chr.) sympathisiert mit der Stoa (5.4.1); sein besonderes Verdienst ist es, die Gedanken der verschiedenen griechischen Philosophenschulen erstmals in die lateinische Sprache übertragen zu haben.*
Aurelius Augustinus *(354–430 n. Chr.) will die Philosophie Platons vollenden, indem er sie mit dem* christlichen *Gedankengut (vgl. 6.1) verbindet: mit dem Glauben an einen persönlichen Gott, der Quell und Urbild des Guten ist und die Allgemeinverbindlichkeit des Guten durch seinen gesetzgebenden Willen garantiert. Neben die Vernunft tritt damit die Offenbarung als Quelle von Einsicht. Gegen die griechischen Philosophen behauptet der nordafrikanische Kirchenlehrer: Aus eigenem Vermögen können wir nie das Gute tun, nur durch Gottes Gnade ist das möglich. Vor aller Weisheit steht das Sündenbewußtsein des Menschen (vgl. 6.2.1).*

Augustinus steht bereits an der Schwelle zum Mittelalter, *dem sich die Aufgabe stellt, Glaube und Vernunft, christliche Offenbarung und Philosophie zu verbinden und auszugleichen. Am* vorbildlichsten gelingt dies Thomas von Aquin (1225–1274); anders als Augustinus stützt er sich nicht auf Platon, sondern auf Aristoteles. Aus dessen Schriften sowie denen der Bibel und der Kirchenlehrer schafft er eine große geistige Synthese, in der die Welt als geordneter Kosmos abgestufter Vollkommenheit erscheint: von der toten Materie über den Menschen hin zu Gott.

In der neuzeitlichen Philosophie wächst der Wert des einzelnen (Individualismus). Der Mensch fühlt sich nicht mehr selbstverständlich eingebunden in die Welt (weder in den Staat noch in den Kosmos), sondern gegenübergestellt. Gewißheit sucht das Subjekt nun in der Rückwendung auf sein Selbstbewußtsein. Der Mensch wird weniger teleologisch (von objektiven Zielen her) verstanden als von seinen Trieben oder seinen subjektiv gesetzten Zwecken her.

Bis zur Aufklärung war die philosophische Ethik Glücksethik, „Eudämonismus". **Immanuel Kant** (1724–1804) traut der Ethik nur zu, uns zu zufriedenen Menschen zu machen. Dazu muß das Subjekt aus gutem Willen handeln und seine Pflichten erfüllen. Die Ethik wird Pflichtethik, „deontologische" Ethik. Höchstes Prinzip und letzter Maßstab ist der bedingungslos gültige „kategorische Imperativ", der zugleich festlegt, was im praktisch-moralischen Sinn vernünftig ist (vgl. 4.5, 6.2.2, 7.1).

Georg Wilhelm Friedrich Hegel (1770–1831) unterscheidet Moralität (als abstrakte Forderung) von Sittlichkeit (allgemein anerkannten, gelebten Überzeugungen, die in Familie, Gesellschaft und Staat konkrete Gestalt gewinnen). Hegel kritisiert an Kant, daß sich seine Ethik als Forderung der (unvollkommenen) Wirklichkeit klagend gegenüberstellt, statt zu begreifen, daß die gelebte Sittlichkeit (das Sein) von höherer Vernunft ist als das unverwirklichte moralische Sollen (vgl. 7.2.1).

Gleichzeitig mit dem Idealismus Hegels, für den die Idee (der Geist, die Vernunft) die wahre Wirklichkeit ist, entsteht in England eine Ethik, die in der Tradition des Empirismus steht und sich somit auf Erfahrung (Empirie) verläßt statt auf eine die sinnliche Erfahrung geringschätzende Geistesspekulation (Metaphysik). Es handelt sich um den Utilitarismus **Jeremy Benthams** (1748–1832) und **John Stuart Mills** (1806–1873). Was nützlich (lat.: utilis) ist, gilt als moralisch gerechtfertigt. Ziel ist das Glück möglichst vieler Menschen, so daß man von einem Sozialeudämonismus sprechen kann (vgl. Kap. 8).

Auch in Deutschland entwickeln sich Theorien gegen die Vernunftphilosophie der Aufklärung und gegen den Idealismus: der Materialismus eines Feuerbach (1804–1872) und Marx (1818–1883), für den die Welt von Materie bestimmt wird, und der Voluntarismus eines Schopenhauer und Nietzsche, der die Welt aus dem Willen (lat.: voluntas) begreift.

Während der Materialismus neben der politisch-wirtschaftlichen Theorie keine eigenständige Ethik entwickelt (so als erledigten sich die Moralprobleme mit der revolutionären Umgestaltung der Gesellschaft), verteidigt **Arthur Schopenhauer** (1788–1860) in bewußter Abkehr von Kants imperativischer (Befehls-) und Vernunftethik das Gefühl des Mitleids, in dem wir uns mit anderen leidenden Wesen identifizieren. Durch den Willen (als egoistischer Trieb verstanden, nicht zielbezogen wie bei Aristoteles) entstehe Leid, daher müsse sich der Mensch vom Willensdrang befreien; das gelinge zeitweise in der Kunst, letztlich aber erst durch Auslöschung des Willens im Tod (vgl. 6.2.3).

Auch für **Friedrich Nietzsche** (1844–1900) ist der Mensch vom Trieb bestimmt; doch im Unterschied zu Schopenhauer eröffnet sich durch diese Erkenntnis für Nietzsche keine pessimistische Sicht des Lebens. Als mächtigster Trieb nämlich gilt ihm nicht die (schäbige) Lust, sondern der Machttrieb, den das radikal selbständige Individuum vornehm und heiter auslebe, „jenseits von Gut und Böse", also auch ungehemmt von den Geboten der von Nietzsche verachteten traditionellen christlichen Moral. Das ist Nietzsches Konsequenz aus der Feststellung „Gott ist tot" (vgl. 7.2.2).

Indem Nietzsche auf die Befreiung von Triebwünschen abzielt, die durch Vernunft und Moral unterdrückt sind, arbeitet er der Tiefenpsychologie ***Sigmund Freuds*** *(1856–1939) vor, die trotz pessimistischer Einschätzung menschlicher Glücksmöglichkeiten (vgl. 5.1) auf die Segnungen aufklärerischer Vernunft vertraut.*
Wie Nietzsche geht ***Jean-Paul Sartre*** *(1908–1980) in seiner auch von Martin Heidegger (1889–1976) angeregten* Existenzphilosophie *davon aus, daß der Mensch ganz aus eigener Verantwortung sein Leben, seine Existenz führen müsse, ohne sich an einem von Gott oder der Natur als Ziel vorgegebenen „Wesen (Essenz) des Menschen" orientieren zu können.*
Auch für den Gesellschaftswissenschaftler ***Max Weber*** *(1864–1920) ist die Ethik eine Sache ganz persönlicher* Entscheidung; *aber da die Moral in ganz konkreten gesellschaftlichen Umständen und Zwängen anzuwenden ist (in Zwängen, die von der Existenzphilosophie zugunsten der menschlichen Freiheit eher vernachlässigt werden), empfiehlt Weber statt einer (deontologischen) Gesinnungsethik eher eine Ethik, die aus der Verantwortung für einen guten Zweck auch moralisch bedenkliche Mittel und Wege in Kauf nimmt* (Verantwortungsethik). *Dabei legt sich Weber (im Unterschied zum Utilitarismus) nicht auf ein klares Entscheidungskriterium fest, das in Zweifelsfällen die Entscheidung rechtfertigen und damit den Handelnden von moralischer Schuld entlasten könnte.*

Wird nach dem Zweiten Weltkrieg die Ethik zugunsten der Sprachphilosophie und Wissenschaftstheorie eher vernachlässigt, rückt sie im Laufe der 70er Jahre zunehmend in das Zentrum philosophischen Interesses und findet heute große gesellschaftliche Beachtung. Die überwiegende Mehrheit gegenwärtiger Moralphilosophen dürfte Max Weber widersprechen, der, um die Wissenschaft „wertfrei" *zu halten, die Ethik aus dem Bereich wissenschaftlicher Rationalität ausschließt.*
Die in diesem Band vertretenen Philosophen der Gegenwart könnte man nach den zwei verschiedenen Traditionen unterteilen, aus denen heraus sie argumentieren.
Auf die Tradition der klassischen deutschen Philosophie *(v. a. Kants und Hegels) berufen sich* ***Walter Schulz*** *(geb. 1912; 6.2.4).* ***Robert Spaemann*** *(geb. 1927; 5.4.2, 8.6),* ***Odo Marquard*** *(geb. 1928; 7.2.1) und* ***Otfried Höffe*** *(geb. 1943; 4.5.3).*
Dem angelsächsischen Empirismus *(aus dem sich der Utilitarismus entwickelte) und der englischen Sprachphilosophie stehen folgende Autoren nahe:* ***William K. Frankena*** *(geb. 1908; 1.1, 1.2, 3.2),* ***Richard B. Brandt*** *(geb. 1910; 2.3),* ***J. J. C. Smart*** *(geb. 1920; 8.4),* ***Franz v. Kutschera*** *(geb. 1932; 7.3.3),* ***Norbert Hoerster*** *(geb.1937; 1.3) und* ***Peter Singer*** *(geb. 1946; 8.5).*
Eher vermittelnd zwischen diesen beiden Richtungen stehen ***Jürgen Habermas*** *(geb. 1929; Kap. 9) und* ***Friedrich Kambartel*** *(geb. 1935; 9.4.2), während* ***Paul Ricœur*** *(geb. 1913; 6.2.5, 6.2.6) christliches Gedankengut mit Freuds Psychoanalyse verbindet.*
Nicht zu den Fachphilosophen zählen der Sprachwissenschaftler ***Harald Weinrich*** *(geb. 1927; 9.4.1), der amerikanische Psychologe* ***Lawrence Kohlberg*** *(geb. 1921; 9.1) und* ***Alfred K. Treml*** *(2.2.1).*

Arbeitsanregungen

1. Beantworten Sie die Schlußfrage von 1.1, und formulieren Sie schriftlich die Argumente, die für Ihre Antwort sprechen.
2. Vergleichen Sie damit die Antworten anderer Kursmitglieder: Gibt es gemeinsame Grundbegriffe und Aussagen, auf die Sie sich stützen?
3. Schlagen Sie in einem Wörterbuch die Bedeutung von „Moral“ und „Ethik“ nach.
4. Nennen Sie moralische Probleme, die ein Mensch nur für sich, und solche, die er im Zusammenleben mit anderen haben kann. Welche dieser Fragen würden Sie gerne im Unterricht besprechen?
5. Was könnten die drei Untersuchungsweisen, wie sie in 1.2 vorgestellt werden, zur Lösung der Sie interessierenden Fragen beitragen?
6. Unterscheiden Sie bei den vier verschiedenen Argumenten zu Beginn von 1.3 jeweils das Moralprinzip und seine Anwendung.
7. Welchem der vier Moralprinzipien aus 1.3 kommt Ihre Antwort auf die Schlußfrage von 1.1 am nächsten?
8. Suchen Sie vier Antworten auf das in 1.1 formulierte Problem gemäß den vier Positionen von 1.3.

2 Moral und Gesellschaft

Überall, wo Menschen zusammenleben, haben sie sich Strukturen und Regeln geschaffen, die das Zusammenleben ordnen. Diese Ordnung aus Sitten, Moral und Recht scheint von den Lebensumständen der jeweiligen Menschen abzuhängen und sich deshalb stetig zu wandeln. Bis in unsere Zeit werden deshalb immer wieder neue Regeln vorgeschlagen, von denen einige hier vorgestellt seien.

2.1 Traditionelle Gebote

2.1.1 Die 10 Gebote des Papuas

Diese und ähnliche Gebote wurden der Papuajugend in einer Art Unterweisung vor der Jugendweihe zum Teil unter harten Drohungen eingeschärft: „Weicht ihr davon, so sind Unheil und Rache der Ahnen, Tod und Verderben euer Los; dann bringt ihr Unglück über Sippe und Stamm; dann werdet ihr totgeschlagen und (bei Menschenfresserstämmen) aufgefressen!"

1. Du sollst dich fürchten! Am Tag sollst du dich besonders vor den Geisterplätzen, Geisterhöhlen, Geisterwassern, Geisterbäumen, Geisterfelsen und Geistertieren und überhaupt vor allem, was mit Geistern zusammenhängt, fürchten. Noch viel mehr sollst du dich aber in der Nacht fürchten, wo die Geister umgehen.

2. Du sollst niemals und in keiner Weise den Pfad der Ahnen verlassen, sondern alles genauso halten und weiterführen, wie es von ihnen überliefert worden ist.

3. Du sollst dich vor den Zauberern hüten. Laß nie einen Speiserest liegen, spucke nur ins Feuer oder Wasser aus, deinen Nasenschleim schmiere ans Bein, damit niemand deiner Seele habhaft werde. Wenn du in einem Dorf zu Besuch bist und es wieder verläßt, dann vergiß nicht, deinen Sitzplatz mit dem Knochendolch zu stechen; nur so wird nichts von deiner Seele zurückbleiben, und der Zauberer kann dir nichts anhaben. Vor allen Dingen aber mußt du für jeden Menschen, der aus deiner Verwandtschaft stirbt, jemand von der Sippe des Zauberers totschlagen.

4. Du sollst dich vor allem Fremden, insbesondere vor jedem fremden Menschen hüten, denn jeder Fremde ist ein Feind, der dir gefährlich werden kann. Die Berührung mit ihm schadet immer. Freund ist nur der Sippengenosse.

5. Du sollst die Alten und Großen, die Häuptlinge und Krieger ehren und ihnen nie widersprechen, denn sie haben die Macht, dir zu schaden.

6. Du sollst deinem Sippengenossen in jeder Lage und in jedem Falle helfen und für ihn Partei ergreifen, ob er recht oder unrecht hat; aber deinem Feind und jedem Fremden sollst du jederzeit und in jeder Weise schaden.

7. Alles, was dir gehört, was du erwirbst oder erbeutest, sollst du mit deinem Sippengenossen teilen und nichts für dich allein behalten, sei es auch nur eine Maus oder ein Vogelei.

8. Du sollst stets deiner Sippe Nutzen im Auge haben; denn er kommt auch dir zugute. Als Glied deiner Sippe bist du für sie verantwortlich und haftbar, wie auch deine Sippe für dich verantwortlich und haftbar ist.

9. Du sollst dir dein Weib durch Kauf ehrlich erwerben oder es bei den Feinden rauben, nicht aber deinen Sippengenossen entführen, denn daraus folgt Sippenstreit und Blutvergießen.

10. Du Mann, wenn dir deine Frau nicht folgt oder dir nichts zu essen kocht, dann schlage sie; denn ihr Sinn steht gewiß nach einem anderen Mann.
Du Frau, folge deinem Mann und koche ihm stets das Essen, sonst schlägt er dich, und es kommt zu Unfrieden und Sippenstreit.*

2.1.2 Vom Talionsprinzip[1] zur Nächstenliebe

Ihr habt gehört, daß da gesagt ist (2. Mose 21,24): „Auge um Auge, Zahn um Zahn." Ich aber sage euch, daß ihr nicht widerstreben sollt dem Übel; sondern, wenn dir jemand einen Streich gibt auf deine rechte Backe, dem biete die andere auch dar. Und wenn jemand mit dir rechten will und deinen Rock nehmen, dem laß auch den Mantel. Und wenn dich jemand nötigt eine Meile, so gehe mit ihm zwei. Gib dem, der dich bittet, und wende dich von dem, der dir abborgen will.
Ihr habt gehört, daß gesagt ist (3. Mose 19,18): „Du sollst deinen Nächsten lieben und deinen Feind hassen." Ich aber sage euch: Liebet eure Feinde; segnet, die euch fluchen; tut wohl denen, die euch hassen; bittet für die, so euch beleidigen und verfolgen, auf daß ihr Kinder seid eures Vaters im Himmel. Denn er läßt seine Sonne aufgehen über die Bösen und über die Guten und läßt regnen über Gerechte und Ungerechte. Denn wenn ihr liebet, die euch lieben, was werdet ihr für Lohn haben? Tun nicht dasselbe auch die Zöllner? Und wenn ihr nur zu euren Brüdern freundlich seid, was tut ihr Sonderliches? Tun nicht dasselbe auch die Heiden? Darum sollt ihr vollkommen sein, gleichwie euer Vater im Himmel vollkommen ist.**

1 Talion: (lat.) Vergeltung

2.1.3 Die Goldene Regel

Ran Qiu wollte wissen, was sittliches Verhalten sei. Konfuzius antwortete ihm: „Begegne den Menschen mit der gleichen Höflichkeit, mit der du einen teuren Gast empfängst.
Behandle sie mit der gleichen Achtung, mit der das große Opfer dargebracht wird.
Was du selbst nicht wünschst, das tue auch anderen nicht an.
Dann wird es keinen Zorn gegen dich geben – weder im Staat noch in deiner Familie."
Ran Qiu erwiderte: „Obwohl ich etwas unbeholfen bin, werde ich mich bemühen, nach Euren Worten zu handeln."***

Alles nun, was ihr wollt, daß euch die Leute tun sollen, das tut ihnen auch! Das ist das Gesetz und die Propheten.****

„Was du nicht willst, daß man dir tu',
das füg' auch keinem anderen zu!"*****

* Christian Keysser, Lehret alle Völker. Freimund-Verlag, Neuendettelsau 1960, S. 9ff. Zitiert nach R. Bentsch und W. Trutwin (Hrsg.), Philosophisches Kolleg 3. Patmos, Düsseldorf 1977, S. 23f.
** Das Evangelium nach Matthäus 5,38–48
*** Konfuzius, Gespräche. Hrsg. u. übers. aus dem Chinesischen v. Ralf Moritz, Reclam, Leipzig 1982, S. 94.
**** Das Evangelium nach Matthäus 7,12
***** Sprichwort, Übersetzung des lateinischen Spruchs „Quod tibi fieri non vis, alteri ne feceris!", der vom römischen Kaiser Alexander Severus (208–235) stammen soll.

2.2 Neue Regelvorschläge für unsere Zeit

2.2.1 Maximen[1] einer Überlebensethik – Alfred K. Treml

1. Schaffe bei deinen ethischen Überlegungen die Unterscheidung von Mensch und Natur radikal ab.

2. Versuche nichts zu tun oder zu fördern, was Folgen haben kann, die in einer Generation nicht wieder abgearbeitet werden können.

3. Handle erst, nachdem du das Unterlassen der Handlung gleichwertig mit ihrer Ausführung berücksichtigt und bewertet hast. Bist du unsicher darüber, was besser wäre: Laß es sein!

4. Ziehe solche Handlungen (bzw. Unterlassungen), deren Nebenfolgen du übersehen kannst, jenen vor, bei denen du es nicht kannst.

5. Denke komplex (die Folgen und Folgen von Folgen berücksichtigend), handle einfach (mit wenigen oder überschaubaren Folgen).

6. Versuche dein persönliches Leben und ggf. dein politisches Handeln so einzurichten, daß das Produkt aus Vermehrungsverhalten und Ressourcenverbrauch verkleinert wird.

7. Überfordere dich und andere (moralisch und pädagogisch) nicht. Es liegt nicht an dir (allein), wenn alles schon zu spät ist.*

1 Maxime: subjektiver Handlungsgrundsatz (im Unterschied zu einem objektiven Gesetz)

2.2.2 Träume eines Möchte-gern-Hedonisten[1]

1. Sei dir selbst der Nächste, so wird auch dein Nächster er selbst.

2. Tu dir soviel Gutes an wie möglich, rate deiner Umwelt ebenso.

3. Übernimm keine Aufgaben, die dir Zwang und Unlust abverlangen.

4. Liebe die, die du wirklich liebst. Hasse die, die du wirklich haßt. Lasse die in Ruhe, die dir gleichgültig sind.

5. Wenn Erfolg dir Spaß macht, sei erfolgreich. Wenn dein Erfolg andere verletzt, überlege, ob die Verletzung dir mehr Unlust macht als dein möglicher Erfolg Spaß.

6. Arbeite nicht, um zu leben; und lebe nicht, um zu arbeiten. Sondern lebe und arbeite, wie es dir Spaß macht. Das rate auch anderen. Macht dir deine Aufgabe keinen Spaß, dann räume den Platz für einen anderen. Denke nie, es wird etwas nur deshalb schlechter gehen, weil du weg bist. Du bist unwichtig. Aber du hast das Recht zur Lust. Dein einziges.**

1 Hedonist: Anhänger des Hedonismus, der die Lust bzw. Freude zum höchsten Gut erklärt (Genaueres in Kap. 5)

* Alfred K. Treml, Überlebensethik – Plädoyer für eine Steinzeitmoral. In: Zeitschrift für Entwicklungspädagogik, Nr. 4/1985. Zitiert nach M. Heider, Moralkritik und Jahrhundertwende. In: Zeitschrift für Didaktik der Philosophie, Heft 3/89, S. 167

** K. M. Michel und T. Spengler (Hrsg.), Kursbuch 60 – Moral. Kursbuch-Verlag, Berlin 1980, S. 21

2.3 Relativismus oder Allgemeingültigkeit? – Richard B. Brandt

Wenn man sich die Vielfalt gesellschaftlicher Regeln vergegenwärtigt, kann man zu dem Eindruck kommen, alle oben angeführten Regeln seien doch recht unterschiedlich, z. T. sogar gegensätzlich. Wie sollte es da möglich sein, einige Regeln als objektiv oder allgemeingültig auszuzeichnen? Schließlich ist doch jeder, der solch eine Auszeichnung wagt, selbst von einer bestimmten Kultur und Zeit geprägt. Bleibt also nur der kulturelle und ethische Relativismus?
Für ihn sind die verschiedenen Moralen gleichwertig, und dabei kann er sich sogar noch auf das Gebot der Toleranz *berufen, das es verbietet, die Sitten anderer Völker abzuwerten.*
Allerdings ist das Toleranzgebot selbst eine moralische Forderung. Ist nicht zumindest dieses Gebot allgemeingültig? Oder verdient die Intoleranz (z. B. bei der Missionierung anderer Völker) in gleichem Maße Respekt?
Möglicherweise gibt es also doch fundamentale moralische Regeln oder Gesetze, die über die Kulturen und Zeiten hinweg gültig sind? Die weite Verbreitung der sogenannten Goldenen Regel, die in drei Formulierungen (als Beispiele unter vielen) in 2.1.3 zitiert wurde, könnte dafür sprechen. Relativ wären dann nur die konkreteren Handlungsanweisungen, die natürlich von den wechselnden Umständen und den jeweils beschränkten Kenntnissen über die Natur und den Menschen abhängen.
Weil der Relativismus so verbreitet ist, verdient er eine genauere Untersuchung.

Drei Formen des Relativismus

Entsprechend dem Verständnis zeitgenössischer Sozialwissenschaftler besteht der ethische Relativismus grob gesagt aus folgenden drei Behauptungen, die der griechische Philosoph Protagoras schon im 5. vorchristlichen Jahrhundert aufstellte:

1. Die ethischen Urteile verschiedener Individuen oder Gruppen unterscheiden und widersprechen sich häufig in grundlegender Weise.

2. Wenn die Urteile verschiedener Individuen oder Gruppen voneinander abweichen, ist es nicht immer möglich, einige von ihnen als richtig zu erweisen; im Gegenteil, manchmal sind einander widersprechende Prinzipien gleichermaßen gültig oder richtig.

3. Die Menschen sollten nach jenen moralischen Prinzipien leben oder zu leben versuchen, denen sie jeweils anhängen.

So würde Protagoras etwa sagen, die Athener hielten die Aussetzung ungewollter Kinder für moralisch falsch, die Spartaner hingegen Kindestötung für moralisch richtig (These 1). Sodann würde er behaupten, es sei nicht möglich, eine der beiden Auffassungen tatsächlich als gültig oder richtig zu erweisen, und sowohl Spartaner als auch Athener könnten durchaus den Anspruch erheben, daß jeweils ihr eigenes Werturteil soweit gerechtfertigt ist, wie man es von einem Moralprinzip überhaupt erwarten kann (These 2). Schließlich würde Protagoras jeder der beiden Gruppen empfehlen, ihre eigenen Normen zu befolgen (These 3).
(... Zwar) sollten wir den Werten anderer gegenüber „tolerant" sein. Aber zugleich erscheint es uns selbstverständlich, daß sich jemand in seinen moralischen Anschauungen durchaus irren kann; er mag eine Handlung für seine Pflicht halten, die tatsächlich eindeutig falsch ist. Ein uninformierter Vater kann es zum Beispiel für seine Pflicht halten, sein Kind strenger Disziplin zu unterwerfen, selbst wenn eine solche Erziehung in Wirklichkeit äußerst unglückliche Folgen für die geistige Entwicklung des Kindes hat. So scheint es, daß wir das Verhalten eines Menschen für *objektiv falsch* halten können, obschon wir der Ansicht sind, wir sollten ihn

deshalb nicht tadeln, und obschon wir ihm sagen, er solle seinem Gewissen folgen. Darüber hinaus mag es in einigen Fällen unsere Pflicht sein, jemanden von einer Handlung abzubringen, zu der er sich verpflichtet fühlt; ihn zu bestrafen, falls er sie ausführt; ihm den dringenden Rat zu geben, sie unter allen Umständen zu unterlassen. Die Ifugao auf den Philippinen beispielsweise waren noch um die Jahrhundertwende Kopfjäger. Vielleicht sollten wir sie deswegen nicht moralisch verurteilen. Aber sie nicht moralisch zu verurteilen, ist durchaus damit vereinbar, ihnen davon abzuraten und sie daran zu hindern, sich Waffen zu beschaffen, sowie damit, ein Gesetz zu erlassen, das Kopfjagd unter Androhung strenger Strafen verbietet. (...)

Nach alledem ist das dritte Prinzip des ethischen Relativismus – daß die Menschen versuchen sollten, ihr Leben in Übereinstimmung mit ihren eigenen Überzeugungen zu führen –, wenn es mit Vorsicht ausgelegt wird, einwandfrei und unbestritten. Wird es jedoch in dem Sinne verstanden, es sei für A objektiv richtig, x zu tun, sofern er nur x für objektiv richtig hält, dann ist das Prinzip äußerst unplausibel. Dieser Version wird schwerlich jemand zustimmen, der sorgfältig über die Sache nachgedacht hat. Nach alledem werden wir im folgenden dieses dritte Prinzip außer acht lassen und uns auf die ersten beiden Prinzipien konzentrieren.

Es ist wichtig, diese beiden Prinzipien als voneinander unabhängig zu erkennen. Daß man diese Unabhängigkeit übersehen hat, erklärt zum Teil die Verwirrung, welche die Diskussion um den Relativismus bestimmt hat. Will man sichergehen, daß die beiden Prinzipien auseinandergehalten werden, so empfiehlt es sich, sie verschieden zu benennen. Wir werden jemanden, der das erste Prinzip akzeptiert, als *kulturellen Relativisten* bezeichnen. Im Unterschied hierzu werden wir den Ausdruck *ethischer Relativismus* jener Auffassung vorbehalten, die besagt, daß *beide* Prinzipien zutreffen. Dieser Terminologie entsprechend ist dann niemand ethischer Relativist, ohne zugleich kultureller Relativist zu sein; wohl aber kann jemand kultureller Relativist und nicht auch ethischer Relativist sein.

1. Die These des kulturellen Relativismus

Wie wir ausführten, lautet die Behauptung des kulturellen Relativismus: Die moralischen Grundsätze verschiedener Individuen oder Gruppen unterscheiden und widersprechen sich häufig *in ganz fundamentaler Weise*. Was ist mit dieser Behauptung genau gemeint? (...)

Wir wollen sagen, daß sich zwei Individuen oder Gruppen dann in ihren „grundlegenden moralischen Axiomen" unterscheiden, wenn ihre gegensätzlichen Bewertungen *denselben Gegenstand* betreffen, das heißt wenn die bewerteten Ereignisse, Handlungen und Situationen in dem Sinne gleich sind, daß sie für beide Parteien *dieselbe Bedeutung* haben. Ein Beispiel soll das veranschaulichen. Die Römer waren der festen Überzeugung, es sei verwerflich, seinen Vater zu ermorden und sahen die furchtbarsten Strafen für den vor, der dieses Kapitalverbrechen verübte. Die Römer würden sicher erklärt haben: „Es ist falsch, seinen Vater zu töten." Andererseits gab es primitive Stämme, bei denen es zu den Sohnespflichten gehörte, seinen Vater zu töten. Angenommen, wir sprächen mit einem Südseebewohner, in dessen Stamm es üblich ist, daß der Sohn den Vater an dessen 60. Geburtstag lebendig begräbt, und zwar ohne Rücksicht auf seinen Gesundheitszustand. Vermutlich würde dieser Südseebewohner sagen: „Es ist richtig, seinen Vater zu töten." Nun stellt sich die Frage, ob es sich hier um einen Unterschied in den grundlegenden moralischen Axiomen handelt. Möglicherweise, aber nicht unbedingt. Gewiß wird Vatertötung gegensätzlich beurteilt. Aber hat die Tötungshandlung *dieselbe Bedeutung* für beide? Nicht in jeder Beziehung. Der Südseebewohner mag etwa der Meinung sein, der Körper seines Vaters werde im nächsten Leben dieselbe Gestalt behalten wie im Zeitpunkt des Todes. Unter diesen Umständen erscheint es ratsam, aus dem Leben zu scheiden, bevor der Körper von Schwäche befallen wird. Dem Römer dagegen mag diese Überzeugung über das Jenseits fehlen; er glaubt vielleicht überhaupt nicht an ein Leben nach dem Tode. So redet der Südseebewohner über das Lebendigbegrabenwerden seines Vaters, der in der nächsten Welt in einer bestimmten körperlichen Verfassung existieren wird, der Römer aber nicht. Hier schiene es mir nur verwirrend zu sagen, zwischen dem Römer und dem Südseebewohner bestünde ein Gegensatz in *grundlegenden* moralischen Axiomen. Denn die moralischen Bewertungen der beiden beziehen sich nicht eigentlich auf dieselbe Handlung, das heißt auf eine Handlung, die für beide genau die gleiche Bedeutung hat.

Wann sollen wir demnach von einem ethischen Bewertungskonflikt sagen, er sei ein Konflikt grundlegender ethischer Axiome? – Angenommen, A und B stimmen bezüglich eines Ereignisses oder einer Handlung ethisch nicht überein. Dann, so wollen wir sagen, betrifft ihre Meinungsverschiedenheit ein *grundlegendes* ethisches Axiom genau dann, wenn alle ihre mehr oder weniger bewußten deskriptiven Annahmen über das Ereignis oder die Handlung – oder zumindest jene dieser Annahmen, die ihre ethische Bewertung in einem gewissen Grad beeinflussen – identisch sind. Hat das bewertete Ereignis für A und B in diesem Sinn dieselbe Bedeutung, dann beruht ihre ethische Meinungsverschiedenheit auf einer Verschiedenheit grundlegender ethischer Axiome.

(...) Wenn eine ethische Meinungsverschiedenheit *nicht* in diesem Sinne grundlegend ist, dann kann sie durch größeres Wissen, dadurch, daß sich die Beteiligten in ihrer Faktenkenntnis einander annähern, beseitigt werden. Denn wenn es sich nicht um eine grundlegende Meinungsverschiedenheit handelt, garantiert Übereinstimmung in den Fakten auch ethische Übereinstimmung. Gibt es aber keine Übereinstimmung in den grundlegenden Axiomen, so können ethische Debatten sogar dann weitergehen, wenn völlige Übereinstimmung bezüglich der Fakten herrscht, einfach deshalb, weil die Beteiligten bei ihrer Beurteilung verschiedene ethische Prinzipien auf die Fakten anwenden.

Die Richtigkeit des kulturellen Relativismus, wie er oben definiert wurde, läßt sich nicht leicht belegen. (...) In Lehrbüchern der Soziologie und Ethnologie finden wir zwar zahlreiche Beispiele für gegensätzliche Wertvorstellungen verschiedener Völker, aber in den meisten Fällen sagen uns diese Beispiele nichts darüber, ob sich der Konflikt auf grundlegende ethische Axiome bezieht. Im allgemeinen haben diejenigen, die über ungewöhnliche ethische Anschauungen berichten, nicht untersucht, welche tatsächlichen Voraussetzungen hinter diesen Anschauungen stehen. (...)

Heute sind vermutlich die meisten Sozialwissenschaftler der Meinung, daß es bei Individuen und sozialen Gruppen zwar *einige Unterschiede* in den grundlegenden ethischen Axiomen gibt, jedoch keinesfalls unbegrenzt viele. (...)

2. Die These des ethischen Relativismus

(...) Man beachte, daß wir aus der Tatsache, daß verschiedene Menschen ganz verschiedene Vorstellungen über die Welt der Natur haben (dem Glauben etwa, die Natur sei beseelt und durch Magie lenkbar, steht die Überzeugung gegenüber, die Natur unterläge Gesetzmäßigkeiten und lasse sich durch Beschwörung nicht beeinflussen), kaum den Schluß ziehen würden, die modernen Wissenschaften der Physik und Astronomie verdienten nicht unser Vertrauen. Warum müssen wir annehmen, in der Ethik sei es anders? Die Tatsache unterschiedlicher Auffassungen auf einem Gebiet beweist nicht, daß nicht eine dieser Auffassungen richtig ist und auch als richtig erkannt werden kann.

Nebenbei bemerkt, beweist umgekehrt ethische Übereinstimmung auch nicht notwendige Richtigkeit oder Gültigkeit. Die meisten (wenn nicht alle) Völker verbieten beispielsweise eine Heirat zwischen nahen Familienangehörigen. Aber aus diesem Verbot folgt nicht, daß eine Inzestheirat wirklich moralisch falsch ist; es kann ebensogut bloß auf ein allgemeines Vorurteil hinweisen.

Wie sollen wir also die These des ethischen Relativisten von der Gleichwertigkeit einander widersprechender ethischer Normen beurteilen? Um diese Frage besser beantworten zu können, wollen wir die These zunächst neu formulieren. Beginnen wollen wir damit, die Bedeutung des Ausdrucks „korrekt“ oder „gültig“ – in seiner Anwendung auf eine ethische Aussage – festzulegen. Und zwar wollen wir uns zur Vorbereitung einer solchen Festlegung fragen, was wir meinen, wenn wir sagen, ein wissenschaftliches Prinzip oder eine wissenschaftliche Theorie sei „wohlfundiert“. Ich denke, wir meinen zweierlei. Erstens meinen wir, daß es so etwas wie eine gerechtfertigte „wissenschaftliche Methode“ zur Überprüfung von Theorien gibt. Gerechtfertigt ist eine Methode dabei dann, wenn sich für ihre Befolgung Gründe angeben lassen – Gründe, die verständige Leute angesichts der Zielsetzungen wissenschaftlicher Forschung sowie angesichts alternativer Methoden wissenschaftlicher Meinungsbildung zu überzeugen vermögen. Mit anderen Worten: Ein wissenschaftliches Prinzip für fundiert zu erklären, läuft zum Teil auf die Behauptung hinaus, daß es eine gerechtfertigte oder „rationale“ Methode zur Überprüfung wissenschaftlicher Theorien gibt. Und weiter bedeutet es, daß die Anwendung eben dieser Methode, angesichts der verfügbaren Beobachtungsdaten, tatsächlich das betreffende Prinzip ergibt. Von einer wissenschaftlichen Theorie zu sagen, sie sei wohlfundiert, heißt nach alledem zu sagen, daß es eine rationale Methode zur Beurteilung wissenschaftlicher Theorien gibt und daß die betreffende Theorie einer Überprüfung anhand dieser Methode standhält.

Es ist zweckmäßig, den Begriff „gültig“ oder „korrekt“ in der Ethik entsprechend zu definieren. Der Vorschlag lautet dann, eine ethische Aussage als „gültig“ oder „korrekt“ zu bezeichnen, wenn wir von zwei Dingen überzeugt sind: erstens, daß es eine Methode zur Beurteilung moralischer Prinzipien gibt, die in dem Sinne gerechtfertigt ist, daß sich für ihre Befolgung Gründe angeben lassen – Gründe, die angesichts der Funktion moralischer Prinzipien sowie angesichts alternativer Beurteilungsmethoden zu überzeugen vermögen; und zweitens, daß das betreffende Prinzip einer Überprüfung anhand dieser Methode standhält. (...)

Man kann natürlich der Auffassung sein, daß es *gar keine* gerechtfertigte oder rationale Methode zur Beurteilung ethischer Prinzipien gibt. Es ist zweckmäßig, jemanden, der diesen Standpunkt einnimmt, als „ethischen Skeptiker“ oder „methodologischen Relativisten“ zu bezeichnen.

Wir können nun die Position des ethischen Relativisten genauer bestimmen. Der ethische Relativist ist sowohl der Meinung, daß der kulturelle Relativismus richtig ist, als auch, daß einige einander widersprechende Moralprinzipien, die von verschiedenen Menschen vertreten werden, *gleichermaßen gültig* sind. Solche Prinzipien als gleichermaßen gültig zu bezeichnen, kann entweder bedeuten, daß der Begriff der Gültigkeit im obigen Sinne in der Ethik überhaupt nicht anwendbar ist (in diesem Fall ist der Relativist ein Skeptiker); oder es kann bedeuten, daß die Anwendung der „rationalen“ Beurteilungsmethode ethischer Prinzipien – selbst unter idealen Umständen und bei vollständiger Information – ergibt, daß gegensätzliche Prinzipien einer Überprüfung gleich gut standhalten. (...)

Einige kulturelle Relativisten vertreten eine „gemäßigte“ Auffassung in dem Sinne, daß sie behaupten, fundamentale Meinungsverschiedenheiten ethischer Art seien auf bestimmte Gebiete beschränkt. Der ethische Relativismus kann ähnlich „gemäßigt“ auftreten: Er kann behaupten, daß einige gegensätzliche ethische Prinzipien gleichermaßen gültig oder korrekt sind; daß solche Fälle jedoch selten und vielleicht wenig wichtig sind. Ein Relativist könnte zum Beispiel der Meinung sein, es gäbe keinen Grund, gewisse sexuelle Verhaltensmuster anderen vorzuziehen; dennoch könnte er überzeugt sein, daß es stets gute und hinreichende Gründe gibt, Totschlag nur in sehr wenigen und im einzelnen angebbaren Fällen zu erlauben.*

* Dieter Birnbacher und Norbert Hoerster (Hrsg.), Texte zur Ethik. Deutscher Taschenbuch Verlag, München 1976, S. 42–51

Ob der ethische Relativismus vertretbar ist, läßt sich also erst beurteilen, wenn man die verschiedenen Theorien der Rechtfertigung von Moral kennengelernt und überprüft hat, ob sie moralische Sätze begründen können. Bedeutsame Versuche, solche Theorien zu entwickeln, werden in diesem Band im Grundriß vorgestellt.

Die ersten Relativisten sind die Sophisten des fünften vorchristlichen Jahrhunderts. Die wichtigsten sind: Protagoras *(„Der Mensch ist das Maß aller Dinge.“),* Gorgias *(Es ist nichts. Wenn etwas wäre, wäre es unerkennbar. Wäre es auch erkennbar, so wäre die Erkenntnis nicht mitteilbar.),* Prodikos *(Die Götter sind nur Produkte menschlicher Vorstellungen.) und* Hippias *(„Das Herkommen, dieser Tyrann der Menschen, erzwingt vieles wider die Natur.“). Sie sind Wanderlehrer, die gegen Geld Tugend zu vermitteln versprechen, dabei aber vor allem Kenntnisse (insbesondere im Reden und Argumentieren) vermitteln, mit deren Hilfe ihre Schüler besser die eigenen politischen Interessen durchsetzen können. Das aufklärerische Verdienst der Sophisten liegt darin, daß sie den Griechen klarmachen, daß die Berufung auf die Tradition zur Rechtfertigung einer Norm nicht ausreicht.*

Sokrates, oft genug von seinen Zeitgenossen selbst als Sophist betrachtet, will der Sittlichkeit in der Vernunft des argumentierenden Gesprächs eine neue tragfähige Grundlage geben.

Arbeitsanregungen

1. Welche Ethik überzeugt Sie mehr, die des Alten (Talionsprinzip) oder die des Neuen Testaments (Nächstenliebe)? Welche läßt sich leichter befolgen? Ist diese Frage wichtig für die Ethik?
2. Lassen sich die neuen Regeln (2.2.1 und 2.2.2) aus den Besonderheiten unserer gegenwärtigen Lebenssituation erklären?
3. Versuchen Sie Verhaltensregeln und moralische Gebote anderer Kulturen zu erkunden (z. B. die von Indianern).
4. Gibt es moralische Gebote, die für unsere Zeit besonders wichtig sind?
5. Gelten die Regeln aus 2.1 und 2.2 zur Zeit und am Ort ihrer Entstehung oder zu allen Zeiten und für alle Menschen?
6. Der ethische Relativismus geht normalerweise davon aus, daß empirische Tatsachen und moralische Gebote (oder Werte) grundsätzliche Unterschiede zeigen. Worin liegen diese Unterschiede?
7. Recht häufig hört man die Meinung, alle Moral sei subjektiv in dem Sinne, daß moralische Gebote jeweils für ein Subjekt gelten mögen, für ein anderes aber nicht. Wenden Sie Brandts Gedankengang (2.3) auf diese Spielart des Relativismus an.

3 Prüfung von Argumenten

Im ersten Kapitel wurde ein ethisches Problem dargelegt; nun berichtet Platon, wie Sokrates dieses Problem löst. Die Methode, die Sokrates dabei benutzt, nämlich das argumentierende Gespräch, wurde beispielgebend für jede rationale Problemlösung, nicht nur in der Ethik.
Deshalb verdient weniger das Ergebnis des Gesprächs als die Art der Gesprächsführung Beachtung.

Sokrates

3.1 Gespräch Kriton – Sokrates

Kriton: (...) Aber, du wunderlicher Sokrates, auch jetzt noch folge mir und rette dich. Denn für mich ist es nicht ein Unglück nur, wenn du stirbst: sondern außerdem, daß ich eines solchen Freundes beraubt werde, wie ich nie wieder einen finden kann, werden auch viele glauben, die mich und dich nicht genau kennen, daß, ob ich schon imstande gewesen wäre, dich zu retten, wenn ich einiges Geld aufwenden gewollt, ich es doch verabsäumt hätte. Und was für einen schlechteren Ruf könnte es wohl geben, als dafür angesehen sein, daß man das Geld höher achte als die Freunde. Denn das werden die Leute nicht glauben, daß du selbst nicht weggehn gewollt habest, wiewohl wir alles dazu getan.

Sokrates: Aber du guter Kriton, was soll uns doch die Meinung der Leute so sehr kümmern? Denn die Besseren, auf welche es eher lohnt, Bedacht zu nehmen, werden schon glauben, es sei so gegangen, wie es gegangen ist.

Kriton: Aber du siehst doch nun, Sokrates, daß es nötig ist, auch um der Leute Meinung sich zu kümmern. Eben das Gegenwärtige zeigt ja genug, daß die Leute wohl vermögen, nicht das kleinste Übel nur zuzufügen, sondern wohl das größte, wenn jemand bei ihnen verleumdet ist.

Sokrates: Möchten sie nur, o Kriton, das größte Übel zuzufügen vermögen, damit sie auch das größte Gut vermöchten. Das wäre ja vortrefflich! Nun aber vermögen sie keines von beiden. Denn weder vernünftig noch unvernünftig können sie machen; sondern sie machen nur, was sich eben trifft.

Kriton: (...) Überdies dünkst du mich deinen eigenen Söhnen untreu zu sein, die du ja auferziehen und ausbilden könntest, nun aber verläßt du sie und gehst davon, so daß es ihnen, was dich anlangt, ergehen wird, wie es sich trifft. Es wird sie aber wahrscheinlich so treffen, wie es Waisen zu ergehen pflegt im Waisenstande. Denn entweder solltest du keine Kinder erzeugt haben oder auch treulich aushalten bei ihrer Erziehung und Ausbildung. Du aber scheinst das Bequemste zu erwählen; und solltest doch, was ein tüchtiger und tapferer Mann wählen würde, nur das wählen, da du ja behauptest, dein ganzes Leben hindurch dich der Tugend befleißigt zu haben. Wie denn auch ich für dich und für uns deine Freunde mich schäme, daß es fast das Ansehen hat, als ob diese ganze Geschichte mit dir nur durch eine Unmännlichkeit von unserer Seite so geschehen sei, sowohl die Einlassung der Klage, daß du dich vor Gericht gestellt hast, da es dir freistand, dich nicht zu stellen, als auch der ganze Rechtshandel selbst, wie er ist geführt worden; und nun gar dieses Ende, recht das Lächerliche von der Geschichte, wird uns nur aus Feigheit und Unmännlichkeit entgangen zu sein scheinen, die wir dich nicht gerettet haben, noch du dich selbst, da es gar wohl möglich gewesen wäre und auch ausführbar, wenn wir nur zu irgend etwas nutz waren. Dies also, o Sokrates, sieh wohl zu, daß es nicht außer dem Unglück auch zur Schande gereiche dir wie uns. Also berate dich! Oder es ist vielmehr nicht einmal mehr Zeit, sich zu beraten, sondern sich beraten zu haben. Und es gibt nur einen Rat. Denn in der nächsten Nacht muß dies alles geschehen sein, oder wenn wir zaudern, ist es unausführbar und nicht mehr möglich. Also auf alle Weise, Sokrates, gehorche mir, und tue ja nicht anders.

Sokrates: Deine Sorge um mich, du lieber Kriton, ist viel wert, wenn sie nur irgend mit dem Richtigen bestehen könnte; wo aber nicht, so ist sie je dringender um desto peinlicher. Wir müssen also erwägen, ob dies wirklich tunlich ist oder nicht. Denn nicht jetzt nur, sondern schon immer habe ich ja das an mir, daß ich nichts anderem von mir gehorche als dem Satze, der sich mir bei der Untersuchung als der beste zeigt. Das aber, was ich schon ehedem in meinen Reden festgesetzt habe, kann ich ja nun nicht verwerfen, weil mir dieses Schicksal geworden ist; sondern jene Reden erscheinen mir noch ganz als dieselben, und ich schätze und ehre sie noch ebenso wie vorher. Wenn wir also nicht bessere als sie jetzt vorzutragen haben: so wisse nur, daß ich dir nicht nachgeben werde, und wenn auch die Macht der Menge noch mehr, als schon geschieht, um uns wie Kinder einzuschrecken, Gefangenschaft und Tod auf uns losließe und Verlust des Vermögens. Wie können wir also dies recht zu unserer Befriedigung untersuchen? Wenn wir zuerst den Satz aufnehmen wegen der Meinungen, von dem du sprichst, ob wohl für jeden Fall gut gesagt war oder nicht, daß man auf einige Meinungen zwar achten müsse, auf andere aber nicht? Oder ob es zwar, ehe ich sterben sollte, gut gesagt war, nun aber offenbar geworden ist, daß es nur obenhin des Redens wegen gesagt, in der Tat aber nichts war als Scherz und Geschwätz? Ich meines Teils habe Lust, Kriton, dies mit dir gemeinschaftlich zu untersuchen: ob diese Rede mir jetzt etwa wunderlicher erscheinen wird, nun es so mit mir steht, oder noch ebenso; und demgemäß wollen wir sie entweder gehen lassen oder ihr gehorchen. So aber, glaube ich, wurde sonst immer von denen behauptet, die etwas zu sagen meinten, wie ich jetzt eben sagte, daß von den Meinungen, welche die Menschen hegen, man einige zwar sehr hoch achten müsse, andere aber nicht. Sprich nun, Kriton, bei den Göttern, dünkt dich dies nicht gut gesagt zu sein? Denn du bist doch menschlichem Ansehen nach fern davon, morgen sterben zu müssen, und das bevorstehende Schicksal könnte dich nicht berücken.

(...)

Sokrates: Also keineswegs, o Bester, haben wir das so sehr zu bedenken, was die Leute sagen werden von uns, sondern was der eine, der sich auf Gerechtes und Ungerechtes versteht, und die Wahrheit selbst. So daß du schon hierin die Sache nicht richtig einleitest, wenn du vorträgst, wir müßten auf die Meinung der Leute vom Gerechten, Schönen und Guten und dem Gegenteil Bedacht nehmen. Aber doch, könnte wohl jemand sagen, haben die Leute es ja in ihrer Gewalt, uns zu töten.

Kriton: Offenbar freilich auch dieses; und so könnte es leicht jemand sagen, o Sokrates.

Sokrates: Ganz wahr. Allein, du Wunderlicher, nicht nur dieser Satz selbst, den wir durchgenommen, erscheint mir wenigstens noch immer ebenso wie vorher; sondern betrachte nun auch diesen, ob er uns noch fest steht oder nicht, daß man nämlich nicht das Leben am höchsten achten muß, sondern das gut Leben.

Kriton: Freilich besteht der.

Sokrates: Und daß das Gute mit dem gerecht und sittlich Leben einerlei ist, besteht der, oder besteht er nicht?

Kriton: Er besteht.

Sokrates: Also von dem Eingestandenen aus müssen wir dieses erwägen, ob es gerecht ist, daß ich versuche, von hier fortzugehen, ohne daß die Athener mich fortlassen, oder nicht gerecht. Und wenn es sich als gerecht zeigt, wollen wir es versuchen: wo nicht, es unterlassen.

Im folgenden einigt sich Sokrates mit Kriton darauf, daß man auf keine Weise Unrecht tun solle, da es „doch dem, der es tut, schädlich und schändlich" sei. Dann fährt Sokrates fort:

Sokrates: Also weder wiederbeleidigen darf man, noch irgendeinen Menschen mißhandeln, und wenn man auch, was es immer sei, von ihm erleidet. Und siehe wohl zu, Kriton, wenn du dies eingestehst, daß du es nicht gegen deine Meinung eingestehst. Denn ich weiß wohl, daß nur wenige dieses glauben und glauben werden. Welche also dies annehmen, und welche nicht, für die gibt es keine gemeinschaftliche Beratschlagung; sondern sie müssen notwendig einander gering achten, wenn einer des andern Entschließungen sieht. Überlege also auch du recht wohl, ob du Gemeinschaft mit mir machst und dies auch annimmst und wir hiervon unsere Beratung anfangen wollen, daß niemals weder Beleidigen noch Wiederbeleidigen recht ist, noch auch, wenn einem Übles geschieht, sich dadurch helfen, daß man wieder Übles zufügt; oder ob du abstehst und keinen Teil haben willst an diesem Anfang. Ich meines Teils habe schon immer dieses angenommen und auch jetzt noch. Du aber, nimmst du irgend etwas anderes an, so sprich und trage es vor; bleibst du aber bei dem ehemaligen, so höre nun das Weitere.

Kriton: Allerdings bleibe ich dabei und nehme es mit dir an. Also sage.

(...)

Sokrates: Erwäge es denn so. Wenn, indem wir von hier davonlaufen wollten, oder wie man dies sonst nennen soll, die Gesetze kämen und das gemeine Wesen dieser Stadt und, uns in den Weg tretend, fragten: Sage mir, Sokrates, was hast du im Sinne zu tun? Ist es nicht so, daß du durch diese Tat, welche du unternimmst, uns den Gesetzen und also dem ganzen Staat den Untergang zu bereiten gedenkst, soviel an dir ist? Oder dünkt es dich möglich, daß jener Staat noch bestehe und nicht in gänzliche Zerrüttung gerate, in welchem die abgetanen Rechtssachen keine Kraft haben, sondern von Einzelpersonen können ungültig gemacht und umgestoßen werden? (...)

Überlege also, o Sokrates, würden die Gesetze vielleicht weiter sagen, wenn wir dies wahr gesprochen haben, daß du alsdann nicht mit Recht uns das antun willst, was du jetzt willst. Denn wir, die wir dich zur Welt gebracht, auferzogen, unterrichtet und alles Gute, was nur in unserm Vermögen stand, dir und jedem Bürger mitgeteilt haben, wir verkünden dennoch, indem wir Freiheit gestatten jeden Athener, der es nur will, daß, wenn jemand Bürger geworden ist und den Zustand der Stadt und uns, die Gesetze, kennengelernt hat und wir ihm dann nicht gefallen, er das Seinige nehmen und fortgehen dürfe, wohin er nur will. Und keins von uns Gesetzen steht im Wege oder verbietet, wenn jemand von euch, dem wir und die Stadt nicht gefallen, in eine Pflanzstadt ziehen will oder auch anderswohin sich als Schutzverwandter ansiedeln, dorthin zu gehen, wo er nur will, mit Beibehaltung alles des Seinigen. Wer von euch aber geblieben ist, nachdem er gesehen, wie wir die Rechtssachen schlichten und sonst die Stadt verwalten, von dem behaupten wir dann, daß er uns durch die Tat angelobt habe, was wir nur immer befehlen möchten, wolle er tun. Und wer nicht gehorcht, sagen wir, der tue dreifach Unrecht, weil er uns als seinen Erzeugern nicht gehorcht und nicht als seinen Erziehern und weil er, unerachtet er uns angelobt, er wolle gewiß gehorchen, doch weder gehorcht noch uns überzeugt, wo wir etwas nicht recht tun; und da wir ihm doch vortragen und nicht auf rauhe Art gebieten, was wir anordnen, sondern freistellen eins von beiden, entweder uns zu überzeugen oder zu folgen, er doch hiervon keines tut.

(...) Dies, lieber Freund Kriton, glaube ich zu hören, wie die, welche das Ohrenklingen haben, die Flöte zu hören glauben. denn auch in mir klingt so der Ton dieser Reden und macht, daß ich andere nicht hören kann. Also wisse nur, was meine jetzige Überzeugung betrifft, daß, wenn du was hiergegen sagst, du es vergeblich reden wirst. Dennoch aber, wenn du glaubst, etwas damit auszurichten, so sprich.

Kriton: Nein, Sokrates, ich habe nichts zu sagen.

Sokrates: Wohl denn, Kriton! So laß uns auf diese Art handeln, da uns hierhin der Gott leitet.*

Anscheinend ist es Sokrates gelungen, Kriton im Gespräch zu überzeugen und sich selbst damit in seiner Einsicht zu vergewissern. Spätestens jetzt ist es klar, daß Sokrates sein Todesurteil annehmen wird; denn eine seiner zentralen Lehren besagt, daß die Einsicht in das, was zu tun ist, auch zur entsprechenden Handlung führt; wer das Gute erkannt hat, der tut es auch.
Um die Einsicht, von der Sokrates sich leiten läßt, besser verstehen und beurteilen zu können, hat William K. Frankena den Argumentationsgang analysiert:

3.2 Analyse der Sokratischen Lösung – William K. Frankena

Der Text schließt unmittelbar an die in 1.1 bereits zitierte Situationsbeschreibung an.

In dieser Lage befindet sich Sokrates, der Vater der Moralphilosophie, zu Beginn von Platons Dialog „Kriton". Dieser Dialog gibt uns Antwort auf unsere Frage und berichtet ausführlich, welche Überlegungen Sokrates zu dieser Antwort kommen lassen; er eignet sich daher gut als Ausgangspunkt unserer Untersuchung. Sokrates macht zunächst einige Bemerkungen über das geeignete Verfahren zur Behandlung der Frage. (1) Wir dürfen uns bei unserer Entscheidung nicht von Gefühlen beeinflussen lassen, wir müssen vielmehr die Frage untersuchen und uns allein von Argumenten leiten lassen. Wir müssen versuchen, die reinen Fakten zu ermitteln und einen klaren Kopf zu behalten. Fragen wie diese kann und soll die Vernunft entscheiden. (2) Wir können uns in solchen Fragen nicht auf das berufen, was Leute im allgemeinen darüber denken; sie können sich irren. Wir müssen versuchen, eine Antwort zu finden, die wir selbst als richtig ansehen können. Wir dürfen uns das Denken nicht von anderen abnehmen lassen. (3) Wir sollten nie tun, was moralisch falsch ist. Nur die Frage, ob unser Verhalten richtig oder falsch ist, müssen wir beantworten, nicht aber, was mit uns geschehen wird, was die Leute von uns denken werden oder mit welchen Gefühlen wir dem Vorgefallenen gegenüberstehen.
Hiernach gibt Sokrates im wesentlichen drei Argumente dafür, daß er nicht durch seine Flucht die Gesetze brechen sollte. (1) Wir sollten nie jemanden schädigen. Sokrates' Flucht würde den Staat schädigen, denn sie wäre eine Verletzung und eine Mißachtung der Staatsgesetze. (2) Lebt man auf Dauer in einem Staat, den man verlassen könnte, so erklärt man sich stillschweigend einverstanden, den Gesetzen dieses Staates zu gehorchen; würde Sokrates fliehen, so bräche er demnach eine Abmachung, und so etwas sollte man nicht tun. (3) Die Gesellschaft und der Staat, denen man angehört, haben praktisch die Funktion von Eltern oder Lehrern, und seinen Eltern und Lehrern sollte man gehorchen.

* Platon, Kriton. In: Ders., Sämtliche Werke. Band 1. Übers. von Friedrich Schleiermacher, Rowohlt, Hamburg 1957, S. 36–38, 40–42, 44, 47

In jedem dieser Argumente beruft sich Sokrates auf eine allgemeine moralische Regel, die er und sein Freund Kriton nach reiflicher Überlegung als gültig anerkennen: (1) Wir sollten nie jemanden schädigen, (2) wir sollten unsere Versprechen halten und (3) wir sollten unseren Eltern und Lehrern Gehorsam und Respekt erweisen. In allen drei Fällen zieht er noch eine weitere Prämisse heran, die eine Tatsachenbehauptung ist und die Regel auf den gegebenen Fall anwendet: (1) Wenn ich fliehe, füge ich der Gesellschaft Schaden zu, (2) wenn ich fliehe, breche ich ein Versprechen, und (3) wenn ich fliehe, erweise ich mich ungehorsam gegenüber meinen Eltern und Lehrern. Hieraus schließt er auf das, was er in seiner besonderen Lage tun sollte. Wir haben hier ein Musterbeispiel ethischer Argumentation vor uns.

Sokrates ist in diesem Fall der Meinung, daß seine drei Prinzipien alle zu demselben Schluß führen. Dies trifft aber nicht immer zu, wenn zwei oder mehr Regeln auf denselben Fall angewandt werden. Tatsächlich entstehen die meisten moralischen Probleme in Situationen, in denen ein „Widerstreit der Pflichten" vorliegt, d. h. wo ein moralisches Prinzip in die eine Richtung weist und ein anderes in eine andere Richtung. In seiner „Apologie" läßt Platon Sokrates sagen, daß er nicht gehorchen werde, wenn der Staat sein Leben unter der Bedingung schont, daß er seine bisherige Weise zu lehren aufgibt, denn (4) die Pflicht zu lehren sei ihm vom Gott Apollon auferlegt worden, und (5) sein Lehren sei zum wahren Wohl des Staates notwendig. Damit wäre er in einen Pflichtenkonflikt verwickelt. Denn einerseits hat er die Pflicht, dem Staat zu gehorchen, andererseits aber die beiden Pflichten (4) und (5), und diese haben nach seinem Urteil den Vorrang vor seiner Pflicht, den Geboten des Staates zu gehorchen. Hier löst er also das Problem nicht einfach durch Berufung auf Regeln, denn das genügt nicht, sondern durch die Entscheidung, welche Regeln den Vorrang haben. Dies ist ein weiteres Muster ethischer Argumentation.

Um auf den „Kriton" zurückzukommen: In seiner Antwort auf die für eine Flucht sprechenden Argumente seines Freundes vervollständigt Sokrates seine Argumentation durch die Behauptung, er werde sich, seinen Freunden und selbst seiner Familie nicht wirklich etwas Gutes tun, wenn er als Geächteter ins Exil ginge; er führt außerdem an, daß der Tod für einen alten Mann, der sein Bestes getan hat, kein Übel ist, ob es nun ein Jenseits gibt oder nicht. Mit anderen Worten, er bleibt dabei, daß es auf der anderen Seite keine guten moralischen Gründe gibt und auch keine guten Gründe des eigenen Interesses, die im übrigen nur zählen würden, wenn moralische Erwägungen nicht den Ausschlag gäben.

All dies ist von Interesse, weil es zwei Arten moralischer Probleme veranschaulicht und zeigt, wie jemand sie gelöst hat, der mit Überlegung und Ernst an moralische Fragen herangeht. Es gibt uns außerdem einen Einblick in Sokrates' praktische Ethik: die Grundsätze (1) bis (5) mit dem Grundsatz zweiter Ordnung, daß (4) und (5) der Pflicht, dem Staat zu gehorchen, vorgehen. Diese Pflicht, dem Staat zu gehorchen, ist im übrigen für Sokrates eine abgeleitete Regel, die aus den fundamentaleren Regeln (1), (2) und (3) hervorgeht. Man kann die Ethik, nach der man selber lebt, herausfinden, indem man sich fragt, wie man diese beiden oder ähnliche Probleme lösen würde. Das ist eine gute Übung. Angenommen, Sie sind mit Sokrates' Antwort auf das Problem im „Kriton" nicht einverstanden. Sie könnten dann – was Kriton nicht tat – seine Prinzipien in Frage stellen. Sie könnten Sokrates auffordern, die Gültigkeit von (1), (2) und (3) zu rechtfertigen, und Sokrates müßte versuchen, Ihnen zu antworten, da er ja in der Ethik an Vernunft und Argumentation glaubt und *Wissen* fordert, nicht bloß eine zutreffende Meinung.

Sokrates könnte vielleicht argumentieren, daß z. B. (2) gültig ist, weil es aus einem noch grundlegenderen Prinzip, etwa (4) oder (5) folgt. Das heißt, er könnte behaupten, wir sollten unsere Versprechen halten, weil es uns die Götter befohlen haben oder weil es für das

Gemeinwohl notwendig ist. Sie könnten natürlich auch dieses fundamentalere Prinzip in Frage stellen, sofern Sie einen guten Grund dazu haben. (Zweifeln Sie es grundlos an, so beteiligen Sie sich nicht wirklich an dem Dialog). An einem Punkt werden entweder Sie oder er fast unausweichlich auf die Frage stoßen, wie ethische Grundsätze, insbesondere die fundamentalsten, überhaupt zu rechtfertigen sind. Und diese Frage führt wahrscheinlich zu der weiteren, was man meint, wenn man sagt, daß etwas richtig, gut, tugendhaft, gerecht und dergleichen ist, einer Frage, die Sokrates in anderen Dialogen in der Tat häufig stellt. (Im „Euthyphron" z. B. argumentiert er, daß „richtig" nicht dasselbe bedeutet wie „von den Göttern geboten".)*

Arbeitsanregungen

1. Informieren Sie sich über die politischen Verhältnisse im Athen des 5. vorchristlichen Jahrhunderts.
2. Informieren Sie sich über den Prozeß und die Verurteilung von Sokrates. (Lesen Sie dazu Platons „Apologie" und das Schlußkapitel des „Phaidon"; rekapitulieren Sie Bruno Heller, Grundkurs Philosophie Bd. 1: Einführung – Anthropologie, Kap. 4.1. Bayerischer Schulbuch Verlag, München 1991. Als Sekundärliteratur eignet sich das Sokrates-Kapitel von W. Weischedel, Die philosophische Hintertreppe.)
3. Welche Argumente bringt Sokrates für seine Entscheidung vor?
4. Welche Prinzipien des prüfenden Gesprächs vertritt Sokrates?
5. Frankena bringt Sokrates' Gedankengang in eine klare Form. Noch durchsichtiger werden die Argumente, wenn man sie in die Form eines sogenannten klassischen Syllogismus' bringt. Ein Syllogismus ist der Schluß von zwei Prämissen (Voraussetzungen, Bedingungen) auf eine Konklusion (Ergebnis), z. B.:

   1. Alle Chorsänger sind fröhlich.
   2. Heribert ist ein Chorsänger.
   ____
   3. Heribert ist fröhlich.

   oder

   1. Stürmer schießen Tore.
   2. Bernhard ist ein Stürmer.
   ____
   3. Bernhard schießt Tore.

   Dabei ist die erste Prämisse jeweils ein Gesetz, die zweite eine empirische Aussage (eine Erfahrungstatsache); in der Konklusion wird das Gesetz auf den konkreten Fall angewandt. Die erste Prämisse kann auch ein moralisches Gesetz sein (eine Norm), dann erhält man einen „praktischen Syllogismus":

   1. Staatsbürger sollen sich engagieren.
   2. Hans ist ein Staatsbürger.
   ____
   3. Hans soll sich engagieren.

   oder

   1. Wir sollen die Umwelt schonen.
   2. Wenn wir Abfälle sortieren, schonen wir die Umwelt.
   ____
   3. Wir sollen Abfälle sortieren.

   Bringen Sie auch Sokrates' drei Argumente, wie sie Frankena im zweiten und dritten Absatz von 3.2 darstellt, jeweils auf die Form eines praktischen Syllogismus.

* William K. Frankena, Analytische Ethik. A. a. O. S. 17–20

6. Um zu beurteilen, ob ein Syllogismus richtig ist, muß überprüft werden, a) ob die Abfolge der drei Sätze eine korrekte Form aufweist (das ist die Aufgabe der Logik), und b) ob die beiden Prämissen inhaltlich akzeptabel sind. (Genaueres findet sich z. B. bei Ernst Tugendhat/U. Wolf, Logisch-semantische Propädeutik. Reclam, Stuttgart 1983.)
   Können Sie die Prämissen, die Sokrates benutzt, akzeptieren? Wenn nicht, formulieren Sie sie entsprechend um. Wie könnten Sie Ihre eigenen Prämissen rechtfertigen?
7. Eine fundamentale Voraussetzung der Sokratischen Moralphilosophie ist das Prinzip, sich nur von Argumenten bestimmen zu lassen. Gibt es Fälle oder Lebensbereiche, in denen Sie auf dieses Prinzip verzichten möchten? Begründen Sie Ihre Antwort.

Die Stadt der Philosophenschulen

Die Zeichnung zeigt das Athen, wie es sich zur Zeit des Perikles (ca. 495–429 v. Chr.) darbot.
Unterhalb der Akropolis, auf der Agora, befinden sich die *Stoas,* in denen die Philosophen lehrten: in der Mitte links die *Stoa poikile* (3), die bemalte Stoa, die Zenons philosophischer Richtung den Namen gab; daneben die Stoa der Hermen (4) und die Zeus-Stoa mit Zeus-Standbild (6); in der Mitte der rechten Bildhälfte blicken wir in den Säulengang der Vorderfront der Südlichen Stoa (14).
Das Bild macht deutlich, daß die griechische Philosophie keine isolierte Beschäftigung einzelner Gelehrter, sondern eine auf Kommunikation mit der Gemeinschaft hin ausgerichtete Angelegenheit war, die praktisch auf dem Marktplatz stattfand. Im krassen Gegensatz dazu steht die Abgeschiedenheit der mittelalterlichen Studierstube (...).*

1. Unvollendeter Zeus-Tempel
2. Unvollendete Gerichtshöfe
3. Bemalte Stoa (Stoa Poikile)
4. Stoa der Hermen
5. Altar der Zwölf Götter
6. Zeus-Stoa mit Zeus-Standbild
7. Hephaisteion
8. Buleuterion
9. Denkmal der namengebenden Helden
10. Tholos (zentrale Verwaltung)
11. Strategeion
12. Südwestliches Brunnenhaus
13. Gerichtshöfe der Heliaia (Volksgericht)
14. Südliche Stoa
15. Südöstliches Brunnenhaus
16. Münzanstalt
17. Panathenaia-Prozession
18. Pnyx
19. Aeropag
20. Tempel der Athene Nike
21. Propyläen
22. Standbild der Athene Promachos
23. Erechtheion
24. Parthenon

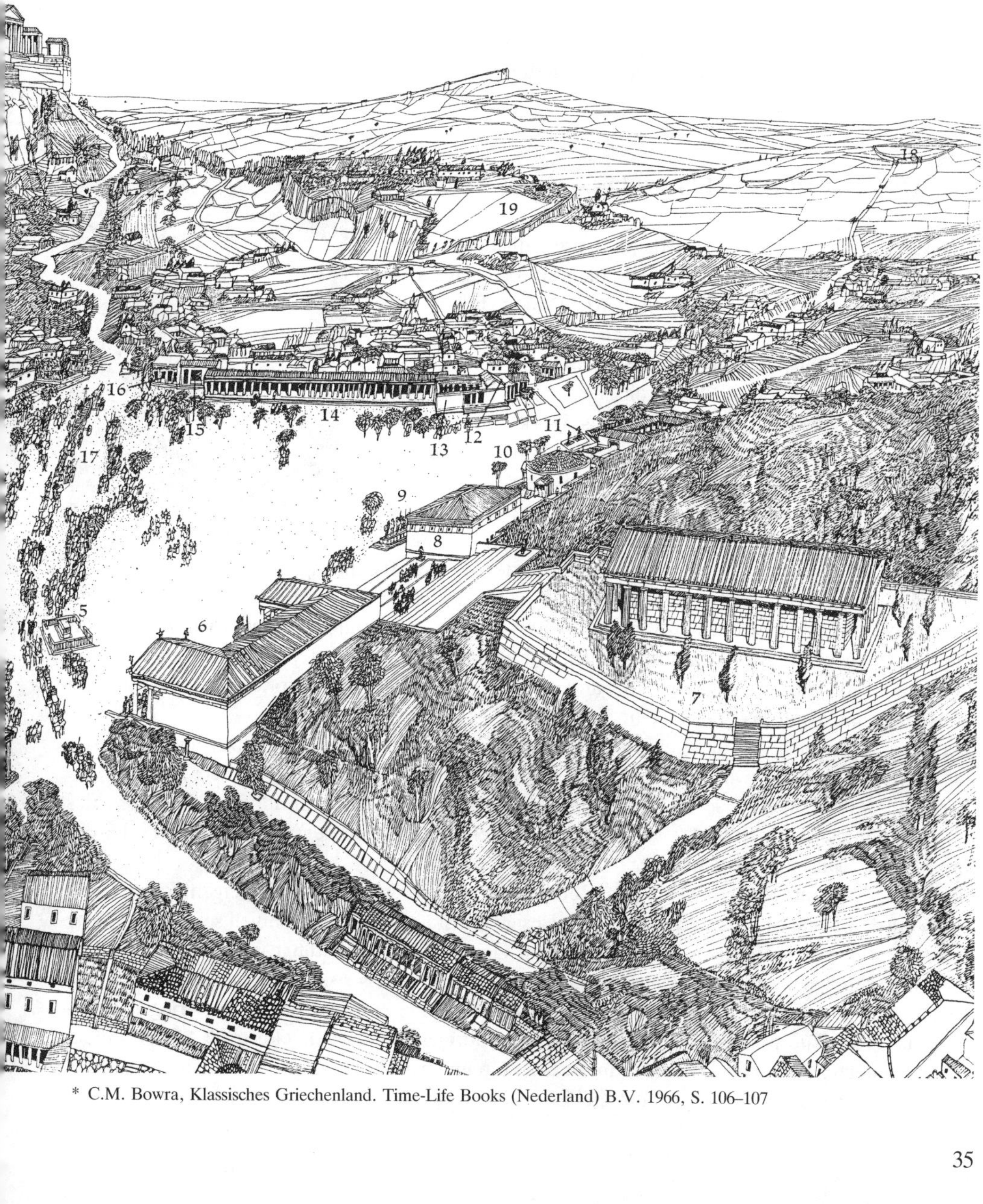

* C.M. Bowra, Klassisches Griechenland. Time-Life Books (Nederland) B.V. 1966, S. 106–107

4 Das Ziel menschlichen Handelns: Glück

Die erste systematisch ausgearbeitete Theorie der Moralität liegt uns in der „Nikomachischen Ethik" des Aristoteles vor. (Nikomachos hieß vermutlich der Sohn, vielleicht auch der Vater des Philosophen; demnach wäre der Titel also eine Widmung.)
Aristoteles beginnt seine Untersuchung damit, daß er das letzte Ziel (telos) des menschlichen Handelns bestimmt: Es ist das höchste Gut des Menschen (summum bonum) oder das Glück (eudaimonia). Eine Ethik, die sich auf diese Grundbegriffe stützt, nennt man eine teleologische *bzw.* eudämonistische *Ethik.*
Die eudämonistische Ethik sollte nicht mißverstanden werden: Wir handeln nicht um des Glücks willen, sondern um eines bestimmten Zieles willen, worin wir dann (im günstigsten Fall) unser Glück finden. Ein gutes Leben ist daher auch in sich wertvoll, es dient nicht etwa als Mittel, um Glück zu erreichen. Das Glück kann uns allerdings ein Kriterium liefern, wann unsere Lebenspraxis in sich wertvoll ist.

4.1 Das Endziel des Handelns – Aristoteles

Jedes praktische Können und jede wissenschaftliche Untersuchung, ebenso alles Handeln und Wählen strebt nach einem Gut, wie allgemein angenommen wird. Daher die richtige Bestimmung von „Gut" als „das Ziel, zu dem alles strebt". Dabei zeigt sich aber ein Unterschied zwischen Ziel und Ziel: das eine Mal ist es das reine Tätig-sein, das andere Mal darüber hinaus das Ergebnis des Tätig-seins: das Werk. Wo es Ziele über das Tätig-sein hinaus gibt, da ist das Ergebnis naturgemäß wertvoller als das bloße Tätig-sein. Da es aber viele Formen des Handelns, des praktischen Könnens und des Wissens gibt, ergibt sich auch eine Vielzahl von Zielen: Ziel der Heilkunst ist die Gesundheit, der Schiffsbaukunst das Schiff, das Ziel der Kriegskunst: Sieg, der Wirtschaftsführung: Wohlstand. (...)
Wenn es nun wirklich für die verschiedenen Formen des Handelns ein Endziel gibt, das wir um seiner selbst willen erstreben, während das übrige nur in Richtung auf dieses Endziel gewollt wird, und wir nicht jede Wahl im Hinblick auf ein weiteres Ziel treffen – das gibt nämlich ein Schreiten ins Endlose, somit ein leeres und sinnloses Streben –, dann ist offenbar dieses Endziel „das Gut" und zwar das oberste Gut.
Hat nun nicht auch für die Lebensführung die Erkenntnis dieses Gutes ein entscheidendes Gewicht und können wir dann nicht wie Bogenschützen, die ihr Ziel haben, leichter das Richtige treffen? Wenn ja, so müssen wir versuchen, wenigstens umrißhaft das Wesen des obersten Gutes zu fassen und (zwar zunächst) in welchem Bereich der Wissenschaften oder der praktischen Künste es zu finden ist.
Man wird zugeben: es gehört in den Bereich der Kunst, welche dies im eigentlichsten und souveränsten Sinne ist. Als solche aber erweist sich die Staatskunst. Sie nämlich setzt fest, welche Formen praktischen Könnens in den einzelnen Gemeinwesen unbedingt vertreten sein sollen, ferner, mit welchen und bis zu welchem Grad der einzelne Bürger sich zu beschäftigen hat. Wir sehen es ja, wie ihr selbst die angesehensten „Künste" untergeordnet sind, z. B. Kriegs-, Haushalts- und Redekunst. Da sie es also ist, die sich der übrigen praktischen Künste als Mittel bedient und dazu noch gesetzgeberisch bestimmt, was zu tun und was zu lassen sei, so umfaßt ihr Endziel die Ziele aller anderen und dieses ihr Ziel ist daher für den Menschen das oberste Gut. (...)

„Was ist das Ziel der Staatskunst und welches das höchste von allen Gütern, die man durch Handeln erreichen kann?“
In seiner Benennung stimmen fast alle überein. „Das Glück“ – so sagen die Leute, und so sagen die feineren Geister, wobei gutes Leben und gutes Handeln in eins gesetzt werden mit Glücklichsein. Aber was das Wesen des Glückes sei, darüber ist man unsicher, und die Antwort der Menge lautet anders als die des Denkers. Die Menge stellt sich etwas Handgreifliches und Augenfälliges darunter vor, z. B. Lust, Wohlstand, Ehre: jeder etwas anderes. Bisweilen wechselt sogar ein und derselbe Mensch seine Meinung: wird er krank, so sieht er das Glück in der Gesundheit, ist er arm, dann im Reichtum.*

4.2 Drei Lebensformen – Aristoteles

Eine Meinung darüber, was oberster Wert und was Glück sei, gewinnt man wohl nicht ohne Grund aus den bekannten Lebensformen. In der Mehrzahl entscheiden sich die Leute, d. h. die besonders grobschlächtigen Naturen, für den Genuß und finden deshalb ihr Genügen an dem Leben des Genusses (a). Es gibt nämlich drei Hauptformen: erstens die soeben erwähnte (a), zweitens das Leben im Dienste des Staates (b), drittens das Leben als Hingabe an die Philosophie (c).

(a) Die Vielen also bekunden ganz und gar ihren knechtischen Sinn, da sie sich ein animalisches Dasein aussuchen. Und doch bekommen sie einen Schein von Recht, weil es unter den Hochgestellten so manchen gibt, der ähnliche Passionen hat wie Sardanapal[1].

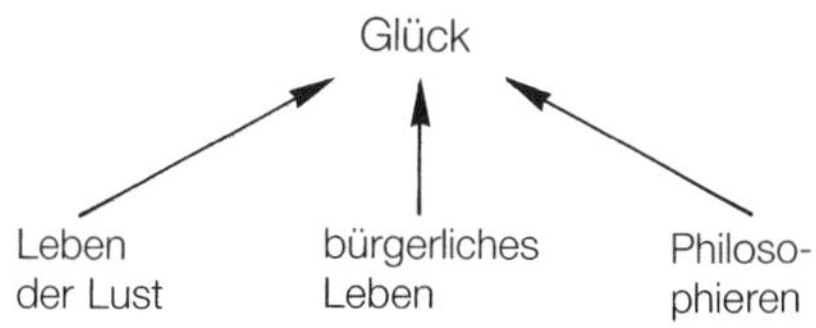

(b) Edle und aktive Naturen entscheiden sich für die Ehre. Denn das ist im ganzen gesehen das Ziel eines Lebens für den Staat. Doch ist dieses Ziel wohl etwas äußerlich und kann nicht als das gelten, was wir suchen. Hier liegt nämlich der Schwerpunkt mehr in dem, der die Ehre spendet, als in dem, der sie empfängt. Den obersten Wert aber erahnen wir als etwas, was uns zuinnerst zugeordnet und nicht leicht ablösbar ist. Außerdem ist anzunehmen, daß man nach Ehre strebt, um sich des eigenen Wertes zu vergewissern. Deshalb sucht man von Urteilsfähigen geehrt zu werden, von Menschen, die uns kennen, und zwar auf Grund der Tüchtigkeit. Jedenfalls ergibt sich aus diesem Verhalten ganz klar, daß die Tüchtigkeit der höhere Wert ist, und man darf dann vielleicht eher in ihr das Ziel des Lebens für den Staat erkennen. Und doch ist auch sie noch nicht ganz Ziel im vollen Sinn. Denn man kann sich die Möglichkeit vorstellen, daß jemand die Tüchtigkeit zwar hat, aber dabei schläft oder ein Leben lang untätig, ja darüber hinaus mit größtem Leid und Unglück beladen ist. Wer aber ein solches Leben führt, den wird niemand als glücklich bezeichnen, außer er möchte eine paradoxe Behauptung unter allen Umständen retten. Doch genug hiervon: auch in den Schriften für weitere Kreise ist das ausreichend behandelt.

(c) Die dritte Lebensform ist die Hingabe an die Philosophie. Darüber wird die Untersuchung später zu führen sein.**

1 Sardanapal: griechischer Name für den sagenhaft reichen assyrischen König Assurbanipal (669–627 v. Chr.)

* Aristoteles, Nikomachische Ethik. Übers. v. F. Dirlmeier, Reclam, Stuttgart, Buch I, Kap. 1. und 2
** Ebd. Kap. 3

4.3 Die höchste Form des Menschseins – Aristoteles

Vielleicht ist aber die Gleichsetzung von Glück und oberstem Gut nur ein Gemeinplatz und es wird eine noch deutlichere Antwort auf die Frage nach seinem Wesen gewünscht. Dem kann entsprochen werden, indem man zu erfassen sucht, welches die dem Menschen eigentümliche Leistung ist. Wie nämlich für den Flötenkünstler und den Bildhauer und für jeden Handwerker oder Künstler, kurz überall da, wo Leistung und Tätigkeit gegeben ist, eben in der Leistung, wie man annehmen darf, der Wert und das Wohlgelungene beschlossen liegt, so ist das auch beim Menschen anzunehmen, wenn es überhaupt eine ihm eigentümliche Leistung gibt. Sollte es nun bestimmte Leistungen und Tätigkeiten für den Zimmermann oder Schuster geben, für den Menschen als Menschen aber keine, sondern sollte dieser zu stumpfer Trägheit geboren sein? Sollte nicht vielmehr so wie Auge, Hand, Fuß, kurz jeder Teil des Körpers seine besondere Funktion hat, auch für den Menschen über all diese Teilfunktionen hinaus eine bestimmte Leistung anzusetzen sein? Welche nun könnte das sein? Die bloße Funktion des Lebens ist es nicht, denn die ist auch den Pflanzen eigen. Gesucht wird aber, was nur dem Menschen eigentümlich ist. Auszuscheiden hat also das Leben, soweit es Ernährung und Wachstum ist. Als nächstes käme dann das Leben als Sinnesempfindung. Doch teilen wir auch dieses gemeinsam mit Pferd, Rind und jeglichem Lebewesen. So bleibt schließlich nur das Wirken des rationalen Seelenteils. –

(...) Ist das nun richtig und setzen wir als Aufgabe und Leistung des Menschen eine bestimmte Lebensform und als deren Inhalt ein Tätigsein und Wirken der Seele, gestützt auf ein rationales Element, als Leistung des hervorragenden Menschen dasselbe, aber in vollkommener und bedeutender Weise, und nehmen wir an, daß alles seine vollkommene Form gewinnt, wenn es sich im Sinne seines eigentümlichen Wesensvorzugs entfaltet, so gewinnen wir schließlich als Ergebnis: das oberste dem Menschen erreichbare Gut stellt sich dar als ein Tätigsein der Seele im Sinne der ihr wesenhaften Tüchtigkeit. Gibt es aber mehrere Formen wesenhafter Tüchtigkeit, dann im Sinne der vorzüglichsten und vollendetsten.

Beizufügen ist noch: „in einem vollen Menschenleben". Denn eine Schwalbe macht noch keinen Frühling und auch nicht ein Tag. So macht auch nicht ein Tag oder eine kleine Zeitspanne den Menschen glücklich und selig. Dies also sei eine erste Skizze des obersten Gutes.

(...) Indes gehören zum Glück doch auch die äußeren Güter, wie wir gesagt haben. Denn es ist unmöglich, zum mindesten nicht leicht, durch edle Taten zu glänzen, wenn man über keine Hilfsmittel verfügt. Läßt sich doch vieles nur mit Hilfe von Freunden, von Geld und politischem Einfluß, also gleichsam durch Werkzeuge, erreichen. Ferner: es gibt gewisse Güter, deren Fehlen die reine Gestalt des Glückes trübt, zum Beispiel edle Geburt, prächtige Kinder, Schönheit; denn mit dem Glück des Mannes ist es schlecht bestellt, der ein ganz abstoßendes Äußeres oder eine niedrige Herkunft hat oder ganz allein im Leben steht und kinderlos ist. Noch weniger kann man von Glück sprechen, wenn jemand ganz schlechte Kinder oder Freunde besitzt oder gute durch den Tod verloren hat. Wie gesagt, gehören also zum Glück doch auch solch freundliche Umstände, weshalb denn manche die Gunst der äußeren Umstände auf eine Stufe stellen mit dem Glück – während andere der sittlichen Trefflichkeit diesen Platz geben.*

Das Glück erreicht der Mensch also nur, indem er seine höchste Fähigkeit, Tüchtigkeit (griechisch: arete) betätigt – traditionell gesprochen: in der Anwendung seiner Tugenden.

Um die zwei wichtigsten Arten von Tugenden zu unterscheiden und zu begreifen, was Aristoteles mit dem „Tätigsein der Seele im Sinne der ihr wesenhaften Tüchtigkeit" meint, sei Aristoteles' Seelenlehre skizziert.

* Ebd. Kap. 6 und 9

Aristoteles unterscheidet am Ende des 1. Buches und im 6. Buch seiner Nikomachischen Ethik drei Seelenteile: den rein rationalen Teil (die Vernunft), das Strebe- oder Begehrungsvermögen und den irrationalen Teil (das Ernährungs-, Lebensvermögen). (Daß auch der letztgenannte Teil von Aristoteles zur Seele gezählt wird, zeigt, daß er von einer Leib-Seele-Einheit ausgeht. Ob die drei Teile überhaupt der Sache nach trennbar oder nur begrifflich unterscheidbar sind, läßt Aristoteles bewußt offen.)

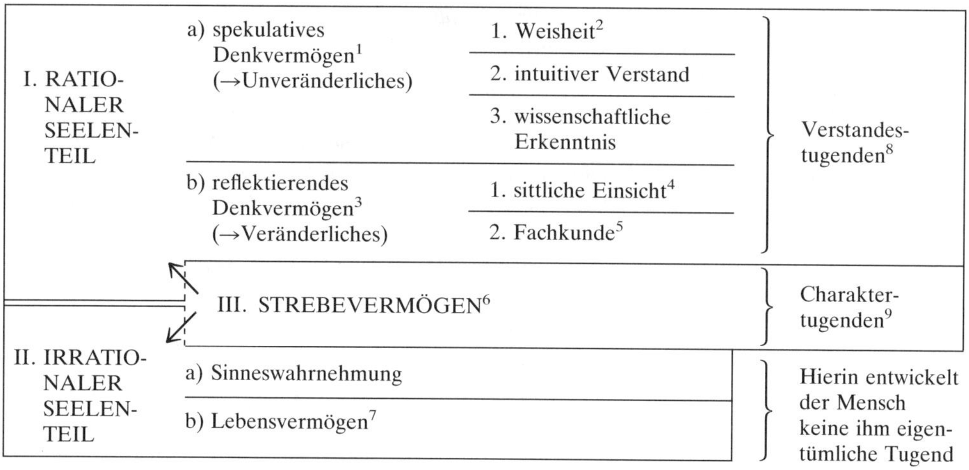

Die Seele und die Tugendarten nach Aristoteles

1 Das spekulative Denken (die theoretische Vernunft) beschäftigt sich mit Unveränderlichem, also mit gleichbleibenden Gegenständen, Strukturen und Gesetzen.

2 Die Weisheit (sophia) verbindet intuitiven Verstand (der sich auf notwendige Ausgangssätze, Axiome der Wissenschaft richtet) und wissenschaftliche Erkenntnis (sie baut schon auf jenen bekannten Sätzen auf). (Weitere Erläuterungen zur Weisheit bringt der folgende Text).

3 Das planende oder reflektierende Denken (die praktische Vernunft) beschäftigt sich mit Veränderlichem, nämlich mit menschlichen Handlungen (praxis) oder Hervorbringungen (poiesis). Für beides ist Erfahrung und Abwägung nötig.

4 Die sittliche Einsicht (praktische Klugheit oder praktische Vernunft im engeren Sinne) ist die für die Moralität des normalen Bürgers zentrale Fähigkeit. Sie ist ein „Mit-sich-zu-Rate-Gehen“ und benötigt (im Unterschied zum spekulativen Denken) viel Erfahrung, um im Einzelfall jeweils die richtige Entscheidung zu treffen, d. h. die richtigen Mittel und Wege zu finden zu den Zielen, welche von den allgemein bekannten Charaktertugenden wenigstens umrißhaft vorgegeben sind und auf ihre situative Konkretisierung warten.

5 Die Fachkunde (techne, die Verbindung von praktischem Geschick und Technikwissen) bringt Gegenstände hervor; dadurch sind jeweils das Ziel und das Verfahren der Realisierung festgelegt. Weil die Fachkunde (im Unterschied zur sittlichen Lebenspraxis) nie Selbstzweck sein kann – so Aristoteles –, ist sie der sittlichen Einsicht unterlegen.

6 Das Strebevermögen (auch Begehrungsvermögen, modern gesprochen: der Wille) leitet zu den richtigen (wertvollen) Zielen. Beim Besonnenen harmoniert das Strebevermögen mit dem rationalen Seelenteil, beim Beherrschten ist es immerhin noch gehorsam gegenüber der Ratio; doch kann das Strebevermögen auch widerspenstig sein und sich vom irrationalen Teil verführen lassen: das trifft auf den Unbeherrschten zu.

7 Das Lebensvermögen (Ernährung, Wachstum, Fortpflanzung) ist allen Lebewesen gemeinsam und zeichnet daher den Menschen nicht aus.

8 Die wichtigsten Verstandestugenden sind aufgeführt, und zwar in einer Hierarchie, an deren Spitze die Tugend der Weisheit steht. Die Verstandestugenden werden v. a. durch Lehre gebildet. Gemeinsam mit den Charaktertugenden sind sie die Fähigkeiten, in denen der Mensch sich entfalten und (unter günstigen Umständen) zum Glück finden kann.

9 Charaktertugenden sind z. B. Besonnenheit, Tapferkeit, Gerechtigkeit, Großzügigkeit, Sanftmut, Freundschaft; sie geben dem Willen die Richtung auf das Gute, die entsprechenden Untugenden verleiten dagegen zum Schlechten. Zwar sind die Tugenden im Menschen naturhaft angelegt, doch müssen sie im Erziehungsprozeß noch entwickelt und eingeübt werden.

4.4 Zwei Grundformen des Glücks – Aristoteles

Die höchste Fähigkeit des Menschen, mit der er sein Glück finden kann, ist also das Denkvermögen. Nun unterscheiden wir bis heute zweierlei Arten der Vernunft: die theoretische („spekulative") Vernunft und die praktische („reflektierende") Vernunft. Damit zeichnen sich grundsätzlich zwei verschiedene Möglichkeiten ab, ein glückliches Leben zu führen: a) ein Leben gemäß der Höchstform spekulativer Vernunft, ein Leben der Weisheit *also oder, wie es Aristoteles auch nennt, der geistigen Schau, der* theoria; *b) ein Leben gemäß der leistungsfähigsten Form reflektierender Vernunft, ein Leben, das von* sittlicher Einsicht *geleitet wird. Die erste Form des Glücks läßt sich knapp als* philosophisches Glück, *die zweite als* bürgerliches Glück *bezeichnen. In der Darstellung der drei wichtigsten Lebensformen (4.2) hat sie Aristoteles bereits als „Hingabe an die Philosophie" und „Leben für den Staat" vorgestellt. Nun sollen sie noch näher erläutert werden. (Die dritte Lebensform, die Aristoteles dort genannt hat, wird in Kapitel 5 diskutiert werden.)*

Eine gute, richtige Betätigung des spekulativen Denkens führt zu wahren (im Unterschied zu falschen) Sätzen, nämlich dann, wenn die Sätze mit dem Untersuchten (dem unveränderlichen Sein) übereinstimmen. Was aber ist das Kriterium für die gute, richtige Betätigung der sittlichen Einsicht?

Aristoteles' Antwort: Die sittliche Einsicht ist richtig bei der „Übereinstimmung mit dem richtigen Streben" (Nikomachische Ethik, Buch VI, Kap. 1), d. h. mit dem Streben vorbildhafter Charaktere. Sie, denen es gelungen ist, sittliche Tugenden in ihrer Höchstform zu entwickeln (ein schwieriges, daher selten beobachtbares Unterfangen), verwirklichen damit auch bürgerliches Glück.

Perikles

Über die sittliche Einsicht können wir dann einen klaren Begriff gewinnen, wenn wir erwägen, welche Menschen wir als Träger dieser Einsicht bezeichnen. Nun, als Merkmal des Menschen mit sittlicher Einsicht gilt, daß er fähig ist, Wert oder Nutzen für seine Person richtig abzuwägen, und zwar nicht im speziellen Sinn, z. B. Mittel und Wege zu Gesundheit oder zu Kraft, sondern in dem umfassenden Sinn: Mittel und Wege zum guten und glücklichen Leben. (...) Aus diesem Grunde glauben wir, daß Perikles[1] und Männer seiner Art sittliche Einsicht haben, weil sie nämlich einen Blick dafür besitzen, was für sie selbst und für den Menschen wertvoll ist. Einen solchen Blick schreibt man denen zu, die in der Verwaltung des Hauses und des Gemeinwesens tüchtig sind.

Es wäre nämlich unverständlich, wenn jemand annehmen wollte, die Staatskunst oder die sittliche Einsicht sei die höchste Wissenschaft – es sei denn, der Mensch wäre das höchstwertige Wesen im Weltenall. Wenn nun „gesund" oder „wertvoll" für Mensch oder Fisch etwas anderes ist, „weiß" dagegen oder „gerade" immer dasselbe bedeuten, so werden wohl alle sagen: philosophische Weisheit ist immer dasselbe, sittliche Einsicht dagegen verschieden. Denn von dem, was in bezug auf sich selbst die einzelnen Angelegenheiten zweckdienlich im Auge hat, sagt man, es sei etwas Einsichtiges, und man ist geneigt, ihm die einzelnen Angelegenheiten anzuvertrauen. (...)

Der Einwand aber, daß der Mensch das höchstwertige unter allen Lebewesen sei, hat kein Gewicht. Denn es gibt Wesenheiten, deren Natur sogar den Menschen an göttlichem Rang

1 Perikles: athenischer Staatsmann (ca. 500–429 v. Chr.); unter ihm erlebte Athen seine größte Blüte.

weit übertrifft – um nur die sichtbarsten zu nennen: die (Gestirne), aus denen das All aufgebaut ist.

Aus dem Gesagten gewinnen wir das Ergebnis: die philosophische Weisheit ist sowohl wissenschaftliche Erkenntnis wie intuitives Verstehen der ihrer Natur nach erhabensten Seinsformen. Daher gelten Anaxagoras[2] und Thales[3] und Denker ihrer Art als Repräsentanten philosophischer Weisheit, nicht aber der praktischen Einsicht, wenn man beobachtet, wie sie es nicht verstehen, ihren eigenen Vorteil wahrzunehmen – und man schreibt ihnen ein Wissen um bedeutende, großartige, schwer verständliche und unergründlich rätselhafte, fürs Leben aber unbrauchbare Dinge zu, weil sie nicht das suchen, was ein „Gut für den Menschen" ist.

Thales von Milet

Hingegen hat die sittliche Einsicht als Bereich die menschlichen Dinge und das, was ein Mit-sich-zu-Rate-gehen zuläßt. Denn dies bezeichnen wir vor allem als die Leistung des Einsichtsvollen, daß er klug mit sich zu Rate geht, niemand aber geht mit sich zu Rate über das, was keine Veränderung zuläßt und des echten Ziels entbehrt: Endziel aber bedeutet hier einen Wert, der durch unser Handeln erreicht werden kann.*

Wenn das Glück ein Tätig-sein im Sinne der Trefflichkeit ist, so darf darunter mit gutem Grund die höchste Trefflichkeit verstanden werden: das aber kann nur die der obersten Kraft in uns sein. Mag nun der Geist oder etwas anderes diese Kraft sein, die man sich gewiß als wesenhaft herrschend, führend, auf edle und göttliche Gegenstände gerichtet vorstellt – mag diese Kraft selbst auch göttlich oder von dem, was in uns ist, das göttlichste Element sein – das Wirken dieser Kraft gemäß der ihr eigentümlichen Trefflichkeit ist das vollendete Glück. Daß dieses Wirken aber ein geistiges Schauen ist, haben wir bereits festgestellt.

Das ist in Übereinstimmung, so dürfen wir behaupten, mit den früheren Erkenntnissen und mit der Wahrheit. Denn einmal ist das die oberste Form menschlichen Wirkens: es hat ja auch der Geist von dem, was in uns ist, den obersten Rang, und obersten Rang unter den Erkenntnisobjekten haben die des Geistes. Sodann aber hat dieses Wirken auch die größte Stetigkeit, denn in stetiger geistiger Schau können wir leichter verharren als in irgendeiner Tätigkeit (nach außen).

Wie wir ferner annehmen, muß Glück mit Lust vermischt sein; am lustvollsten aber unter den Formen hochwertiger Tätigkeit ist zugestandenermaßen das lebendige Wirken des philosophischen Geistes. Jedenfalls gilt von der Philosophie, daß sie eine durch ihre Reinheit und Dauer großartige Lust gewährt. Und es ist wohl begründet, daß dem aus seiner Erkenntnis heraus Wirkenden ein lustvolleres Dasein beschieden ist als dem, der den Weg dazu erst sucht.

Auch das, was man „sich selbst genügende Unabhängigkeit" (Autarkie) nennt, ist vor allem bei der Verwirklichung der geistigen Schau zu finden. Denn was zum Leben notwendig ist, das braucht der Weise so gut wie der Gerechte und die übrigen (hochwertigen Menschen). Sind sie dann aber mit diesen Dingen zur Genüge versehen, so braucht der Gerechte immer noch Menschen, an denen und mit denen er gerecht handeln kann, und dementsprechend der

2 Anaxagoras: griechischer Philosoph und Naturforscher, Freund des Perikles; von dessen Feinden aus Athen verbannt, angeblich weil er die Sonne als glühende Steinmasse ansah.

3 Thales: einer der sieben Weisen (ca. 624–547 v. Chr.); Sokrates berichtet in Platons „Theaitetos", Thales sei beim Betrachten der Sterne in einen Brunnen gefallen.

* Ebd. Buch VI, Kap. 5–8

Besonnene und der Tapfere und alle übrigen – der Weise dagegen kann sich der geistigen Schau hingeben, auch wenn er ganz für sich ist, und je weiser er ist, desto eindringlicher. Vielleicht gelingt es noch besser, wenn er Freunde hat, die mitwirken, aber gleichwohl wäre er der Unabhängigste.
Ferner gilt, daß diese Tätigkeit des Geistes die einzige ist, die um ihrer selbst willen geliebt wird, denn außer dem Vollzug der geistigen Schau erwartet man von ihr nichts weiter, während wir vom praktischen Wirken mehr oder minder großen Gewinn noch neben dem bloßen Handeln haben.*

4.5 Kritik an Aristoteles

Seit über 2000 Jahren findet Aristoteles mit seiner Ethik viel Zustimmung, und für manche Philosophen ist sie bis heute die überzeugendste Theorie der Sittlichkeit und des Glücks. Die größte Herausforderung für diesen Ethiktyp war die Ethik Immanuel Kants. Von ihr her lassen sich kritische Fragen stellen:
Ist es vertretbar, das philosophische Glück der geistigen Schau über die praktische Vernunft zu stellen, oder müßte das Verhältnis der beiden Vernunftarten anders bestimmt werden? Können und dürfen wir uns tatsächlich an vorgelebten Tugenden ausrichten, oder müssen wir uns eigenständig (autonom) Ziele suchen? Und ist der Begriff eines letzten Zieles (nämlich das Glück) überhaupt geeignet, moralisches Handeln zu erklären?

4.5.1 Autonomie statt Heteronomie – Immanuel Kant

Die *Autonomie* des Willens ist das alleinige Prinzip aller moralischen Gesetze und der ihnen gemäßen Pflichten; alle *Heteronomie*[1] der Willkür gründet dagegen nicht allein gar keine Verbindlichkeit, sondern ist vielmehr dem Prinzip derselben und der Sittlichkeit des Willens entgegen.**

1 Heteronomie: Fremdbestimmung

Das Prinzip der Glückseligkeit kann zwar Maximen, aber niemals solche abgeben, die zu Gesetzen des Willens tauglich wären, selbst wenn man sich die *allgemeine* Glückseligkeit zum Objekte machte. Denn weil dieser ihre Erkenntnis auf lauter Erfahrungsdatis[1] beruht, weil jedes Urteil darüber gar sehr von jedes seiner Meinung, die noch dazu selbst sehr veränderlich ist, abhängt, so kann es wohl *generelle,* aber niemals *universelle* Regeln, d.i. solche, die im Durchschnitte am öftesten zutreffen, nicht aber solche, die jederzeit und notwendig gültig sein müssen, geben; mithin können keine praktischen *Gesetze* darauf gegründet werden. Ebendarum, weil hier ein Objekt der Willkür der Regel derselben zum Grunde gelegt (werden) und also vor dieser vorhergehen muß, so kann diese nicht worauf anderes als auf das, was man empfiehlt, und also auf Erfahrung bezogen und darauf gegründet werden, und da muß die Verschiedenheit des Urteils endlos sein. Dieses Prinzip schreibt also nicht allen vernünftigen Wesen ebendieselben praktischen Regeln vor, ob sie zwar unter einem gemeinsamen Titel, nämlich dem der Glückseligkeit, stehen. Das moralische Gesetz wird aber nur darum als objektiv notwendig gedacht, weil es für jedermann gelten soll, der Vernunft und Willen hat.

1 datis: (Dativ zu) data (lat.): Daten, das Gegebene; Erfahrungsdata sind also Erfahrungsgegebenheiten, Erfahrungen.

* Ebd. Buch X, Kap. 7
** Immanuel Kant, Kritik der praktischen Vernunft, 1788. Hrsg. von K. Vorländer, Verlag der Dürr'schen Buchhandlung, Leipzig 1906, § 8

Die Maxime der Selbstliebe (Klugheit) *rät* bloß an; das Gesetz der Sittlichkeit *gebietet.* Es ist aber doch ein großer Unterschied zwischen dem, wozu man uns *anrätig* ist, und dem, wozu wir *verbindlich* sind.

Was nach dem Prinzip der Autonomie der Willkür zu tun sei, ist für den gemeinsten Verstand ganz leicht und ohne Bedenken einzusehen; was unter Voraussetzung der Heteronomie derselben zu tun sei, schwer und erfordert Weltkenntnis; d. i.: was *Pflicht* sei, bietet sich jedermann von selbst dar; was aber wahren dauerhaften Vorteil bringe, ist allemal, wenn dieser auf das ganze Dasein erstreckt werden soll, in undurchdringliches Dunkel eingehüllt und erfordert viel Klugheit, um die praktisch darauf gestimmte Regel durch geschickte Ausnahmen auch nur auf erträgliche Art den Zwecken des Lebens anzupassen. Gleichwohl gebietet das sittliche Gesetz jedermann und zwar die pünktlichste Befolgung. Es muß also zu der Beurteilung dessen, was nach ihm zu tun sei, nicht so schwer sein, daß nicht der gemeinste und ungeübteste Verstand selbst ohne Weltklugheit damit umzugehen wüßte.

Dem kategorischen[2] Gebote der Sittlichkeit Genüge zu leisten, ist in jedes Gewalt zu aller Zeit, der empirisch-bedingten Vorschrift der Glückseligkeit nur selten, und bei weitem nicht, auch nur in Ansehung einer einzigen Absicht, für jedermann möglich. Die Ursache ist, weil es bei dem ersteren nur auf die Maxime ankommt, die echt und rein sein muß, bei der letzteren aber auch auf die Kräfte und das physische Vermögen, einen begehrten Gegenstand wirklich zu machen. Ein Gebot, daß jedermann sich glücklich zu machen suchen sollte, wäre töricht; denn man gebietet niemals jemandem das, was er schon unausbleiblich von selbst will. Man müßte ihm bloß die Maßregeln gebieten oder vielmehr darreichen, weil er nicht alles das kann, was er will. Sittlichkeit aber gebieten unter dem Namen der Pflicht, ist ganz vernünftig; denn deren Vorschrift will erstlich eben nicht jedermann gerne gehorchen, wenn sie mit Neigungen im Widerstreite ist, und was die Maßregeln betrifft, wie er dieses Gesetz befolgen könne, so dürfen diese hier nicht gelehrt werden; denn was er in dieser Beziehung will, das kann er auch.

Der im Spiel *verloren* hat, kann sich wohl über sich selbst und seine Unklugheit *ärgern;* aber wenn er sich bewußt ist, im Spiel *betrogen* (obzwar dadurch gewonnen) zu haben, so muß er sich selbst *verachten,* sobald er sich mit dem sittlichen Gesetze vergleicht. Dieses muß also doch wohl etwas anderes als das Prinzip der eigenen Glückseligkeit sein. Denn zu sich selber sagen zu müssen: ich bin ein *Nichtswürdiger,* ob ich gleich meinen Beutel gefüllt habe, muß doch ein anderes Richtmaß des Urteils haben, als sich selbst Beifall zu geben und zu sagen: ich bin ein *kluger* Mensch, denn ich habe meine Kasse bereichert.*

2 kategorisch: unbedingt, ohne Einschränkung, z. B. „Du sollst nicht stehlen!" ist ein kategorisches Gebot; „Wenn du nicht in Not bist, sollst du nicht stehlen!" ist dagegen ein hypothetisches Gebot: es gebietet unter einer Bedingung, einer Hypothese.

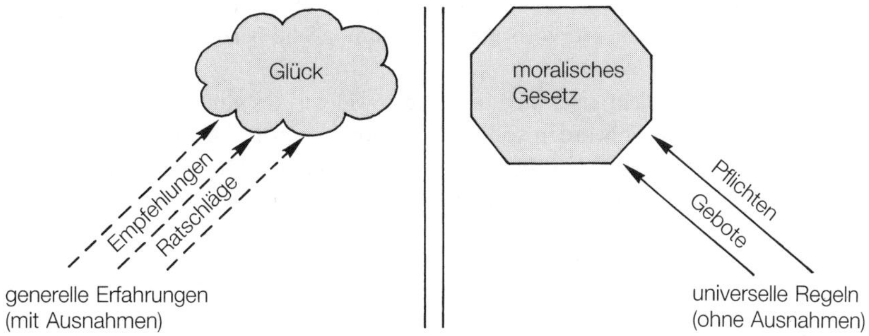

* Ebd. § 8, Anm. II.

4.5.2 Zufriedenheit statt Glück – Immanuel Kant

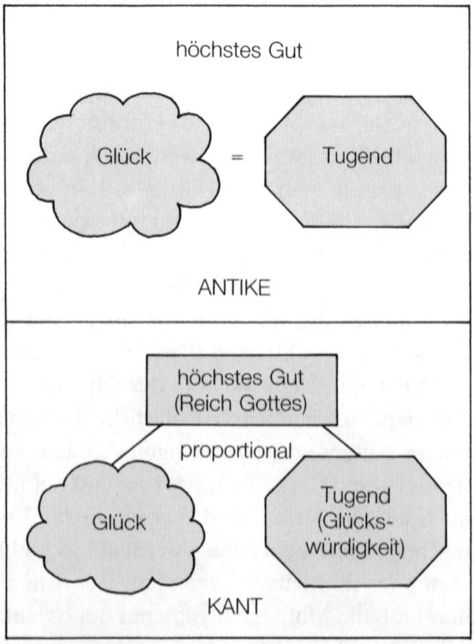

Hat man aber nicht ein Wort, welches nicht einen Genuß, wie das der Glückseligkeit, bezeichnete, aber doch ein Wohlgefallen an seiner Existenz, ein Analogon[1] der Glückseligkeit, welche das Bewußtsein der Tugend notwendig begleiten muß, anzeigte? Ja! dieses Wort ist *Selbstzufriedenheit* (...)

Hieraus läßt sich verstehen: wie das Bewußtsein dieses Vermögens einer reinen[2] praktischen Vernunft durch Tat (die Tugend) ein Bewußtsein der Obermacht über seine Neigungen, hiermit also der Unabhängigkeit von denselben, folglich auch der Unzufriedenheit, die diese immer begleitet, und also ein negatives Wohlgefallen mit seinem Zustande, d. i. *Zufriedenheit* hervorbringen könne, welche in ihrer Quelle Zufriedenheit mit seiner Person ist. Die Freiheit selbst wird auf solche Weise (nämlich indirekt) eines Genusses fähig, welcher nicht Glückseligkeit heißen kann, weil er nicht vom positiven Beitritt eines Gefühls abhängt, auch genau zu reden nicht *Seligkeit,* weil er nicht gänzliche Unabhängigkeit von Neigungen und Bedürfnissen enthält, der aber doch der letzteren ähnlich ist, sofern nämlich wenigstens seine Willensbestimmung sich von ihrem Einflusse frei halten kann, und also wenigstens seinem Ursprunge nach der Selbstgenugsamkeit analogisch ist, die man nur dem höchsten Wesen beilegen kann.

(...) folgt, daß sich in praktischen Grundsätzen eine natürliche und notwendige Verbindung zwischen dem Bewußtsein der Sittlichkeit und der Erwartung einer ihr proportionierten Glückseligkeit als Folge derselben wenigstens als möglich denken (darum aber freilich noch eben nicht erkennen und einsehen) lasse; dagegen, daß Grundsätze der Bewerbung um Glückseligkeit unmöglich Sittlichkeit hervorbringen können: daß also das *oberste* Gut (als die erste Bedingung des höchsten Guts) Sittlichkeit, Glückseligkeit dagegen zwar das zweite Element desselben ausmache, doch so, daß diese nur die moralisch bedingte, aber doch notwendige Folge der ersteren sei. In dieser Unterordnung allein ist das *höchste* Gut das ganze Objekt der reinen praktischen Vernunft, die es sich notwendig als möglich vorstellen muß, weil es ein Gebot derselben ist, zu dessen Hervorbringung alles mögliche beizutragen.*

Daher ist auch die Moral nicht eigentlich die Lehre, wie wir uns glücklich *machen,* sondern wie wir der Glückseligkeit *würdig* werden sollen. Nur dann, wenn Religion dazu kommt, tritt auch die Hoffnung ein, der Glückseligkeit dereinst in dem Maße teilhaftig zu werden, als wir darauf bedacht gewesen, ihrer nicht unwürdig zu sein.

1 Analogon: etwas Ähnliches, eine Entsprechung

2 rein: bei Kant i. S. v. frei und unabhängig von Erfahrung und Neigung; reine praktische Vernunft ist dann der Wille, der sich nur von der Vernunft (autonom) bestimmen läßt, nicht von Vorbildern, Gewohnheiten, Bedürfnissen, Trieben usw. (heteronom).

* Ebd. II. Buch, 2. Hauptstück, II.

Würdig ist jemand des Besitzes einer Sache oder eines Zustandes, wenn, daß er in diesem Besitze sei, mit dem höchsten Gute zusammenstimmt. Man kann jetzt leicht einsehen, daß alle Würdigkeit auf das sittliche Verhalten ankomme, weil dieses im Begriffe des höchsten Guts die Bedingung des übrigen (was zum Zustande gehört), nämlich des Anteils an Glückseligkeit, ausmacht. Nun folgt hieraus: daß man die Moral an sich niemals als *Glückseligkeitslehre* behandeln müsse, d. i. als eine Anweisung, der Glückseligkeit teilhaftig zu werden; denn sie hat es lediglich mit der Vernunftbedingung *(conditio sine qua non)* der letzteren, nicht mit einem Erwerbmittel derselben zu tun. (...)
Auch kann man hieraus ersehen: daß, wenn man nach dem *letzten Zwecke Gottes* in Schöpfung der Welt fragt, man nicht die *Glückseligkeit* der vernünftigen Wesen in ihr, sondern das *höchste Gut* nennen müsse, welches jenem Wunsche dieser Wesen noch eine Bedingung, nämlich die, der Glückseligkeit würdig zu sein, d. i. die *Sittlichkeit* ebenderselben vernünftigen Wesen hinzufügt, die allein den Maßstab enthält, nach welchem sie allein der ersteren durch die Hand eines *weisen* Urhebers teilhaftig zu werden hoffen können. Denn da *Weisheit,* theoretisch betrachtet, die *Erkenntnis des höchsten Guts* und praktisch *die Angemessenheit des Willens zum höchsten Gut* bedeutet, so kann man einer höchsten selbständigen Weisheit nicht einen Zweck beilegen, der bloß auf *Gütigkeit* gegründet wäre.*

4.5.3 Aristoteles oder Kant? – Otfried Höffe

Wenn im Streben ein gegebenes Ziel verfolgt wird, so sind die Ziele als ein Faktum angesetzt; jedes Faktum aber läßt sich philosophisch hinterfragen. Hier liegt die Grenze der aristotelischen Reflexion: Ziele sind nicht bloß zu verfolgen, sondern auch und allererst zu setzen. Die Vernunft ordnet nicht bloß die vorhandenen Neigungen: sie kann auch bestimmen, was überhaupt zu ordnen ist. Diese Aufgabe denkt Kant im Begriff eines Willens, der autonom ist. Der autonome Wille, die kantische Bestimmung der praktischen Vernunft, legt nicht den Weg des Strebens fest, sondern dessen Ziel; das Streben *hat* ein Ziel, der Wille *setzt* es. Die Vernunft kann das menschliche Handeln nicht nur partiell bestimmen; im neuzeitlichen Denken bestimmt sie es vielmehr uneingeschränkt.
Beurteilt man Aristoteles von Kants „Kritik der praktischen Vernunft" aus, so erscheint das Moment des Willens auf ein Minimum reduziert, reduziert auf das Annehmen oder Ablehnen des entgegentretenden Zieles. Kants Reflexion ist, von Aristoteles aus beurteilt, aber nicht weniger unvollständig; denn die Momente der Energie des Handelns und des überlegten und zielstrebigen Verfolgens des gesetzten Ziels sind vernachlässigt. Kants Kritik der praktischen Vernunft interessiert sich allein für die unbedingte Verbindlichkeit des Handelns, die Moralität.
Strebens- und Willensethik sind zwei Modelle, die je einen Aspekt menschlichen Handelns reflektieren; diese das Setzen, jene das Verfolgen von Zielen. Ein vollständiges Modell menschlichen Handelns ergibt sich erst aus beiden Modellen. *Kantische und aristotelische Ethik* sind in dieser Hinsicht *nicht konkurrierende, sondern korrespondierende Ethiken.* Aristoteles und Kant gegeneinander auszuspielen, dem einen oder dem anderen einen Mangel an Reflexion vorzuwerfen, führt kaum weiter. Sinnvoll dagegen ist es, beide Ethiken aneinander zu messen, die ihnen zugrunde liegenden unterschiedlichen Interessen zu erkennen und ein Modell menschlichen Handelns zu suchen, das in der Vermittlung von Strebens- und Willensethik beide Interessen vereint.**

* Ebd. 2. Hauptstück, V.
** Otfried Höffe, Praktische Philosophie. Das Modell des Aristoteles. Anton Pustet, München 1971, S. 41 f.

4.6 Lexikalisches Stichwort: Tugend

Tugend: etymologisch in Zusammenhang mit dem Verb „taugen“ stehender Begriff; er meint folglich in sehr allgemeinem Sinn die Tauglichkeit zu einem werthaften Verhalten, das dem Wesen eines Individuums entspricht (z. B. gelten Schnelligkeit, Ausdauer und Kraft als Tugenden eines Pferdes). Auf den Menschen bezogen, bedeutet Tugend zunächst allgemein jede vollkommen entwickelte Fähigkeit auf geistigem und seelischem Gebiet, das Vermögen, Leistungen zu vollbringen, die man als wertvoll anerkennt. Die Frage nach Wesen und Möglichkeit von Tugend wurde bereits von den antiken Philosophen als Thema der Ethik erörtert. Während noch die Autoren der Sophistik Tugend als Technik des bestmöglichen Behauptens in einer feindlichen Umwelt bestimmten, beginnt mit Sokrates ein Prozeß der Vergeistigung des Tugendbegriffs: Tugend wird im Zusammenhang des sozialen und sittlichen Handelns definiert, als Gesinnung des inneren Menschen, die auf Verwirklichung moralischer Werte ausgerichtet ist. Platon konzentriert den Katalog verschiedener Einzeltugenden auf die vier Grund- oder Haupttugenden (Kardinaltugenden) Weisheit, Tapferkeit, Besonnenheit und Gerechtigkeit. Aristoteles erweitert diesen Tugendkatalog, versucht gleichzeitig aber auch die Tugend allgemein als ein Mittleres zwischen zwei Extremen leiblichen Lustempfindens zu definieren (z. B. ist Freigebigkeit die Tugend zwischen Kleinlichkeit und Vergeudungssucht). Die Stoiker und die Epikureer bestimmen von ihren verschiedenen philosophischen Denkgebäuden her Tugend als vernunft- und naturgemäßes (asketisches) Leben (Stoa) bzw. als Suche nach wahrer und dauerhafter (d. h. nicht: zügelloser) Lust (Epikureismus). Eine systematische Tugendlehre, die die Ansätze Platons und Aristoteles' aufnimmt, wird von der christlich-mittelalterlichen Philosophie entwickelt; sie ergänzt das überlieferte Tugendsystem (aus den Kardinaltugenden und den mitmenschlichen Tugenden wie Nächstenliebe, Hingabe, Wahrhaftigkeit, Treue u. a.) durch die drei „göttlichen“ oder „theologischen“ Tugenden Glaube, Liebe, Hoffnung, um die Gebundenheit des Menschen an die göttliche Gnade zum Ausdruck zu bringen. – Wie sehr der Begriff auf verschiedene geschichtliche Situationen bezogen ist, zeigt sich daran, daß in der Neuzeit z. B. das Bürgertum standesbezogene Wertvorstellungen (Ordnung, Fleiß und Sparsamkeit u. a.) zu Tugenden erhebt oder in der sozialistischen Gesellschaft zu eigenen (spezifisch sozialistischen) Tugenden erzogen wird. Im philosophisch-ethischen Sprachgebrauch der Gegenwart hat der Begriff an Bedeutung verloren. Man hat erkannt, daß es nicht möglich ist, ein geschlossenes System von Einzeltugenden, die für alle Zeit Gültigkeit hätten, zu bestimmen. Man spricht heute eher vom Wert einer sittlichen Handlung als von der Tugend des Handelnden.*

4.7 Lexikalisches Stichwort: Glück

Glück i. S. von „glücklich sein“ (gr. eudaimonia, lat. felicitas, engl. happiness), nicht von „G. haben“ (eutychia, fortuna, luck) ist ein Äußerstes u. Letztes, nach dem der Mensch strebt. Obwohl alle Menschen nach G. verlangen, ist die nähere Bestimmung des G. höchst unterschiedlich. Die einen suchen es in Reichtum oder Macht, andere in Freundschaft oder Liebe, wieder andere in wissenschaftlicher Forschung, Kunst oder Meditation. Wegen der individuellen und sozio-kulturellen Vielfalt menschlicher Interessen und Sinnentwürfe können die G.erwartungen und G.erfahrungen auch nicht einheitlich sein. Die Einheit des Begriffs G. ist nur eine formale: G. ist kein dominantes, sondern ein inklusives Ziel: nicht die Spitze einer Hierarchie von Zielen, sondern der Inbegriff der Erfüllung der dem jeweiligen Menschen wesentlichen Bedürfnisse und Wünsche. Das G. ist kein direkter Gegenstand menschlichen Strebens, sondern die Begleiterscheinung im Fall des Gelingens: die Qualität eines zufriedenstellenden, weil sinnvollen Lebens.

Nicht erst in der heutigen Konsumgesellschaft neigen die meisten Menschen dazu, das G. im Besitzen und Benützen materieller Güter sowie in leiblichen Genüssen zu suchen. Der Erwerb materieller Güter hängt aber von der Gunst der Umstände ab; das ängstliche Nachjagen nach ihnen schafft Zwänge, die uns vom G. abhalten; und entgegen ihrem Versprechen gereichen diese Güter oft genug zum Schaden. Für sich genommen sind sie allenfalls G.chancen, Gratifikationspotentiale, die man als diese erkennen, ergreifen und in persönliche Befriedigung umsetzen muß. Deshalb läßt sich auch das G. nicht öffentlich herstellen. Gesellschaftspolitik entscheidet nicht über das G. der Bürger, sondern über die limitierenden Grundbedingungen; G. ist intentio indirecta, nicht directa öffentlichen Handelns.

Weil ein G., das von äußeren Gütern abhängt, dem Zufall ausgesetzt ist und weil leibliche Genüsse in der Regel nur oberflächliche und kurzfristige Befriedigung schenken, hat die philosophische E (Ethik) seit der Antike das G. auf das verlagert, was der

* Schüler-Duden Philosophie, Bibliographisches Institut, Mannheim 1985

Mensch aus sich heraus hervorbringt. Untere Voraussetzungen einer durch entsprechende Erziehung bewirkten Veränderung der noch unkontrollierten Triebe und Bedürfnisse wird das G. in einer Lebensweise gemäß der Tüchtigkeit und Tugend des Menschen, in einem vernunftgemäßen Leben gesehen. Näherhin erwartet man das G. entweder aus einer Reinigung der Seele (Platon) und einer inneren Unabhängigkeit und Freiheit des Charakters, in einer heiteren Gelassenheit (tranquillitas animi: stoische E), was nur wenigen vorbehalten ist, den Philosophen (Platon) und Weisen (Stoa), oder man sieht es außerdem in einem freien sittlich-politischen Leben, das vielen offensteht (Aristoteles). In all diesen Fällen ist G. der Inbegriff des gelungenen Lebens, wobei dieses vor allem als sittliches Leben bestimmt ist. G. ist nicht erst der Lohn der Tugend, sondern liegt in der Tugend selbst (Spinoza).

Die Vielfalt der G.bestimmungen betrifft nicht bloß die G.erwartungen und G.erfahrungen, sondern auch den Begriff von G., der allerdings auf die G.erfahrungen und G.erwartungen zurückwirkt:

(1) Als Begriff der praktischen Vernunft ist G. jenes (...) Ziel, über das hinaus kein Ziel mehr gedacht werden kann, das absolute Optimum i. S. von Aristoteles' Begriff der Autarkie. Dabei bezeichnet Autarkie nicht persönliche Bedürfnislosigkeit oder wirtschaftliche Unabhängigkeit, sondern die Qualitäten eines in sich sinnvollen Lebens. Wie die Autonomie der Vernunft einen schlechthin ersten, einen unbedingten Anfang meint und das Prinzip eines vom Willen her verstandenen Handelns darstellt, so ist G. als Autarkie das schlechthin höchste oder unbedingte Ziel, das sittliche Prinzip von allem als Streben gedeuteten Handeln; es ist das höchste Gut oder der Lebenssinn des Menschen, sofern er Ziele und Zwecke verfolgt.

(2) Als Ideal der Einbildungskraft (unserer Wünsche und Phantasie) ist G. die – der Mannigfaltigkeit, dem Grad und der Dauer nach – vollständige Erfüllung aller je auftretenden Interessen und Sehnsüchte. G. herrscht dort, wo alles menschliche Verlangen endgültig gestillt ist. Ein solches G., das gleichbedeutend ist mit dem vollkommenen Heil, der totalen Versöhnung und dem ewigen Frieden, ist für den Menschen vorstellbar, aber nicht erreichbar. Es ist im emphatischen Sinn utopisch, da es alle Beschränkungen und Widersprüche der Wirklichkeit als endgültig aufgehoben ansieht, also keine Konflikte mehr zwischen den Neigungen desselben Menschen, zwischen verschiedenen Menschen und zwischen Mensch und Natur zuläßt. Dieser zu hohe Begriff von G. führt leicht zur Resignation: „die Absicht, daß der Mensch glücklich sei, ist im Plan der Schöpfung nicht enthalten" (S. Freud). –

(3) Vor allem im Umkreis von Hedonismus (...) und Utilitarismus herrscht ein empirisch-pragmatischer Begriff von G. vor: G. als der Zustand der angesichts der jeweils gegebenen Handlungsmöglichkeiten tatsächlich erreichbaren relativ größten Interessen- und Bedürfnisbefriedigung. Oft wird er von dem neuzeitlichen Optimismus begleitet, das G. der Menschen rational berechnen und herstellen zu können. Da die augenblicklichen Wünsche und Hoffnungen durch mannigfache Faktoren kognitiver, emotionaler und sozialer Natur verzerrt sein können, garantiert deren Erfüllung keineswegs schon das G. Das G. ist vielmehr in einem lebenslangen, inhaltlich offenen Bildungs- und Selbstfindungsprozeß immer wieder neu zu bestimmen und zu verfolgen, wobei die Entwicklung der eigenen Möglichkeiten und Fähigkeiten dazugehört. Das G. liegt weniger, wie nach dem „epikuräischen" Ideal, im Besitz und Verzehr lustbringender Dinge noch allein, wie nach asketischen Idealen, in dem durch Verminderung der Begierden zu erreichenden Gleichgewicht von Begierde und Befriedigung. Es setzt auch nicht die Befreiung von all unseren Sorgen und Problemen voraus. Das G. als Überbietung des gewöhnlichen Lebens stellt sich viel eher dort ein, wo man in all seinen Problemen sich erfüllt: bestätigt, erfreut, erhoben findet. Es tritt ein, wenn ein starkes Verlangen befriedigt, etwas Unerwartetes zuteil wird oder wenn man seiner selbst in einer ursprünglichen Einheit mit anderen Menschen und/oder der Natur inne wird. Als nicht notwendig das Gewöhnliche überbietender und deshalb nicht bloß momentaner Zustand, sondern als Grundzug eines tätigen Lebens verstanden, findet sich G. dort, wo man Pläne verfolgt, die eine harmonische Erfüllung der eigenen Interessen erwarten lassen, und man in diesen Plänen vorankommt, dort, wo man das tun kann, was man gern und gut tut, und wo man dieses so vollkommen wie möglich tut: G. als aktive Freude. Dazu gehört auch die kreative Auseinandersetzung mit den Bedingungen, die man jeweils vorfindet.

Eine E, die nicht die Pflicht, sondern das G. zum höchsten Prinzip menschlichen Handelns erklärt, heißt Eudämonismus (gr. eudaimonia: G.). Sie wird von Kant (und vorher schon Fénélon) als Widerspruch zur Sittlichkeit scharf kritisiert. Diese Kritik geht allerdings vom G. als Inbegriff der Erfüllung aller persönlichen Neigungen aus und trifft nicht dort zu, wo G. (wie z. B. bei Aristoteles) selbst sittlich bestimmt wird. – Als eudämonistische E bezeichnet W. Kamlah den Teil der E, der sich nicht mit der Frage befaßt, was wir tun sollen, sondern mit der, wie wir leben können (Philosophie als Lebenskunst).*

* Otfried Höffe (Hrsg.), Lexikon der Ethik. C. H. Beck, München 1977, 4., neubearb. Aufl. 1992. Querverweise auf andere Stichwörter sind gestrichen.

Arbeitsanregungen

1. Befragen Sie Ihre Mitmenschen, was sie unter Glück (evtl. auch Tugend) verstehen, und werten Sie die Antworten aus.
2. Welche Vorstellungen von Glück finden sich in alten Märchen (z. B. Hans im Glück, Der Fischer und seine Frau)?
3. Kennen Sie ein Bild (Gemälde oder Foto), das einen Zustand des Glücks darstellt?
4. Vermutlich fällt es einem jeden von uns, auch den Zeitungen, leichter, Situationen des Unglücks zu beschreiben. Woran liegt das?
5. Aristoteles (4.1) geht davon aus, daß das menschliche Leben eine Einheit bilden und daher auf *ein* Ziel ausgerichtet sein sollte. Wäre unser Leben auch sinnvoll zu begreifen, wenn es verschiedene, weit auseinanderliegende Endziele oder gar kein solches Ziel hätte?
6. Sind die drei hauptsächlichen Lebensformen, die Aristoteles erwähnt (4.2), auch noch heute repräsentativ? Aristoteles nennt auch noch „das Leben des Geldmenschen", also ein Leben für den Reichtum; warum zählt er diese Lebensweise nicht als vierte Hauptform? Was unterscheidet sie von den anderen drei Lebensformen?
7. Aristoteles leitet das Ziel menschlichen Lebens aus dem besonderen Wesen des Menschen, aus seiner höchsten Fähigkeit oder Tugend ab (4.3). Ist dieser gedankliche Schritt zwingend? Wie sonst könnte das Ziel bzw. Glück bestimmt werden?
8. Aristoteles nennt Menschen, die auf vorbildliche Weise menschliche Tugenden verwirklicht haben (4.4). Informieren Sie sich über diese Personen. Sind Vorbilder geeignet, Ziele moralischer Entwicklung vorzugeben? Kann man ganz ohne Vorbilder leben?
9. Worin sieht Aristoteles den Reiz der „theoria" (4.4)?
10. Stellen Sie die wesentlichen Kennzeichen der eudämonistischen Ethik und von Kants Kritik daran gegenüber. Erörtern Sie (schriftlich oder in einer gemeinsamen Diskussion) die beiden Standpunkte.

5 Glück als Schmerzfreiheit

Sigmund Freud

„Das Leben, wie es uns auferlegt ist, ist zu schwer für uns, es bringt uns zuviel Schmerzen, Enttäuschungen, unlösbare Aufgaben. Um es zu ertragen, können wir Linderungsmittel nicht entbehren." Sigmund Freud, von dem diese skeptischen Sätze stammen, hätte gewiß auch das philosophische Glück des Aristoteles als ein solches Linderungsmittel, als eine Ersatzbefriedigung angesehen. Vielleicht war es das auch tatsächlich. (Immerhin schien es verdächtig, daß der Makedonenfreund Aristoteles den besten Bürgern Athens die zweckfreie philosophische Schau anempfahl – zu einer Zeit, als die Makedonen im Begriff waren, die griechischen Stadtstaaten zu vereinnahmen und so ihrem endgültigen Untergang zuzuführen.)
Wer gegenüber komplizierten philosophischen Theorien skeptisch ist, sucht nach einem möglichst unverdächtigen, natürlichen Kriterium, um zwischen wahr und falsch oder (bei unserem Thema) zwischen Glück und Unglück unterscheiden zu können. Ein solches Kriterium scheinen unsere Sinne in der Empfindung von Schmerz und Lust anzubieten. („Lust" steht in der Philosophie meist für den griechischen Begriff hedoné, der auch mit „Freude" übersetzt wird.)
Bereits der Sokrates-Schüler Aristipp vertritt eine Philosophie der Freude (Hedonismus)*, Epikur begründet eine hedonistische Schule, und bis in unser Jahrhundert gibt es Versuche, das Glück über den Begriff der Lust zu erklären – so z. B. Sigmund Freud.*

5.1 Die paradoxe Verfassung des Menschen – Sigmund Freud

(. . .) Wir wenden uns darum der anspruchsloseren Frage zu, was die Menschen selbst durch ihr Verhalten als Zweck und Absicht ihres Lebens erkennen lassen, was sie vom Leben fordern, in ihm erreichen wollen. Die Antwort darauf ist kaum zu verfehlen; sie streben nach dem Glück, sie wollen glücklich werden und so bleiben. Dies Streben hat zwei Seiten, ein positives und ein negatives Ziel, es will einerseits die Abwesenheit von Schmerz und Unlust, anderseits das Erleben starker Lustgefühle. Im engeren Wortsinne wird „Glück" nur auf das letztere bezogen. Entsprechend dieser Zweiteilung der Ziele entfaltet sich die Tätigkeit der Menschen nach zwei Richtungen, je nachdem sie das eine oder das andere dieser Ziele – vorwiegend oder selbst ausschließlich – zu verwirklichen sucht.
Es ist, wie man merkt, einfach das Programm des Lustprinzips[1], das den Lebenszweck setzt.

1 Lustprinzip: Als Kleinkind, so Freud, wird der Mensch nur von seinen Trieben (dem „Es") bestimmt, er handelt gemäß dem Lustprinzip, d. h. er versucht, seine Triebwünsche zu befriedigen (= Lust) und Unlust zu vermeiden. Mit zunehmender Reife lernt der Mensch, seine Triebwünsche auf die Realität abzustimmen und evtl. aufzuschieben, umzuleiten oder zu unterdrücken (Realitätsprinzip).

Dies Prinzip beherrscht die Leistung des seelischen Apparates[2] vom Anfang an; an seiner Zweckdienlichkeit kann kein Zweifel sein, und doch ist sein Programm im Hader mit der ganzen Welt, mit dem Makrokosmos ebensowohl wie mit dem Mikrokosmos. Es ist überhaupt nicht durchführbar, alle Einrichtungen des Alls widerstreben ihm; man möchte sagen: die Absicht, daß der Mensch „glücklich" sei, ist im Plan der „Schöpfung" nicht enthalten. Was man im strengsten Sinne Glück heißt, entspringt der eher plötzlichen Befriedigung hoch aufgestauter Bedürfnisse und ist seiner Natur nach nur als episodisches Phänomen möglich. Jede Fortdauer einer vom Lustprinzip ersehnten Situation ergibt nur ein Gefühl von lauem Behagen; wir sind so eingerichtet, daß wir nur den Kontrast intensiv genießen können, den Zustand nur sehr wenig. Somit sind unsere Glücksmöglichkeiten schon durch unsere Konstitution beschränkt. Weit weniger Schwierigkeiten hat es, Unglück zu erfahren. Von drei Seiten droht das Leiden, vom eigenen Körper her, der, zu Verfall und Auflösung bestimmt, sogar Schmerz und Angst als Warnungssignale nicht entbehren kann, von der Außenwelt, die mit übermächtigen, unerbittlichen, zerstörenden Kräften gegen uns wüten kann, und endlich aus den Beziehungen zu anderen Menschen. Das Leiden, das aus dieser Quelle stammt, empfinden wir vielleicht schmerzlicher als jedes andere; wir sind geneigt, es als eine gewissermaßen überflüssige Zutat anzusehen, obwohl es nicht weniger schicksalsmäßig unabwendbar sein dürfte als das Leiden anderer Herkunft. (...)

Das Programm, welches uns das Lustprinzip aufdrängt, glücklich zu werden, ist nicht zu erfüllen, doch darf man – nein, kann man – die Bemühungen, es irgendwie der Erfüllung näherzubringen, nicht aufgeben. Man kann sehr verschiedene Wege dahin einschlagen, entweder den positiven Inhalt des Ziels, den Lustgewinn, oder den negativen, die Unlustvermeidung, voranstellen. Auf keinem dieser Wege können wir alles, was wir begehren, erreichen. Das Glück in jenem gemäßigten Sinn, in dem es als möglich erkannt wird, ist ein Problem der individuellen Libidoökonomie[3]. Es gibt hier keinen Rat, der für alle taugt; ein jeder muß selbst versuchen, auf welche besondere Fasson er selig werden kann.*

2 seelischer Apparat: Freud unterscheidet drei Instanzen der Seele:
a) die unbewußte ererbte Triebschicht (das „Es"),
b) die Normen und Werte, die sich durch den Einfluß von Eltern und Gesellschaft als Gewissen herausbilden („Über-Ich"),
c) das „Ich", das wahrnimmt und denkt, aber auch zwischen den moralischen Forderungen des Über-Ich und den Triebwünschen des Es vermittelt.

3 Libido: Triebenergie, die auf Lust abzielt; Libidoökonomie: Umgang mit der Libido

5.2 Glück – ein unsittliches Thema?

Im folgenden ist der Beginn eines Gesprächs über Glück abgedruckt, an dem Robert Neumann (Schriftsteller), Hélène Orenga (Lehrerin) und Günther Nenning (Publizist) teilnahmen; Alexander Mitscherlich (Professor für Psychologie) war Diskussionsleiter.

Mitscherlich: Meine Damen und Herren! Dem Hauptwort, über das wir heute nachdenken wollen, dem Hauptwort Glück wird man nicht abstreiten können, daß es eine Hauptsache im Leben bezeichnet. Ob jemand fähig ist, sein Glück zu finden, Glück zu ertragen, sich glückliche Umstände zu erhalten, das enthält eine wesentliche Aussage über diesen Menschen. Im umgekehrten Fall gilt das vielleicht noch mehr: ob einer einfach kein Glück hat, wie er sein Unglück erträgt – das verrät viel von der Struktur eines Menschen, von der Struktur dessen, was wir seinen Charakter nennen.

* Sigmund Freud: Das Unbehagen in der Kultur. Fischer, Frankfurt/M. 1930, S. 74f., 80f.

Glück wie Unglück sind keine einheitlichen psychologischen Begriffe, sagt der Psychologe Graumann. Einerseits soll Glück etwas überaus Rares sein, andererseits tut fast jeder Schlager so, als liege es wie das Geld auf der Straße. Vielleicht sollten wir mit dieser Merkwürdigkeit unser Gespräch beginnen.

Kann man Glück haben wollen? Kann man es herbeischaffen? Fällt es uns in den Schoß? Wenn ja – wie macht man das? Wenn nein – warum läßt man die Hoffnung auf Glück nicht fahren? Warum ist ein Leben, in dem kein Glück mehr erwartet wird, doch eher grau und spannungslos?

Neumann: Ich hielte es für fruchtbar, wenn man zweierlei Glück unterschiede, nämlich: „Glück haben" und „glücklich sein", wie es ja auch zum Beispiel dem Taoismus entspricht, der zwischen Sein und Handeln unterscheidet. Es gäbe ein Glück, einen Glückszustand, der dem Sein entspricht, und es gäbe Glückszufälle und Glücksaugenblicke, die in der Sphäre des Handelns lägen. Wenn man also sozusagen ein Glück Nummer eins, das sehr seltene des Glückszustandes, sagen wir der extremen Weisheit oder des noch nicht mit Frustrationen konfrontierten Kleinkindes, sieht und andererseits verschiedene Bewußtseinsgrade des Vorhandenseins von Frustrationen, die man erfolgreich bekämpft oder denen man ausweicht, so daß es nur Augenblickspunkte oder längere oder kürzere Perioden des Glücks gibt, so kommt man zu dieser von mir vorgeschlagenen Zweiteilung.

Hélène Orenga: Ich empfinde eine Diskussion über Glück als sogenannte Hauptsache erstens als Symptom einer dekadenten, sterilen Philosophiererei, die nur infolge unserer abendländischen Überbewertung des Individualismus denkbar ist, und zweitens als eine Absurdität, geradezu einen Hohn angesichts der Brutalität unserer Gegenwart und der Überlebensproblematik der Menschheit in den allernächsten Jahren. Für einen Vietnamesen bedeutete Glück bis vor kurzem wahrscheinlich, ohne Bombendrohung aufwachen zu dürfen, auch wenn er am Tag so schuften muß, wie es sich ein Europäer kaum vorstellen kann; für eine indische Frau kann es eine Handvoll Reis, für ein Kind aus Bogota, das von seinen Eltern aus Not verlassen worden ist, kann es eine Stunde Rausch durch Einatmen von Benzin bedeuten; für unsere Enkelkinder kann es ein Schluck unverseuchtes Wasser bedeuten und für Milliarden ganz bestimmt, nicht geboren zu werden. Und wir wagen es, uns hinzusetzen und uns so mit Glück, mit Begriffsabgrenzungen von Glück zu beschäftigen, daß es eine höchst individualistische Angelegenheit ist!

Mitscherlich: Schade, daß Sie das Individuum gleich von Anfang an so schlecht machen. Aber sie haben jetzt von Glücksaugenblicken gesprochen und nicht vom Zustand.

Nenning: Eigentlich müßte man aufhören mit dieser Diskussion, nach Frau Orenga. Ich halte für durchaus schlüssig, was sie sagte. Ich glaube, es ist unerlaubt, von Glück zu reden unter den gegenwärtigen Weltzuständen – außer man definiert Glück so, wie es halb und halb Robert Neumann getan hat, nämlich als ein Ausweichen, als ein Fluchtphänomen. Als das, was gestickt ist auf dem Sofakissen: *Trautes Heim – Glück allein.* Diese Art von Glück, die „geht", es ist eine gängige Definition. Aber sie ist unzulässig.

Obwohl ich mir das beinahe wünschte: mit der Diskussion kann man kaum jetzt schon aufhören. Ich will versuchen, einen zweiten Glücksbegriff einzuführen, der dem Rechnung trägt, was Frau Orenga sagte und der kein Ausweichen wäre: Glück im Sinne einer alten Tradition, die ins Christliche zurückführbar ist: als Dasein und Tätigsein für andere. Das ist ein Glück, das zumindest sittlich erlaubt wäre. Wenn ich Entfaltung meiner Persönlichkeit darin finde, für die anderen da zu sein statt für mein eigenes Glück, zum Beispiel für das Glück wehrloser Menschen in Asien oder Afrika, nicht durch Bomben verstümmelt oder verbrannt zu werden, so wäre das für mich eine mögliche Glücksdefinition.

Orenga: Glück als Verantwortung.

Nenning: Darf ich noch einen Schritt weitergehen und sagen, daß aber darin eine Perversion steckt? Wenn es doch prinzipiell richtig ist, daß der einzelne sagt: „ich will glücklich sein", dann ist es eine verkehrte und perverse Gesellschaftsordnung, die mich zwingt, sozusagen von hinten durch die Brust ins Auge einen Glücksbegriff zu finden, der darin besteht, daß ich selber nicht glücklich sein darf, aber vielleicht glücklich sein kann, wenn ich für das Glück der anderen arbeite. Daraus folgt, daß ein dritter Glücksbegriff gefunden und etabliert werden müßte, der in dieser Gesellschaft, in dieser bestehenden Welt unmöglich ist. Ein Glücksbegriff, der erlaubt zu sagen: Glück ist in der Tat etwas, was alle haben können. Die Gesellschaft, wie wir sie jetzt haben, erlaubt uns aber nicht, glücklich zu sein. (...) Was heißt aber: Fähigkeit zum Glück? Die Fähigkeit heißt: Augen schließen, blind sein, sich abschirmen gegen das, was draußen in der Welt los ist. (...) Dieses Glück, das man sich aus der Bibliothek herausholt: auf welcher Seite steht was Schönes über Glück, das gefällt mir, und danach lebe ich dann – das ist total unerlaubt. Sie haben hier ein Wort von Paul Klee in ihren Unterlagen – „der Glückliche ist ein halber Idiot". Ich würde behaupten: der Glückliche ist ein ganzer Idiot! Und zwar im griechischen Sinne, ein Einzelgänger, der mit Scheuklappen herumgeht und sagt: Ich bin glücklich, ich bin glücklich, ich bin glücklich. Er darf es nicht sein.*

Herr Nenning erweist sich im Laufe des Gesprächs übrigens als Vertreter des Hedonismus, wenn er sagt: „Glück ist eigentlich die freie Entfaltung des Maximums an Lust des einzelnen, aber das ist derzeit unmöglich."

5.3 Brief an Menoikeus – Epikur

Für den Vater der hedonistischen Schule Athens, Epikur, wäre die Vorstellung, seine Philosophie aufzuschieben, auf eine bessere Welt zu warten, ganz fremd gewesen. Das zeigt schon der Beginn des folgenden Brieftextes. Allerdings ging der Blick Epikurs auch weniger in die Welt hinaus als in das Gärtlein, das er samt Haus 306 in Athen gekauft hatte, um in einem Freundschaftsbund (in dem auch Frauen und Sklaven gleichberechtigt waren – ganz anders als noch bei Aristoteles) sein Ideal eines möglichst ruhigen und freudvollen Lebens zu verwirklichen.
Zwar war sein Leben, besonders sein Lebensende, keineswegs sorgenfrei (er litt und starb an Nierensteinen), aber gerade deshalb konnte er die Philosophie als Lebenskunst begreifen. Damit auch seine auswärtigen Anhänger die Fähigkeit, glücklich zu sein, entwickeln konnten, unterrichtete er sie brieflich.

Epikuros grüßt seinen lieben Menoikeus.
Wer jung ist, soll nicht zögern, sich mit Philosophie zu beschäftigen, noch soll, wer schon ein Greis ist, in der Beschäftigung mit der Philosophie ermatten; denn niemand ist zu jung oder zu alt, für die Gesundheit seiner Seele zu sorgen. Wer nämlich sagt, die Zeit, sich mit Philosophie zu beschäftigen, sei für ihn noch nicht gekommen oder sie sei schon vorbei, der gleicht einem Menschen, der behauptet, die Zeit, glückselig zu sein, sei für ihn noch nicht da oder nicht mehr da. Darum soll der Jüngling wie der Greis Philosophie treiben, der eine, damit er im Alter noch jung bleibe, im Besitz des Guten, das ihm die Freude an dem Vergangenen schenkt, der andere, damit er, gleichzeitig jung und alt, furchtlos der Zukunft entgegensehen kann.

* Alexander Mitscherlich und G. Kalow (Hrsg.) Glück. Gerechtigkeit. Zwei Gespräche. Piper, München 1978, S. 11–13, 17

Wir müssen uns also um das bemühen, was uns die Glückseligkeit schafft; denn wenn wir sie besitzen, haben wir alles, wenn wir sie nicht besitzen, sollen wir alles tun, um sie zu erlangen.

Wozu ich dich ohne Unterlaß gemahnt habe, das tue also und darum bemühe dich. Hier erhältst du von mir die Grundlagen für ein von Schönheit erfülltes Leben.

(...) Gewöhne dich an den grundlegenden Gedanken, daß der Tod für uns ein Nichts ist. Denn alles Gute und alles Schlimme beruht darauf, daß wir es empfinden. Verlust aber dieser Empfindung ist der Tod. Deshalb macht die rechte Erkenntnis, daß der Tod für uns ein Nichts ist, die Sterblichkeit des Lebens zu einer Freude; sie fügt nicht nach dem Tode eine grenzenlose Zeit hinzu, sondern tilgt in uns die Sehnsucht nach der Unsterblichkeit. (...)

Ausschnitt aus einer Darstellung des „Goldenen Zeitalters“ von L. Cranach d. Ä.

Wir müssen auch bedenken, daß von unseren Begierden die einen natürlich, die anderen nichtig sind. Und von den natürlichen Begierden sind die einen notwendig, die anderen nur natürlich. Von den notwendigen sind die einen zur Erlangung der Glückseligkeit erforderlich, die anderen teils damit unsere Gesundheit nicht gestört werde, teils damit wir überhaupt das Leben haben. Denn die unbeirrte Betrachtung dieser Begierden weiß alles Wählen und Meiden auf die Gesundheit des Leibes und den Frieden der Seele auszurichten, weil dies ja das Ziel eines glücklichen Lebens ist. All unser Tun zielt ja doch darauf ab, weder Schmerzen des Leibes zu erleiden noch Störung des Seelenfriedens zu erfahren. Wenn uns dies einmal zuteil geworden ist, dann legt sich der ganze Aufruhr unserer Seele. Das lebende Wesen braucht sich gleichsam nicht mehr umzusehen nach dem, was ihm fehlen könnte, und braucht nichts weiteres zu suchen, womit es der Seele und des Leibes Wohlbefinden erst vollkommen machen sollte. Denn dann nur haben wir Verlangen nach Freude, wenn wir die Freude schmerzlich vermissen. Wenn wir aber keinen Schmerz haben, bedürfen wir der Freude nicht mehr.

Und aus diesem Grunde behaupte ich, daß die Freude der Anfang und das Ziel des glücklichen Lebens ist. Denn sie habe ich als das erste und uns angeborene Gut erkannt; von ihr gehen wir aus, wenn wir etwas wählen oder meiden, und auf sie gehen wir zurück, wenn wir sie gleichsam Maßstab unseres Empfindens sein lassen und danach jedes Gut beurteilen. Und gerade weil sie unser erstes und angeborenes Gut ist, wählen wir auch nicht jede Freude, sondern übergehen zuweilen viele Freuden, wenn sich aus ihnen für uns eine größere Widerwärtigkeit als Folge ergäbe; und umgekehrt halten wir viele Schmerzen für wertvoller als Freuden, wenn für uns auf lange Schmerzenszeit eine um so größere Freude folgt. Jede Freude ist also ein Gut, weil das ja ihr ureigenstes Wesen ausmacht, doch nicht jede ist schon deshalb erstrebenswert; gleicherweise ist jeder Schmerz wohl ein Übel, aber nicht jedem Schmerz muß man deshalb ausweichen.

Es ist demnach unsere Aufgabe, alles Zuträgliche und Abträgliche richtig zu unterscheiden, abzuwägen und danach zu beurteilen. Zu gewissen Zeiten bedienen wir uns nämlich des Guten wie eines Übels und wiederum des Übels wie eines Gutes.

Auch die Selbstgenügsamkeit halte ich für ein großes Gut, doch nicht, damit wir uns unter allen Umständen an wenigem genügen lassen, sondern damit wir uns mit wenigem zu begnügen vermögen, wenn wir nicht viel haben; wir sind überzeugt, daß den höchsten Genuß an großem Aufwand die Menschen haben, die seiner am wenigsten bedürfen, und daß alles Natürliche sehr leicht, das Überflüssige und Sinnlose aber schwer zu beschaffen ist. Einfache Suppen bereiten den gleichen Genuß wie ein üppiges Mahl, wenn erst einmal das Entbehren nicht mehr als Schmerz empfunden wird; Brot und Wasser bereiten den höchsten Genuß für jemand, der sie zu sich nimmt, wenn er Hunger und Durst hat. Die Gewöhnung an einfache und nicht üppige Lebensweise bringt auch völlige Gesundheit und macht den Menschen den drängenden Anforderungen des Lebens gegenüber unverzagt; sie verleiht uns, wenn wir uns nach längerer Zeit vor üppige Schüsseln setzen, einen größeren Genuß an ihnen und nimmt uns die Furcht vor dem blinden Geschick.
Wenn ich nun erkläre, daß die Freude das Ziel des Lebens ist, dann meine ich damit nicht die Lüste der Schlemmer noch die Lüste, die im Genießen selbst liegen, wie gewisse Leute glauben, die meine Lehre nicht verstehen, sie ablehnen oder böswillig auslegen. Ich verstehe unter Freude: keine körperlichen Schmerzen leiden und in der Seele Frieden haben. Denn nicht häufige Trinkgelage und festliches Schmausen, auch nicht der Verkehr mit schönen Knaben und Frauen, noch der Genuß von leckeren Fischen und was sonst eine üppige Tafel bietet, schafft ein freudvolles Leben; Freude schafft vielmehr nüchternes Überlegen, das die Ursachen alles Verlangens und Meidens aufspürt und den leeren Glauben austreibt, aus dem die größte Verirrung der Seelen entspringt.
Anfang und höchstes Gut bei alledem ist die Vernunft. Deshalb ist die Vernunft sogar wertvoller als das Philosophieren. In ihr wurzeln alle übrigen Tugenden. Sie ist es, die lehrt, daß man nicht freudvoll leben kann, ohne vernünftig, anständig und gerecht zu leben, aber auch nicht vernünftig, anständig und gerecht, ohne freudvoll zu leben.
Denn von Natur aus sind die Tugenden mit einem freudvollem Leben verbunden, und ein freudvolles Leben ist von ihnen nicht zu trennen. (...)
Diese Lehren also, und was mit ihnen verwandt ist, beherzige selbst bei Tag und Nacht und lege sie auch deinen Gesinnungsfreunden ans Herz, und du wirst niemals weder im Wachen noch im Traum in Unruhe geraten. Du wirst vielmehr wie ein Gott unter den Menschen leben; denn keineswegs gleicht einem sterblichen Wesen ein Mensch, der im Besitz unsterblicher Güter lebt.*

5.4 Die Grenzen der Lust

Der wahre Epikureer ist also durchaus genügsam und tugendvoll, ganz im Gegensatz zu den Unterstellungen, mit denen man die Verteidiger der Lust immer wieder in ein schlechtes Licht rücken wollte – gewiß nicht nur aus philosophischen Motiven.
In der Antike konkurrierten die Vertreter der Stoa *mit den Epikureern. Etwa zur gleichen Zeit wie Epikur hatte Zenon eine Schule in Athen gegründet, die nach ihrem Versammlungsort, der „stoa poikile“ (bunte Säulenhalle) benannt wurde. Die Stoiker suchten sokratische Weisheit in einem Leben gemäß der Natur, der Vernunft und der Tugenden. Konsequenter, weil weltoffener als Epikur behaupteten sie die Gleichheit aller Menschen, auch der Sklaven und Nicht-Griechen, und ähnlich wie die Epikureer erstrebten sie die Seelenruhe (Ataraxie) – allerdings nicht durch Schmerzvermeidung, sondern durch unerschütterliche Gleichgültigkeit gegenüber Schmerzen und allen Gefühlen (Apathie).*

* Epikur, Philosophie der Freude. Übertragen v. P. M. Laskowsky, Insel, Frankfurt 1988, S. 53–60

Die große Verbreitung der stoischen Philosophie v. a. in der römischen Kaiserzeit (der berühmteste Vertreter: Marc Aurel) wurde von Cicero vorbereitet, auf den viele philosophische Strömungen einwirkten (Eklektizismus[1]); in der Ethik neigte er zur Stoa. Im folgenden Text aus den „Tusculanischen Gesprächen“ (45 v. Chr.) belehrt er einen seiner Schüler.

1 Eklektizismus: Verfahren des Eklektikers (gr. „Auswähler“), der aus Werk und Schaffen anderer, aus verschiedenen philosophischen Systemen das ihm Passende auswählt.

5.4.1 Tugendstärke statt Lust – Marcus Tullius Cicero

Was wird für den, der den Schmerz als das größte Übel ansieht, die Pflicht, die Ehre, der Ruhm, den man mit körperlichem Schmerze erwerben kann, viel bedeuten? Welche Schande und Schmach wird er nicht auf sich nehmen, um dem Schmerz zu entgehen, wenn er überzeugt ist, daß dieser das größte Übel sei? (...)
Es hat Lehrer der Tugend, Philosophen gegeben, die den Schmerz als das größte Übel bezeichneten. Du dagegen, junger Mann, als Du kurz vorher dieselbe Meinung zu haben behauptetest, bist auf ein Wort hin von Deiner Ansicht abgekommen, als ich Dich fragte, ob Du ihn auch für ein größeres Übel als die Schande hieltest. Stelle dieselbe Frage an Epikur. Er wird sagen, ein mäßiger Schmerz sei ein größeres Übel als die größte Schande. Diese selbst sei gar kein Übel, wenn nicht Schmerzen nachfolgten. Aber was für ein Schmerz folgt nun für Epikur, wenn er sagt, der Schmerz sei das größte Übel? Eine größere Schande läßt sich ja kaum von einem Philosophen erwarten. Darum hast Du mir genug konzediert, als Du antwortetest, Dir schiene die Schande ein größeres Übel zu sein als der Schmerz. Wenn Du eben dies festhältst, so wirst Du erkennen, wie entschieden man dem Schmerz widerstehen muß. Also haben wir nicht so sehr zu fragen, ob der Schmerz ein Übel sei, als vielmehr die Seele zu stärken, damit sie den Schmerz erträgt.*

Er (Epikur) hat nicht bloß das Wort Lust hingesetzt, sondern auch erläutert, was es heißt: „Den Geschmack, die Vereinigung der Körper, Spiele, Gesänge und jene Gestalten, die die Augen in eine angenehme Bewegung versetzen.“ Erfinde ich etwas oder lüge ich? Ich möchte gern widerlegt werden, denn schließlich, worum bemühe ich mich, als darum, daß in jeder Frage die Wahrheit ans Licht komme!
Aber derselbe Epikur sagt auch, die Lust nehme nicht zu, nachdem einmal der Schmerz beseitigt sei, und es sei die höchste Lust, keinen Schmerz zu empfinden. In diesen wenigen Worten stecken drei große Fehler. Der erste ist, daß er mit sich selbst im Widerspruch steht. Denn eben erst erklärte er, er könne sich ein Gut nicht einmal vorstellen, außer demjenigen der Sinne, die gewissermaßen durch die Lust gekitzelt werden. Jetzt dagegen bezeichnet er die Freiheit von Schmerz als die höchste Lust. Kann man sich ärger widersprechen? Der zweite Fehler: während es in der Natur drei Zustände gibt: Freude, Schmerz und weder Freude noch Schmerz, so hält er den ersten und den dritten für identisch und unterscheidet die Lust nicht

* Marcus Tullius Cicero, Gespräche in Tusculum. Hrsg. v. Olaf Gigon, Heimeran, München [2]1970, 2. Buch, S. 127, 129

von der Schmerzlosigkeit. Den dritten Fehler hat er mit andern gemeinsam: während doch die Tugend am meisten erstrebt wird und die Philosophie eben dazu da ist, sie zu erreichen, so hat er das höchste Gut von der Tugend abgesondert.

„Doch er lobt oft die Tugend." Gewiß, auch C. Gracchus, der die größten Spenden veranstaltete und die Staatskasse leerte, verteidigte in seinen Reden eben diese Staatskasse. Was soll ich auf Worte hören, wo ich die Taten sehe?*

5.4.2 Drei Argumente gegen den Hedonismus – Robert Spaemann

Die Argumente gegen den hedonistischen Gedanken lassen sich letzten Endes vielleicht auf folgende drei reduzieren. Das erste Argument ist eine Variante des klassischen Reflexionsarguments gegen den Skeptizismus. Es besagt eben dies: Das hedonistische Prinzip hebt sich selbst auf. Wer sagt, Lustmaximierung sei das einzige und höchste Handlungsziel, muß sich fragen lassen, ob er damit nur sein eigenes Handlungsziel meine oder so etwas wie ein allgemeines Prinzip formulieren wolle. Will er nur sein eigenes Handlungsziel nennen, so ist die Gegenfrage, warum er es denn überhaupt nennt. Offenbar, weil es ihm Vergnügen bereitet. Aber woher wissen wir denn, ob er die Wahrheit sagt? Wer das, was er sagt, erklärtermaßen nicht sagt, weil er es für wahr hält, sondern weil es ihm Lust bereitet, dies zu sagen, dessen Äußerungen können wir gar nicht unter dem Wahrheitsaspekt beurteilen. Will der Betreffende aber ein Postulat aufstellen, von dem jedermann sich leiten lassen sollte, so können wir fragen, warum es ihn denn interessiert, daß jedermann auf Lustmaximierung aus sei. Vielleicht steht er selbst sich doch viel besser, wenn nur *er* dieses Ziel verfolgt, die andern aber nicht. Vielleicht bereitet ihm der Gedanke einer solchen Welt, in der es jedem um Maximierung seiner Lust geht, Vergnügen. Gut. Aber wenn jemand sein Vergnügen darin findet, anderen Schmerz zuzufügen, oder wenn sein Vergnügen von der Art ist, daß es Leiden anderer im Gefolge hat, soll er sich auch vom Ziel der Lustmaximierung leiten lassen? Wenn nun unser Hedonist dies bejaht, so ist klar, daß er für seinen Satz allgemein eine Zustimmung nicht erwarten kann, nämlich nicht die Zustimmung der Betroffenen. Gefragt, warum er diesen Satz dennoch aufrecht erhalte, kann er sich wieder nur auf seine privaten Präferenzen berufen. Sein Satz wird vom Gesichtspunkt der Gültigkeit aus gleichgültig. Wenn er aber antwortet, jedermann müsse sein Luststreben auf Bedingungen der Vereinbarkeit mit dem Luststreben aller anderen einschränken bzw. sich so erziehen, daß eben das allgemeine Wohlbefinden zu einem integrierenden Bestandteil seines eigenen Wohlbefindens werde, so sagt er zwar etwas Wahres, er sagt, was die Philosophie sagt, aber er kann, was er sagt, nicht mehr hedonistisch begründen. Und das ist das zweite Argument:

(...) Wir können nicht hoffen, gegen unsere vernünftige und soziale Natur mit uns selbst einig sein zu können. Wir können dann zwar versuchen, ein Prinzip hedonistischer Reflexion in unserem Dasein durchzusetzen, aber dieses Prinzip wird immer auf Kriegsfuß stehen mit anderen Motiven sozialer Art, mit einem Bedürfnis nach Kommunikation usf. Dieses Prinzip, das eigentlich Einheit mit uns selbst stiften soll, stiftet also in uns selbst gerade einen Zwiespalt. Der Begriff des Glücks wird so von Platon bis Marcuse[1] gegen den des Lustgewinns dadurch abgesetzt, daß im Gedanken des Glücks stets ein Moment von Allgemeinheit mitgedacht wird. Was Marcuses Kritik am Hedonismus von der Platonischen unterscheidet, ist, daß in seinem Begriff vom „wahren Glück" das Moment der Allgemeinheit das der Wahrheit definiert und nicht umgekehrt. Hier aber setzt nun das dritte Argument ein: Der Lustbegriff enthält nicht das Moment des Kontaktes mit der Wirklichkeit. Das Leere des Lustbegriffs hat der Platonische

1 Herbert Marcuse (1898–1979): deutscher Philosoph in der Tradition von Marx und Freud

* Ebd. 3. Buch, S. 211, 213

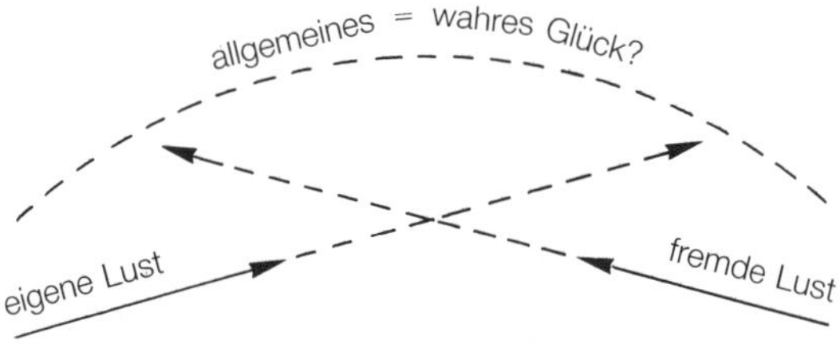

Widerstreit zwischen dem Luststreben verschiedener Individuen?

Sokrates im Auge, wenn er sagt, wer Lust für das höchste Gut erkläre, der müsse den für den glücklichsten Menschen halten, der immer die Krätze hat und sich immer kratzen kann[2]. Der Gesprächspartner Kallikles wirft Sokrates vor, die Position des Hedonismus zu karikieren. Natürlich will Kallikles unterscheiden zwischen verschiedenen Qualitäten des Vergnügens. Dann aber wendet Sokrates ein: Wenn es auf die in der Lust erschlossenen Qualitäten ankommt, dann ist eben nicht mehr die abstrakte Lust das Um-willen unserer Handlungen.

Wie sehr zu einem vollen Begriff des Glücks die Erfahrung von Wirklichkeit gehört, können wir uns an einem extremen Beispiel verdeutlichen. Stellen wir uns einen Menschen vor, der in einer Intensivstation auf einem Tisch angeschnallt ist. In sein Gehirn sind feine Drähte eingeführt, und durch gezielte Stromzufuhr wird in ihm ein Zustand permanenter Euphorie erzeugt, die sich auf seinem Gesicht abzeichnet. Der Arzt versichert uns, dieser Zustand werde bis zum Tod des Patienten andauern. Würden wir mit diesem Menschen tauschen wollen? Der englische Moralphilosph Hare hat „Glück“ als Zustand desjenigen definiert, mit dem wir gern tauschen würden. Mit diesem Menschen würden wir nicht tauschen wollen, und auch nicht mit dem Mann, der deshalb so vergnügt ist, weil er zu dumm ist zu merken, daß alle andern über ihn lachen. Der Mensch steht als sprechendes Wesen nicht im Mittelpunkt seiner Welt. Er ist nicht beschränkt auf die Perspektive, die sich von seiner Innenwelt aus ergibt. Was er für sich ist, bleibt nicht beziehungslos zu dem, was er für andere ist. Er sieht sich sozusagen zugleich mit den Augen anderer. Der Anspruch seines Bildes von der Wirklichkeit, etwas mit der von diesem Bild unabhängigen Wirklichkeit zu tun zu haben, hängt zusammen damit, daß er dieses Bild mit dem Bild anderer vergleichen kann, weil er mit anderen reden kann. Glück als ein nicht noch einmal auf sein Warum? befragbarer Zustand darf nicht eine dem Glücklichen verborgene, sinnlose Außenseite haben. Eine nichtintegrierte Außenseite hat nun aber jeder Zustand, der zeitlich begrenzt ist. Der Hedonismus kann die Einheit, die er prätendiert, nicht stiften, weil er stets punktuelle Lustzustände ins Auge fassen muß, die sich zu den diese Zustände herbeiführenden Tätigkeiten verhalten wie der Zweck zu den Mitteln, also äußerlich. Die klassische Lehre vom glücklichen Leben verstand „Glück“ dagegen als ein Ganzes von Tätigkeiten und Erleben. Zu einer Bergbesteigung z. B. gehören Tätigkeiten der Vorbereitung: Planung, Packen, Aufbruch, die Mühen des Aufstiegs, während dessen man vielleicht das Unternehmen verwünscht. Schließlich die Ankunft, die Rast auf dem Gipfel, und dann der Abstieg, die Erschöpfung, der Schlaf. Gewiß, das Unternehmen hatte ein Ziel, die Ankunft auf dem Gipfel. Aber wäre das Ziel der ganze Sinn des Unternehmens und alles im Verhältnis zu ihm nur Mittel, dann könnte man ja mit der Seilbahn hinauffahren. Offenbar war es das Ganze dieses Unternehmens, worum es eigentlich ging, das auch, was uns im nachhinein veranlaßt, uns an einen glücklichen Tag zu erinnern, den wir ein anderes Mal wiederholen wollen.

2 Platon, Gorgias, 494 c

Freilich hat auch das Glück *dieses* Unternehmens noch einen Außenaspekt, der im Erlebnis nicht integriert ist, und zwar einfach deshalb, weil auch er nur ein Zeitabschnitt unseres Lebens ist. Es mag sein, daß wir durch dieses Unternehmen eine wichtige Chance unseres Lebens versäumten, so daß wir später bedauern müssen, diese Bergtour gemacht zu haben. Es mag sein, daß jemand abstürzt. Ich meine nicht zu Tode. Das mag ja ein guter Tod sein. Das Leben wird durch ihn nicht zu einem unglücklichen Leben. Jeder stirbt schließlich einmal. Aber es kann sein, daß er zum Krüppel wird. Dann wird er nicht gern auf diesen Tag zurückblicken. Die Kosten waren zu hoch. Der Außenaspekt, den der Tag für ihn gewonnen hat, läßt sich mit dem Innenaspekt des Tages nicht mehr vermitteln.*

Arbeitsanregungen

1. Sigmund Freud stellt fest, das Leben sei zu schwer für uns. Wie verträgt sich diese These mit den freudvollen Erfahrungen, die wir doch häufig machen?
2. Um das Leben zu ertragen, brauchen wir Linderungsmittel, meint Freud. Er erwähnt drei Arten solcher Mittel: „mächtige Ablenkungen, die uns unser Elend gering schätzen lassen, Ersatzbefriedigungen, die es verringern, Rauschstoffe, die uns für dasselbe unempfindlich machen". Nennen Sie konkrete Beispiele solcher Linderungsmittel. Kann man auf solche Linderungsmittel verzichten? Was folgern Sie daraus?
3. Wem nützen solche Linderungsmittel? Können Sie sich Lebensbedingungen vorstellen, unter denen allgemein auf solche Mittel verzichtet werden kann? Oder teilen Sie Freuds Ansicht (5.1), daß der Mensch nie glücklich sein kann?
4. Informieren Sie sich über Freuds Menschenbild, v. a. über den Zusammenhang von Lustprinzip und Realitätsprinzip.
5. Nach einer verbreiteten Einschätzung ist unser Wohlstand erkauft mit der Armut der Entwicklungsländer. Welche Konsequenzen hat das für Ihr persönliches Leben?
6. Muß man ein Weiser sein (wie Aristoteles, die Epikureer und Stoiker sagen) oder ein halber Idiot (so der Maler Paul Klee in seinen Tagebüchern, vgl. 5.2), um glücklich zu sein? Wie erklären Sie die gegensätzlichen Antworten?
7. Epikur argumentiert gegen die Furcht vor dem Tod (5.3). Überzeugt Sie das Argument?
8. Epikur unterscheidet natürliche und nichtige Begierden. Was ist das Kriterium der Unterscheidung? Ist der Unterschied kulturabhängig?
9. Gegen Ende seines Briefes verbindet Epikur das freudvolle mit dem tugendhaften Leben. Nehmen Sie dazu Stellung.
10. Blicken Sie zurück auf die hedonistischen Regeln aus 2.2; könnte auch Epikur jene Regeln vertreten haben?
11. Warum gab es wohl immer mehr Menschen, die sich zur stoischen Philosophie bekannten als zum Epikureismus? Welche der beiden Richtungen entspricht eher heutigem Lebensgefühl?

* Robert Spaemann, Philosophie als Lehre vom glücklichen Leben. In: Ders., Philosophische Essays. Reclam, Stuttgart 1983, S. 86–92

6 Das Schlechte und das Heil

Eine Religion entwirft immer auch eine Vorstellung vom guten Leben, also vom ethisch richtigen Verhalten. Dabei bedient sie sich, anders als die Philosophie, nicht nur der rationalen Überlegung, sondern auch des Glaubens.
Ob der Glaube mit der Vernunft konkurriert oder sie ergänzt, ist strittig. Aber unzweifelhaft haben sich Religion und Philosophie immer wieder gegenseitig beeinflußt. In der Zeit des Niedergangs der antiken Kultur waren es zunächst arabische Wissenschaftler und dann christliche Theologen, die das philosophische Erbe teils bewahrten, teils um- oder weiterentwickelten. Die Annäherung von Philosophie und christlicher Lehre war besonders naheliegend, als sich herausstellte, daß die Hoffnung der Urkirche, die Wiederkunft Christi und die Aussicht auf ewige Glückseligkeit stehe unmittelbar bevor, enttäuscht wurde.
Damit wurde es auch nötig, die christlichen Lehren schriftlich zu fixieren und mehr und mehr theoretisch auszubauen – auch um sie gegen Anfeindungen zu verteidigen. Einer der Apostel, der sich als Wanderprediger u. a. auch mit Stoikern und Epikureern in Athen auseinandersetzte, war Paulus. (Vgl. Apostelgeschichte 17, 18.)

6.1 Umwertung der Tugenden

6.1.1 Göttliche Weisheit statt Weltweisheit – Paulus

Hat nicht Gott die Weisheit dieser Welt zur Torheit gemacht? Denn weil die Welt durch ihre Weisheit Gott in seiner Weisheit nicht erkannte, gefiel es Gott wohl, durch törichte Predigt zu retten, die daran glauben. Denn die Juden fordern Zeichen, und die Griechen fragen nach Weisheit, wir aber predigen den gekreuzigten Christus, den Juden ein Ärgernis und den Griechen eine Torheit; denen aber, die berufen sind, Juden und Griechen, predigen wir Christus als göttliche Kraft und göttliche Weisheit. Denn die göttliche Torheit ist weiser, als die Menschen sind, und die göttliche Schwachheit ist stärker, als die Menschen sind.
Seht an, liebe Brüder, eure Berufung: nicht viele Weise nach dem Fleisch[1], nicht viele Gewaltige, nicht viele Edle sind berufen. Sondern was töricht ist vor der Welt, das hat Gott erwählt, damit er die Weisen zuschanden mache; und was schwach ist vor der Welt, das hat Gott erwählt, damit er zuschanden mache, was stark ist; und das Unedle vor der Welt und das Verachtete hat Gott erwählt, das da nichts ist, damit er zunichte mache, was etwas ist, auf daß sich vor Gott kein Fleisch rühme. Durch ihn aber seid ihr in *Christus Jesus, welcher uns gemacht ist von Gott zur Weisheit und zur Gerechtigkeit und zur Heiligung und zur Erlösung,* auf daß, wie geschrieben steht (Jer. 9, 22. 23): „Wer sich rühmt, der rühme sich des Herrn!"*

1 Fleisch: das Äußere des Menschen, das (ohne Gottes Geist) schwach und dem Tod verfallen ist

* 1. Brief des Paulus an die Korinther, 1,20–31

Christenverfolgung in Rom. Auch Paulus wurde in Haft genommen und 67 n. Chr. hingerichtet.

6.1.2 Gottbezogene Tugenden – Paulus

Wenn ich mit Menschen- und mit Engelzungen redete und hätte der Liebe nicht, so wäre ich ein tönend Erz oder eine klingende Schelle. Und wenn ich weissagen könnte und wüßte alle Geheimnisse und alle Erkenntnis und hätte allen Glauben, so daß ich Berge versetzte, und hätte der Liebe nicht, so wäre ich nichts. Und wenn ich alle meine Habe den Armen gäbe und ließe meinen Leib brennen und hätte der Liebe nicht, so wäre mir's nichts nütze.
Die Liebe ist langmütig und freundlich, die Liebe eifert nicht, die Liebe treibt nicht Mutwillen, sie blähet sich nicht, sie stellet sich nicht ungebärdig, sie suchet nicht das Ihre, sie läßt sich nicht erbittern, sie rechnet das Böse nicht zu, sie freuet sich nicht der Ungerechtigkeit, sie freuet sich aber der Wahrheit; sie verträgt alles, sie glaubet alles, sie hoffet alles, sie duldet alles.
Die Liebe höret nimmer auf, so doch die Weissagungen aufhören werden und das Zungenreden[1] aufhören wird und die Erkenntnis aufhören wird. Denn unser Wissen ist Stückwerk, und unser Weissagen ist Stückwerk. Wenn aber kommen wird das Vollkommene, so wird das Stückwerk aufhören. Da ich ein Kind war, da redete ich wie ein Kind und war klug wie ein Kind und hatte kindliche Anschläge; da ich aber ein Mann ward, tat ich ab, was kindlich war. Wir sehen jetzt durch einen Spiegel in einem dunkeln Wort; dann aber von Angesicht zu Angesicht. Jetzt erkenne ich stückweise; dann aber werde ich erkennen, gleichwie ich erkannt bin. *Nun aber bleibt Glaube, Hoffnung, Liebe, diese drei; aber die Liebe ist die größte unter ihnen.**

1 Zungenreden: begeisterte oder gar ekstatische fromme Rede

* 1. Brief des Paulus an die Korinther, 13

6.2 Die Kehrseite des Guten

Aurelius Augustinus in seiner Studierstube

Trotz zahlreicher Verfolgungen breitet sich das Christentum im Römischen Reich immer mehr aus. Schließlich bekehrt sich auch Kaiser Konstantin und verschafft seiner neuen Religion 313 n. Chr. die Gleichberechtigung. In dieser Zeit beginnen sich die östliche Reichshälfte (Zentrum: Konstantinopel) und die westliche politisch und kulturell auseinanderzuentwickeln; 395 wird das Reich geteilt.

Im gleichen Jahr empfängt Augustinus *in Hippo (Nordafrika) die Bischofsweihe. Seit vier Jahren ist das Christentum alleinige Staatsreligion. Augustinus hat sich erst nach langen philosophischen und religiösen Studien bekehrt. In den autobiographischen Bekenntnissen („Confessiones") schildert er recht dramatisch seine Abwendung von oberflächlicher Lebensweise, von religiösen Sekten und von der Philosophie. (Als Weströmer beherrscht er kein Griechisch mehr, liest also lateinische Schriften bzw. Übersetzungen.) Außerdem verteidigt er, in der Zeit der beginnenden germanischen Völkerwanderung, das Christentum gegen den Vorwurf, den Verfall des Römischen Reichs zu verschulden. Dies alles ist im Stil einer leidenschaftlichen Gewissenserforschung, eines offenherzigen Zwiegesprächs der Seele mit Gott verfaßt.*

6.2.1 Das Schlechte in der guten Schöpfung – Augustinus

Augustinus stellt u. a. die Frage nach der Kehrseite des Guten: Wie ist das Schlechte in der von Gott geschaffenen Welt möglich? Dabei setzt sich Augustinus mit den Manichäern auseinander, den Anhängern des persischen Religionsstifters Mani (216–276), der die menschliche Seele und die Welt dualistisch, aus zwei miteinander kämpfenden Mächten begreift: Licht (das Gute) und Finsternis (das Böse, die Materie); für eine freie Entscheidung bleibt in diesem Weltbild kein Raum. Vor seiner Bekehrung hing Augustinus selbst für einige Zeit dieser Lehre an, bis er überzeugt wurde, daß Gott nur als allmächtiges und vollkommen gutes Wesen denkbar sei:

Und es ward mir klar, daß es Gutes gibt, das verderbt wird. Wäre es das höchste Gut, könnte es nicht verderbt werden, aber ebensowenig könnte es verderbt werden, wenn es nicht doch auch ein Gut wäre. Denn wäre es das höchste Gut, wär' es unverderblich, wäre es aber überhaupt kein Gut, gäbe es an ihm nichts zu verderben. (...)
Also was ist, ist auch gut[1], und das Böse, nach dessen Ursprung ich fragte, ist nichts Wesenhaftes, denn wäre es ein Wesen, wäre es gut. Denn entweder wäre es ein unverderbliches Wesen – fürwahr ein großes Gut! – oder aber ein verderbliches Wesen, das nicht verderblich sein

1 Auch die Umkehrung gilt für die mittelalterliche Philosophie: Was gut ist, das ist (seiend). Damit werden die Begriffe „seiend" (bzw. „Seiendes") und „gut" (bzw. „Gutes") austauschbar. (Der lateinische Lehrsatz lautet: „ens et bonum convertuntur.") Mit dem Guten wird dann auch das Sein graduierbar: Je besser etwas ist, um so mehr ist es (um so mehr Realität hat es). Gott (als Inbegriff oder Höchstmaß des Guten) ist also als das allerrealste Wesen (ens realissimum) zu definieren.

könnte, wäre es nicht auch gut. So sah ich denn und ward es mir klar, daß alles Gute du geschaffen hast und daß es kein Wesen gibt, das du nicht schufst. Und weil du nicht alles überein erschaffen hast und jedes sein besonderes Wesen hat, ist jedes einzelne gut, und alles zusammen sehr gut. Denn was unser Gott erschaffen hat, war „alles sehr gut".
Und für dich gibt's überhaupt nichts Böses, und nicht nur für dich nicht, sondern auch nicht für das All deiner Schöpfung. Denn es ist nichts draußen, das in sie einbrechen und deine für sie gestiftete Ordnung stören könnte. In ihren Teilen freilich ist manches, was nicht zusammenstimmt und darum für böse gehalten wird, doch eben dies stimmt wieder zu anderem, ist insofern gut und ist auch in sich selbst gut. Und alle diese Dinge, die eins zum andern nicht zusammenstimmen, stimmen doch zum niederen Teil der Schöpfung, den wir Erde nennen, die ihren Himmel hat mit seinen Wolken und Stürmen, der zu ihr paßt. Fern sei es, daß ich sagte: Dies sollte nicht sein!*

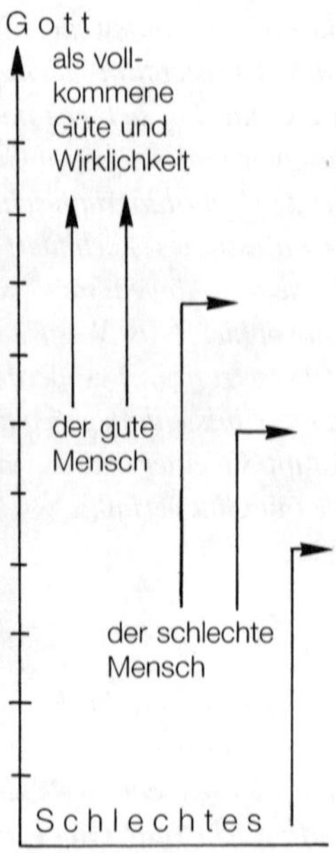

Augustinus' Überlegungen zeigen noch keine klare Unterscheidung innerhalb des Schlechten, ebensowenig wie die Griechen (mit ihrem Begriff kakón) und die Römer (mit ihrem Begriff malum). Uns ist diese Unterscheidung selbstverständlich geworden: Es gibt naturhaftes, physisches Übel *(z. B. Krankheit oder eine Naturkatastrophe) und* moralisches Übel, das Böse *(christlich: die Sünde; erfahrbar im Schuldgefühl). Beides erzeugt für den Menschen Leid.*
Von beiden Arten des Schlechten wird Gott bei Augustinus entlastet. (Für eine solche Rechtfertigung Gottes gebraucht Leibniz 1710 den Begriff Theodizee, *von griech. theós, Gott, und dike, Gerechtigkeit.) Das physische Übel begreift Augustinus lediglich als Mangel an Gutem, das moralische Übel als nicht weiter erklärbare Willensentscheidung, die sich abkehrt von Gott und letztendlich auf ein weniger Gutes (ein endliches und vergängliches Gut) abzielt. Aus eigener menschlicher Kraft, ohne göttliche Gnade für den reuigen Sünder sieht Augustinus keine Möglichkeit, das wahre Heil zu erlangen. („Heil" steht hier für den griechischen Begriff „eudaimonia", der im Lateinischen mit „felicitas" oder „beatitudo" übersetzt wird.)*

6.2.2 Die Realität des Bösen – Immanuel Kant

Je schwieriger es für Menschen wird, über Erfahrungen von Leid und Ungerechtigkeit hinwegzukommen (etwa durch die religiös begründete Hoffnung auf ein jenseitiges besseres Leben), um so weniger glaubhaft erscheint die traditionelle Erklärung, das Schlechte sei nur ein Mangel an Gutem, es habe weniger Realität.
Hilfreich ist Immanuel Kants Unterscheidung zweier Fälle beim Schlechten (abstrakter gesagt: bei der Verneinung): Es gibt a) den Mangel *(„defectus"), b) die* reale Entgegensetzung *(Beraubung, „privatio"). So ist z. B. Unlust nicht ein Mangel an Lust (das wäre Gleichgültigkeit), sondern die reale Entgegensetzung zur Lust; ebenso wenig darf man den Unterschied zwischen Haß und Mangel an Liebe vernachlässigen.*

Der Fehler, darin um dieser Vernachlässigung willen viele Philosophen verfallen sind, liegt am Tage. Man findet, daß sie mehrenteils die Übel wie bloße Verneinungen behandeln, ob es

* Augustinus, Bekenntnisse. Übers. v. W. Thimme, Artemis, Zürich, München [3]1982, 7. Buch, S. 179 f.

Ein Schock für optimistische Aufklärer: Das Erdbeben von Lissabon brachte in einer Nacht des Jahres 1755 ca. 25 000 Menschen den Tod. Hat das Schlechte weniger Realität als das Gute?

gleich nach unsern Erläuterungen offenbar ist: daß es Übel des Mangels (mala defectus) und Übel der Beraubung (mala privationis) gibt. Die erstern sind Verneinungen, zu deren entgegengesetzter Position kein Grund ist, die letztern setzen positive Gründe voraus, dasjenige Gute aufzuheben, wozu wirklich ein anderer Grund ist, und sind ein *negatives Gute*. Dieses letztere ist ein viel größeres Übel als das erstere. Nicht geben ist in Verhältnis auf den der bedürftig ist ein Übel, aber Nehmen, Erpressen, Stehlen ist in Absicht auf ihn ein viel größeres, und *Nehmen* ist ein *negatives Geben*. (...)

Die Begriffe der realen Entgegensetzung haben auch ihre nützliche Anwendung in der praktischen Weltweisheit. *Untugend* (demeritum) ist nicht lediglich eine Verneinung; sondern eine *negative Tugend* (meritum negativum). Denn Untugend kann nur Statt finden, in so ferne als in einem Wesen ein inneres Gesetz ist (entweder bloß das Gewissen oder auch das Bewußtsein eines positiven Gesetzes), welchem entgegengehandelt wird. (...) Ein unvernünftig Tier verübt keine Tugend. Es ist diese Unterlassung aber nicht Untugend (demeritum). Denn es ist keinem inneren Gesetze entgegen gehandelt worden.

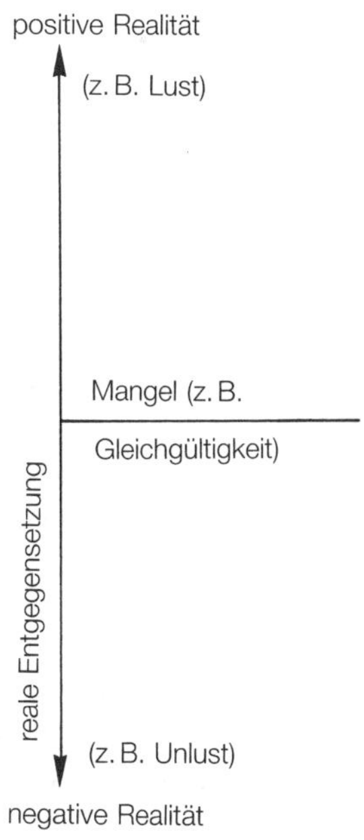

Aus diesen Überlegungen ergeben sich für Kant wichtige Folgerungen für die Beurteilung des moralischen Wertes einer Handlung:

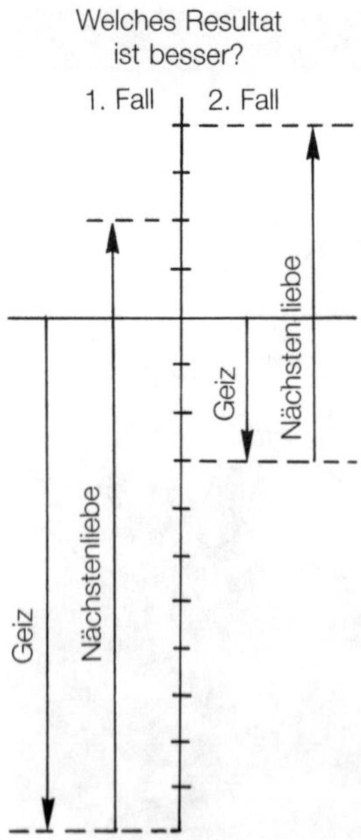

(...) In moralischen Dingen ist das Zero[1] gleichfalls nicht immer als eine Verneinung des Mangels[2] zu betrachten, und eine positive Folge von mehr Größe nicht jederzeit ein Beweis von einer größeren Tätigkeit, die in der Richtung auf diese Folge angewandt worden. Gebet einem Menschen zehn Grade Leidenschaft, die in einem gewissen Falle den Regeln der Pflicht widerstreitet, z. E. Geldgeiz. Lasset ihn zwölf Grade Bestrebung nach Grundsätzen der Nächstenliebe anwenden; die Folge ist von zwei Graden, so viel als er wohltätig und hülfreich sein wird. Gedenket euch einen andern von drei Graden Geldbegierde, und von sieben Graden Vermögen, nach Grundsätzen der Verbindlichkeit[3] zu handeln. Die Handlung wird vier Grade groß sein, als so viel nach dem Streite seiner Begierde er einem andern Menschen nützlich sein wird. Es ist aber unstreitig: daß in so ferne die gedachte Leidenschaft als natürlich und unwillkürlich kann angesehen werden, der moralische Wert der Handlung des ersteren größer sei als des zweiten, obzwar, wenn man sie durch die *lebendige* Kraft schätzen wollte, die Folge in dem letzteren Fall jene übertrifft. Um des willen ist es Menschen unmöglich, den Grad der tugendhaften Gesinnung aus ihren Handlungen sicher zu schließen, und es hat auch derjenige das Richten sich allein vorbehalten, der in das Innerste der Herzen sieht.*

1 Zero: Null (Grad an Realität, an Tätigkeit, Lebendigkeit)
2 Verneinung des Mangels: Verneinung nach Art des Mangels, im Unterschied zur anderen Art der Verneinung, nämlich der realen Entgegensetzung
3 Grundsätze der Verbindlichkeit: gemeint sind moralische Prinzipien. Subjektive Grundsätze des Handelns sind Maximen, objektive sind moralische Gesetze.

6.2.3 Der Wille als Ursprung des Bösen – Arthur Schopenhauer

Wenn ein Mensch, sobald Veranlassung da ist und ihn keine äußere Macht abhält, stets geneigt ist, *Unrecht* zu tun, nennen wir ihn *böse.* Nach unserer Erklärung des Unrechts heißt dieses, daß ein solcher nicht allein den Willen zum Leben, wie er in seinem Leibe erscheint, bejaht; sondern in dieser Bejahung so weit geht, daß er den in andern Individuen erscheinenden Willen verneint; was sich darin zeigt, daß er ihre Kräfte zum Dienste seines Willens verlangt und ihr Dasein zu vertilgen sucht, wenn sie den Bestrebungen seines Willens entgegenstehn. Die letzte Quelle hievon ist ein hoher Grad des Egoismus, dessen Wesen oben auseinandergesetzt ist. Zweierlei ist hier sogleich offenbar: *erstlich,* daß in einem solchen Menschen ein überaus heftiger, weit über die Bejahung seines eigenen Lebens hinausgehender Wille zum Leben sich ausspricht; und *zweitens,* daß (...) er allein sein eigenes Wohlsein sucht, vollkommen gleichgültig gegen das aller andern, deren Wesen ihm vielmehr völlig fremd ist, durch eine weite Kluft von dem seinigen geschieden, ja die er eigentlich nur als Larven ohne alle Realität ansieht. – Und diese zwei Eigenschaften sind die Grundelemente des bösen Charakters.

* Immanuel Kant, Versuch, den Begriff der negativen Größen in die Weltweisheit einzuführen, 1763. In: Ders., Werkausgabe. Bd. 2. Hrsg. v. Wilhelm Weischedel, Insel, Wiesbaden, S. 794f. und 814f.

Die „eigentliche Bosheit", die „sich bis zur Grausamkeit steigert", ist für Schopenhauer nicht allein aus dem Egoismus zu begreifen, da sie sich am fremden Leiden als Zweck an sich ergötzt, unabhängig von den Zwecken des eigenen Willens. Wie ist diese Bosheit zu erklären?

Weil der Mensch Erscheinung des Willens, von der klarsten Erkenntnis beleuchtet, ist,[1] mißt er die wirkliche und gefühlte Befriedigung seines Willens stets gegen die bloß mögliche ab, welche ihm die Erkenntnis vorhält. Hieraus entspringt der Neid: jede Entbehrung wird unendlich gesteigert durch fremden Genuß und erleichtert durch das Wissen, daß auch andere dieselbe Entbehrung dulden. Die Übel, welche allen gemeinschaftlich und vom Menschenleben unzertrennlich sind, betrüben uns wenig: ebenso die, welche dem Klima, dem ganzen Lande angehören. Die Erinnerung an größere Leiden, als die unserigen sind, stillt ihren Schmerz: der Anblick fremder Leiden lindert die eigenen. Wenn nun ein Mensch von einem überaus heftigen Willensdrange erfüllt ist, mit brennender Gier alles zusammenfassen möchte, um den Durst des Egoismus zu kühlen, und dabei, wie es notwendig ist, erfahren muß, daß alle Befriedigung nur scheinbar ist, das Erlangte nie leistet, was das Begehrte versprach, nämlich endliche Stillung des grimmigen Willensdranges; sondern durch die Erfüllung der Wunsch nur seine Gestalt ändert und jetzt unter einer andern quält, ja endlich, wenn sie alle erschöpft sind, der Willensdrang selbst auch ohne erkanntes Motiv bleibt und sich als Gefühl der entsetzlichsten Öde und Leere mit heilloser Qual kundgibt – wenn aus diesem allen, was bei den gewöhnlichen Graden des Wollens, nur in geringerm Maß empfunden, auch nur den gewöhnlichen Grad trüber Stimmung hervorbringt, bei jenem, der die bis zur ausgezeichneten Bosheit gehende Erscheinung des Willens ist, notwendig eine übermäßige innere Qual, ewige Unruhe, unheilbarer Schmerz erwächst; so sucht er nun indirekt die Linderung, deren er direkt nicht fähig ist, sucht nämlich durch den Anblick des fremden Leidens, welches er zugleich als eine Äußerung seiner Macht erkennt, das eigene zu mildern. Fremdes Leiden wird ihm jetzt Zweck an sich, ist ihm ein Anblick, an dem er sich weidet: und so entsteht die Erscheinung der eigentlichen Grausamkeit, des Blutdurstes, welche die Geschichte so oft sehn läßt, in deren Neronen und Domitianen[2], in den afrikanischen Deis[3], im Robespierre usw.*

Nunmehr aber habe ich (...) daran zu erinnern, daß wir früher dem Leben im ganzen das Leiden wesentlich und von ihm unzertrennlich gefunden haben und daß wir einsahen, wie jeder Wunsch aus einem Bedürfnis, einem Mangel, einem Leiden hervorgeht, daß daher jede Befriedigung nur ein hinweggenommener Schmerz, kein gebrachtes positives Glück ist, daß die Freuden zwar dem Wunsche lügen, sie wären ein positives Gut, in Wahrheit aber nur negativer Natur sind und nur das Ende eines Übels. Was daher auch Güte, Liebe und Edelmut für andere tun, ist immer nur Linderung ihrer Leiden, und folglich ist, was sie bewegen kann zu guten Taten und Werken der Liebe, immer nur die *Erkenntnis des fremden Leidens,* aus dem eigenen unmittelbar verständlich und diesem gleichgesetzt. Hieraus aber ergibt sich, daß die reine Liebe (agape, caritas) ihrer Natur nach Mitleid ist; das Leiden, welches sie lindert, mag nun ein großes oder ein kleines, wohin jeder unbefriedigte Wunsch gehört, sein.**

1 Der Grund der Welt und also auch des Menschen ist für Schopenhauer nicht die Vernunft, sondern der blinde Wille, der sich in Stufen von der Materie bis zum menschlichen Erkenntnisvermögen entfaltet, ohne Zweck und Sinn.

2 Nero und Domitian: berüchtigte römische Kaiser des 1. Jh. n. Chr.; sie verfolgten Stoiker wie Christen.

3 Deis: Oberbefehlshaber der algerischen Janitscharenmiliz bis 1830

Im Gegensatz zur mittelalterlichen Philosophie ist also für Schopenhauer nicht das Schlechte, sondern das Glück negativer Natur.

* Arthur Schopenhauer, Die Welt als Wille und Vorstellung. In: Ders., Sämtliche Werke, hrsg. v. W. von Löhneysen, Bd. 1. Wiss. Buchgesellschaft, Darmstadt 1974, 1. Band, 4. Buch, § 65, S. 494–497. © Cotta-Insel, Stuttgart/Frankfurt/M.

** Ebd. § 67, S. 510 f.

6.2.4 Die Verharmlosung des Bösen durch die Wissenschaft – Walter Schulz

Das Böse läßt sich nicht eindeutig definieren, weder wissenschaftstheoretisch, noch moralphilosophisch, noch metaphysisch. Gleichwohl: was wir mit dem Bösen meinen, ist ein sehr realer Sachverhalt, gleichsam ein anthropologisches „Urphänomen", dessen Wurzel der *Egoismus* und dessen eklatanteste Ausprägung der Hang des Menschen zur *Grausamkeit* ist. Das sich in der Grausamkeit in seiner radikalen Form zeigende Böse erscheint uns als eine ständig drohende Gefahr des Menschen, und diese Tatsache wird – so meinen wir – durch die heute maßgebende Ethik der rationalen Aufklärung zugedeckt.

(...) Aber man muß zugleich wissen, daß die verwissenschaftlichte Fragestellung[1] die Gefahr einer Verharmlosung der Probleme mit sich bringt. Dieser Gefahr begegnet man nur, wenn man sich von vornherein klarmacht, daß das Böse in all seinen Erscheinungen nicht wissenschaftlich restlos zu erklären ist – gelänge dies, dann würde das Böse kein wirklich ernst zu nehmendes Problem darstellen.

Das besagt für uns: eine zeitgemäße Ethik muß sich gegen die Illusion wenden, daß eines Tages der Mensch, emanzipiert, mündig und sich selbst reflektierend, nur von der Vernunft gesteuert wird, jenseits von Gut und Böse.*

1 Schulz denkt hier an die Aggressionsforschung.

6.2.5 Die Unerforschlichkeit des Bösen – Paul Ricœur

Ricœur verweist zunächst auf die seit Urzeiten verbreiteten konkreten Symbole für das Böse: sich beflecken, das Ziel verfehlen, einen gewundenen Pfad beschreiten, halsstarrig sein, umherirren, unbeständig sein wie der Staub im Wind u. a. m. Das bezeichnendste Symbol für Schuld finde sich im Gerichtshof. Indem das sich in der Geschichte zunehmend ausbildende Gerichtsverfahren verinnerlicht wird, entstehe die innerliche Selbst-Anklage und Selbst-Verurteilung des einzelnen Individuums bei der Übertretung eines Gesetzes. (Der Übergang von der kollektiven Erbschuld zur Schuld des einzelnen ist in der antiken Tragödie beobachtbar.)

Bei der ethischen Untersuchung des Bösen thematisiert Ricœur, im Anschluß an Kant, zunächst den unlöslichen Zusammenhang von Freiheit und der beängstigenden Fähigkeit, Böses zu tun wider besseres Wissen um die eigene Pflicht: „Die Freiheit bejahen ist soviel wie den Ursprung des Bösen auf sich nehmen." Aber worin liegt dieser Ursprung?

In der Abhandlung über *das radikale Böse,* welche die *Religion innerhalb der Grenzen der bloßen Vernunft* einleitet, wirft Kant das Problem eines Ursprungs auf, der allen bösen Maximen gemeinsam ist. In der Tat hat man sich in der Reflexion über das Böse noch nicht weit

* Walter Schulz, Philosophie in der veränderten Welt. Neske, Pfullingen 1972, S. 719f.

genug vorgewagt, solange man getrennt eine böse Absicht betrachtet, dann eine andere, dann noch eine andere; „es müßte sich“, sagt Kant, „aus einigen, ja aus einer einzigen mit Bewußtsein bösen Handlung *a priori*[1] auf eine böse zum Grunde liegende Maxime[2] und aus dieser auf einen in dem Subjekt allgemein liegenden Grund aller besonderen moralisch-bösen Maximen, der selbst wiederum Maxime ist, schließen lassen, um einen Menschen böse zu nennen“.

Dieser Vertiefungsprozeß, der von den bösen Maximen zu deren bösem Grund führt, bildet die philosophische Transposition[3] des Wegs von den Sünden zu *der* Sünde (in der Einzahl), den wir im ersten Teil erwähnten, als wir von den symbolischen Ausdrucksformen, insbesondere von den Mythen sprachen. Der Adamsmythos[4] enthält unter anderem die Bedeutung, daß sich alle Sünden auf eine einzige Wurzel beziehen, die gewisserweise jeder partikulären Äußerung des Bösen vorangeht. Und der Mythos konnte erzählt werden, weil sich die bekennende Gemeinschaft zu einem Geständnis des Bösen erhoben hat, das alle Menschen umfaßt; weil die Gemeinschaft eine fundamentale Schuld *eingesteht*, die der Mythos als ein Ereignis darstellt, das ein einziges Mal erfolgt ist, als ein einmaliges Auftreten des Bösen. Die kantische Lehre vom radikalen Bösen will die philosophische Wiederaufnahme dieser Erfahrung und dieses Mythos sein.

Was gibt dieser Wiederaufnahme ihren philosophischen Charakter? Im wesentlichen die Behandlung des radikalen Bösen als Grund der vielfältigen bösen Maximen. Darum muß sich die kritische Anstrengung auf diesen Begriff des Grundes ausrichten.

Was kann ein Grund der bösen Maximen sein? Mit gutem Recht kann man ihn eine Bedingung *a priori* nennen, um zu unterstreichen, daß es sich nicht um ein Faktum handelt noch um einen zeitlich erfaßbaren Ursprung. Wir haben es hier nicht mit einer empirischen Tatsache zu tun, sondern mit einer primären Disposition[5] der Freiheit, die man voraussetzen muß, um zu verstehen, warum sich der Erfahrung das universale Schauspiel der menschlichen Bosheit darbieten kann. Man darf sich auch nicht einen zeitlichen Ursprung vorstellen, will man nicht auf die Theorie einer Naturkausalität zurückfallen. Das Böse wäre nicht mehr das Böse, wenn es aufhörte, eine „Beschaffenheit der Freiheit, die ihr von der Freiheit selbst zukommt“, zu sein. Somit hat das Böse keinen Ursprung im Sinn einer vorgängigen Ursache: „Eine jede böse Handlung muß, wenn man den Vernunftursprung derselben sucht, so betrachtet werden, als ob der Mensch unmittelbar aus dem Stande der Unschuld in sie geraten wäre.“ Alles ist in diesem „als ob“ enthalten, das ein philosophisches Äquivalent[6] zum Fall-Mythos bildet; und hierin haben wir den rationalen Mythos des Hervortretens, des unvermittelten Übergangs von der Fehllosigkeit (innocence) zur Sünde. *Wie* Adam (vielmehr als *in* Adam) beginnen wir das Böse. Doch wie ist dieses *einmalige* Hervortreten zu fassen, das alle bösen Maximen in sich enthält? Wir müssen uns tatsächlich eingestehen, daß wir über keinen Begriff mehr verfügen, um einen bösen Willen zu denken.

Denn diese Heraufkunft bildet keineswegs mehr einen Akt meines freien Willens, den ich tun oder lassen könnte; das Rätsel dieses Grundes liegt darin, daß die Reflexion ihn als etwas Gegebenes vorfindet: Die Freiheit hat schon immer schlecht gewählt. Das Böse ist *bereits vorhanden*. In diesem Sinn hat es radikalen Charakter, d. h., es ist jeder bösen Absicht, jeder bösen Tat vorgängig, wenn auch auf eine nichtzeitliche Weise.

Dieses Scheitern der Reflexion ist jedoch nicht fruchtlos; es hilft einer *Philosophie* der Gren-

1 a priori: unabhängig von Erfahrung (Empirie)
2 Maxime: subjektiver Handlungsgrundsatz
3 Transposition: Übertragung
4 Adamsmythos: biblische Erzählung vom Sündenfall (Genesis/1. Mose, Kap. 3)
5 Disposition: Anlage
6 Äquivalent: Gegenstück

zen, ihren eigenen Charakter näher zu bestimmen und sie von einer Systemphilosophie hegelscher Art[7] zu unterscheiden.

Die Grenze ist eine zweifache: Begrenzung meiner Erkenntnis, Begrenzung meines Könnens. Einerseits *kenne ich* den Ursprung meiner Freiheit zum Bösen *nicht;* diese Unkenntnis hinsichtlich des Ursprungs gehört wesentlich zum Akt des Geständnisses selbst, in dem ich mich zu meiner radikal bösen Freiheit bekenne. Die Unkenntnis hat Anteil am Performativ[8] des Geständnisses oder, in einer anderen Sprache ausgedrückt, an der Anerkennung und Aneignung meiner selbst. Auf der anderen Seite entdecke ich das *Un-Vermögen* meiner Freiheit. Ein seltsames Unvermögen, denn ich gestehe, dafür verantwortlich zu sein, daß ich etwas nicht vermag. Dieses Unvermögen ist ganz das Gegenteil zu der Auffassung, ein fremder Zwang wirke auf mich ein: Ich gestehe vielmehr, daß meine Freiheit sich bereits in eine Un-Freiheit begeben hat. Dieses Eingeständnis ist das größte Paradox der Ethik. Es scheint unserer ersten Aussage zu widersprechen: Wir begannen mit der Erklärung, das Böse sei das, was ich *hätte* unterlassen *können*; daran ist auch jetzt noch festzuhalten. Zugleich aber gestehe ich, daß das Böse diese vorgängige Gefangenschaft ist, die mich dazu bestimmt, daß ich gar *nicht anders kann, als* das Böse zu tun. Dieser Widerspruch ist der Freiheit inhärent, er bezeichnet das Unvermögen des Vermögens, die Unfreiheit der Freiheit.

Ist das eine Lektion der Verzweiflung? Keineswegs: Dieses Geständnis führt uns im Gegenteil zu der Stelle, wo alles von neuem beginnen kann. Die Rückkehr zum Ursprung ist die Rückkehr zu diesem Ort, wo die Freiheit sich als zu befreiende entdeckt, kurz, dorthin, wo sie *hoffen* kann, befreit zu werden.*

7 Hegel (1770–1831) entwickelte eine Philosophie, in der alles Wissen zu einem begreifbaren System (vollendet im „absoluten Wissen" des Philosophen) geordnet werden sollte.

8 Performativ: eine Äußerung, die (im Unterschied zu Feststellungen oder Beschreibungen) nicht wahr oder falsch sein kann, z. B. ein Gruß, ein Ratschlag, ein Versprechen

6.2.6 Hoffnung auf Überwindung des Bösen – Paul Ricœur

Wenn ich jetzt frage, worin der eigentlich religiöse Diskurs[1] über das Böse besteht, zögere ich nicht zu antworten: im Diskurs der *Hoffnung.* (...) Die Religion, so scheint mir, unterscheidet sich darin von der Moral, daß sie verlangt, die Freiheit selbst im Zeichen der Hoffnung zu denken. (...) In der moralischen Perspektive ist das Böse wesentlich eine Übertretung, d. h. die Subversion eines Gesetzes; so kommt auch die Mehrzahl der frommen Menschen nicht davon ab, die Sünde dieserart einzuschätzen. Und trotzdem, wenn man das Böse vor Gott zurückbringt, verwandelt es sich qualitativ. Es besteht nur weniger in einer Gesetzesübertretung als in der *Anmaßung* des Menschen, Herr des eigenen Lebens zu sein. So bildet selbst der Wille, nach dem Gesetz zu leben, eine Äußerung des Bösen und gar die verhängnisvollste, weil sie sich am meisten verschleiert. Noch schlimmer als die Ungerechtigkeit ist die Selbstgerechtigkeit. Das ethische Gewissen sieht dies nicht; nur das religiöse weiß es. Auch diese zweite Entdeckung kann in Termini[2] der Verheißung und der Hoffnung formuliert werden.

In der Tat wird der Wille nicht, wie wir es im Rahmen der ethischen Analyse zu glauben vorgaben, nur durch die Beziehung der Willkür zum Gesetz konstituiert[3] (in kantischen Ter-

1 Diskurs: Erörterung, Gespräch

2 Termini: (Fach-)Begriffe

3 konstituieren: gründen

* Paul Ricœur, Schuld und Ethik. In: Ders., Hermeneutik und Strukturalismus – Hermeneutik und Psychoanalyse. München 1973/74, S. 266 ff. Abgedruckt in: K.-O. Apel u. a. (Hrsg.), Praktische Philosophie/Ethik. Reader zum Funkkolleg. Band 1. Fischer, Frankfurt/M. 1980, S. 338–340

mini: durch die Beziehung zwischen der „Willkür" und dem „Willen" oder der Bestimmung durch das Vernunftgesetz). Der Wille konstituiert sich grundlegender noch durch den Wunsch nach Erfüllung oder Vollendung.[4]

(...) Der Moralist stellt das *Prädikat* „bös" dem *Prädikat* „gut" gegenüber; er verurteilt das Böse; er rechnet es der Freiheit an; und schließlich bleibt er an der Grenze des Unerforschlichen stehen. Denn wir wissen nicht, wie es kommen konnte, daß sich die Freiheit in Unfreiheit begeben hat. Der Glaube aber blickt nicht in diese Richtung. Sein eigentliches Problem sieht er nicht im Anfang des Bösen, sondern in dessen *Ende;* und dieses Ende integriert er mit den Propheten in die Ökonomie[5] der Verheißung, mit Jesus in die Verknüpfung des kommenden Gottes, mit Paulus in die Perspektive des Gesetzes der Überfülle.[6]*

4 Bei der „Vollendung" denkt Ricœur an Kants Begriff des höchsten Guts (siehe 4.5.2), in dem das Glück mit der Tugend vereint ist. Ricœur: „Diese Vereinigung bildet das kantische Äquivalent der Hoffnung."

5 Ökonomie: Wirtschaft, Wirtschaftlichkeit, wirtschaftliche Lebensführung

6 Anspielung auf den Römerbrief des Paulus, in dem die Liebe als volle Erfüllung des Gesetzes (des Alten Testaments) gepriesen wird (Römer 13, 10)

6.3 Lexikalisches Stichwort: Schuld

Schuld, ahd. sculda, seiner Herkunft nach etwas, was man soll (ahd. skulan „sollen"), eine Verpflichtung, „Schuldigkeit"; nach Grimm und neuerdings Meringer (Idg. Forschungen 18, 229) ist zunächst für die german. Sprachsippe Entwicklung aus der erschlossenen Wurzel squel- „schneiden", „spalten" wahrscheinlich: altisl. skal „ich habe verwundet oder getötet" – bin daher zu Wergeld verpflichtet, daher: „ich soll, muß". – Sch. haben heißt im allgemeinsten Sinne: Urheber von etwas Verderblichem sein. Im heutigen juristischen Sinn wird jedoch die Sch., das Verschulden, von der bloßen Urheberschaft streng geschieden: Sch. hat nur derjenige an seiner Tat, dem sie auch nach seinem inneren Verhalten zum Vorwurf gereicht. Dies ist der Fall, wenn er entweder mit Vorsatz oder fahrlässig (vgl. culpa), d. h. ohne die nötige und ihm zumutbare Sorgfalt, gehandelt hat. Das Urteil, das dies ausspricht, ist die Zurechnung zur Schuld; es setzt voraus, daß der Täter im Augenblick der Tat zurechnungsfähig war, daß er die nötige Einsicht und Reife besaß, um das Unrechte seiner Handlung zu erkennen und seinen Willen danach zu bestimmen. – Nur die (natürliche) Person kann, da sie ihren Willen ihrer Einsicht gemäß bestimmen kann, Sch. haben. Kant bestimmt daher die Person geradezu als „dasjenige Subjekt, dessen Handlungen einer Zurechnung fähig sind" (Met. d. S., Einl.). (...)**

Schuld (...) Das zur Reue notwendige, auf sittlichen Kriterien beruhende S.bewußtsein ist von einem sittlich unbegründeten S.gefühl zu unterscheiden. Letzteres kann im Verhältnis zur tatsächlichen S. übermäßig groß, gar nicht vorhanden oder durch äußere Sanktionen erzwungen sein. Wenn das S.gefühl unbewußt genossen und aufrecht erhalten wird, ist es Ausdruck einer Neurose (Krankheit). Als Ausdruck des Gerechtigkeitssinns ist das S.gefühl jedoch Bewußtsein der Verletzung auf Gegenseitigkeit beruhender Beziehungen des Vertrauens, der Freundschaft und Liebe, und insofern Zeichen einer freien und zurechnungsfähigen Person (J. Rawls). – Der S.begriff der christlichen Ethik faßt S. nicht nur als Verfehlung des sittlichen Wesens des Menschen, sondern auch als Verfehlung gegen Gott auf. Diese S. kann zwar durch Reue und Umkehr gesühnt werden. Die eigentliche Aufhebung der S. ist aber nicht vom sittlichen Willen des einzelnen, sondern allein von seinem Glauben (sola fide: M. Luther) an die rechtfertigende Gnade Gottes abhängig. Eine Selbstvergewisserung von S. oder S.losigkeit, wie sie moralisch und rechtlich möglich ist, bleibt dem einzelnen hinsichtlich seiner religiösen S. versagt.***

* Ebd. S. 342–344

** J. Hoffmeister (Hrsg.), Wörterbuch der philosophischen Begriffe. Felix Meiner, Hamburg 1955

*** Otfried Höffe, Lexikon der Ethik, a. a. O.

6.4 Lexikalisches Stichwort: Liebe

Liebe. Der Begriff L. hat unterschiedliche Bedeutungen. Häufig meint er nur das sexuelle Verlangen, dann wieder die erotischen Gefühle, schließlich gemeinsame geistige Interessen. Er reicht von den flüchtigen ympathiebezeugungen über die Verliebtheit bis zu Freundschaft und Ehe, von der Partnerschaft mit einer einzigen geliebten Person bis zur allgemeinen Menschenliebe; er bezeichnet gleichrangige Beziehungen der Freundschaft und asymmetrische der Fürsorge und Wohltätigkeit. Einige Theoretiker der griechischen und christlichen Ethik vertreten die Ansicht, daß sittliches Handeln und L. ein und dasselbe sei. Allerdings verstehen sie unter L. (ἔρως, amor) eine Bewegung der Seele, die letzten Endes auf das Gute abzielt (Plato, Augustin). Sie kennen freilich auch die Leidenschaften, die die Erreichung dieses Zieles gefährden. Die Gefahr, daß leidenschaftliche L. in den Gegensatz zum Guten treten kann, veranlaßt manche Ethik, das sittliche Handeln unabhängig von der L. in der Pflicht zu begründen, nach der jüdischen Ethik in der Pflicht gegenüber den theonomen Gesetzesvorschriften, nach Kant gegenüber dem Sittengesetz im Innern des Menschen. In diesem Gegensatz von leidenschaftlicher L. und Sittlichkeit nimmt Nietzsche umgekehrt Partei für die uneingeschränkte Realisierung der L. ohne Rücksicht auf sittliche Prinzipien. Volle L. könne sich nur „jenseits von Gut und Böse“ verwirklichen.
Von der Bedürfnisseite her gründet die L. in der Leiblichkeit des Menschen, die sexuell bestimmt ist. Der Geschlechtstrieb bedarf der Befriedigung. Dieses biologische Erfordernis findet seinen psychischen Ausdruck in den mannigfachen sexuell bestimmten Erlebnisformen und Phantasien, die auf Erfüllung drängen. Da die menschliche Wirklichkeit nur unter ganz spezifischen Voraussetzungen sexuelle Befriedigung erlaubt, bildet sich eine von der direkten Befriedigung abgelenkte Erlebnisschicht der zärtlichen Gefühle von Symphatie und Zusammengehörigkeit, die Freud „zielgehemmte“ Erotik nennt. Da auch diese Bedürfnisse in der Wirklichkeit auf Versagung stoßen, bedarf es der menschlichen Vernunft, um andere, der sexuell-erotischen Bedeutung entkleidete sublime, d. h. geistige Interessen am anderen zu entwickeln. Der Begriff der L. umfaßt alle diese drei Bedeutungsschichten von der sexuellen Bedürfnisstruktur über die Erotik bis zum geistigen Interesse. Daraus ergibt sich für den Menschen die schwierige Aufgabe, seine ganze psychophysische Einheit vom Recht der Sinnlichkeit über das der Gefühle bis zu vernünftigen Ausdrucksformen zu realisieren.
Die Bedürfnisseite der L. muß in soziale Interaktionsformen eingebracht werden. Dies bedeutet, den schwierigen Ausgleich zu finden zwischen einer angemessenen SelbstL. und der L. zum anderen. Sowohl die Aufopferung seiner selbst in einem extremen Altruismus (...) wie die des anderen im Egoismus (Selbstinteresse) zerstören auf längere Sicht die L. Die durch die Endlichkeit des Menschen begrenzte L.fähigkeit erlaubt ihm überdies nur, persönliche Beziehungen in einem privaten Umkreis, dagegen sachbezogenere im öffentlichen Bereich zu finden. Aristoteles unterscheidet zwischen Freundschaft (philia), die ein gegenseitiges Wohlwollen einschließt, und Gerechtigkeit, die das Gesetzmäßige vertritt. Die im privaten Bereich dominierende freundschaftliche L. geht stufenweise in die den öffentlichen Bereich bestimmende Gerechtigkeit über. Ein Minimum an L. enthalten aber alle sittlichen Handlungen, auch die von der Gerechtigkeit bestimmten werden nie zur bloßen Pflicht. Erst die christliche E. fordert die allgemeine Nächstenliebe, die sich auch auf die Feinde erstrecken soll. Die gewaltsam-feindliche Aktion eines einzelnen, einer Gruppe, Klasse oder eines Staates bedeutet in der Regel jedoch eine Verunmöglichung der L. Vielmehr wird sie sich der eigenen unterdrückten Seite zuwenden und in Solidarität ausdrücken (Marx). Den Feinden gegenüber scheint lediglich eine Anerkennung und Achtung ihrer Menschlichkeit als Inbegriff einer allgemeinen MenschenL. erreichbar zu sein. (...)*

* Ebd.

Arbeitsanregungen

1. Inwiefern unterscheiden sich göttliche Weisheit und Weltweisheit? (6.2.1)
2. Was mag Paulus den Epikureern und Stoikern vorgeworfen haben?
3. Die Griechen haben verschiedene Wörter für Liebe (eros, philia, agape), ebenso die Römer (amor, amicitia, dilectio, caritas). Versuchen Sie, einige dieser Begriffe voneinander abzugrenzen.
4. Augustinus faßt einmal seine Ethik in den einen Satz „Liebe, und dann tu', was du willst." („Dilige, et quod vis fac!") Was hat er damit gemeint? Genügt dieser Satz als Moralprinzip?
5. Können Sie sich vorstellen, daß Gott nur begrenzte Macht hat? Können Sie sich, wie die Manichäer (6.2.1), einen bösen Gott vorstellen? Würde eine solche Vorstellung Ihr Leben ändern?
6. Wenn die mittelalterliche Philosophie den Grad des Guten mit dem Grad der Realität gleichsetzt (6.2.1), wird es schwierig, die Realität des Bösen (insbesondere die des Teufels) zu erklären. Wieso?
7. Bilden Sie die Verneinungen des Mangels und der realen Entgegensetzung (6.2.2) zu folgenden Begriffen: Egoismus – Hochmut – Glück – Hoffnung – Gottgläubigkeit.
8. Informieren Sie sich über Ergebnisse der Aggressionsforschung. Welche Ursache hat Aggression? Ist die Annahme eines Aggressionstriebs eine Erklärung des Bösen? (Literatur aus der Verhaltensforschung: Konrad Lorenz, Das sogenannte Böse. Piper, München 1963. Irenäus Eibl-Eibesfeldt, Liebe und Hass. Piper, München 1970.)
9. Paul Ricœur (6.2.5) bezeichnet das Böse als eine „vorgängige Gefangenschaft". Können Sie dem zustimmen? Oder ist es eine offene Frage, ob ein neugeborener Mensch in seinem Leben Böses tun wird?
10. Diskutieren Sie anhand der Thesen Ricœurs (6.2.6) den Unterschied zwischen der ethischen und der religiösen Dimension des Bösen.

7 Der gute Wille des autonomen Subjekts

In unserer Zeit lassen wir uns nicht mehr bereitwillig moralische Vorschriften von einer Autorität (z. B. von Eltern, Vorgesetzten oder von der Kirche) diktieren. Auch der Hinweis auf eine Tradition („Es war schon immer so!“) genügt uns nicht als Rechtfertigung. Nur was wir selbst als vernünftig einsehen, können wir moralisch vertreten. Ich mache mir also nur diejenigen moralischen Gesetze zu eigen, die ich mir gleichsam selbst gegeben habe.
Solche Autonomie *(Selbstgesetzgebung) läuft dennoch nicht auf vielerlei individuelle Moralvorstellungen hinaus, weil wir unterstellen, daß die vielen Individuen durch das gemeinsame Band der Vernunft verbunden sind: Nur jene Sätze können vernünftig sein, die prinzipiell alle vernünftigen Wesen einsehen können.*
Die Autonomie ist also mit dem Gedanken der Gleichheit *vernünftiger Wesen verknüpft. Darüber hinaus muß die* Freiheit *des Menschen vorausgesetzt werden, wenn Autonomie und Moral keine Illusion sein sollen. Denn nur das Individuum, das gegen alle Beschränkungen (durch Naturgesetze, Erbanlagen, Erziehung usw.) einen Spielraum selbständiger Entscheidung hat, kann sich selbst moralische Gesetze geben und seine Handlungen vor diesen Gesetzen verantworten.*
Die hier skizzierten Gedanken und Grundbegriffe wurden im Zeitalter der Aufklärung *ausgearbeitet. Diese Geistesbewegung des 18. Jahrhunderts setzte fortschrittsgläubig auf eine vernünftige Erziehung, die den Menschen aus den traditionellen Abhängigkeiten hin zur Mündigkeit und zu sittlichem und sozialem Wohl führen sollte. Politisch führte die Aufklärung zur Machtergreifung des Bürgertums in der Französischen Revolution von 1789, deren Losungen „Freiheit“ und „Gleichheit“ bis heute anerkannte Grundwerte darstellen.*
Der bedeutendste Philosoph der Aufklärung war Immanuel Kant. *In der „Grundlegung zur Metaphysik der Sitten“ (1785) und der „Kritik der praktischen Vernunft“ (1788) entwarf er eine Ethik, mit der sich fast alle späteren Moralphilosophien auseinandersetzten, gleichgültig ob sie Kants beispielgebende Gedanken fortführten oder ablehnten.*

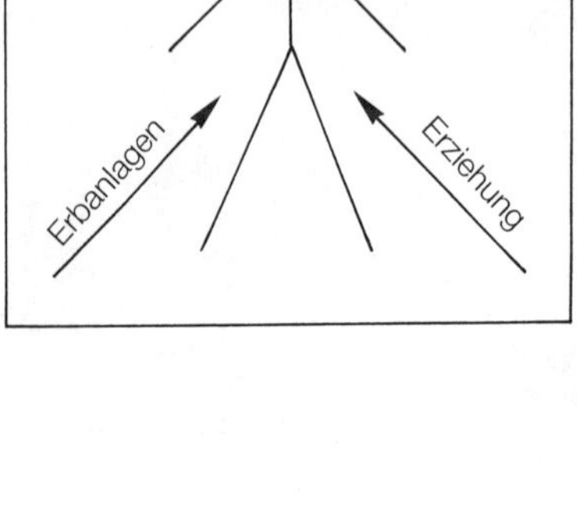

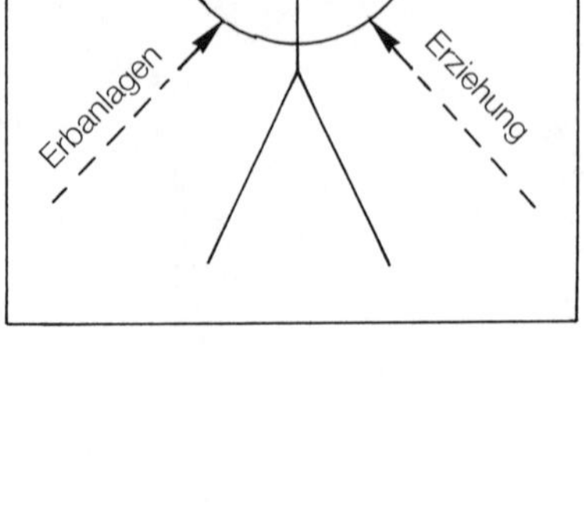

7.1 Die Ethik Immanuel Kants

Da Kants Moralphilosophie nicht einfach zu verstehen ist, wird sie im folgenden unter vier Aspekten vorgestellt, die insgesamt die wesentlichen Kennzeichen dieser Ethik erfassen.

7.1.1 Kants Ethik als Vernunft- und Gesinnungsethik

Es ist überall nichts in der Welt, ja überhaupt auch außer derselben zu denken möglich, was ohne Einschränkung für gut könnte gehalten werden, als allein ein *guter Wille*. Verstand, Witz, Urteilskraft und wie die *Talente* des Geistes sonst heißen mögen, oder Mut, Entschlossenheit, Beharrlichkeit im Vorsatze, als Eigenschaften des *Temperaments*, sind ohne Zweifel in mancher Absicht gut und wünschenswert; aber sie können auch äußerst böse und schädlich werden, wenn der Wille, der von diesen Naturgaben Gebrauch machen soll und dessen eigentümliche Beschaffenheit darum *Charakter* heißt, nicht gut ist. Mit den *Glücksgaben* ist es ebenso bewandt. Macht, Reichtum, Ehre, selbst Gesundheit und das ganze Wohlbefinden und Zufriedenheit mit seinem Zustande, unter dem Namen der *Glückseligkeit*, machen Mut und hierdurch öfters auch Übermut, wo nicht ein guter Wille da ist, der den Einfluß derselben aufs Gemüt und hiermit auch das ganze Prinzip zu handeln berichtige und allgemein-zweckmäßig mache; ohne zu erwähnen, daß ein vernünftiger und unparteiischer Zuschauer sogar am Anblicke eines ununterbrochenen Wohlergehens eines Wesens, das kein Zug eines reinen und guten Willens ziert, nimmermehr ein Wohlgefallen haben kann, und so der gute Wille die unerläßliche Bedingung selbst der Würdigkeit, glücklich zu sein, auszumachen scheint. (...)
Der gute Wille ist nicht durch das, was er bewirkt oder ausrichtet, nicht durch seine Tauglichkeit zu Erreichung irgend eines vorgesetzten Zweckes, sondern allein durch das Wollen, d.i. an sich gut (...)*

Der gute Wille ist nicht durch den Zweck des Wollens gut, sondern durch die Art der Willensbildung, genauer: durch die besondere Verbindlichkeit der praktischen Vernunft, die Kant als Verpflichtung *begreift.*
Ganz außer Frage steht für Kant, daß der gute, der moralische Wille ein vernünftiger *Wille sein muß, der, wie Kant oben sagt, eine Handlung vom Standpunkt eines „vernünftigen und unparteiischen Zuschauers" betrachtet und beurteilt.*

7.1.2 Kants Ethik als Pflichtethik

Wohltätig sein, wo man kann, ist Pflicht, und überdem gibt es manche so teilnehmend gestimmte Seelen, daß sie, auch ohne einen anderen Bewegungsgrund der Eitelkeit oder des Eigennutzes, ein inneres Vergnügen daran finden, Freude um sich zu verbreiten, und die sich an der Zufriedenheit anderer, sofern sie ihr Werk ist, ergötzen können. Aber ich behaupte, daß in solchem Falle dergleichen Handlung, so pflichtmäßig, so liebenswürdig sie auch ist, dennoch keinen wahren sittlichen Wert habe, sondern mit anderen Neigungen zu gleichen Paaren gehe, z.E. der Neigung nach Ehre, die, wenn sie glücklicherweise auf das trifft, was in der Tat gemeinnützig und pflichtmäßig, mithin ehrenwert ist, Lob und Aufmunterung, aber

* Immanuel Kant, Grundlegung zur Metaphysik der Sitten. Hrsg. v. K. Vorländer, F. Meiner, Hamburg ^{3}1965, S. 10f.

nicht Hochschätzung verdient; denn der Maxime fehlt der sittliche Gehalt, nämlich solche Handlungen nicht aus Neigung, sondern *aus Pflicht* zu tun. Gesetzt also, das Gemüt jenes Menschenfreundes wäre vom eigenen Gram umwölkt, der alle Teilnehmung an anderer Schicksal auslöscht, er hätte immer noch Vermögen, anderen Notleidenden wohlzutun, aber fremde Not rührte ihn nicht, weil er mit seiner eigenen genug beschäftigt ist, und nun, da keine Neigung ihn mehr dazu anreizt, risse er sich doch aus dieser tödlichen Unempfindlichkeit heraus und täte die Handlung ohne alle Neigung, lediglich aus Pflicht, alsdann hat sie allererst ihren echten moralischen Wert. Noch mehr: wenn die Natur diesem oder jenem überhaupt wenig Sympathie ins Herz gelegt hätte, wenn er (übrigens ein ehrlicher Mann) von Temperament kalt und gleichgültig gegen die Leiden anderer wäre, vielleicht weil er, selbst gegen seine eigenen mit der besonderen Gabe der Geduld und aushaltenden Stärke versehen, dergleichen bei jedem anderen auch voraussetzt oder gar fordert; wenn die Natur einen solchen Mann (welcher wahrlich nicht ihr schlechtestes Produkt sein würde) nicht eigentlich zum Menschenfreunde gebildet hätte, würde er denn nicht noch in sich einen Quell finden, sich selbst einen weit höheren Wert zu geben, als der eines gutartigen Temperaments sein mag? Allerdings! gerade da hebt der Wert des Charakters an, der moralisch und ohne alle Vergleichung der höchste ist, nämlich daß er wohltue, nicht aus Neigung, sondern aus Pflicht.

Seine eigene Glückseligkeit sichern, ist Pflicht (wenigstens indirekt); denn der Mangel der Zufriedenheit mit seinem Zustande in einem Gedränge von vielen Sorgen und mitten unter unbefriedigten Bedürfnissen könnte leicht eine große *Versuchung zu Übertretung der Pflichten* werden. (...)

So sind ohne Zweifel auch die Schriftstellen zu verstehen, darin geboten wird, seinen Nächsten, selbst unseren Feind zu lieben. Denn Liebe als Neigung kann nicht geboten werden, aber Wohltun aus Pflicht selbst, wenn dazu gleich gar keine Neigung treibt, ja gar natürliche und unbezwingliche Abneigung widersteht, ist *praktische* und nicht *pathologische* Liebe, die im Willen liegt und nicht im Hange der Empfindung, in Grundsätzen der Handlung und nicht schmelzender Teilnehmung; jene aber allein kann geboten werden.

(...) Nun soll eine Handlung aus Pflicht den Einfluß der Neigung und mit ihr jeden Gegenstand des Willens ganz absondern, also bleibt nichts für den Willen übrig, was ihn bestimmen könne, als objektiv das *Gesetz* und subjektiv *reine Achtung* für dieses praktische Gesetz, mithin die Maxime[1], einem solchen Gesetze, selbst mit Abbruch aller meiner Neigungen, Folge zu leisten.

1 *Maxime* ist das subjektive Prinzip des Wollens; das objektive Prinzip (d. i. dasjenige, was allen vernünftigen Wesen auch subjektiv zum praktischen Prinzip dienen würde, wenn Vernunft volle Gewalt über das Begehrungsvermögen hätte) ist das praktische Gesetz.*

Eine gute Handlung ist eine Handlung aus Pflicht; der gute Wille läßt sich letztlich nur von der Pflicht leiten, die sich als Verbindlichkeit des Moralgesetzes erweist. Dieses Gesetz wird im folgenden Abschnitt näher bestimmt.

7.1.3 Kants Ethik als formale Gesetzesethik

Was kann das aber wohl für ein Gesetz sein, dessen Vorstellung, auch ohne auf die daraus erwartete Wirkung Rücksicht zu nehmen, den Willen bestimmen muß, damit dieser schlechterdings und ohne Einschränkung gut heißen könne? Da ich den Willen aller Antriebe beraubt habe, die ihm aus der Befolgung irgend eines Gesetzes entspringen könnten, so bleibt nichts als

* Ebd. S. 15–19

die allgemeine Gesetzmäßigkeit der Handlungen überhaupt übrig, welche allein dem Willen zum Prinzip dienen soll, d. i. ich soll niemals anders verfahren als so, *daß ich auch wollen könne, meine Maxime solle ein allgemeines Gesetz werden.* Hier ist nun die bloße Gesetzmäßigkeit überhaupt (ohne irgend ein auf gewisse Handlungen bestimmtes Gesetz zum Grunde zu legen) das, was dem Willen zum Prinzip dient und ihm auch dazu dienen muß, wenn Pflicht nicht überall ein leerer Wahn und chimärischer Begriff sein soll; hiermit stimmt die gemeine Menschenvernunft in ihrer praktischen Beurteilung auch vollkommen überein und hat das gedachte Prinzip jederzeit vor Augen.

Die Frage sei z. B.: darf ich, wenn ich im Gedränge bin, nicht ein Versprechen tun in der Absicht, es nicht zu halten? Ich mache hier leicht den Unterschied, den die Bedeutung der Frage haben kann, ob es klüglich oder ob es pflichtmäßig sei, ein falsches Versprechen zu tun. Das erstere kann ohne Zweifel öfters stattfinden. Zwar sehe ich wohl, daß es nicht genug sei, mich vermittelst dieser Ausflucht aus einer gegenwärtigen Verlegenheit zu ziehen, sondern wohl überlegt werden müsse, ob mir aus dieser Lüge nicht hinterher viel größere Ungelegenheit entspringen könne, als die sind, von denen ich mich jetzt befreie, und da die Folgen bei aller meiner vermeinten *Schlauigkeit* nicht so leicht vorauszusehen sind, daß nicht ein einmal verlorenes Zutrauen mir weit nachteiliger werden könnte als alles Übel, das ich jetzt zu vermeiden gedenke; ob es nicht *klüglicher* gehandelt sei, hierbei nach einer allgemeinen Maxime zu verfahren und es sich zur Gewohnheit zu machen, nichts zu versprechen als in der Absicht, es zu halten. Allein es leuchtet mir hier bald ein, daß eine solche Maxime doch immer nur die besorglichen Folgen zum Grunde habe. Nun ist es doch etwas ganz anderes, aus Pflicht wahrhaft zu sein, als aus Besorgnis der nachteiligen Folgen: indem im ersten Falle der Begriff der Handlung an sich selbst schon ein Gesetz für mich enthält, im zweiten ich mich allererst anderwärtsher umsehen muß, welche Wirkungen für mich wohl damit verbunden sein möchten. Denn wenn ich von dem Prinzip der Pflicht abweiche, so ist es ganz gewiß böse; werde ich aber meiner Maxime der Klugheit abtrünnig, so kann das mir doch manchmal sehr vorteilhaft sein, wiewohl es freilich sicherer ist, bei ihr zu bleiben. Um indessen mich in Ansehung der Beantwortung dieser Aufgabe, ob ein lügenhaftes Versprechen pflichtmäßig sei, auf die allerkürzeste und doch untrügliche Art zu belehren, so frage ich mich selbst: Würde ich wohl damit zufrieden sein, daß meine Maxime (mich durch ein unwahres Versprechen aus Verlegenheit zu ziehen) als ein allgemeines Gesetz (sowohl für mich als andere) gelten solle? und würde ich wohl zu mir sagen können: es mag jedermann ein unwahres Versprechen tun, wenn er sich in Verlegenheit befindet, daraus er sich auf andere Art nicht ziehen kann? So werde ich bald inne, daß ich zwar die Lüge, aber ein allgemeines Gesetz zu lügen gar nicht wollen könne; denn nach einem solchen würde es eigentlich gar kein Versprechen geben, weil es vergeblich wäre, meinen Willen in Ansehung meiner künftigen Handlungen anderen vorzugeben, die diesem Vorgeben doch nicht glauben oder, wenn sie es übereilterweise täten, mich doch mit gleicher Münze bezahlen würden; mithin meine Maxime, sobald sie zum allgemeinen Gesetze gemacht würde, sich selbst zerstören müsse.

Was ich also zu tun habe, damit mein Wollen sittlich gut sei, dazu brauche ich gar keine weit ausholende Scharfsinnigkeit. Unerfahren in Ansehung des Weltlaufs, unfähig auf alle sich ereignenden Vorfälle desselben gefaßt zu sein, frage ich mich nur: Kannst du auch wollen, daß deine Maxime ein allgemeines Gesetz werde?*

Mit dem letzten Satz formuliert Kant ein Moralkriterium, das als sogenanntes Universalisierungsprinzip *bis heute in vielen Ethiken Verbreitung und Anerkennung gefunden hat. Es besagt, daß nur verallgemeinerungsfähige Maximen (bzw. Bedürfnisse und Interessen) moralisch zu recht-*

* Ebd. S. 20–22

fertigen sind, also solche, von denen ich bei kritischer Prüfung annehmen kann, daß sie für alle vernünftigen Wesen einsehbar sind und nicht nur partikulare Interessen (Einzelinteressen) berücksichtigen. So soll das Moralprinzip von einer inhaltlichen Festlegung freigehalten werden und als bloß formales *Prinzip zur Beurteilung aller möglichen Inhalte dienen.*
Um die Verbindlichkeit und den Aufforderungscharakter des Moralprinzips auszudrücken, wird es als Gebot, als Imperativ *formuliert.*

Kant unterscheidet drei Arten von Imperativen:

1. (technische) Regeln der Geschicklichkeit	*→ gut als Mittel für beliebigen Zweck*
2. (pragmatische) Ratschläge der Klugheit	*→ gut als Mittel für den allgemeinen Zweck Glückseligkeit*
3. (moralische) Gebote der Sittlichkeit	*→ gut nicht durch eine Zweckbestimmung, sondern durch die Gesinnung, durch die Form der Handlung*

Drei Beispiele mögen diese verschiedenen Imperative veranschaulichen:

1. Wenn du Strom sparen möchtest, dann benutze Energiesparlampen!
2. Wenn du gesund bleiben möchtest, dann verzichte auf das Rauchen!
3. Du sollst nicht lügen!

Während die ersten beiden Arten der Imperative nur unter einer vorangestellten Bedingung („hypothetisch") gelten, gilt der dritte Imperativ unbedingt, d. h. er ist ein kategorischer Imperativ.
Den obersten kategorischen Imperativ, also das höchste Moralprinzip, vor dem alle konkreteren Pflichten zu rechtfertigen sind, stellt Kant in unterschiedlichen Formulierungen vor, die er auseinander ableiten zu können glaubt. Als grundlegend bezeichnet er folgende Formulierung:
„Handle nur nach derjenigen Maxime, durch die du zugleich wollen kannst, daß sie ein allgemeines Gesetz werde."
Der kategorische Imperativ ist Ausdruck der unbedingten, strengen Verbindlichkeit der Moral. Deshalb gilt er rigoros, ohne Ausnahme.

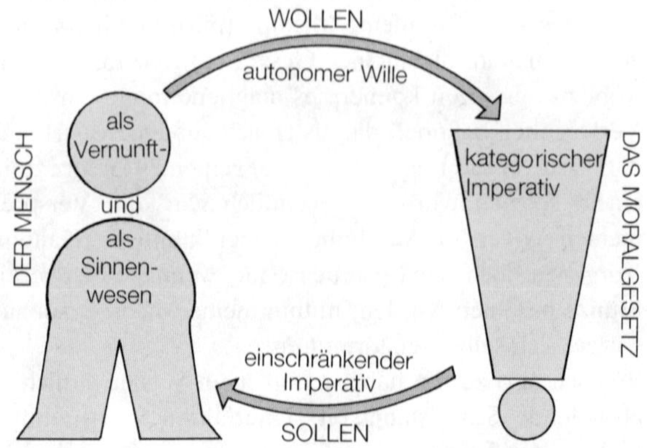

7.1.4 Kants Ethik als Ethik der Menschenwürde

Eine andere Formulierung des kategorischen Imperativs, die aus der zuvor zitierten herleitbar sein soll, lautet so:
„Handle so, daß du die Menschheit, sowohl in deiner Person als in der Person eines jeden anderen, jederzeit zugleich als Zweck, niemals bloß als Mittel brauchst."

Das heißt, keine Person darf nur als Mittel benutzt werden, sondern jede Person muß in ihrem Willen, sich selbst Zwecke setzen zu dürfen, geachtet werden. Bei vernünftiger Überlegung wird sie dabei die Notwendigkeit erkennen, daß sich die eigene Freiheit den moralischen Beschränkungen des Universalisierungsprinzips unterstellen muß, weil sie andernfalls in einen Selbstwiderspruch gerät, indem sie die Bedingungen eines Lebens als freie Person zerstört. So wird das moralische Gesetz als Selbstgesetzgebung gerechtfertigt.

Es ist nun kein Wunder, wenn wir auf alle bisherigen Bemühungen, die jemals unternommen worden, um das Prinzip der Sittlichkeit ausfindig zu machen, zurücksehen, warum sie insgesamt haben fehlschlagen müssen. Man sah den Menschen durch seine Pflicht an Gesetze gebunden, man ließ es sich aber nicht einfallen, daß er nur *seiner eigenen* und dennoch *allgemeinen Gesetzgebung* unterworfen sei, und daß er nur verbunden sei, seinem eigenen, dem Naturzwecke nach aber allgemein gesetzgebenden Willen gemäß zu handeln. Denn wenn man sich ihn nur als einem Gesetz (welches es auch sei) unterworfen dachte: so mußte dieses irgend ein Interesse als Reiz oder Zwang bei sich führen, weil es nicht als Gesetz aus *seinem* Willen entsprang, sondern dieser gesetzmäßig von *etwas anderem* genötigt wurde, auf gewisse Weise zu handeln. Durch diese ganz notwendige Folgerung aber war alle Arbeit, einen obersten Grund der Pflicht zu finden, unwiederbringlich verloren. Denn man bekam niemals Pflicht, sondern Notwendigkeit der Handlung aus einem gewissen Interesse heraus. Dieses mochte nun ein eigenes oder fremdes Interesse sein. Aber alsdann mußte der Imperativ jederzeit bedingt ausfallen und konnte zum moralischen Gebote gar nicht taugen. Ich will also diesen Grundsatz das Prinzip der *Autonomie* des Willens im Gegensatz mit jedem anderen, das ich deshalb zur *Heteronomie*[1] zähle, nennen.
(...) Diese Gesetzgebung muß aber in jedem vernünftigen Wesen selbst angetroffen werden und aus seinem Willen entspringen können, dessen Prinzip also ist: keine Handlung nach einer anderen Maxime zu tun also so, daß es auch mit ihr bestehen könne, daß sie ein allgemeines Gesetz sei, und also nur so, *daß der Wille durch seine Maxime sich selbst zugleich als allgemein gesetzgebend betrachten könne.* (...)
Die Vernunft bezieht also jede Maxime des Willens als allgemein gesetzgebend auf jeden anderen Willen und auch auf jede Handlung gegen sich selbst, und dies zwar nicht um irgend eines anderen praktischen Bewegungsgrundes oder künftigen Vorteils willen, sondern aus der Idee der *Würde* eines vernünftigen Wesens, das keinem Gesetze gehorcht als dem, das es zugleich selbst gibt. (...)
Autonomie ist also der Grund der Würde der menschlichen und jeder vernünftigen Natur.*

1 Heteronomie: hier: Fremdbestimmung

Der Mensch ist zwar unheilig genug, aber die *Menschheit* in seiner Person muß ihm heilig sein. In der ganzen Schöpfung kann alles, was man will, und worüber man etwas vermag, auch *bloß als Mittel* gebraucht werden; nur der Mensch, und mit ihm jedes vernünftige Geschöpf, ist *Zweck an sich selbst*. Er ist nämlich das Subjekt des moralischen Gesetzes, welches heilig ist, vermöge der Autonomie seiner Freiheit. Eben um dieser willen ist jeder Wille, selbst jeder Person ihr eigener, auf sie selbst gerichteter Wille auf die Bedingung der Einstimmung mit der *Autonomie* des vernünftigen Wesens eingeschränkt, es nämlich keiner Absicht zu unterwerfen, die nicht nach einem Gesetze, welches aus dem Willen des leidenden Subjekts selbst entspringen könnte, möglich ist; also dieses niemals bloß als Mittel, sondern zugleich selbst als Zweck zu gebrauchen.**

* Ebd. S. 56–60

** Immanuel Kant, Kritik der praktischen Vernunft. Hrsg. v. K. Vorländer, F. Meiner, Hamburg, unveränd. Nachdruck der 9. Aufl. von 1929, S. 102

7.2 Kritik und Fortentwicklung der Ethik Kants

Mit Hilfe des kategorischen Imperativs als höchstem Moralprinzip glaubt Kant konkretere moralische Regeln begründen zu können; etwa die, daß man unter keinen Umständen lügen darf, daß Selbsttötung unmoralisch ist und daß man sich selbst im Notfall kein Geld leihen darf, wenn man absieht, daß man es nicht zurückzahlen kann.
Aber kann man solche Regeln tatsächlich mit dem formalen Universalisierungsprinzip rechtfertigen? Kann man moralische Regeln aufstellen, ohne die jeweils besonderen Situationen genau zu bedenken, in denen diese Regeln anzuwenden sind? Ist es nicht überhaupt fragwürdig, die Moralität unseres Handelns vom guten Willen statt von den Konsequenzen des Handelns abhängig zu machen?
In diesem Kapitel werden solche Kritiken vorgestellt. Als entscheidende Widerlegungen des Kantischen Ansatzes sind sie nicht anzusehen, denn bis heute geht die Auseinandersetzung weiter. Es ist auffallend, daß dabei Kants kategorischer Imperativ in der Formulierung eines Prinzips der Menschenwürde von Kritik fast ganz verschont blieb.

7.2.1 Formale Ethik oder geschichtliche Vermittlung?

Einerseits hat man die formale Ethik als Fortschritt gepriesen, weil sie Moral unabhängig von inhaltlichen Zielen begründet; andererseits wurden immer wieder Zweifel geäußert, ob es über die unterschiedlichen Wertvorstellungen verschiedener Gesellschaften und Zeiten hinweg einen formalen Maßstab des moralisch Verbindlichen geben kann.

Kants leerer Formalismus – Georg Wilhelm Friedrich Hegel

So wesentlich es ist, die reine unbedingte Selbstbestimmung des Willens als die Wurzel der Pflicht herauszuheben, wie denn die Erkenntnis des Willens erst durch die *Kantische* Philosophie ihren festen Grund und Ausgangspunkt durch den Gedanken seiner unendlichen Autonomie gewonnen hat, so sehr setzt die Festhaltung des bloß moralischen Standpunkts, der nicht in den Begriff der Sittlichkeit übergeht, diesen Gewinn zu einem *leeren Formalismus* und die moralische Wissenschaft zu einer Rednerei von *der Pflicht um der Pflicht willen* herunter. Von diesem Standpunkt aus ist keine immanente Pflichtenlehre möglich; man kann *von außen* her wohl einen Stoff hereinnehmen, und dadurch auf *besondere* Pflichten kommen, aber aus jener Bestimmung der Pflicht als *dem Mangel des Widerspruchs, der formellen Übereinstimmung mit sich*, welche nichts anderes ist als die Festsetzung der *abstrakten Unbestimmtheit*, kann nicht zur Bestimmung von besonderen Pflichten übergegangen werden, noch wenn ein solcher besonderer Inhalt für das Handeln zur Betrachtung kommt, liegt ein Kriterium in jenem Prinzip, ob er eine Pflicht sei oder nicht. – Im Gegenteil kann alle unrechtliche und unmoralische Handlungsweise auf diese Weise gerechtfertigt werden. – Die weitere *Kantische* Form, die Fähigkeit einer Handlung, als *allgemeine* Maxime vorgestellt zu werden, führt zwar die *konkretere* Vorstellung eines Zustandes herbei, aber enthält für sich kein weiteres Prinzip, als jenen Mangel des Widerspruchs und die formelle Identität. – Daß *kein Eigentum* stattfindet, enthält für sich ebensowenig einen Widerspruch, als daß dieses oder jenes einzelne Volk, Familie usf. nicht existiere oder daß überhaupt *keine Menschen leben*. Wenn es sonst für sich fest und vorausgesetzt ist, daß Eigentum und Menschenleben sein und respektiert werden soll, dann ist es ein Widerspruch, einen Diebstahl oder Mord zu begehen; ein Widerspruch kann sich nur mit etwas ergeben, das ist, mit einem Inhalt, der als festes Prinzip zum voraus zugrunde liegt. In Beziehung auf ein solches ist erst eine Handlung entweder damit übereinstimmend oder im Widerspruch. Aber die Pflicht, welche nur als solche, nicht um eines Inhalts willen, gewollt werden soll, *die formelle Identität* ist eben dies, allen Inhalt und Bestimmung auszuschließen.*

Kant geht davon aus, daß die Forderungen der Moral (Sollens-Sätze) nicht aus theoretischen Erkenntnissen (Sätzen über das, was ist, über das Sein) abgeleitet werden können; so können z. B. aus deskriptiven Aussagen über die Natur des Menschen keine normativen Aussagen darüber, was der Mensch tun soll, gefolgert werden. (Der englische Metaethiker George Edward Moore kritisiert den Übergang von den Ist-Aussagen auf die Sollens-Sätze als „naturalistischen Fehlschluß", *in: Principia Ethica, Cambridge 1903; dt. Übers. v. B. Wisser, Reclam, Stuttgart 1970.)*

Hegel dagegen wendet sich gegen die strikte Trennung von Sollen und Sein. Für Hegel gilt es als ausgemacht, daß sich die praktische Vernunft nicht als formale Instanz richtend über die Geschichte erheben kann und daß die moralischen Forderungen (das Sollen) gar nicht vernünftig begreifbar sind, wenn sie nicht in der Realität der gesellschaftlichen Entwicklung (im Sein) als Sittlichkeit ansatzweise schon verwirklicht sind; diese Einsicht möchte Marquard in seiner Hegelinterpretation für unsere Zeit erneuern. Dabei sind unter Sittlichkeit *in Hegels Sinn die Institutionen von Familie, Gesellschaft und Staat zu verstehen, in denen das moralische Prinzip der Freiheit objektive Wirklichkeit geworden ist – im Unterschied zum moralischen Sollen, das sich in ohnmächtigen Forderungen und Imperativen erschöpft.*
„Was allgemein gültig ist, ist auch allgemein geltend; was sein *soll*, *ist* in der Tat auch, und was nur sein *soll*, ohne zu *sein*, hat keine Wahrheit."
So formuliert Hegel seine Grundthese in der „Phänomenologie des Geistes" (1807). Darauf bezieht sich Odo Marquard im folgenden Textauszug.

Die Einheit von Sollen und Sein – Odo Marquard

Diese vielgeschmähte und vielgelobte These der Einheit von Sollen und Sein: für Hegel besagt sie (...) schlicht nur folgendes; nämlich: daß freiheitsbetreffende, also allgemeine Zwecke, die es für alle Menschen sind, uneinsichtig und unverbindlich bleiben, solange die Mittel fehlen zu ihrer Realisierung. Darum sind sie für Hegel keine vom Weltlauf unberührbaren Normen und Evidenzen. Ihre Verbindlichkeit und Sichtbarkeit – also die „Wahrheit" des „Vernunftallgemeinen" im Sinne der anfangs zitierten Phänomenologiestelle [siehe oben: „Was allgemein gültig ist..."] – ist gebunden an den zureichenden Stand der Ausbildung von Mitteln zu ihrer Realisierung. So bleibt etwa Freiheit durch Selbstbestimmung als allgemeiner Zweck uneinsichtig und unverbindlich vor der griechisch-europäischen Stadt; Freiheit durch Innerlichkeit bleibt als allgemeiner Zweck uneinsichtig und unverbindlich vorm Christentum und seinen neuzeitlichen Formen und Folgen; Freiheit durch radikale Naturbeherrschung bleibt als allgemeiner Zweck uneinsichtig und unverbindlich vor der Ausbildung moderner Naturwissenschaft und Technik; Freiheit durch Gleichheit, also durchs realisierbare Recht auf Ungleichheit für alle (und nicht nur für einige) bleibt als allgemeiner Zweck uneinsichtig und unverbindlich vorm modernen Staat im Zeichen der französischen Revolution, d.h. bevor die Loyalität seiner Bürger zunehmend am rechten Verhältnis des Staats zu denen, die jenes Recht noch nicht realisieren können, ihr Maß

* Georg Wilhelm Friedrich Hegel, Grundlinien der Philosophie des Rechts (1821). Hrsg. v. H. Reichelt, Ullstein, Frankfurt/M., Berlin, Wien 1972, § 135, S. 123f.

und ihre Grenze hat; usf. *Evidenz und Gültigkeit dieser allgemeinen Zwecke hängen ab vom Fortschrittsstande ihrer Verwirklichungsbedingungen; ihre Wahrheit ist gebunden an den geschichtlichen Stand ihrer Vermittlung*: denn der Mensch ist nicht unmittelbar zur Wahrheit und ist, will er's trotzdem sein, alsbald nur noch unmittelbar und nicht mehr zur Wahrheit.

Die Sollensphilosophie aber, die Hegel angreift: in all ihren Varianten – als Philosophie der unendlichen Aufgabe und immer fernen Zukünftigkeit des Heilen; als Philosophie der zeitlos geltenden Normen; als Philosophie der ideal an sich seienden Werte – in all diesen Varianten fürchtet und vermeidet sie es, diese Wahrheit an ein scheinbar so Unsicheres zu binden wie den geschichtlichen Stand ihrer Vermittlung. Denn dieser ist entstanden und war also nicht immer; und was nicht immer war – meint diese Philosophie – sei nur vorübergehend. Das ist unrichtig: denn es gibt eben das, was entstanden ist und dann bleibt, das also, was fortan nur noch entweder ‚vollzogen' oder ‚verdrängt und kompensiert' oder ‚durch Überbietung ersetzt' werden kann; und gerade dieses ‚entstandene Bleibende' (die Verfassung der Vermittlungen) hat – nach Hegel – die Philosophie, will sie Vermittlungsforschung sein, vor allem ins Auge zu fassen. Dessenungeachtet weigert sich die Sollensphilosophie, allgemeinverbindlichen Zwecken Abhängigkeit vom geschichtlichen Stand ihrer Vermittlung zuzumuten; sie will ihnen ersparen, durch Liaison mit Vorübergehendem selbst zum Vorübergehenden herunterzukommen. Darum proklamiert sie *die Magna Charta der Sollensphilosophie: nämlich grundsätzliche Unabhängigkeit der Verbindlichkeit und des Anspruchs allgemeiner Zwecke von der geschichtlichen Lage ihrer Verwirklichung und Vermittlung; oder eben kurz gesagt: Trennung des Sollens von der Wirklichkeit.*

(...Hegel sagt in seiner Logik:) „in der Wirklichkeit selbst steht es nicht so traurig um Vernünftigkeit und Gesetz, daß sie nur sein sollten": das klingt harmlos, ist aber der entscheidende Punkt; denn folgendes ist gemeint: der sollensphilosophische Trennungsakt ist prinzipiell eine Vorsichtsmaßnahme; er trennt die Gültigkeit allgemeiner Zwecke von ihrer Verwirklichung, weil er dieser Verwirklichung nicht traut: die Sollensphilosophie rechnet vorsichtshalber mit der Nichtverwirklichung; und gerade das geht – in der Regel unreflektiert – in ihren Wirklichkeitsbegriff ein und entstellt ihn. Die Sollensphilosophie hat recht im schlimmsten, im äußersten Fall und bestimmt nun den äußersten Fall als durchgängige Wirklichkeitsverfassung, um durchgängig recht zu haben: eben das zwingt sie zur Verleugnung von all dem, was die vorhandene Wirklichkeit vom äußersten Fall unterscheidet (...)*

Marquard möchte Hegels Plädoyer für das, was ist, nicht als Lob des Gegebenen im Sinne eines Verbots von Kritik und Fortschritt verstanden wissen, sondern als „Empfindlichkeit gegen Regressionen".

7.2.2 Universalisierung oder radikale Selbständigkeit?

Gegen das Kantische Universalisierungsprinzip setzt die Existenzphilosophie Jean-Paul Sartres, *angeregt durch Martin Heidegger (1889–1976), die individuelle Entscheidung. Weil das Leben des Menschen (seine Existenz) nicht auf ein vorgegebenes Ziel (das Wesen, die Essenz des Menschen) ausgerichtet ist, hat jeder die Verantwortung für seine Existenz zu tragen, ohne sie auf allgemeine Regeln oder Sitten abzuwälzen.*

Als Vorläufer der Existenzphilosophie kann Friedrich Nietzsche *gelten. Radikaler noch als alle späteren Philosophen dringt er darauf, auf den illusionären Halt moralischer Regeln zu verzichten und sich neue, eigene Wege zu schaffen.*

* Odo Marquard, Hegel und das Sollen. In: Philosophisches Jahrbuch 72 (1964), S. 112–115. Anmerkungen sind weggelassen.

Reinigung alter und Schöpfung neuer Werte – Friedrich Nietzsche

Warum hältst du dies und gerade dies für recht? – „Weil mein Gewissen es mir sagt; das Gewissen redet nie unmoralisch, es bestimmt ja erst, was moralisch sein soll!“ – Aber warum *hörst* du auf die Sprache deines Gewissens? Und inwiefern hast du ein Recht, ein solches Urteil als wahr und untrüglich anzusehen? Für diesen *Glauben* – gibt es da kein Gewissen mehr? Weißt du nichts von einem intellektuellen Gewissen? Einem Gewissen hinter deinem „Gewissen“? Dein Urteil „so ist es recht“ hat eine Vorgeschichte in deinen Trieben, Neigungen, Abneigungen, Erfahrungen und Nicht-Erfahrungen; „*wie* ist es da entstanden?“ mußt du fragen, und hinterher noch: „*was* treibt mich eigentlich, ihm Gehör zu schenken?“ Du kannst seinem Befehle Gehör schenken wie ein braver Soldat, der den Befehl seines Offiziers vernimmt. Oder wie ein Weib, das den liebt, der befiehlt. Oder wie ein Schmeichler und Feigling, der sich vor dem Befehlenden fürchtet. Oder wie ein Dummkopf, welcher folgt, weil er nichts dagegen zu sagen hat. Kurz, auf hundert Arten kannst du deinem Gewissen Gehör geben. *Daß* du aber dies und jenes Urteil als Sprache des Gewissens hörst – also, *daß* du etwas als recht empfindest, kann seine Ursache darin haben, daß du nie über dich nachgedacht hast und blindlings annahmst, was dir als *recht* von Kindheit an bezeichnet worden ist: oder darin, daß dir Brot und Ehren bisher mit dem zuteil wurde, was du deine Pflicht nennst – es gilt dir als „recht“, weil es dir *deine* „Existenz-Bedingung“ scheint (daß du aber ein *Recht* auf Existenz habest, dünkt dich unwiderleglich!). Die *Festigkeit* deines moralischen Urteils könnte immer noch ein Beweis gerade von persönlicher Erbärmlichkeit, von Unpersönlichkeit sein, deine „moralische Kraft“ könnte ihre Quelle in deinem Eigensinn haben – oder in deiner Unfähigkeit, neue Ideale zu schauen! Und, kurz gesagt: wenn du feiner gedacht, besser beobachtet und mehr gelernt hättest, würdest du diese deine „Pflicht“ und dies dein „Gewissen“ unter allen Umständen nicht mehr Pflicht und Gewissen benennen: die Einsicht darüber, *wie überhaupt jemals moralische Urteile entstanden sind*, würde dir diese pathetischen Worte verleiden – so wie dir schon andre pathetische Worte, zum Beispiel „Sünde“, „Seelenheil“, „Erlösung“ verleidet sind. –

(...) Wie? Du bewunderst den kategorischen Imperativ in dir? Diese „Festigkeit“ deines sogenannten moralischen Urteils? Diese „Unbedingtheit“ des Gefühls „so wie ich, müssen hierin alle urteilen“? Bewundere vielmehr deine *Selbstsucht* darin! Und die Blindheit, Kleinlichkeit und Anspruchslosigkeit deiner Selbstsucht! Selbstsucht nämlich ist es, *sein* Urteil als Allgemeingesetz zu empfinden; und eine blinde, kleinliche und anspruchslose Selbstsucht hinwiederum, weil sie verrät, daß du dich selber noch nicht entdeckt, dir selber noch kein eigenes, eigenstes Ideal geschaffen hast – dies nämlich könnte niemals das eines anderen sein, geschweige denn aller, aller! – – Wer noch urteilt „so müßte in diesem Falle jeder handeln“, ist noch nicht fünf Schritt weit in der Selbsterkenntnis gegangen: sonst würde er wissen, daß es weder gleiche Handlungen gibt, noch geben kann – daß jede Handlung, die getan worden ist, auf eine ganz einzige und unwiederbringliche Art getan wurde, und daß es ebenso mit jeder zukünftigen Handlung stehen wird, daß alle Vorschriften des Handelns sich nur auf die gröbliche Außenseite beziehen (und selbst die innerlichsten und feinsten Vorschriften aller bisherigen Moralen) – daß mit ihnen wohl ein Schein der Gleichheit, *aber eben nur ein Schein* erreicht werden kann – daß *jede* Handlung, beim Hinblick oder Rückblick auf sie, eine undurchdringliche Sache ist und bleibt – daß unsere Meinungen von „gut“, „edel“, „groß“ durch unsere Handlungen nie *bewiesen* werden können, weil jede Handlung unerkennbar ist –

daß sicherlich unsere Meinungen, Wertschätzungen und Gütertafeln zu den mächtigsten Hebeln im Räderwerk unserer Handlungen gehören, daß aber für jeden einzelnen Fall das Gesetz ihrer Mechanik unnachweisbar ist. *Beschränken* wir uns also auf die Reinigung unserer Meinungen und Wertschätzungen und auf die *Schöpfung neuer eigener Gütertafeln* – über den „moralischen Wert unserer Handlungen" aber wollen wir nicht mehr grübeln! Ja, meine Freunde! In Hinsicht auf das ganze moralische Geschwätz der einen über die andern ist der Ekel an der Zeit! Moralisch zu Gericht sitzen, soll uns wider den Geschmack gehen! Überlassen wir dies Geschwätz und diesen üblen Geschmack denen, welche nicht mehr zu tun haben, als die Vergangenheit um ein kleines Stück weiter durch die Zeit zu schleppen, und welche selber niemals Gegenwart sind – den vielen also, den allermeisten! Wir aber *wollen die werden, die wir sind* – die Neuen, die Einmaligen, die Unvergleichbaren, die Sich-selber-Gesetzgebenden, die Sich-selber-Schaffenden! Und dazu müssen wir die besten Lerner und Entdecker alles Gesetzlichen und Notwendigen in der Welt werden: wir müssen *Physiker* sein, um in jenem Sinne *Schöpfer* sein zu können – während bisher alle Wertschätzungen und Ideale auf *Unkenntnis* der Physik oder im *Widerspruche* mit ihr aufgebaut waren. Und darum: Hoch die Physik! Und höher noch das, was uns zu ihr *zwingt* – unsere Redlichkeit!*

Freiheit und Verlassenheit – Jean-Paul Sartre

Dostojewskij und der Existentialismus

Dostojewskij hatte geschrieben: „Wenn Gott nicht existierte, so wäre alles erlaubt." Da ist der Ausgangspunkt des Existentialismus. In der Tat, alles ist erlaubt, wenn Gott nicht existiert, und demzufolge ist der Mensch verlassen, da er weder in sich noch außerhalb seiner eine Möglichkeit findet, sich anzuklammern. Vor allem findet er keine Entschuldigungen. Geht tatsächlich die Existenz der Essenz voraus, so kann man nie durch Bezugnahme auf eine gegebene und feststehende menschliche Natur Erklärungen geben; anders gesagt, es gibt keine Vorausbestimmung mehr, der Mensch ist frei, der Mensch ist Freiheit.

Der Mensch ist Freiheit

Wenn wiederum Gott nicht existiert, so finden wir uns keinen Werten, keinen Geboten gegenüber, die unser Betragen rechtfertigen. So haben wir weder hinter uns noch vor uns, im Lichtreich der Werte, Rechtfertigungen oder Entschuldigungen. Wir sind allein, ohne Entschuldigungen. Das ist es, was ich durch die Worte ausdrücken will: Der Mensch ist verurteilt, frei zu sein. Verurteilt, weil er sich nicht selbst erschaffen hat, anderweit aber dennoch frei, da er, einmal in die Welt geworfen, für alles verantwortlich ist, was er tut. (...)

Die Verlassenheit

Um Ihnen ein Beispiel zu geben, welches erlaubt, die Verlassenheit besser zu verstehen, führe ich den Fall eines meiner Schüler an, der mich unter folgenden Umständen aufgesucht hat: Sein Vater lebte in Zwiespalt mit seiner Mutter und neigte übrigens zur Kollaboration[1], sein ältester Bruder war bei der deutschen Offensive von 1940 getötet worden; und jener junge Mann wünschte in seinem etwas primitiven, aber hochherzigen Gefühl, ihn zu rächen. Seine Mutter lebte allein mit ihm, sehr betrübt durch den halben Verrat seines Vaters und durch den Tod ihres ältesten Sohnes, und fand nur Trost an *ihm*.

1 Kollaboration: Zusammenarbeit mit dem Feind (den Deutschen, die damals Frankreich besetzt hatten)

* Friedrich Nietzsche, Die fröhliche Wissenschaft (1882/87). Goldmann, München o. J., 4. Buch, § 336, S. 186–188

Ein Beispiel

Dieser junge Mann hatte in dem gegebenen Augenblick die Wahl, entweder nach England zu gehen und sich in die Freien Französischen Streitkräfte einzureihen – das heißt seine Mutter zu verlassen – oder bei seiner Mutter zu bleiben und ihr leben zu helfen. Er gab sich gut Rechenschaft davon, daß diese Frau nur durch ihn lebte und daß sein Verschwinden – und vielleicht sein Tod – sie in die Verzweiflung stürzen würde. Er gab sich auch Rechenschaft, daß im Grunde, konkret gesprochen, jede Handlung, die er mit Rücksicht auf seine Mutter unternahm, ihre Entsprechung haben werde in dem Sinne, daß er ihr zu leben verhalf, währenddem jede Handlung, die er unternahm, um wegzureisen und zu kämpfen, eine zweideutige Handlung war, die im Sand verlaufen und zu nichts dienen würde. Zum Beispiel, indem er nach England reiste, konnte er unbestimmte Zeit in einem spanischen Lager verbleiben, wenn er über Spanien fuhr; er konnte in England oder in Algier ankommen und in ein Büro versetzt werden, um Schreibarbeiten zu machen. Folglich befand er sich angesichts zweier ganz verschiedener Typen von Handlungen: einer konkreten, unmittelbaren, die sich aber nur an ein Individuum richtete; oder aber einer Handlung, die sich an ein unendlich weiteres Ganzes, eine nationale Gemeinschaft wendete, die aber eben deswegen zweideutig war und unterwegs unterbrochen werden konnte.

Die zwei Moralen

Und gleichzeitig zögerte er zwischen zwei Typen von Moralen. Auf der einen Seite eine Moral der Sympathie, der individuellen Hingabe, und auf der andern Seite eine umfassendere Moral, die aber von einer fragwürdigeren Wirksamkeit sein konnte. Es mußte zwischen den beiden gewählt werden. Wer konnte ihm helfen, zu wählen? Die christliche Lehre? Nein. Die christliche Lehre sagt: Seid barmherzig, liebet euren Nächsten, opfert euch auf für den andern, wählt den rauhen Weg usw. Aber welches ist der rauheste Weg? Wen soll man lieben wie seinen Bruder: den Kämpfer oder die Mutter? Welches ist die größere Nützlichkeit: jene unbestimmte, in einer Gesamtheit zu kämpfen, oder jene sichere, einem genau bestimmten Menschen leben zu helfen? Wer kann a priori darüber entscheiden? Niemand. Keine aufgezeichnete Moral kann es sagen. Die kantische Moral erklärt: Behandelt die andern nie als Mittel, sondern als Zweck. Sehr gut; bleibe ich bei meiner Mutter, so behandle ich sie als Zweck und nicht als Mittel, aber ich laufe Gefahr, diejenigen als Mittel zu behandeln, die um mich her kämpfen; und umgekehrt, wenn ich mich denen anschließe, die kämpfen, so behandle ich sie als Zweck und laufe dementsprechend Gefahr, meine Mutter als Mittel zu behandeln.

Wert und Gefühl

Wenn die Werte unbestimmt sind und immer zu weitgespannt für den bestimmten und konkreten Fall, den wir eben betrachten, so bleibt uns nichts, als uns auf unsern Instinkt zu verlassen. Das hat jener junge Mann versucht zu tun; und als ich ihn damals sah, sagte er: Das, was im Grunde wichtig ist, ist das Gefühl; ich sollte das wählen, was mich wirklich in eine bestimmte Richtung drängt. Fühle ich, daß ich meine Mutter genügend liebe, um ihr alles andere – meinen Wunsch nach Rache, meinen Tatendrang, meinen Trieb nach Abenteuern – zu opfern, so bleibe ich bei ihr. Wenn im Gegenteil ich fühle, daß meine Liebe für meine Mutter nicht genügend ist, so gehe ich. Aber wie den Gradwert eines Gefühls bestimmen? Was machte den Gradwert seiner Liebe zu seiner Mutter aus? Genau die Tatsache, daß er für sie da blieb. Ich kann wohl sagen, ich liebe den und den Freund genügend, um ihm die und die Summe Geldes zu opfern; aber ich kann es nur sagen, wenn ich es tatsächlich getan habe. Ich kann sagen: ich liebe meine Mutter genügend, um bei ihr zu bleiben – wenn ich bei ihr geblieben *bin.* Den Gradwert dieser Zuneigung kann ich erst bestimmen, wenn ich eine Tat vollbracht habe, die

ihn bestätigt und definiert. Da ich aber von diesem Gefühl verlange, meine Handlung zu rechtfertigen, so finde ich mich in einen circulus vitiosus[2] hineingezogen.
Anderseits hat Gide[3] sehr gut gesagt, daß ein Gefühl, welches gespielt, und ein Gefühl, das gelebt wird, zwei fast ununterscheidbare Dinge sind: Entscheiden, daß ich meine Mutter liebe, indem ich bei ihr bleibe, oder eine Komödie aufführen, die bewirkt, daß ich bei meiner Mutter bleibe – ist nahezu dieselbe Sache.

Das aus unsern Handlungen aufgebaute Gefühl
Mit andern Worten gesagt: das Gefühl baut sich auf aus den Handlungen, die wir vollziehen; demnach kann ich es nicht befragen, um mich von ihm leiten zu lassen. Was wiederum bedeutet, daß ich weder in mir selber den authentischen[4] Zustand suchen, der mich zum Handeln treibt, noch einer Moral die Begriffe entlehnen kann, die mir erlauben, zu handeln. Wenigstens, werden Sie sagen, hat der junge Mann einen Professor aufgesucht, um ihn um Rat zu fragen. Aber, wenn Sie zum Beispiel bei einem Priester Rat holen, so haben Sie den Priester selbst gewählt, so wußten Sie im Grunde schon mehr oder minder, was er Ihnen raten würde. Anders gesagt, einen Ratgeber wählen, heißt wieder, sich selber binden. Der Beweis dafür ist, daß, wenn Sie Christ sind, Sie sagen werden: Fragen Sie einen Priester um Rat. Nun gibt es aber kollaborationistische Priester, attentistische Priester[5], Widerstands-Priester.

Wahl und Bindung
Welchen wählen? Und wenn der junge Mann einen Widerstands-Priester oder kollaborationistischen Priester wählt, so hat er selbst schon über die Art des Rates entschieden, den er empfangen wird. Somit, indem er zu mir kam, wußte er die Antwort, die ich ihm erteilen würde, und ich hatte nur *eine* Antwort zu geben: Sie sind frei, wählen Sie, das heißt erfinden Sie. Keine allgemeine Moral kann Ihnen angeben, was Sie zu tun haben. Es gibt keine Zeichen in der Welt.*

2 circulus vitiosus: Zirkelschluß, auch: Teufelskreis
3 André Gide (1869–1951): französischer Schriftsteller
4 authentisch: echt; zuverlässig; eigentlich
5 attentistisch: abwartend

7.2.3 Gesinnungs- oder Verantwortungsethik? – Max Weber

Im Blick auf das Handeln eines Politikers fragt sich Max Weber, wie tragfähig eine Ethik ist, die eher an der guten Gesinnung interessiert ist (Weber nennt sie auch „absolute Ethik“) als an den Folgen des Handelns.

Wir müssen uns klarmachen, daß alles ethisch orientierte Handeln unter *zwei* voneinander grundverschiedenen, unaustragbar gegensätzlichen Maximen stehen kann: es kann „gesinnungsethisch“ oder „verantwortungsethisch“ orientiert sein. Nicht daß Gesinnungsethik mit Verantwortungslosigkeit und Verantwortungsethik mit Gesinnungslosigkeit identisch wäre. Davon ist natürlich keine Rede. Aber es ist ein abgrundtiefer Gegensatz, ob man unter der gesinnungsethischen Maxime handelt – religiös geredet: „Der Christ tut recht und stellt den Erfolg Gott anheim“ –, *oder* unter der verantwortungsethischen: daß man für die (voraussehbaren) *Folgen* seines Handelns aufzukommen hat. Man mag einem überzeugten gesinnungsethischen Syndikalisten[1] noch so überzeugend darlegen, daß die Folgen seines Tuns die Steigerung der Chancen der Reaktion, gesteigerte Bedrückung seiner Klasse, Hemmung ihres Aufstiegs sein werden, – und es wird auf ihn gar keinen Eindruck machen. Wenn die Folgen einer

* Jean-Paul Sartre, Ist der Existentialismus ein Humanismus? In: Ders., Drei Essays. Ullstein, Frankfurt/M., Berlin, Wien 1975, S. 16–19. Französ. Original 1946

fließenden Handlung üble sind, so gilt ihm nicht der Handelnde, sondern die Welt dafür verantwortlich, die Dummheit der anderen Menschen oder – der Wille des Gottes, der sie so schuf. Der Verantwortungsethiker dagegen rechnet mit eben jenen durchschnittlichen Defekten der Menschen, – er hat, wie Fichte[2] richtig gesagt hat, gar kein Recht, ihre Güte und Vollkommenheit vorauszusetzen, er fühlt sich nicht in der Lage, die Folgen eigenen Tuns, soweit er sie voraussehen konnte, auf andere abzuwälzen. Er wird sagen: diese Folgen werden meinem Tun zugerechnet. „Verantwortlich“ fühlt sich der Gesinnungsethiker nur dafür, daß die Flamme der reinen Gesinnung, die Flamme z. B. des Protestes gegen die Ungerechtigkeit der sozialen Ordnung, nicht erlischt. Sie stets neu anzufachen, ist der Zweck seiner, vom möglichen Erfolg her beurteilt, ganz irrationalen Taten, die nur exemplarischen Wert haben können und sollen.

Aber auch damit ist das Problem noch nicht zu Ende. Keine Ethik der Welt kommt um die Tatsache herum, daß die Erreichung „guter“ Zwecke in zahlreichen Fällen daran gebunden ist, daß man sittlich bedenkliche oder mindestens gefährliche Mittel und die Möglichkeit oder auch die Wahrscheinlichkeit übler Nebenerfolge mit in den Kauf nimmt, und keine Ethik der Welt kann ergeben: wann und in welchem Umfang der ethisch gute Zweck die ethisch gefährlichen Mittel und Nebenerfolge „heiligt“. (...)

Hier, an diesem Problem der Heiligung der Mittel durch den Zweck, scheint nun auch die Gesinnungsethik überhaupt scheitern zu müssen. Und in der Tat hat sie logischerweise nur die Möglichkeit: *jedes* Handeln, welches sittlich gefährliche Mittel anwendet, zu *verwerfen*. Logischerweise. In der Welt der Realitäten machen wir freilich stets erneut die Erfahrung, daß der Gesinnungsethiker plötzlich umschlägt in den chiliastischen[3] Propheten, daß z. B. diejenigen, die soeben „Liebe gegen Gewalt“ gepredigt haben, im nächsten Augenblick zur Gewalt aufrufen, – zur *letzten* Gewalt, die dann den Zustand der Vernichtung *aller* Gewaltsamkeit bringen würde, – ebenso wie unsere Militärs den Soldaten bei jeder Offensive sagten: es sei die letzte, sie werde den Sieg und dann den Frieden bringen. Der Gesinnungsethiker erträgt die ethische Irrationalität der Welt nicht. Er ist kosmisch-ethischer „Rationalist“.

(...) Dies Problem: die Erfahrung von der Irrationalität der Welt war ja die treibende Kraft aller Religionsentwicklung. Die indische Karmanlehre[4] und der persische Dualismus[5], die Erbsünde, die Prädestination[6] und der Deus absconditus[7] sind alle aus dieser Erfahrung herausgewachsen. Auch die alten Christen wußten sehr genau, daß die Welt von Dämonen regiert sei, und daß, wer mit der Politik, das heißt: mit Macht und Gewaltsamkeit als Mitteln, sich einläßt, mit diabolischen Mächten einen Pakt schließt, und daß für sein Handeln es *nicht* wahr ist, daß aus Gutem nur Gutes, aus Bösem nur Böses kommen könne, sondern oft das Gegenteil. Wer das nicht sieht, ist in der Tat politisch ein Kind.*

1 Syndikalist: Anhänger des Syndikalismus, einer um 1890 entstandenen Arbeiterbewegung, die in der Gewerkschaft die Keimzelle für die revolutionäre Umgestaltung der Gesellschaft sah. Ziel war ein herrschaftsfreier Sozialismus. Hauptvertreter: Georges Sorel (1847–1922), der von Marx und Nietzsche beeinflußt war

2 Johann Gottlieb Fichte (1762–1814): deutscher Philosoph in der Tradition Kants. Seinen Berliner Lehrstuhl übernahm 1818 Hegel.

3 chiliastisch: die Lehre von der Wiederkunft Christi betreffend

4 Karmanlehre: Schicksalslehre des Buddhismus, wonach das Leben Leid ist, vom blinden Lebensdrang bestimmt

5 Dualismus: Lehre von zwei Welten, Mächten oder Prinzipien. In Persien lehrte Zarathustra, es gebe ein gutes (Licht) und ein böses Prinzip (Finsternis), die im Kampf miteinander liegen.

6 Prädestination: Vorherbestimmung des menschlichen Schicksals durch Gott

7 deus absconditus: der verborgene, unerforschliche Gott. Bezeichnung für den Gott der Israeliten im Alten Testament, Jes. 45,15.

* Max Weber, Politik als Beruf (Vortrag 1919). In: J. Winckelmann (Hrsg.), Soziologie. Universalgeschichtliche Analysen. Politik. 5. überarb. Aufl., Kröner, Stuttgart 1973, S. 174–178

7.3 Die Achtung vor der Würde des Menschen

Alles, was nur relativen Wert, einen Preis hat, kann durch ein Äquivalent ersetzt werden. Davon unterscheidet Kant das, was Würde, *d. h. einen inneren, unbedingten, unvergleichbaren Wert hat. Das moralische Gesetz und v. a. der Mensch selbst zeichnen sich durch Würde aus und verdienen daher* Achtung.

Die Achtung vor der Würde des Menschen findet in unserem Jahrhundert als oberstes, nicht weiter ableitbares Prinzip verbreitet Anerkennung, v. a. in der Rechtsordnung westlicher Demokratien. Vermutlich wurde erstmals 1937 in Irland dieses Moral- und Rechtsprinzip in einer Verfassung verankert. Elf Jahre später wurde es bei den Vereinten Nationen in der Allgemeinen Erklärung der Menschenrechte weltweit bestätigt. Bei der Begründung des Prinzips hat sich bis heute keine andere Theorie neben derjenigen Kants durchsetzen können.

7.3.1 Die Allgemeine Erklärung der Menschenrechte durch die Vereinten Nationen (1948)

Seit Juni 1946 erarbeitete eine Menschenrechtskommission eine Erklärung, die dann in der UN-Vollversammlung am 10. 12. 1948 angenommen wurde. Sie beginnt so:

Präambel

Da die Anerkennung der allen Mitgliedern der menschlichen Familie innewohnenden Würde und ihrer gleichen und unveräußerlichen Rechte die Grundlage der Freiheit, der Gerechtigkeit und des Friedens in der Welt bildet,

da Verkennung und Mißachtung der Menschenrechte zu Akten der Barbarei führten, die das Gewissen der Menschheit tief verletzt haben, und da die Schaffung einer Welt, in der den Menschen, frei von Furcht und Not, Rede- und Glaubensfreiheit zuteil wird, als das höchste Bestreben der Menschheit verkündet worden ist,

da es wesentlich ist, die Menschenrechte durch die Herrschaft des Rechtes zu schützen, damit der Mensch nicht zum Aufstand gegen Tyrannei und Unterdrückung als letztem Mittel gezwungen wird,

da es wesentlich ist, die Entwicklung freundschaftlicher Beziehungen zwischen den Nationen zu fördern,

da die Völker der Vereinten Nationen in der Satzung ihren Glauben an die grundlegenden Menschenrechte, an die Würde und den Wert der menschlichen Person und an die Gleichberechtigung von Mann und Frau erneut bekräftigt und beschlossen haben, den sozialen Fortschritt und bessere Lebensbedingungen bei größerer Freiheit zu fördern,

da die Mitgliedstaaten sich verpflichtet haben, in Zusammenarbeit mit den Vereinten Nationen die allgemeine Achtung und Verwirklichung der Menschenrechte und Grundfreiheiten durchzusetzen,

da eine gemeinsame Auffassung über diese Rechte und Freiheiten von größter Wichtigkeit für die volle Erfüllung dieser Verpflichtung ist,

verkündet die Generalversammlung

die vorliegende Allgemeine Erklärung der Menschenrechte als das von allen Völkern und Nationen zu erreichende gemeinsame Ideal, damit jeder einzelne und alle Organe der Gesellschaft sich diese Erklärung stets gegenwärtig halten und sich bemühen, durch Unterricht und Erziehung die Achtung dieser Rechte und Freiheiten zu fördern und durch fortschreitende Maßnahmen im nationalen und internationalen Bereiche ihre allgemeine und tatsächliche Anerkennung und Verwirklichung bei der Bevölkerung sowohl der Mitgliedstaaten wie der ihrer Oberhoheit unterstehenden Gebiete zu gewährleisten.

Art. 1: (Freiheit, Gleichheit, Brüderlichkeit)
Alle Menschen sind frei und gleich an Würde und Rechten geboren. Sie sind mit Vernunft und Gewissen begabt und sollen einander im Geiste der Brüderlichkeit begegnen.

Art. 2: (Verbot der Diskriminierung)
1. Jeder Mensch hat Anspruch auf die in dieser Erklärung verkündeten Rechte und Freiheiten ohne irgendeine Unterscheidung, wie etwa nach Rasse, Farbe, Geschlecht, Sprache, Religion, politischer und sonstiger Überzeugung, nationaler oder sozialer Herkunft, nach Eigentum, Geburt oder sonstigen Umständen.
2. Weiter darf keine Unterscheidung gemacht werden auf Grund der politischen, rechtlichen oder internationalen Stellung des Landes oder Gebietes, dem eine Person angehört, ohne Rücksicht darauf, ob es unabhängig ist, unter Treuhandschaft steht, keine Selbstregierung besitzt oder irgendeiner anderen Beschränkung seiner Souveränität unterworfen ist.

Art. 3: (Recht auf Leben und Freiheit)
Jeder Mensch hat das Recht auf Leben, Freiheit und Sicherheit der Person.

Art. 4: (Verbot der Sklaverei und des Sklavenhandels)
Niemand darf in Sklaverei oder Leibeigenschaft gehalten werden; Sklaverei und Sklavenhandel sind in allen Formen verboten.

Art. 5: (Verbot der Folter)
Niemand darf der Folter oder grausamer, unmenschlicher oder erniedrigender Behandlung oder Strafe unterworfen werden.

Art. 6: (Anerkennung als Rechtsperson)
Jeder Mensch hat überall Anspruch auf Anerkennung als Rechtsperson.

Art. 7: (Gleichheit vor dem Gesetz)
Alle Menschen sind vor dem Gesetz gleich und haben ohne Unterschied Anspruch auf gleichen Schutz durch das Gesetz. Alle haben Anspruch auf den gleichen Schutz gegen jede unterschiedliche Behandlung, welche die vorliegende Erklärung verletzen würde, und gegen jede Aufreizung zu einer derartigen unterschiedlichen Behandlung.

Art. 8: (Anspruch auf Rechtsschutz)
Jeder Mensch hat Anspruch auf wirksamen Rechtsschutz vor den zuständigen innerstaatlichen Gerichten gegen alle Handlungen, die seine ihm nach der Verfassung oder nach dem Gesetz zustehenden Grundrechte verletzen.*

7.3.2 Das Grundgesetz (1949)

Im Grundgesetz für die Bundesrepublik Deutschland vom 23. Mai 1949 heißt es im Artikel 1:

(1) Die Würde des Menschen ist unantastbar. Sie zu achten und zu schützen ist Verpflichtung aller staatlichen Gewalt.

(2) Das Deutsche Volk bekennt sich darum zu unverletzlichen und unveräußerlichen Menschenrechten als Grundlage jeder menschlichen Gemeinschaft, des Friedens und der Gerechtigkeit in der Welt.

* zitiert nach: Dieter Hesselberger, Das Grundgesetz. Kommentar für die politische Bildung. Luchterhand, Neuwied/Darmstadt [4]1983, S. 40f.

(3) Die nachfolgenden Grundrechte binden Gesetzgebung, vollziehende Gewalt und Rechtsprechung als unmittelbar geltendes Recht.

Im Unterschied zur Deklaration der Vereinten Nationen sind hier Grundrechte als geltendes und einklagbares Recht formuliert. Gemäß Artikel 79, Absatz 3 des Grundgesetzes sind die ersten zwanzig Artikel des Grundgesetzes unabänderlich.

7.3.3 Was heißt es, jemanden als Person zu achten? – Franz v. Kutschera

Franz v. Kutschera formuliert das ethische Grundprinzip in Anlehnung an Kants kategorischen Imperativ: „Jeder ist verpflichtet, den anderen als Person zu achten." Was das heißt, erläutert er wie folgt:

Voraussetzung der Achtung als Person ist zunächst, daß man den anderen als Person ansieht und anerkennt. Theoretisch wissen wir natürlich, daß die anderen Personen sind, aber damit dieses Wissen auch praktisch wird, muß man es sich im Einzelfall zunächst einmal konkret vergegenwärtigen. Wir machen uns keinesfalls immer klar, daß die Menschen, mit denen wir gerade zu tun haben, eigenständige Persönlichkeiten sind, Mittelpunkte einer eigenen Welt von Erlebnissen, Gefühlen, Erfahrungen, Wertungen, Zielsetzungen und sozialen Bindungen. Wir sehen sie häufig nur als Teil unserer eigenen Umwelt; sie interessieren uns nur insofern, als sie für die Verfolgung unserer Ziele eine Rolle spielen; als Daten, mit denen wir zu rechnen haben, als „Sachen" oder „Mittel", wie Kant sagt. Die Anerkennung des anderen als Person ist also nicht immer die normale Einstellung, sondern eine Einstellung, zu der wir unter moralischem Aspekt aufgefordert sind, und daher ist Kants oben angegebene Formulierung des kategorischen Imperativs eine wichtige ethische Forderung.

Die Achtung, die man vor sich selbst als Person hat, die *Selbstachtung*, besteht nicht primär darin, daß man stolz ist auf seine Taten, Leistungen, Fähigkeiten oder sozialen Rollen. Sie zielt also nicht in erster Linie auf die Persönlichkeit, die all das umfaßt. In viel entscheidenderem Maße bezieht sich Selbstachtung auf den eigenen Lebensplan und die Fähigkeit, ihn zu realisieren. Selbstachtung beruht in diesem Sinn darauf, daß wir uns in Freiheit Lebensziele gewählt haben, mit denen wir uns in der praktischen Reflexion identifizieren können, die also nach unserer wohlerwogenen Überzeugung moralisch richtig sind und so geartet, daß sie uns die Chance einer freien Selbstentfaltung eröffnen, die zugleich auf die Verwirklichung objektiver Werte hin orientiert ist. Diese Ziele bestimmen in weit höherem Maße unser Eigenwertgefühl als Taten, Begabungen, soziale Rolle etc., denn mit ihnen identifizieren wir uns weit stärker. (...) Auch dem, der an seiner Fähigkeit zweifelt oder dem seine Ziele fragwürdig erscheinen, bleibt Grund zur Selbstachtung. Zweifel an den eigenen Zielen oder Fähigkeiten, eine selbstkritische Haltung, ein Ungenügen an den bisherigen Zielsetzungen – ohne daß man sie schon durch bessere ersetzen könnte – sind oft erheblich produktiver und achtenswerter als Selbstzufriedenheit. Der letzte Grund der Selbstachtung liegt vielmehr wohl darin, daß wir uns als Subjekt von Rechten begreifen, daß wir uns Rechte zuerkennen und uns nicht als rechtlos gegenüber anderen verstehen; daß wir auch dann an unser eigenes Recht glauben, wenn es uns von anderen nicht zugestanden wird. Wir würden hingegen jede Selbstachtung aufgeben, wenn wir anderen das Recht einräumten, mit uns zu machen, was sie wollen, wie der Hobbessche Untertan, der seine eigene Rechtlosigkeit gegenüber dem Souverän anerkennt. Am Beginn der

Emanzipation des Individuums in der Antike steht die moralische Kritik an den Göttern, die Betonung von Rechten des Menschen ihnen gegenüber, die moralische Deutung der Gestalt des Prometheus, als dem, der zuerst ihre Macht nicht mehr als Recht gelten ließ. Grundlage dieses Anspruchs auf eigene Rechte ist die Unterscheidung von Recht und Macht, die Anerkennung einer objektiven moralischen Wertordnung, die den faktischen Machtverhältnissen Rechtsverhältnisse gegenüberstellt. Dieser Anspruch ist so an die Anerkennung einer objektiven Wertordnung gebunden und damit an die Anerkennung eigener Pflichten und eigener moralischer Verantwortung. Wer keine Pflichten anerkennt, erkennt auch keine objektive moralische Wertordnung an und verzichtet damit sowohl auf moralische Rechte wie auf eine objektive Legitimation seines Handelns und seiner Ziele. Er kann diese dann nur als wertvoll für sich ansehen; Selbstachtung beruht aber auf objektiven Werturteilen. (...)

Wenn man Selbstachtung so versteht, wird man sagen müssen, daß die Achtung vor anderen prinzipiell von gleicher Art sein muß. Leistungen anderer verdienen unsere Achtung und ebenso wertvolle Lebenspläne und die Fähigkeit, sie zu realisieren. Dabei müssen wir den anderen ebenso antizipatorisch beurteilen wie uns selbst, also nicht nur nach seinem vergangenen und gegenwärtigen Verhalten, sondern auch nach seinen Zielen und Absichten. In Leistungen, Zielen und Fähigkeiten aber unterscheiden sich die Menschen, und das ethische Grundgesetz fordert, daß wir jeden Menschen achten sollen. Die Achtung muß also auch dem gelten, der wenig oder nichts geleistet hat, der keine wertvollen Ziele verfolgt, also z. B. einem rücksichtslosen Egoisten. Sie kann sich also nicht primär auf Leistungen oder Lebenspläne beziehen, sondern nur darin bestehen, daß wir ihm eigene Rechte und moralische Verantwortlichkeit zuerkennen. Achtung besteht nicht nur in einem Verhalten, das die Rechte des anderen nicht verletzt, haben wir gesagt, sondern in einer Einstellung zu ihm. Wir sollen anerkennen, daß er Rechte hat, die ihm unabhängig von der Verleihung durch andere oder durch staatliche Autorität zukommen, und die ihm daher von anderen auch nicht aberkannt werden können; Rechte, die ihm auch nicht kraft seiner Rolle, kraft Leistung oder Verdienst oder aufgrund seines Verhaltens oder seiner Gesinnung zukommen, sondern ihm selbst als Person. Haben alle Menschen dieselbe Würde, so leitet sich die Würde eines Menschen nicht aus dem ab, was ihm andere zugestehen. Gestehen wir uns selbst solche Rechte zu, so müssen wir sie auch anderen zuerkennen. Die Achtung vor der Würde des anderen beinhaltet, wie Kant sagt, daß wir uns nicht über ihn erheben, uns nicht höhere Rechte zusprechen als ihm. (...)

Im Sinn der im letzten Kapitel entwickelten Wertkonzeption können wir objektive Werte nur dann als solche anerkennen, wenn wir sie auch als Werte für uns begreifen können; nur dann werden sie praktisch effektiv. Danach kann es bei der Achtung anderer als Person nicht nur darum gehen zu sagen: Als Person hat dieser Mensch objektiv gesehen einen Wert, und insofern habe ich die Pflicht, ihn zu achten. Die Achtung besteht vielmehr auch in einer persönlichen Einstellung, in der ich ihn auch aus eigenem Antrieb als Person bejahe, in der mir etwas an ihm liegt.[1] Das ethische Grundgesetz zielt demnach nicht nur auf die Anerkennung der Rechte des anderen ab, sondern fordert eine persönliche Einstellung zu ihm, die sich z. B. in Aufgeschlossenheit, Entgegenkommen, Freundlichkeit und Hilfsbereitschaft ausdrückt, und aus der heraus wir unsere Pflichten ihm gegenüber aus eigenem Antrieb erfüllen.

1 Daß uns in diesem Sinn am anderen gelegen sein soll, heißt nicht, daß er uns sympathisch sein solle. Sympathie ist ein Gefühl, und Gefühle kann man, wie wiederum Kant betont hat, nicht gebieten. Sympathie gilt ferner dem Charakter und Verhalten, der Persönlichkeit, während sich Achtung auf die Person bezieht.*

* Franz v. Kutschera, Grundlagen der Ethik. de Gruyter, Berlin/New York 1982, S. 309–313

7.4 Lexikalisches Stichwort: Gewissen

Gewissen, mhd. gewizzen, ahd. giwizzani, zuerst bei Notker als Lehnübersetzung von lat. conscientia, das seinerseits gr. syneidēsis ‚Gewissen' und ‚Bewußtsein' (zuerst bei Demokrit) wiedergibt. Durch die – u. a. die Vollendung eines Tuns bedeutende – Vorsilbe ge- hat das Wort den Grundgehalt: zu seinem Schluß gekommenes Wissen, Wahrnehmung in ihrem Ergebnis. Insbes. ist G. das innere Wissen, das die moralische Beurteilung des Menschen durch sich selbst ermöglicht; es lebt im Volksempfinden als religiöser Begriff; es ist eine innere Stimme, die in ihrem Warnen, Fordern, Richten als die Stimme Gottes im Menschen, als moralisches Gesetz in ihm, als Ankündigung der sittlichen Werte oder Unwerte und als Art und Weise gilt, wie das Wertgefühl im Menschen sich Geltung verschafft. (...)
Das G. ist nicht fertig angeboren, es kann sich erst entwickeln, wenn Schuld und Pflicht nicht nur als äußere Verschuldung, die durch äußere Sühne (Lösegeld, Opfer, Strafe, Rache) wieder ausgeglichen wird, und als äußere Verpflichtung zu dieser oder jener Leistung aufgefaßt werden, sondern wenn es ein inneres Schuld- und Pflichtbewußtsein gibt, so daß Schuld und verletzte Pflicht das schlechte, Schuldlosigkeit, vergebene Schuld und erfüllte Pflicht das gute G. hervorbringen. (...)*

Gewissen (...) In der Diskussion v.a. über die Verbindlichkeit der Gewissensüberzeugungen und -urteile stellten sich drei Fragenkreise als zentral heraus: 1. Lassen sich moralische Urteile, die unter Berufung auf das Gewissen gefällt werden, immer rechtfertigen (Unfehlbarkeit des Gewissens)? 2. Muß man dem Gewissen immer folgen (Gewissenszwang)? 3. Darf man andere Individuen zu Handlungen gegen ihre Gewissensüberzeugung (z. B. durch rechtliche Normen) zwingen (Gewissensfreiheit)? Philosophiegeschichtlich gesehen hat nur die christlich geprägte Philosophie des Mittelalters eine eigene Gewissenstheorie entwickelt; hingegen diskutiert die griechische Tradition über Gewissen oder ähnliche Phänomene nur vereinzelt (z. B. spricht Sokrates von einem „daimonion", einer inneren Stimme, die vor schlechten Handlungen warne), während in der Neuzeit die Frage nach dem Gewissen hinter der nach Begründungsprinzipien für sittliche Erkenntnis zurücktritt. Die Scholastik unterscheidet zwischen der Synteresis (so ab 1200 statt Syneidesis), dem Wissen von sittlichen Grundsätzen, und der Conscientia, der Anwendung dieser Prinzipien auf konkrete Einzelfälle. Nach Albertus Magnus liefert die Synteresis die Obersätze, die als unfehlbar angesehen werden, da die Synteresis ihre Anleitung von Gott empfängt. Die Conscientia, die auf die Einzelurteile schließt, unterliegt als menschliches Vermögen hingegen der Irrtumsmöglichkeit. Für Kant ist die Beurteilung einer Handlung auf ihre moralische Berechtigung hin nicht Sache des Gewissens, wohl aber die Überprüfung dieser Urteilsbildung auf ihre Sorgfältigkeit hin. Über Schopenhauer und Nietzsche entwickelt sich eine psychologische Deutung des Gewissens, die dann auch bei Freud dominiert (Gewissen als Funktion des Über-Ichs, das durch Verinnerlichung der elterlichen Verbote und Forderungen gebildet wird).**

Arbeitsanregungen

1. Informieren Sie sich über Kants Leben und seine Zeit.
2. Was heißt „Aufklärung"? Lesen Sie dazu den Beginn von Kants Aufsatz „Beantwortung der Frage: Was ist Aufklärung?" (1784).
3. Wodurch kommt in 7.1.1 zum Ausdruck, daß Kants Ethik eine Gesinnungsethik und eine Vernunftethik ist?
4. Wenn Sie jemanden am Straßenrand betteln sehen, geben Sie ihm Geld? Wovon hängt es ab? Was bewegt Sie zu Ihrer Entscheidung? Sind Ihre Beweggründe moralisch im Sinne von Kants Pflichtethik (7.1.2)?
5. Wie könnte das christliche Gebot der Nächstenliebe umformuliert werden, um Kants Bedenken gegen ein solches Gebot Rechnung zu tragen?

* J. Hoffmeister, Wörterbuch der philosophischen Begriffe. A.a.O.
** Schüler-Duden Philosophie. A.a.O.

6. Verdeutlichen Sie durch Beispiele den Unterschied zwischen ‚Handlungen aus Pflicht' und ‚Handlungen gemäß der Pflicht'.
7. Ist der Begriff der Pflicht heute noch geeignet, moralisches Handeln zu definieren?
8. Kant hält Lügen für prinzipiell unmoralisch (7.1.3). Können Sie sich Umstände denken, unter denen eine Lüge moralisch erlaubt oder gar als Pflicht gefordert werden kann? Ist eine solche „Notlüge" mit Kants Universalisierungsprinzip vereinbar?
9. Geben Sie weitere Beispiele zu den drei Imperativarten aus 7.1.3.
10. Lernen Sie die beiden Formulierungen des kategorischen Imperativs aus 7.1.3 und 7.1.4 auswendig.
11. Erläutern Sie Kants Unterscheidung zwischen dem (unheiligen) Menschen und der (heiligen) Menschheit in jeder Person (Schlußabsatz von 7.1.4).
12. Wenden Sie den kategorischen Imperativ (in beiden Formulierungen) auf konkrete Moralprobleme an. Kommen Sie dabei, wie Kant erwartet, zu klaren und eindeutigen Ergebnissen?
13. Hegel verdeutlicht seine Kantkritik am Beispiel des Eigentums bzw. Diebstahls (7.2.1); ließe sich die Kritik ebensogut am Beispiel des Lügens entwickeln?
14. Warum kann man aus dem Satz „Mein Nachbar hungert" keine moralische Folgerung ziehen? Was fehlt zu einem gültigen logischen Schluß? Können Sie sich eine Feststellung denken, aus der sich logisch eine moralische Forderung ableiten ließe? Oder ist dann der „naturalistische Fehlschluß" unausweichlich?
15. Ist Hegels These der Einheit von Sollen und Sein, wie Marquard sie erklärt, ein naturalistischer Fehlschluß?
16. Was versteht Nietzsche (7.2.2) unter dem „intellektuellen Gewissen"? Worin unterscheidet sich dieser Gewissensbegriff von dem Ihrigen? (Vgl. 7.4)
17. Wie kann ein Kantianer den kategorischen Imperativ gegen Nietzsches Vorwurf der Selbstsucht verteidigen?
18. Lesen und referieren Sie Nietzsches kritische Analyse der Entstehung der Moral und des schlechten Gewissens: Zur Genealogie der Moral (1887).
19. Zeigt Sartres Beispiel, daß eine moralische Entscheidung auf das Universalisierungsprinzip verzichten kann?
20. Für Kant war es selbstverständlich, daß der gute Wille sich ernsthaft um gute Folgen seines Handelns bemüht. Treffen Webers Bedenken gegenüber der Gesinnungsethik dennoch auf Kants Ethik zu?
21. Veranschaulichen Sie den Unterschied zwischen dem Gesinnungs- und dem Verantwortungsethiker an einigen konkreten moralischen Problemen. Welche Gefahren erwachsen aus einer rein verantwortungsethischen Denkweise?
22. Welche Aussagen aus dem in 7.3.1 zitierten Beginn der Menschenrechtserklärung lassen sich aus dem Prinzip der Achtung vor der Würde des Menschen herleiten?
23. Unterscheiden Sie anhand von 7.3.3 zwischen dem Geltungsbewußtsein einer Person, Selbstzufriedenheit und moralischer Selbstachtung.
24. Kann ein Mensch seine moralische Würde verlieren? – Haben Tiere keine Würde? Warum?

8 Der allgemeine Nutzen

In der Nachfolge der englischen Aufklärer John Locke *(1632–1704) und* David Hume *(1711–76), die beide nur die Erfahrung als sichere Erkenntnisquelle gelten lassen (Empirismus), bekämpft* Jeremy Bentham *die Autorität der Kirche und die Privilegien der Herrschenden. Einzig und allein der „allgemeine Nutzen" soll Maßstab des Handelns sein. Damit verwirft Bentham nicht nur die Rechtfertigung der Moral aus der Tradition oder aus einem moralischen Gefühl, sondern hält auch die Menschenrechte für metaphysisch und romantisch. Hierin und in der geringen Schätzung menschlicher Freiheit unterscheidet sich Benthams* Utilitarismus *(Nützlichkeitsdenken) von Kant.*
Indem er das Moralkriterium des Nutzens näher bestimmt als „das größte Glück für die größte Zahl", macht Bentham den Kampf gegen die Privilegien einer kleinen Schicht von Herrschenden zu seinem Programm. Philosophiegeschichtlich schließt er damit an den antiken Eudämonismus, genauer an den Hedonismus Epikurs an (siehe Kapitel 5), dessen Glücksbegriff er jedoch aus dem individuellen Lebensbereich in den Bereich der Politik und Gesellschaft überträgt.
Der bis heute vor allem in den englischsprachigen Ländern anhaltende Erfolg des Utilitarismus erklärt sich wohl daraus, daß diese Theorie beansprucht, moralisches Handeln wissenschaftlich zu rechtfertigen: als rationale Wahl.

8.1 Das Prinzip der Nützlichkeit – Jeremy Bentham

1. Die Natur hat die Menschheit unter die Herrschaft zweier souveräner Gebieter – *Leid* und *Freude* – gestellt. Es ist an ihnen allein aufzuzeigen, was wir tun sollen, wie auch zu bestimmen, was wir tun werden. Sowohl der Maßstab für Richtig und Falsch als auch die Kette der Ursachen und Wirkungen sind an ihrem Thron festgemacht. Sie beherrschen uns in allem, was wir tun, was wir sagen, was wir denken: jegliche Anstrengung, die wir auf uns nehmen können, um unser Joch von uns zu schütteln, wird lediglich dazu dienen, es zu beweisen und zu bestätigen. Jemand mag zwar mit Worten vorgeben, ihre Herrschaft zu leugnen, aber in Wirklichkeit wird er ihnen ständig unterworfen bleiben. Das *Prinzip der Nützlichkeit* erkennt dieses Joch an und übernimmt es für die Grundlegung jenes Systems, dessen Ziel es ist, das Gebäude der Glückseligkeit durch Vernunft und Recht zu errichten. Systeme, die es in Frage zu stellen versuchen, geben sich mit Lauten anstatt mit Sinn, mit einer Laune anstatt mit der Vernunft, mit Dunkelheit anstatt mit Licht ab. Doch genug des bildlichen und pathetischen Sprechens: Durch solche Mittel kann die Wissenschaft der Moral nicht verbessert werden.

2. Das Prinzip der Nützlichkeit ist die Grundlage des vorliegenden Werkes; es wird daher zweckmäßig sein, mit einer ausdrücklichen und bestimmten Erklärung dessen zu beginnen, was mit ihm gemeint ist. Unter dem Prinzip der Nützlichkeit ist jenes Prinzip zu verstehen, das schlechthin jede Handlung in dem Maß billigt oder mißbilligt, wie ihr die Tendenz innezuwohnen scheint, das Glück der Gruppe, deren Interesse in Frage steht, zu vermehren oder zu vermindern, oder – das gleiche mit anderen Worten gesagt – dieses Glück zu befördern oder zu

verhindern. Ich sagte: schlechthin jede Handlung, also nicht nur jede Handlung einer Privatperson, sondern auch jede Maßnahme der Regierung.

3. Unter Nützlichkeit ist jene Eigenschaft an einem Objekt zu verstehen, durch die es dazu neigt, Gewinn, Vorteil, Freude, Gutes oder Glück hervorzubringen (dies alles läuft im vorliegenden Fall auf das gleiche hinaus) oder (was ebenfalls auf das gleiche hinausläuft) die Gruppe, deren Interesse erwogen wird, vor Unheil, Leid, Bösem oder Unglück zu bewahren; sofern es sich bei dieser Gruppe um die Gemeinschaft im allgemeinen handelt, geht es um das Glück der Gemeinschaft; sofern es sich um ein bestimmtes Individuum handelt, geht es um das Glück dieses Individuums.

4. „Das Interesse der Gemeinschaft" ist einer der allgemeinsten Ausdrücke, die in den Redeweisen der Moral vorkommen können; kein Wunder, daß sein Sinn oft verloren geht. Wenn er einen Sinn hat, dann diesen: Die Gemeinschaft ist ein fiktiver *Körper*, der sich aus den Einzelpersonen zusammensetzt, von denen man annimmt, daß sie sozusagen seine *Glieder* bilden. Was also ist das Interesse der Gemeinschaft? – Die Summe der Interessen der verschiedenen Glieder, aus denen sie sich zusammensetzt.

5. Es hat keinen Sinn, vom Interesse der Gemeinschaft zu sprechen, ohne zu wissen, was das Interesse des Individuums ist. Man sagt von einer Sache, sie sei dem Interesse förderlich oder *zugunsten* des Interesses eines Individuums, wenn sie dazu neigt, zur Gesamtsumme seiner Freuden beizutragen: oder, was auf das gleiche hinausläuft, die Gesamtsumme seiner Leiden zu vermindern.

6. Man kann also von einer Handlung sagen, sie entspreche dem Prinzip der Nützlichkeit oder – der Kürze halber – der Nützlichkeit (das heißt in bezug auf die Gemeinschaft insgesamt), wenn die ihr innewohnende Tendenz, das Glück der Gemeinschaft zu vermehren, größer ist als irgendeine andere ihr innewohnende Tendenz, es zu vermindern.

7. Von einer Maßnahme der Regierung (die nichts anderes ist als eine von einer einzelnen oder von mehreren Personen ausgeführte einzelne Handlungsweise) kann man sagen, sie entspreche dem Prinzip der Nützlichkeit oder sei von diesem geboten, wenn in analoger Weise die ihr innewohnende Tendenz, das Glück der Gemeinschaft zu vermehren, größer ist als irgendeine andere ihr innewohnende Tendenz, es zu vermindern.
(...)

10. Von einer Handlung, die mit dem Prinzip der Nützlichkeit übereinstimmt, kann man stets entweder sagen, sie sei eine Handlung, die getan werden soll, oder zum mindesten, sie sei keine Handlung, die nicht getan werden soll. Man kann auch sagen, es sei richtig zu sagen, daß sie getan werden sollte; es sei zum mindesten nicht falsch zu sagen, daß sie getan werden sollte: sie sei eine richtige Handlung; zum mindesten sei sie keine falsche Handlung. So verstanden haben die Wörter *sollen, richtig* und *falsch* sowie andere Wörter dieser Art einen Sinn; werden sie anders verstanden, haben sie keinen Sinn.

11. Ist die Richtigkeit dieses Prinzips jemals förmlich bestritten worden? Anscheinend ja, und zwar von denen, die nicht wußten, was sie meinten. Ist es eines direkten Beweises fähig? Anscheinend nein: denn was dazu dient, um etwas anderes zu beweisen, kann nicht selber bewiesen werden; eine Beweiskette muß irgendwo anfangen. Es ist ebenso unmöglich wie überflüssig, einen solchen Beweis vorzulegen.

12. Nicht daß es jenes lebendige menschliche Wesen gibt oder jemals gegeben hat – ganz gleich wie dumm oder verderbt es sein mag –, das sich ihm nicht in vielen, vielleicht sogar in den meisten Augenblicken seines Lebens unterworfen hat. Aufgrund der natürlichen Beschaffen-

heit der menschlichen Verfaßtheit machen sich im allgemeinen die Menschen dieses Prinzip in den meisten Augenblicken ihres Lebens zu eigen, ohne darüber nachzudenken; wenn nicht zur Leitung ihrer eigenen Handlungen, so doch zur Prüfung sowohl ihrer eigenen Handlungen als auch derer anderer Menschen. Gleichwohl hat es nicht viele – vielleicht nicht einmal unter den Intelligentesten – gegeben, die geneigt waren, es sich ausschließlich und vorbehaltlos zu eigen zu machen. Es sind sogar nur wenige, die nicht bei der einen oder anderen Gelegenheit mit ihm gehadert haben, sei es weil sie nicht immer wußten, wie sie es anwenden sollten, sei es aufgrund irgendeines Vorurteils, das zu überprüfen sie sich scheuten, oder von dem sich zu trennen sie nicht ertragen konnten. Denn aus solchem Stoff ist der Mensch gemacht: im Prinzip wie in der Praxis, auf dem richtigen wie auf dem falschen Weg ist Folgerichtigkeit die seltenste aller menschlichen Eigenschaften.

13. Wenn jemand das Prinzip der Nützlichkeit zu bekämpfen versucht, so geschieht dies mit Gründen, die, ohne daß er sich dessen bewußt ist, auf eben diesem Prinzip beruhen. Sofern seine Argumente etwas beweisen, beweisen sie nicht, daß das Prinzip *falsch* ist, sondern daß es *falsch angewendet* worden ist (...).*

8.2 Die Berechnung der Nützlichkeit – Jeremy Bentham

(...)

4. Für eine *Anzahl* von Personen wird der Wert einer Freude oder eines Leids, sofern man sie im Hinblick auf jede von ihnen betrachtet, gemäß sieben Umständen größer oder kleiner sein: das sind die sechs vorigen, nämlich

a) die *Intensität*,
b) die *Dauer*,
c) die *Gewißheit* oder *Ungewißheit*,
d) die *Nähe* oder *Ferne*,
e) die *Folgenträchtigkeit*,
f) die *Reinheit* einer Freude oder eines Leids.

Hinzu kommt ein weiterer Umstand, nämlich

g) das *Ausmaß*, das heißt die Anzahl der Personen, auf die Freude oder Leid sich *erstrecken* oder (mit anderen Worten) die davon betroffen sind.

5. Wenn man also die allgemeine Tendenz einer Handlung, durch die die Interessen einer Gemeinschaft betroffen sind, genau bestimmen will, verfahre man folgendermaßen. Man beginne mit einer der Personen, deren Interessen am unmittelbarsten durch eine derartige Handlung betroffen zu sein scheinen, und bestimme:

a) den Wert jeder erkennbaren *Freude*, die von der Handlung in *erster* Linie hervorgebracht zu sein scheint;
b) den Wert jeden *Leids*, das von ihr in *erster* Linie hervorgebracht zu sein scheint;
c) den Wert jeder Freude, die von ihr in *zweiter* Linie hervorgebracht zu sein scheint. Dies begründet die *Folgenträchtigkeit* der ersten *Freude* und die *Unreinheit* des ersten *Leids;*
d) den Wert jeden *Leids*, das von ihr in zweiter Linie anscheinend hervorgebracht wird. Dies begründet die *Folgenträchtigkeit* des ersten *Leids* und die *Unreinheit* der ersten *Freude*.
e) Man addiere die Werte aller *Freuden* auf der einen und die aller *Leiden* auf der anderen

* Jeremy Bentham, Eine Einführung in die Prinzipien der Moral und der Gesetzgebung, 1789, Kap. I. Übers. v. A. Piper, abgedr. in: Otfried Höffe (Hrsg.), Einführung in die utilitaristische Ethik. C. H. Beck, München 1975, S. 35–37. Anmerkungen sind weggelassen.

Seite. Wenn die Seite der Freude überwiegt, ist die Tendenz der Handlung im Hinblick auf die Interessen dieser *einzelnen* Person insgesamt *gut;* überwiegt die Seite des Leids, ist ihre Tendenz insgesamt *schlecht*.

f) Man bestimme die *Anzahl* der Personen, deren Interessen anscheinend betroffen sind, und wiederhole das oben genannte Verfahren im Hinblick auf jede von ihnen. Man *addiere* die Zahlen, die den Grad der *guten* Tendenz ausdrücken, die die Handlung hat – und zwar in Bezug auf jedes Individuum, für das die Tendenz insgesamt *gut* ist; das gleiche tue man in Bezug auf jedes Individuum, für das die Tendenz insgesamt *schlecht* ist. Man ziehe die *Bilanz*; befindet sich das Übergewicht auf der Seite der *Freude*, so ergibt sich daraus für die betroffene Gesamtzahl oder Gemeinschaft von Individuen eine allgemein *gute Tendenz* der Handlung; befindet es sich auf der Seite des *Leids*, ergibt sich daraus für die gleiche Gemeinschaft eine allgemein *schlechte Tendenz*.

6. Es kann nicht erwartet werden, daß dieses Verfahren vor jedem moralischen Urteil und vor jeder gesetzgebenden oder richterlichen Tätigkeit streng durchgeführt werden sollte. Es mag jedoch immer im Blick sein, und je mehr sich das bei solchen Anlässen tatsächlich durchgeführte Verfahren diesem annähert, desto mehr wird sich ein solches Verfahren dem Rang eines exakten Verfahrens annähern.*

Bentham ist konsequent: Nach seiner Überzeugung ist Poesie nicht wertvoller als Kegeln, wenn Poesie kein höheres Maß an Freude hervorbringt. („Quantity of pleasure being equal, pushpin is as good as poetry.") Damit zieht er den gleichen Vorwurf auf sich, den schon Epikur zu hören bekam: Für den Hedonisten sei menschliches Leben vom schweinischen nicht zu unterscheiden.

8.3 Berücksichtigung der Qualität des Nützlichen – John Stuart Mill

Benthams wichtigster Mitstreiter für eine Umsetzung des Utilitarismus in Erziehung und Politik ist seit 1808 der Historiker James Mill, dessen Sohn wiederum der bedeutendste Utilitarist des 19. Jahrhunderts werden sollte. John Stuart Mills „Utilitarismus" wird eine der meistgelesenen philosophischen Schriften überhaupt. Das liegt gewiß auch daran, daß er Benthams Position abmildert und Grundgedanken anderer Ethiken mitberücksichtigt, bis die Angriffsflächen, die Bentham bewußt aufgebaut hat, wieder abgeschliffen sind.

(...) Die Anerkennung der Tatsache, daß einige *Arten* der Freude wünschenswerter und wertvoller sind als andere, ist mit dem Nützlichkeitsprinzip durchaus vereinbar. Es wäre unsinnig anzunehmen, daß der Wert einer Freude ausschließlich von der Quantität abhängen sollte, wo doch in der Wertbestimmung aller anderen Dinge neben der Quantität auch die Qualität Berücksichtigung findet.

* Ebd., Kap. IV, S. 50f.

Fragt man mich nun, was ich meine, wenn ich von der unterschiedlichen Qualität von Freuden spreche, und was eine Freude – bloß als Freude, unabhängig von ihrem größeren Betrag – wertvoller als eine andere macht, so gibt es nur eine mögliche Antwort: von zwei Freuden ist diejenige wünschenswerter, die von allen oder nahezu allen, die beide erfahren haben – ungeachtet des Gefühls, eine von beiden aus moralischen Gründen vorziehen zu müssen –, entschieden bevorzugt wird. Wird die eine von zwei Freuden von denen, die beide kennen und beurteilen können, so weit über die andere gestellt, daß sie sie auch dann noch vorziehen, wenn sie wissen, daß sie größere Unzufriedenheit verursacht, und sie gegen noch so viele andere Freuden, die sie erfahren könnten, nicht eintauschen möchten, sind wir berechtigt, jener Freude eine höhere Qualität zuzuschreiben, die die Quantität so weit übertrifft, daß diese im Vergleich nur gering ins Gewicht fällt.

Es ist nun aber eine unbestreitbare Tatsache, daß diejenigen, die mit beiden gleichermaßen bekannt und für beide gleichermaßen empfänglich sind, der Lebensweise entschieden den Vorzug geben, an der auch ihre höheren Fähigkeiten beteiligt sind. Nur wenige Menschen würden darein einwilligen, sich in eines der niederen Tiere verwandeln zu lassen, wenn man ihnen verspräche, daß sie die Befriedigungen des Tiers im vollen Umfange auskosten dürften. Kein intelligenter Mensch möchte ein Narr, kein gebildeter Mensch ein Dummkopf, keiner, der feinfühlig und gewissenhaft ist, selbstsüchtig und niederträchtig sein – auch wenn sie überzeugt wären, daß der Narr, der Dummkopf oder der Schurke mit seinem Schicksal zufriedener ist als sie mit dem ihren. Das, was sie vor ihm voraushaben, würden sie auch für die vollständigste Erfüllung all der Wünsche nicht aufgeben, die sie mit ihm gemeinsam haben. Sollte ihnen dies doch einmal in den Sinn kommen, dann nur in Fällen äußersten Unglücks, in denen sie bereit sind, fast jedes andere Schicksal in Kauf zu nehmen, wie wenig sie sich auch von ihm versprechen, nur um dem ihren zu entgehen. Ein höher begabtes Wesen verlangt mehr zu seinem Glück, ist wohl auch größeren Leidens fähig und ihm sicherlich in höherem Maße ausgesetzt als ein niedrigeres Wesen; aber trotz dieser Gefährdungen wird es niemals in jene Daseinsweise absinken wollen, die es als niedriger empfindet. Wir mögen dieses Widerstreben erklären, wie wir wollen: wir mögen es dem Stolz zuschreiben – einem Begriff, mit dem man einige der am meisten und einige der am wenigsten schätzenswerten Gefühle, deren die Menschen fähig sind, bezeichnet; wir mögen es der Freiheitsliebe und dem Streben nach Unabhängigkeit zuschreiben, woran die Stoiker appelliert und worin sie eines der wirksamsten Mittel gefunden haben, die Menschen zu diesem Widerstreben zu erziehen; der Liebe zur Macht und zur begeisterten Erregtheit, die beide darin enthalten sind. Aber am zutreffendsten wird es als ein Gefühl der Würde beschrieben, das allen Menschen in der einen oder anderen Weise und im ungefähren Verhältnis zu ihren höheren Anlagen zu eigen ist und das für die, bei denen es besonders stark ausgeprägt ist, einen so entscheidenden Teil ihres Glücks ausmacht, daß sie nichts, was mit ihm unvereinbar ist, länger als nur einen Augenblick lang zu begehren imstande sind.

(...) Darüber, welche von zwei Befriedigungen es sich zu verschaffen am meisten lohnt oder welche von zwei Lebensweisen ungeachtet ihrer moralischen Eigenschaften und ihrer Folgen dem menschlichen Empfinden am meisten zusagt, kann nur das Urteil derer, die beide erfahren haben, oder, wenn sie auseinandergehen sollten, das der Mehrheit unter ihnen als endgültig gelten.[1] Und wir dürfen um so weniger zögern, ihr Urteil über die Qualität einer Befriedigung zu akzeptieren, als wir uns selbst hinsichtlich der Quantität auf keinen anderen Richtspruch berufen können. Was anders sollte darüber entscheiden, welche von zwei Schmerzempfindungen die heftigste oder welche von zwei lustvollen Empfindungen die intensivste ist, als das Mehrheitsvotum derer, denen beide vertraut sind? Angenehme und unangenehme Empfindungen sind unter sich sehr ungleichartig, und Unlust ist stets von anderer Art als Lust. Welche andere Instanz als das Empfindungs- und Urteilsvermögen der Erfahrenen sollte uns sagen können, ob es sich auszahlt, für eine bestimmte angenehme Empfindung eine bestimmte unangenehme Empfindung in Kauf zu nehmen? Wenn diese nun aber erklären, daß die aus den höheren Fähigkeiten erwachsenden Freuden *der Art nach* – ungeachtet ihrer Intensität – denen vorzuziehen sind, deren die tierische Natur ohne die höheren Fähigkeiten fähig ist, dann verdienen sie auch in dieser Frage unsere volle Beachtung.

1 Man vergleiche hierzu Platon, Staat 582a–e. Bei Platon wird die Entscheidung darüber, welche Lust niedriger, welche höher ist, dem Philosophen anvertraut, allerdings nicht nur, weil von ihm angenommen wird, daß er über die umfassendste Erfahrung verfügt, sondern auch, weil ihm ein höher entwickeltes Urteilsvermögen zugestanden wird. Das Problem des glücklichen Narren und des unglücklichen Weisen ist äußerst treffend von Voltaire in seiner Erzählung „Histoire d'un bon Bramin" dargestellt worden.*

8.4 Handlungs- oder Regelutilitarismus? – John J. C. Smart

Sowohl Bentham als auch Mill beurteilen die Richtigkeit einer Handlung gemäß ihren Folgen. Aber, so stellt Smart 1956 in einem Aufsatz fest, sie verstehen unter „Handlung" unterschiedliches: Während Bentham den Nutzen einer Einzelhandlung *betrachtet, hat Mill wohl eher den Nutzen einer* Klasse *von Handlungen im Sinn. Mills abgeschwächte, eingeschränkte Form des Utilitarismus wird auch als* Regelutilitarismus *bezeichnet, weil hier nach dem Nutzen einer Handlungsregel gefragt wird: Welche Folgen hat es, wenn jeder in gleichartigen Situationen so handelt?*
Smart selbst tritt für den „extremen Utilitarismus", den Handlungsutilitarismus *ein und stellt sich jeweils die Frage: Welche Folgen hat diese bestimmte Handlung in dieser einmaligen Situation? Der Handlungsutilitarist ignoriert nicht, daß es moralische Regeln gibt, an denen sich viele Leute mit gesundem Menschenverstand orientieren, ja, Smart hält es sogar für nützlich und hilfreich, sich im allgemeinen an Handlungsregeln zu halten – doch zur* Rechtfertigung *kann ihm eine solche Regel niemals dienen.*

Moralregeln sind für einen extremen Utilitaristen Faustregeln. In praxi[1] wird er sein Verhalten zumeist unter Berufung auf die Regeln der Common-sense-Moralität[2] bestimmen (‚lüge nicht', ‚brich keine Versprechen' usw.). Dies nicht, weil in den Regeln selbst etwas Sakrosanktes[3] ist, sondern weil er argumentieren kann, daß er wahrscheinlich sehr häufig extrem utilitaristisch handeln wird, auch wenn er nicht als Utilitarist denkt. Zunächst: Häufig muß schnell gehandelt werden. Man stelle sich einen Mann vor, der jemanden ertrinken sieht. Er springt ins Wasser und rettet ihn. Zeit, die Angelegenheit zu durchdenken, besteht nicht; aber gemeinhin würde ein extremer Utilitarist, wenn er die Angelegenheit durchdächte, eben diesen Gang der Handlung anraten. Wäre der Ertrinkende jedoch 1938 in einem Fluß in der Nähe von Berchtesgaden am Ertrinken gewesen und hätte er die wohlbekannte schwarze Stirnlocke und den Schnurrbart Adolf Hitlers, dann würde ein extremer Utilitarist, wenn er die Zeit hätte, die Wahrscheinlichkeit errechnen, daß der Mann der üble Diktator sei, und würde ihn, wäre die Wahrscheinlichkeit groß genug, aus extrem utilitaristischen Gründen ertrinken lassen. Der Retter hat freilich keine Zeit. Er vertraut seinen instinktiven Gefühlen, taucht in das Wasser und rettet den Mann. Und dies Vertrauen auf Instinkte und Moralregeln kann mit extrem utilitaristischen Gründen gerechtfertigt werden. Ferner: Ein extremer Utilitarist, der wüßte, daß der Ertrin-

1 in praxi: in der Praxis
2 common sense: gesunder Menschenverstand
3 sakrosankt: hochheilig, unantastbar

* John Stuart Mill, Der Utilitarismus, 1871, [1]1863, 2. Kap. Dt. Übersetzung, Anmerkungen und Nachwort v. D. Birnbacher, Reclam, Stuttgart 1985, S. 15–20

kende Hitler ist, würde den Retter dennoch loben – nicht verurteilen. Denn wenn er den Mann lobt, dann bestärkt er eine mutige und wohltätige Geisteshaltung, und im allgemeinen ist diese Haltung von großem positiven Nutzen. (Das nächste Mal ist es vielleicht Winston Churchill, den der Mann rettet!) Wir dürfen nie vergessen, daß ein extremer Utilitarist Handlungen loben kann, von denen er weiß, daß sie falsch sind. Hitlers Rettung war falsch, aber gehörte zu der Klasse von Handlungen, die im allgemeinen richtig sind, und das Motiv, Handlungen dieser Klasse zu begehen, ist im allgemeinen gut. Wenn man Fragen von Lob und Tadel erwägt, dann steht nicht die Zweckmäßigkeit der gelobten oder getadelten Handlung zur Debatte, sondern die Zweckmäßigkeit des Lobes. Es kann zweckmäßig sein, eine nicht zweckmäßige Handlung zu loben, und nicht zweckmäßig, eine zweckmäßige zu loben.

Mangel an Zeit ist nicht der einzige Grund, aus dem ein extremer Utilitarist, aufgrund extrem utilitaristischer Prinzipien, den Regeln der Common-sense-Moralität vertrauen mag. Er weiß, daß in besonderen Fällen, in denen seine eigenen Interessen betroffen sind, seine Berechnungen wahrscheinlich zu seinen eigenen Gunsten voreingenommen sein werden. Angenommen, er ist unglücklich verheiratet und überlegt sich, ober er sich scheiden lassen soll. Mit aller Wahrscheinlichkeit wird er sein eigenes Unglücklichsein (und möglicherweise das seiner Frau) stark übertreiben und das Leid, das seinen Kindern mit der Auflösung der Familie angetan wird, stark unterschätzen. Wahrscheinlich wird er den voraussichtlichen Schaden, der durch die Erschütterung des allgemeinen Vertrauens in Ehegelübde entsteht, ebenfalls unterschätzen. Wahrscheinlich wird er daher den korrekten extrem utilitaristischen Schluß ziehen, wenn er in diesem Fall nicht als extremer Utilitarist denkt, sondern der Common sense-Moralität vertraut.*

Falls jemand weiß, daß in einer bestimmten Situation die Einhaltung einer Regel schlechtere Folgen nach sich zieht als der Bruch dieser Regel, wäre es nach Smarts Ansicht irrational und absurd (wenngleich unter Umständen psychologisch verständlich), wenn man die Regel dennoch befolgte.

8.5 Abtreibung – utilitaristisch betrachtet. – Peter Singer

Ursprünglich vertrat Peter Singer den Handlungsutilitarismus; inzwischen argumentiert er auf der Basis des Präferenzutilitarismus, *der nicht nur Lust, sondern Präferenzen überhaupt (Wünsche und Interessen aller bewußten, empfindungsfähigen Wesen) unparteiisch und bestmöglich befriedigen möchte.*

Ein besonders umstrittenes moralisches Problem ist der Schwangerschaftsabbruch. Unter dem Eindruck nationalsozialistischer Tötungsmaßnahmen wurde in das Grundgesetz der Bundesrepublik Deutschland das „Recht auf Leben" aufgenommen (Art. 2,2). Dem können insbesondere Interessen der werdenden Mutter entgegenstehen. Die 1974 eingeführte Fristenlösung (Straffreiheit bei Abtreibung bis zu 12 Wochen nach der Empfängnis) mußte aufgrund eines Einspruchs des Bundesverfassungsgerichts (unter Berufung auf die Grundgesetz-Artikel 1,1 und 2,2) zwei Jahre später durch die Indikationenlösung ein-

* John J. C. Smart, Extremer und eingeschränkter Utilitarismus. In: The Philosophical Quarterly 6 (1956). Übers. v. J. Jantzen, abgedr. in: Otfried Höffe (Hrsg.), Einführung in die utilitaristische Ethik. A.a.O., Abs. II, S. 124f.

geschränkt werden (Straffreiheit bei gesundheitlichen oder sozialen Notlagen und bei Vergewaltigung).

Wenn Singer im folgenden die Argumente der „konservativen Position" (gegen ein Recht auf Abtreibung) und die der „liberalen Position" (für ein Recht auf Abtreibung) gegenüberstellt, geht es ihm allerdings nicht darum, welche gesetzliche *Regelung sinnvoll wäre, sondern ob es* moralisch *vertretbar sein kann, einen Fötus (so nennt man die Leibesfrucht vom dritten Monat an) zu töten. Die rechtliche und die moralische Frage sind zu trennen: Es könnte jemand die Abtreibung für unmoralisch ansehen und dennoch gegen ein gesetzliches Abtreibungsverbot sein, z. B. weil ein solches Verbot Abtreibungen kaum verhindert, sie aber in den unkontrollierten Untergrund drängt und dadurch viele Frauen gefährdet.*

Zunächst zur Position der Abtreibungsgegner:

Das zentrale Argument gegen die Abtreibung läßt sich formal etwa folgendermaßen darstellen:
Erste Prämisse: Es ist falsch, ein unschuldiges menschliches Wesen zu töten.
Zweite Prämisse: Ein menschlicher Fötus ist ein unschuldiges menschliches Wesen.
Schlußfolgerung: Daher ist es falsch, einen menschlichen Fötus zu töten.*

Um zu zeigen, daß dieser (formal korrekte) Schluß zu einem inhaltlich falschen Ergebnis führt, müßte die liberale Antwort in dem Nachweis liegen, daß mindestens eine der beiden Prämissen falsch ist. So fährt Singer fort:

Üblicherweise besteht die liberale Antwort darin, daß man die zweite Prämisse dieses Arguments bestreitet. So kommt es, daß das Problem mit der Frage verbunden wird, ob der Fötus ein menschliches Wesen ist, und die Diskussion um die Abtreibung wird oft als eine Diskussion darüber begriffen, wann menschliches Leben beginnt.

Welches Kriterium der Abtreibungsverteidiger auch wählt, eine überzeugende Trennungslinie zwischen einer empfindungslosen Zellenansammlung und menschlichem Leben gibt es nicht; die Entwicklung von der befruchteten Eizelle zum menschlichen Lebewesen ist stufenlos. Deshalb hält Singer die zweite Prämisse der Konservativen für unangreifbar und wendet sich der ersten Prämisse zu:

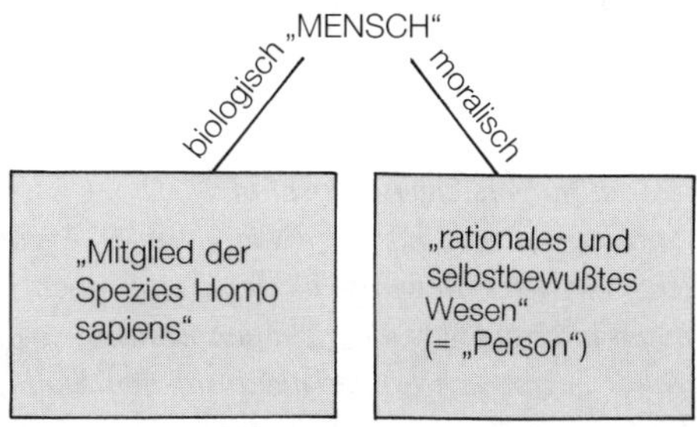

Die Schwäche der ersten Prämisse des konservativen Arguments liegt darin, daß sie auf unsere Billigung des besonderen Status des *menschlichen* Lebens angewiesen ist. Wir haben gesehen, daß der Begriff „menschlich" zwischen verschiedenen Bedeutungen schwankt: „Mitglied der Gattung Homo sapiens" einerseits und Person andererseits. Ist der Begriff erst einmal auf diese Weise aufgespalten, so wird die Schwäche der ersten Prämisse augenfällig. Wird „menschlich" als Äquivalent für „Person" genommen, dann ist die zweite Prämisse des Arguments, die Behauptung, der Fötus sei ein menschliches Wesen, mit Sicherheit falsch; denn man kann nicht plausibel argumentieren, der Fötus sei entweder rational oder selbstbewußt. Nimmt man andererseits „menschlich" in der Bedeutung von „Mitglied der Spezies Homo sapiens", dann beruht die konservative Verteidigung des Lebens des Fötus auf einer Eigenschaft, die keine moralische Bedeutung hat, und somit ist die erste Prämisse falsch. Dieser Punkt sollte uns jetzt allmählich

* Peter Singer, Praktische Ethik. Reclam, Stuttgart 1984, S. 147. Engl. Original 1979

vertraut sein: ob ein Wesen ein Mitglied unserer Spezies ist oder nicht, ist für sich genommen für die Verwerflichkeit des Tötens ebenso unerheblich wie die Frage, ob es ein Mitglied unserer Rasse ist oder nicht. Die Auffassung, die bloße Zugehörigkeit zu unserer Spezies, ungeachtet aller anderen Eigenschaften, sei von entscheidender Bedeutung für die Verwerflichkeit des Tötens, ist ein Erbe religiöser Lehren, die selbst die Gegner der Abtreibung nurmehr zögernd ins Gespräch bringen.

Diese einfache Erkenntnis verändert die Abtreibungsdiskussion. Wir können den Fötus nun als das betrachten, was er ist – die wirklichen Eigenschaften, die er besitzt –, und können sein Leben nach demselben Maßstab bewerten wie das Leben von Wesen, die ähnliche Eigenschaften haben, aber nicht zu unserer Spezies gehören. Es wird nun offensichtlich, daß die „Recht-auf-Leben"-Bewegung einen falschen Namen hat. Weit entfernt davon, sich für jedes Leben einzusetzen oder sich einzusetzen in einem Ausmaß, das sich ohne Voreingenommenheit nur nach der Natur des fraglichen Lebens bemißt, zeigen diejenigen, die gegen Abtreibung protestieren, jedoch regelmäßig das Fleisch von Hühnern, Schweinen und Kälbern verspeisen, nur ein vordergründiges Interesse am Leben von Wesen, die zu unserer Spezies gehören. Denn bei jedem fairen Vergleich moralisch relevanter Eigenschaften wie Rationalität, Selbstbewußtsein, Bewußtsein, Autonomie, Lust- und Schmerzempfindung und so weiter haben das Kalb, das Schwein und das viel verspottete Huhn einen guten Vorsprung vor dem Fötus in jedem Stadium der Schwangerschaft – und wenn wir einen weniger als drei Monate alten Fötus nehmen, so würde sogar ein Fisch, ja eine Garnele mehr Anzeichen von Bewußtsein zeigen.

Ich schlage daher vor, dem Leben eines Fötus keinen größeren Wert zuzubilligen als dem Leben eines nicht menschlichen Lebewesens auf einer ähnlichen Stufe der Rationalität, des Selbstbewußtseins, der Wahrnehmungsfähigkeit, der Sensibilität etc. Da kein Fötus eine Person ist, hat kein Fötus denselben Anspruch auf Leben wie eine Person. Ferner ist es sehr unwahrscheinlich, daß Föten von weniger als achtzehn Wochen überhaupt fähig sind, etwas zu empfinden, weil ihr Nervensystem allem Anschein nach noch nicht genug entwickelt ist. Wenn das so ist, dann beendet eine Abtreibung bis zu diesem Datum eine Existenz, die überhaupt keinen Wert an sich hat. In der Zeit zwischen achtzehn Wochen und der Geburt, wenn der Fötus vielleicht bewußt, aber nicht selbstbewußt ist, beendet die Abtreibung ein Leben, das einen gewissen Wert an sich hat, und somit sollte sie nicht leichtgenommen werden. Aber die schwerwiegenden Interessen einer Frau haben normalerweise den Vorzug gegenüber den rudimentären Interessen des Fötus.*

So weit Singers eigene Position.

Vom letzten Satz her wird die gesamte Argumentation des Präferenzutilitaristen nochmals deutlich: Weil das Bewußtsein des Fötus noch nicht ausgebildet ist, hat er noch keine Interessen, denen man nützen oder schaden könnte – wohl aber hat eine Frau Interessen und Wünsche.

Damit begibt sich Singer nicht auf den Standpunkt des Feminismus. *Eine Feministin muß keine der beiden oben zitierten konservativen Prämissen bestreiten; sie bestreitet auch nicht unbedingt, daß die Tötung eines Fötus normalerweise falsch ist; sie wägt vielmehr das Lebensrecht des Fötus gegen das Selbstbestimmungsrecht der Frau ab und kommt zu dem Schluß, daß eine Frau über ihren Körper selbst bestimmen dürfe. Dazu Singer:*

Dies ist ein relativ neues Argument. Es kam im Zusammenhang mit der Frauenemanzipation auf und wurde von amerikanischen Philosophen weiterentwickelt, die mit dem Feminismus sympathisieren, allen voran von Judith Jarvis Thomson. Thomson vertritt ihre Sache mit Hilfe einer ingeniösen Analogie. Stell dir vor – sagt sie –, du wachst eines Morgens auf und befindest

* Ebd. S. 161–163

dich in einem Krankenhausbett, und im Bett neben dir liegt ein bewußtloser Mann, an den du irgendwie angeschlossen bist. Man erzählt dir, dieser Mann sei ein bekannter Geiger mit einem Nierenleiden. Er könne nur überleben, wenn sein Kreislauf an das Kreislaufsystem eines anderen Menschen mit derselben Blutgruppe angeschlossen werde, und du bist die einzige Person, deren Blut geeignet ist. Deshalb hat dich eine Gesellschaft von Musikliebhabern gekidnappt, die Operation des Koppelns vollziehen lassen, und da bist du nun. Da es sich um ein anständiges Krankenhaus handelt, könntest du jetzt, wenn du dich dafür entscheidest, einen Arzt herbeirufen, um dich von dem Geiger abkoppeln zu lassen; aber der Geiger wird dann mit Sicherheit sterben. Wenn du dagegen für nur (nur?) neun Monate mit dem Geiger verbunden bleibst, wird er genesen, und du kannst von ihm abgekoppelt werden, ohne ihn zu gefährden.

Thomson meint, daß du in dieser unerwarteten mißlichen Situation nicht moralisch verpflichtet bist, dem Geiger die Benutzung deiner Nieren für neun Monate zu gestatten. Es mag großzügig oder freundlich von dir sein, wenn du es tust, aber das ist, so meint Thomson, eine Aussage, die völlig verschieden ist von der Aussage, daß du unrecht handeln würdest, wenn du es nicht tätest.

Man beachte, daß Thomsons Schlußfolgerung nicht davon abhängt, ob man dem Geiger den Status eines unschuldigen menschlichen Wesens abspricht, das dasselbe Recht auf Leben wie andere unschuldige menschliche Wesen hat. Im Gegenteil, Thomson bejaht, daß der Geiger ein Recht auf Leben hat – aber ein Recht auf Leben haben schließt nicht das Recht ein, den Körper eines anderen Menschen zu benutzen, selbst wenn man ohne diese Benutzung sterben wird.

Die Parallele zur Schwangerschaft, insbesondere zu einer durch Notzucht verursachten Schwangerschaft, ist offensichtlich. Eine durch Vergewaltigung schwangere Frau findet sich, ohne ihre eigene Entscheidung, mit einem Fötus verbunden, genauso wie die betreffende Person mit dem Geiger verbunden ist. (...)

Utilitaristen würden folgenden Standpunkt vertreten: Meine Empörung über meine Entführung mag noch so groß sein; aber wenn die Konsequenzen meiner Abkoppelung von dem Geiger – alles in allem und unter Berücksichtigung der Interessen aller Betroffenen – schlimmer sind als die Konsequenzen für mich, wenn ich angeschlossen bleibe, dann sollte ich angeschlossen bleiben. Dies bedeutet nicht notwendig, daß die Utilitaristen eine Frau, die sich abkoppeln ließe, als böse oder tadelnswert betrachteten. Sie dürften anerkennen, daß sie sich in einer außerordentlich schwierigen Situation befunden hat, in der das Richtige zu tun ein beträchtliches Opfer erfordert. Sie dürften sogar einräumen, daß die meisten Leute in dieser Situation eher ihrem Eigeninteresse folgen würden, als das Richtige zu tun. Dennoch würden sie die Meinung vertreten, daß es falsch sei, sich abkoppeln zu lassen.

Indem sie Thomsons Rechtstheorie und damit ihr Urteil im Fall des Geigers zurückweisen, würden die Utilitaristen auch ihr Argument für die Abtreibung ablehnen. Thomson hat behauptet, daß ihr Argument die Abtreibung selbst dann legitimieren würde, wenn wir es zuließen, daß das Leben des Fötus ebenso viel zählt wie das Leben einer normalen Person. Utilitaristen würden entgegnen, es sei falsch, sich zu weigern, das Leben einer Person neun Monate lang zu erhalten, wenn dies die einzige Überlebenschance der Person wäre. Gibt man also dem Leben des Fötus dasselbe Gewicht wie dem Leben einer Person, dann würden die Utilitaristen die Weigerung, den Fötus in der natürlichen Frist der Schwangerschaft auszutragen, als Unrecht bezeichnen.*

Damit gelangen die Feministin und der Präferenzutilitarist zum gleichen Ergebnis: Sie vertreten beide eine liberale Haltung in der Abtreibungsdiskussion. Allerdings sind sie sich uneinig über den Argumentationsweg, der zu einem solchen Ergebnis führen soll.

* Ebd. S. 156–160. Singer bezieht sich hier auf den Aufsatz von J. J. Thomson: A defense of abortion. Philosophy and Public Affairs 1 (1971), S. 47–66.

Im Zuge seiner bewußten Abkehr von christlicher Hochschätzung der Vorrechte menschlichen *Lebens gelangt Singer schließlich für manche Fälle auch zu einer Rechtfertigung der Sterbehilfe (Euthanasie). In einer zum Teil sehr emotional geführten Debatte provozierte Singer damit heftige Kritik; sogar unmenschliche Gesinnung warf man ihm vor und rückte ihn in die Nähe der Nationalsozialisten, die „lebensunwertes Leben" vernichteten.*
Solche Kritik verläßt den Boden fairer wissenschaftlicher Auseinandersetzung. Sie verkennt u. a., daß der Utilitarist letztlich auf das Glück aller Menschen abzielt.
Aber wenn alle moralischen Regeln oder Werte nur als Mittel *in die Kalkulation des Glücks eingehen, dann gibt es kein* unbedingt *geltendes Moralprinzip oder Menschenrecht. Jede Regel und jeder Wert muß erst im Gedankenexperiment oder besser noch in der Praxis empirisch auf die Nützlichkeit hin geprüft werden. Deshalb kann der Utilitarismus den Eindruck moralischer Haltlosigkeit erwecken.*
Es bleibt die Frage, ob der Mensch einem Zustand des Glücks näherkommen kann, wenn er nicht zuvor im Sinne der deontologischen Ethik die unbedingte Verpflichtung anerkannt hat, den Menschen als autonomes Wesen zu respektieren.

8.6 Gibt es Grenzen der Nutzenberechnung? – Robert Spaemann

Robert Spaemann weist zunächst darauf hin, daß der „Konsequenzialismus" (eine Bezeichnung für den Utilitarismus, insofern er an den Konsequenzen des Handelns interessiert ist) durchaus Vorzüge habe. Insbesondere wird er der Tatsache gerecht, daß wir durch die Medien und weitgespannte Reisemöglichkeiten zunehmend den Blick über unseren engeren Lebensbereich erheben und den Eindruck bekommen, mehr und mehr für die gesamte Welt Verantwortung zu übernehmen – ganz anders als in der mittelalterlichen Philosophie des Thomas von Aquin (ca. 1225–74).

Thomas von Aquin hatte gesagt, jeder Mensch habe seinen Verantwortungsbereich, und Gott allein habe das *bonum totius universi*[1] zu besorgen. Diese Entlastung nimmt der Konsequenzialismus nicht mehr in Anspruch. „Was für die Welt im Ganzen gut ist", ist nun das einzige Moralkriterium. Da Gott entfällt, entfällt auch die Unterscheidung zwischen dem, was Gott will, und dem, wovon Gott will, daß wir es wollen. Wir müssen nun selbst wollen, was Gott – nach Leibniz'[2] Meinung – unvermeidlich wollen muß, nämlich die beste aller möglichen Welten. Thomas von Aquin hielt es für unmöglich, daß Gott so etwas wollen könnte, weil es eine beste Welt so wenig geben könne wie die größte Zahl. Thomas dachte den Schöpfer eher als Künstler denn als Rechner. Von einer Symphonie Mozarts kann man sagen, sie sei vollkommen und nicht mehr zu verbessern. Es würde wenig Sinn haben zu sagen, es könne keine andere, noch bessere Symphonie geben. Leibniz postulierte ein absolutes Optimum, zu dessen Definition es jedoch gehörte, daß nur ein unendliches Bewußtsein einen entsprechenden Optimierungskalkül ausführen könne. Der Konsequenzialismus mutet die Ausführung dieses Kalküls als Bedingung der Sittlichkeit jedem Handelnden zu.
Die konsequenzialistische Ethik bürdet sich eine hohe Beweislast auf, denn ihre tragende These widerspricht den sittlichen Intuitionen der meisten Menschen und den ethischen Traditionen aller Kulturen. Der Satz „Der Zweck heiligt die Mittel" – seit jeher als Ausdruck einer

1 bonum totius universi: das Gute der gesamten Welt
2 Gottfried Wilhelm Leibniz (1646–1716): vielseitiger Philosoph, der mittelalterliche Philosophie und moderne Naturwissenschaft verband. Seine „Theodizee" sollte beweisen, daß die von Gott geschaffene Welt die beste aller möglichen Welten sei.

moralisch verwerflichen Überzeugung angesehen – findet in der teleologischen Ethik seine theoretische Explikation. Die sittliche Qualität von Handlungen hängt für diese Ethik ausschließlich ab von ihrer Eignung als Mittel für das Optimierungsziel. Der Einwand, unsittliche Mittel könnten dieses Ziel tatsächlich niemals fördern, verfehlt das Problem: Ob ein Mittel sittlich oder unsittlich ist, kann man ja nach dieser Theorie vor der Kenntnis seiner Eignung gar nicht wissen. Es ist nichts anderes als diese Eignung.

Diese Auffassung läßt keinen Platz für das, was für alle bisherige Ethik charakteristisch war und was die Griechen als αἰδώς (aidos), als Scheu oder Scham bezeichneten, also ein Gefühl dafür, daß dem Menschen bei der Verfolgung seiner Ziele Grenzen gesetzt sind. Die europäische Dichtung ist voll von Beispielen dafür, daß Gemeinheit, Schurkerei oder Verrat auch durch das größte und wichtigste Ziel nicht gerechtfertigt sind. Für den Konsequenzialismus dagegen sind „Gemeinheit", „Schurkerei", „Verrat" Ausdrücke, die überhaupt nur dort korrekt verwendet werden, wo sie Handlungen bezeichnen, die nicht der Optimierung der Welt dienen sollen. Es gibt also keine Handlungsweise, die ohne Kenntnis des universalen Kontextes so genannt werden könnte. Wer das Beste will, dem ist alles erlaubt. An die Stelle von Scheu, Scham, Ehrfurcht tritt die Korrektheit des Kalküls.

Daß diese Sicht speziell mit unserer europäischen Tradition von Ethik bricht, hat in den fünfziger Jahren der Bundesgerichtshof festgestellt, als er mehrere Ärzte verurteilte, die im Dritten Reich bei der Selektion von Geisteskranken für die Euthanasie mitgewirkt hatten. Sie konnten zu ihren Gunsten glaubhaft machen, daß sie dabei vielen Kranken das Leben gerettet hatten, weil sie die Kriterien der Selektion vergleichsweise milde gehandhabt hatten. Das Gericht akzeptierte dieses Argument nicht, sondern stellte fest, daß nach europäisch-christlicher Tradition die Mitwirkung bei einem Mord auch dann nicht gerechtfertigt ist, wenn durch sie weitere Morde verhindert werden. Gibt es nun Grenzen der Güterabwägung oder gibt es sie nicht? Auf diese Frage läßt sich die Entscheidung für oder gegen die teleologische Moral reduzieren.*

Spaemann verteidigt hier das Prinzip der Ehrfurcht vor dem Leben. An anderer Stelle erklärt er konkret, was er damit meint:

Unmoralisch ist stets die Folter, das heißt die Erzwingung von Handlungen bzw. Aussagen, durch eine Einwirkung auf den Organismus, die so intensive Schmerzen erzeugt, daß die freie Subjektivität ausgeschaltet wird.

Unmoralisch ist auch jede Abtreibung, die nicht aus medizinischen Gründen geboten ist. Denn trotz aller Argumente, die dafür sprechen, daß jedes Neugeborene ein erwünschtes Kind mit größtmöglichen Chancen für sein zukünftiges Leben sei, muß auch in diesem Fall bedacht werden: Das Lebensrecht eines unschuldigen Menschen darf nicht an mehr oder weniger willkürliche Bedingungen geknüpft werden. Nur wo das Leben der Mutter auf dem Spiel steht, entsteht ein Interessengleichgewicht, in dem das Leben des Kindes einer Entscheidung unterworfen werden kann. So schützt auch das Grundgesetz der Bundesrepublik Deutschland menschliches Leben schlechthin, ohne daß es dem Gesetzgeber erlaubt wäre, diesen Schutz durch bestimmte Definitionen des Begriffes „Mensch" einzuschränken. Es kann hier nicht darauf ankommen, ob eine Schwangerschaft gewollt ist oder nicht. Niemand hat ja auch das Recht, ein Kind zu töten, das ihm heimlich ins Haus gelegt wurde. (...)

Das bloße Überleben des erwachsenen Menschen wird nur durch freie Handlungen gewährleistet, nämlich durch Essen und Trinken. Zwar steht dahinter ein starker Naturtrieb, aber die Befriedigung dieses Naturtriebes geschieht nicht, wie das Atmen, mit organischer Notwendigkeit, sondern durch freie Handlungen, die auch verweigert werden können. Es gehört zur

* Robert Spaemann, Glück und Wohlwollen. Klett-Cotta, Stuttgart 1989, S. 164f.

Würde des Menschen, daß bereits seine physische Existenz nicht ohne seine eigene Freiheit gewährleistet ist. Auch wenn der Selbstmord als unsittlich betrachtet wird, auch wenn Beihilfe zum Selbstmord aus guten Gründen strafbar ist, und sogar wenn wir ein Recht des Menschen unterstellen, andere am Selbstmord zu hindern, so endet doch dieses Recht dort, wo jemand nicht aktiv „Hand an sich legt", sondern die Handlungen verweigert, die zu seinem Überleben erforderlich sind. Fall er dies bei klarem Bewußtsein und in Freiheit tut, gibt es kein Recht, hier die Natur sozusagen überlisten zu wollen und den Anderen zum Leben zu zwingen. Eine Zwangsernährung von Menschen, die sich im Hungerstreik befinden, ist deshalb abzulehnen.

Künstliche Maßnahmen, die ohne Mitwirkung eines bereits weitgehend in seinen Funktionen abgestorbenen Organismus diesem das natürliche Sterben verweigern, sind in der ärztlichen Ethik neu zu überdenken. Die ältere Medizin konnte dem Organismus nur Hilfen zur Selbstheilung und Erholung anbieten. Wo die medizinische Technik für ausgefallene Lebensfunktionen ersatzweise einspringen kann, da bedarf es ausreichender Gründe, dies zu tun. Solche Gründe können sein, daß das geistige Leben und die Empfindung des Menschen trotz dieses teilweisen Ausfalls noch intakt sind, oder aber, daß die Hoffnung besteht, daß der Organismus sich von den Ausfallerscheinungen erholt. Sinnlos ist es hingegen, den todgeweihten Organismus eines Bewußtlosen zum Weiterleben zu zwingen. Die Kehrseite des totalen „Machens" auf diesem Gebiet ist unvermeidlich die Euthanasie: die Tötung „lebensunwerten Lebens". Denn wo wir ein Leben beliebig verlängern zu dürfen glauben, da erscheint (spätestens dann, wenn der Einsatz der medizinischen Technik im Interesse anderer nicht mehr zu verantworten ist) jede Beendigung dieser Verlängerung als Tötung. Da aber solche Beendigung natürlich irgendwann nötig wird, wirkt dieses Verständnis auf unsere normale Praxis zurück, und wir gewöhnen uns an den Gedanken, daß es in unser Ermessen gestellt sei zu töten, wann wir es für angezeigt halten. Denn in jedem Falle muß „etwas gemacht werden". Zu den dringendsten Aufgaben der medizinischen Ethik gehört deshalb eine neue Verständigung über das, was es heißt: „eines natürlichen Todes zu sterben"; denn darauf hat der Mensch ein Recht.

Die Ehrfurcht vor menschlichem Leben verbietet die Manipulation mit menschlichem Genmaterial. Angesichts der Tatsache, daß wir keinen biologischen Anfang des embryonalen Lebens zu irgendeinem Zeitpunkt nach der Zeugung angeben können, muß jedes Experimentieren mit befruchteten Eizellen als Experimentieren mit Menschen betrachtet und deshalb verhindert werden. Sofern solche Experimente einer „Verbesserung" der menschlichen Gattung dienen sollen, ist zu sagen, daß wir über keinen Maßstab für solche Verbesserungen verfügen. Wir wissen, welche Art von Schweinen wir gern hätten. Aber welche Menschen wir gern haben, darauf kann es nicht ankommen, weil jeder Mensch für sich selbst Zweck sein muß und nicht den Zwecken oder Idealen derer unterworfen werden darf, die ihn „machen". Menschen werden überhaupt nicht „gemacht", sondern sie entstehen normalerweise in der zweckfreien Selbstvergessenheit des Beischlafs. Der Beischlaf ist – neben dem reinen anschauenden Erkennen – ein möglicher Gegentypus zu instrumentellem Handeln. Kinder treten als Folge solchen nichtinstrumentellen Handelns kraft eigenen Rechtes in die menschliche Gesellschaft, als deren „geborene Mitglieder" ein, und nicht als „Geschöpfe" anderer Menschen. Meine Eltern oder deren Geburtshelfer sind nicht meine Schöpfer. Dieser Umstand sollte auch nicht durch Retortenzeugung verunklart werden. Der finanzielle und technische Aufwand, der heute in dieser Richtung getrieben wird, um auf jeden Fall und ohne Rücksicht auf mögliche seelische Schäden des Kindes jeder begüterten Frau, die es möchte, zu einem „eigenen" Kind zu verhelfen, ist fehlgeleitet, solange noch ungewünschte Kinder Adoptiveltern brauchen.*

* Robert Spaemann, Die technologische und ökologische Krisenerfahrung. In: Karl-Otto Apel u. a. (Hrsg.), Funkkolleg Praktische Philosophie/Ethik. Studientexte. Beltz, Weinheim, Basel 1984, S. 480–490

Arbeitsanregungen

1. Vergegenwärtigen Sie sich den Streit um den antiken Hedonismus (Kapitel 5), um dann Benthams hedonistische Grundlegung seiner Ethik zu beurteilen.
2. Stimmen Sie Benthams Auffassung zu, daß das Interesse einer Gemeinschaft aus der Summe der Interessen ihrer einzelnen Glieder resultiert?
3. Bentham meint, das Nützlichkeitsprinzip sei nicht weiter zu begründen. Anhänger der Ethik Kants halten dies für einen Mangel, der zu beheben sei, wenn man den kategorischen Imperativ als höchstes Moralprinzip anerkenne. Überzeugt Sie diese Kritik?
4. Wählen Sie eine konkrete moralische Frage, um Benthams Anweisung zur Berechnung der Nützlichkeit (8.2) anzuwenden. Welche Probleme ergeben sich dabei? Halten Sie diese Probleme für prinzipiell lösbar?
5. Aus welchen Textstellen (8.3) erkennen Sie Mills Absicht, Benthams Utilitarismus abzuschwächen?
6. Überzeugt Sie das von Mill angegebene Verfahren, die Qualität einer Befriedigung einzuschätzen?
7. Welcher Platz könnte dem Gewissen in den utilitaristischen Überlegungen zukommen?
8. Erklären Sie Smarts Behauptung, ein Handlungsutilitarist könne Handlungen loben, von denen er weiß, daß sie falsch sind (8.4).
9. Gegenüber dem Handlungsutilitarismus hat der Regelutilitarismus mehr Anhänger gefunden. Warum wohl?
10. Informieren Sie sich über die bestehende Rechtslage bei Schwangerschaftsunterbrechungen.
11. Formulieren Sie schriftlich Ihre Stellungnahme zur „konservativen Position" in der Abtreibungsfrage (8.5), bevor Sie Singers eigene Antwort untersuchen. Versuchen Sie dabei, sich über die von Ihnen benutzten Moralprinzipien Rechenschaft zu geben. Beachten Sie: Es geht hier um eine *moralische* Einschätzung, nicht um die Frage, welches *Gesetz* die besten Wirkungen entfalten würde.
12. Der Utilitarist bedenkt möglichst *alle Folgen* seines Handelns, die Feministin beruft sich auf die *Rechte* eines Menschen (vgl. das Referat in 8.5); welcher Argumentationsweg entspricht eher der geltenden Rechtsauffassung?
13. Was zeichnet den Menschen (im moralischen Sinn) aus? Überzeugen Sie die Merkmale, die Singer angibt? Oder hat Singer den Begriff des Menschen zu sehr eingegrenzt?
14. Der Utilitarist wird eine religiöse Fundierung des Wertes von menschlichem Leben (der Mensch als Geschöpf Gottes) nicht anerkennen. Können Sie sich eine andere Fundierung denken?
15. Sind die von Spaemann benutzten Begriffe „Scheu", „Scham", „Ehrfurcht" überholt und irrational, oder sind sie für eine Ethik unverzichtbar?
16. Entwerfen Sie für eines der fünf konkreten Beispiele, die Spaemann anführt (8.6), eine utilitaristische Gegenposition, und stellen Sie die Argumente im Kurs zur Diskussion.

9 Der Diskurs als Verfahren der Normenbegründung

9.1 Stufen der Moralentwicklung – Lawrence Kohlberg, Jürgen Habermas

Der amerikanische Psychologe Lawrence Kohlberg *(geb. 1927) legte seinen Versuchspersonen moralische Konfliktfälle vor und bat sie dann um begründete Entscheidungen. In einem solchen Fall ging es z. B. um die Frage, ob ein Mann für seine todkranke Frau die rettende Medizin stehlen darf, wenn er sie nicht bezahlen kann.*

Kohlberg stellte fest, daß sich die Antworten drei unterschiedlichen Niveaus moralischen Urteilens zuordnen ließen: dem vorkonventionellen, dem konventionellen oder dem nachkonventionellen Niveau; sie können jeweils nochmals in zwei Stufen unterteilt werden, so daß sich insgesamt sechs Stufen ergeben.

Besonders interessant werden diese Urteilsebenen dadurch, daß sie, nach Kohlbergs Theorie, eine Stufenfolge darstellen, die jeder von uns bei der Ausbildung unseres moralischen Bewußtseins lernend durchläuft, ohne daß eine Stufe übersprungen werden kann. Wie weit sich das Moralbewußtsein bei jedem einzelnen entwickelt, hängt vom Alter ab, aber auch von den Erfahrungen und Konflikten, die jemand durchsteht. Auch wer eine bestimmte Ebene erreicht hat, wird in Krisensituationen immer wieder dazu neigen, auf ein niedrigeres Urteilsniveau zurückzufallen. Im einzelnen können die sechs Stufen so erläutert werden:

(I) Vorkonventionelle Ebene

Auf dieser Ebene reagiert das Kind bereits auf kulturelle Regeln und Maßstäbe von „gut“ und „böse“, „recht“ oder „unrecht“; doch es versteht diese Maßstäbe im Sinne der physischen oder lustbetonten Konsequenzen der Handlung (Bestrafung, Belohnung, Austausch von Vorteilen) oder im Sinne der physischen Macht der Personen, die die Regeln und Maßstäbe zur Geltung bringen (Eltern, Lehrer usw.).

Stufe 1: Die Orientierung an Strafe und Gehorsam

Die physischen Konsequenzen der Handlung bestimmen ihr Gut- oder Bösesein ohne Rücksicht auf den menschlichen Sinn oder Wert dieser Konsequenzen. Vermeidung von Strafe und frageloses Nachgeben gegenüber der Macht werden als Selbstzweck bewertet und nicht etwa im Sinne des Respekts vor der moralischen Ordnung, die durch Strafe und Autorität gestützt wird (die letztere Orientierung gehört zu Stufe 4).

Stufe 2: Die instrumentell-relativistische Orientierung

Rechthandeln besteht in der Handlung, die die eigenen Bedürfnisse und gelegentlich die von anderen als Mittel (instrumentell) befriedigt. Die menschlichen Beziehungen werden im Sinne von Austauschbeziehungen des Marktes verstanden. Elemente von Fairneß, Gegenseitigkeit und Gleichheit des Teilens sind vorhanden, doch sie werden stets in physisch-pragmatischer Weise verstanden. Gegenseitigkeit ist eine Angelegenheit des „Kratz du meinen Rücken, dann kratz ich dir deinen“, nicht aber der Loyalität, Dankbarkeit und Gerechtigkeit.

(II) Konventionelle Ebene

Auf dieser Ebene wird das Erfüllen der Erwartungen der eigenen Familie, Gruppe oder Nation als Selbstzweck gewertet, ohne Rücksicht auf unmittelbare und offensichtliche Konsequenzen. Die Einstellung ist nicht nur bestimmt durch Konformität (Anpassung) gegenüber persönlichen Erwartungen und gesellschaftlicher Ordnung, sondern durch Loyalität, aktive Aufrechterhaltung, Unterstützung und Rechtfertigung der Ordnung und Identifikation mit den Personen oder der Gruppe, die als Träger der Ordnung auftreten.

Stufe 3: Die interpersonale Konkordanz- oder „good boy – nice girl"-Orientierung
Gutes Verhalten ist das, was anderen gefällt oder ihnen hilft und von ihnen gebilligt wird. Es herrscht weitgehende Konformität gegenüber stereotypen Vorstellungen vom „natürlichen" oder Mehrheitsverhalten. Es wird außerdem häufig aufgrund der zugehörigen Intention beurteilt – die Formel „Er meint es gut" wird zum ersten Mal wichtig. Man gewinnt die Zustimmung der anderen durch Nett-Sein („being nice").

Stufe 4: Die Orientierung an „Gesetz und Ordnung"
Auf dieser Stufe herrscht die Orientierung an Autorität, fixierten Regeln und an der Aufrechterhaltung der sozialen Ordnung. Das rechte Verhalten besteht darin, daß man seine Pflicht tut, Respekt vor der Autorität zeigt und die gegebene soziale Ordnung um ihrer selbst willen aufrechterhält.

(III) Nachkonventionelle Ebene
Auf dieser Ebene herrscht ein deutliches Bemühen, moralische Werte und Prinzipien zu bestimmen, die unabhängig von der Autorität der Gruppen und Personen, die diese Prinzipien vertreten, und unabhängig von der Identifikation des Individuums mit diesen Gruppen gültig sind und Anwendung finden.

Stufe 5: Die legalistische Orientierung am Sozialvertrag
Rechthandeln wird bestimmt im Sinne allgemeiner Individualrechte und im Sinne von Maßstäben, die von der gesamten Gesellschaft kritisch überprüft und akzeptiert worden sind. Es herrscht ein deutliches Bewußtsein der Relativität persönlicher Wertungen und Meinungen und eine entsprechende Forderung nach Regeln für Verfahren der Konsensbildung (übereinstimmende Meinungsbildung). Sofern das Rechte nicht auf verfassungsmäßiger und demokratischer Übereinkunft beruht, ist es eine Angelegenheit persönlicher „Werte" und „Ansichten". Daraus ergibt sich eine Betonung des „rechtlichen Standpunkts" („legal point of view"), aber unter Berücksichtigung der Möglichkeit, das Recht im Sinne vernünftiger Erwägungen des gesellschaftlichen Nutzens zu ändern (jedenfalls eher, als es im Sinne der Formel „Gesetz und Ordnung" von Stufe 4 einzufrieren). Abgesehen vom rechtlichen Bereich sind freie Übereinkunft und Vertrag das verbindliche Element der Verpflichtung. Dies ist die „offizielle" Moral der amerikanischen Regierung und Verfassung.

Stufe 6: Die Orientierung am universalen ethischen Prinzip
Das Rechte wird bestimmt aufgrund der Gewissensentscheidung im Einklang mit selbstgewählten ethischen Prinzipien, die sich auf logischen Zusammenhang, Universalität und logische Widerspruchslosigkeit berufen. Diese Prinzipien sind abstrakt und ethisch (wie beispielsweise der kategorische Imperativ Kants); es handelt sich nicht um konkrete moralische Regeln wie die Zehn Gebote. Im Kern geht es um universale Prinzipien der Gerechtigkeit, der Gegenseitigkeit (Reziprozität) und Gleichheit menschlicher Rechte sowie der Achtung vor der Würde der Menschen als individueller Personen.*

Inzwischen hat Kohlberg Zweifel bekommen, ob das Moralbewußtsein selbst des reifen Menschen überhaupt die sechste Stufe erreicht; es könnte sein, daß es sich bei dieser Stufe nur um eine philosophische Konstruktion (etwa Kants) handelt, die in unserer Urteilspraxis gar nicht zum Tragen kommt.

* Karl-Otto Apel u. a. (Hrsg.), Funkkolleg Praktische Philosophie/Ethik. Studientexte. A.a.O. S. 60f. Nach L. Kohlberg, From Is to Ought, 1971. © Suhrkamp, Frankfurt/M.

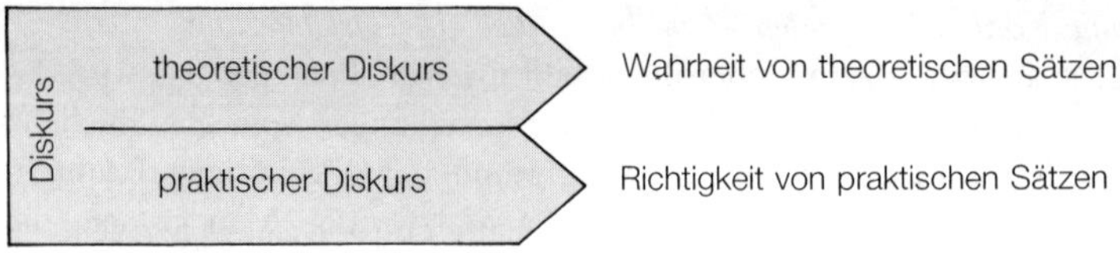

Jürgen Habermas *zieht es vor, Kohlbergs sechste Stufe der fünften Stufe zuzuschlagen und seine eigene* „Diskursethik“, *eine Ethik des vernünftigen Dialogs, zur sechsten und damit höchsten Stufe des Moralbewußtseins zu erklären. Damit werden Kant und der Utilitarismus als gleichberechtigte Ethiken angesehen, insofern sich beide auf ein Moral*prinzip *berufen. Habermas strebt demgegenüber mit seiner Ethik eine höhere Reflexionsstufe an: Nicht Prinzipien sollen als letztes Fundament der Ethik gelten, sondern die* Verfahren, *mit denen Moralprinzipien gerechtfertigt werden. Das Verfahren, das Habermas vorschlägt, der (ideale) Diskurs, wird im nächsten Teilkapitel genauer vorgestellt.*

Vorauszuschicken ist, daß nicht jedes Gespräch ein Diskurs *ist. Im Reden und Tun gehen wir jeweils von einem gemeinsamen Hintergrundwissen aus (z. B. Wissen über moralische Normen). Erst wenn dieses üblicherweise unhinterfragt hingenommene Wissen kritisch überprüft werden soll, beginnt ein Diskurs.*

*Tabellarisch lassen sich die sechs Stufen nun so darstellen:**

<table>
<tr><th colspan="2">Stufe des moralischen Bewußtseins</th><th>Typ des sozialen Handelns</th><th>Motivation des Handelns</th><th>Perspektive</th><th>Gerechtigkeitsvorstellung</th></tr>
<tr><td rowspan="2">I. Vorkonventionelle Stufe</td><td>1</td><td>autoritätsgesteuert</td><td rowspan="2">Loyalität bzw. Orientierung an Belohnung/ Bestrafung</td><td rowspan="2">egozentrische Perspektive</td><td>Komplementarität von Befehl und Gehorsam</td></tr>
<tr><td>2</td><td>interessengesteuert</td><td>Symmetrie der Entschädigungen</td></tr>
<tr><td colspan="5">⇓</td><td>⇓</td></tr>
<tr><td rowspan="2">II. Konventionelle Stufe</td><td>3</td><td>Rollenhandeln</td><td rowspan="2">Pflicht statt Neigung</td><td>Perspektive der primären Bezugsgruppe</td><td>Rollenkonformität</td></tr>
<tr><td>4</td><td>normengeleitet</td><td>Perspektive des politischen Verbandes</td><td>Konformität mit bestehendem Normensystem</td></tr>
<tr><td colspan="5">⇓</td><td>⇓</td></tr>
<tr><td rowspan="2">III. Nachkonventionelle Stufe</td><td>5</td><td rowspan="2">Argumentation</td><td rowspan="2">Autonomie statt Heteronomie</td><td>Prinzipienperspektive</td><td>Orientierung an Gerechtigkeitsprinzipien</td></tr>
<tr><td>6</td><td>prozedurale Perspektive</td><td>Orientierung an Verfahren der Normenbegründung</td></tr>
</table>

* nach Jürgen Habermas, Moralbewußtsein und kommunikatives Handeln. Suhrkamp, Frankfurt/M. 1983, S. 176 f.

9.2 Regeln des idealen Diskurses – Jürgen Habermas

In Übereinstimmung mit dem Frankfurter Philosophen Karl-Otto Apel (geb. 1922) geht Habermas davon aus, daß jeder, der in eine Argumentation (einen „Diskurs") eintritt, mit eben diesem Schritt schon bestimmte Voraussetzungen anerkannt hat: nämlich die Regeln, die gelten müssen, damit es Argumentation überhaupt geben kann.
Solche Regeln kann man entdecken, wenn man Sätze der folgenden Art betrachtet:
a) Ich habe die Person A schließlich durch eine Lüge überzeugt, daß...
b) Nachdem wir die Personen A, B, C von der Diskussion ausgeschlossen hatten, konnten wir uns endlich davon überzeugen, daß ...
Warum kann man solche Sätze sinnvollerweise nicht akzeptieren? Offensichtlich enthalten sie einen inneren Widerspruch zwischen dem, was sie sagen, und den Voraussetzungen, die wir stillschweigend immer schon anerkannt haben, wenn wir argumentieren. Die vorausgesetzten Regeln sind Bedingungen der Möglichkeit von Argumentation überhaupt, und zwar in dem Sinne, daß sie unausweichlich zu akzeptieren sind; wir können uns nicht etwa auf andere, alternative Regeln einigen. Wie solche Argumentationsregeln klar und eindeutig zu formulieren sind, ist noch nicht ausdiskutiert; die bisherigen Vorschläge legen folgende Regeln nahe:

1. Alle *vernünftigen Subjekte (zumindest alle jeweils Betroffenen bzw. deren Stellvertreter) dürfen* gleichberechtigt *am Diskurs teilnehmen.*
2. Die Diskursbeiträge müssen verständlich *und* widerspruchsfrei *formuliert sein.*
3. Die Diskursteilnehmer müssen wahrhaftig *und gutwillig auf einen (rational motivierten)* Konsens *hinarbeiten (also auch das jeweils bessere Argument anerkennen).*
4. Außer dem „eigentümlich zwanglosen Zwang des besseren Arguments" (so Habermas) darf im Diskurs keinerlei *innerer oder äußerer* Zwang *ausgeübt werden.*

Ein Diskurs, in dem die genannten Regeln erfüllt wären, wäre mit Habermas als „herrschaftsfreier" oder „idealer Diskurs" *oder als „ideale Sprechsituation" zu bezeichnen.*

Den besonderen Status des idealen Diskurses erläutert Habermas so:

Ein vernünftiger Konsensus kann von einem trügerischen in letzter Instanz allein durch Bezugnahme auf eine ideale Sprechsituation unterschieden werden. Welchen Status kann indessen eine wie immer unvermeidliche Bezugnahme auf eine ideale Sprechsituation haben? Zunächst kann bezweifelt werden, ob sich eine ideale Sprechsituation überhaupt verwirklichen läßt und ob sie nicht eine bloße Konstruktion darstellt. Jede empirische Rede ist sowohl durch die raumzeitlichen Begrenzungen des Kommunikationsvorgangs wie auch durch die psychischen Belastungsgrenzen der Diskursteilnehmer grundsätzlich Restriktionen unterworfen, die eine vollständige Erfüllung der idealen Bedingungen ausschließen. Eine hinreichende Realisierung der Forderungen, die wir an Diskurse stellen müssen, möchte ich trotzdem nicht apriori[1] für unmöglich halten, weil die erwähnten Beschränkungen durch institutionelle Vorkehrungen entweder kompensiert[2] oder doch in ihren Auswirkungen (...) neutralisiert werden können.

1 apriori: von vornherein; vor aller Erfahrung
2 kompensieren: ausgleichen

Schwerer wiegt das andere Bedenken, ob und wie überhaupt empirisch festgestellt werden kann, wann die Bedingungen einer idealen Sprechsituation erfüllt sind. Die Bedingungen der empirischen Rede sind auch dann, wenn wir der erklärten Absicht, einen Diskurs aufzunehmen, folgen, sehr oft nicht mit denen einer idealen Sprechsituation identisch. In der Retrospektive[3] können wir häufig genug feststellen, wann wir ideale Sprechsituationen verfehlt haben. Allerdings fehlt ein externes[4] Kriterium der Beurteilung, so daß wir in gegebenen Situationen niemals sicher sein können, ob wir einen Diskurs führen oder ob wir nicht vielmehr unter Handlungszwängen agieren[5] und Scheindiskurse vorführen. Aus diesem Umstand ergibt sich eine interessante Antwort auf unsere Ausgangsfrage.

Wenn es zutrifft, daß wir einen vernünftigen, d. h. argumentativ erzielten und zugleich wahrheitsverbürgenden, Konsensus von einem bloß erzwungenen oder täuschenden Konsensus letztlich nur durch Bezugnahme auf eine ideale Sprechsituation unterscheiden können; wenn wir weiterhin davon ausgehen dürfen, daß wir uns faktisch jederzeit zutrauen und auch zutrauen müssen, einen vernünftigen von einem trügerischen Konsensus zu unterscheiden, weil wir sonst den vernünftigen Charakter von Rede preisgeben würden; und wenn gleichwohl in jedem empirischen Fall eindeutig nicht festgestellt werden kann, ob eine ideale Sprechsituation gegeben ist oder nicht – dann bleibt die folgende Erklärung: Die ideale Sprechsituation ist weder ein empirisches Phänomen noch bloßes Konstrukt, sondern eine in Diskursen unvermeidliche reziprok[6] vorgenommene Unterstellung. Diese Unterstellung kann, sie muß nicht kontrafaktisch[7] sein; aber auch wenn sie kontrafaktisch gemacht wird, ist sie eine im Kommunikationsvorgang operativ[8] wirksame Fiktion. Ich spreche deshalb lieber von einer Antizipation, von einem Vorgriff auf eine ideale Sprechsituation. Dieser Vorgriff allein ist Gewähr dafür, daß wir mit einem faktisch erzielten Konsensus den Anspruch eines vernünftigen Konsensus verbinden dürfen; zugleich ist er ein kritischer Maßstab, an dem jeder faktisch erzielte Konsensus auch in Frage gestellt und daraufhin überprüft werden kann, ob er ein hinreichender Indikator für einen begründeten Konsensus ist.

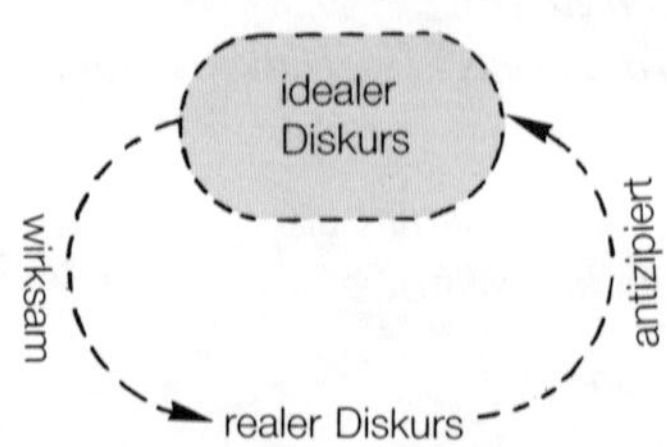

Es gehört zur Struktur möglicher Rede, daß wir im Vollzug der Sprechakte[9] kontrafaktisch so tun, als sei die ideale Sprechsituation nicht bloß fiktiv, sondern wirklich – eben das nennen wir eine Unterstellung. Das normative Fundament sprachlicher Verständigung ist mithin beides: antizipiert, aber als antizipierte Grundlage auch wirksam. Die formale Vorwegnahme des idealisierten Gesprächs (als einer in Zukunft zu realisierenden Lebensform?) garantiert das „letzte" tragende und keineswegs erst herzustellende kontrafaktische Einverständnis, das die potentiellen Sprecher/Hörer vorgängig verbinden muß und über das eine Verständigung nicht erforderlich sein darf, wenn anders Argumenten überhaupt konsenserzielende Kraft soll zukommen können.*

3 Retrospektive: Rückblick
4 extern: äußerlich
5 agieren: handeln (auch sprachlich handeln: reden)
6 reziprok: wechselseitig (von allen Diskursteilnehmern: Sprechern und Hörern)
7 kontrafaktisch: entgegen den Tatsachen
8 operativ: eingreifend
9 Sprechakt: sprachliche Äußerung (Jede sprachliche Äußerung läßt sich als Akt, als Handlung ansehen und beschreiben.)

* Jürgen Habermas, Wahrheitstheorien. In: H. Fahrenbach (Hrsg.), Wirklichkeit und Reflexion. Walter Schulz zum 60. Geburtstag. Neske, Pfullingen 1973, S. 257 f.

9.3 Die Diskursethik und ihr Stellenwert – Jürgen Habermas

In den Diskursregeln findet Habermas die Begründung für das von Kant (vgl. 7.1.3) in die Ethik eingebrachte Universalisierungsprinzip *»U«:*

(...) Aus den genannten Diskusregeln ergibt sich nämlich, daß eine strittige Norm unter den Teilnehmern eines praktischen Diskurses Zustimmung nur finden kann, wenn »U« gilt, d. h.
– wenn die Folgen und Nebenwirkungen, die sich aus einer *allgemeinen* Befolgung der strittigen Norm für die Befriedigung der Interessen eines *jeden Einzelnen* voraussichtlich ergeben, von allen *zwanglos* akzeptiert werden können.*

Diese Argumentationsregel bezeichnet Habermas als das einzige Moralprinzip. Davon unterscheidet er die Grundvorstellung seiner Diskursethik, die er auf den Grundsatz »D« *bringt,*
„daß nur die Normen Geltung beanspruchen dürfen, die die Zustimmung aller Betroffenen als Teilnehmer eines praktischen Diskurses finden (oder finden könnten).“**

Die Diskursethik ist also eine von verschiedenen Möglichkeiten, eine Ethik gemäß dem Verallgemeinerungsprinzip »U« auszugestalten. Wie die Kantische Ethik ist sie eine formale Ethik:

Alle Inhalte, auch wenn sie noch so fundamentale Handlungsnormen berühren, müssen von realen (oder ersatzweise vorgenommenen, advokatorisch durchgeführten) Diskursen abhängig gemacht werden. Der Moraltheoretiker kann sich daran als Betroffener, gegebenenfalls als Experte beteiligen, aber er kann diese Diskurse *nicht in eigener Regie* führen.***

Die Diskursethik „gibt keine inhaltlichen Orientierungen an, sondern ein Verfahren: den praktischen Diskurs. Dieser ist freilich ein Verfahren nicht zur Erzeugung von gerechtfertigten Normen, sondern zur Prüfung der Gültigkeit vorgeschlagener und hypothetisch erwogener Normen. Praktische Diskurse müssen sich ihre Inhalte geben lassen. Ohne den Horizont der Lebenswelt einer bestimmten sozialen Gruppe, und ohne Handlungskonflikte in einer bestimmten Situation, in der die Beteiligten die konsensuelle Regelung einer strittigen gesellschaftlichen Materie als ihre Aufgabe betrachteten, wäre es witzlos, einen praktischen Diskurs führen zu wollen.****

Nicht alle praktischen Fragen sind in einem Konsens der Diskursteilnehmer auflösbar. Deshalb faßt Habermas für seine Diskursethik den Moralbegriff bewußt eng:

Moral bezieht sich auf die praktischen Fragen, die sich mit Gründen entscheiden lassen – auf konsensuell lösbare Handlungskonflikte. Moralischer Natur sind nur solche Fragen, die sich sinnvollerweise unter dem Kantischen Gesichtspunkt der Universalisierung – was *alle* wollen könnten – beantworten lassen.*****

Gesellschaftliche Fragen, die nicht universale, sondern nur partikulare Interessen berühren, sind nicht Gegenstand des Diskurses:

In solchen Fällen könnten moralische Diskurse einzig den Zweck haben, der Privilegierung einer Seite, die prätendiert[1], ein allgemeines Interesse zu vertreten, die Legitimation zu entzie-

1 prätendieren: beanspruchen

* Jürgen Habermas, Moralbewußtsein und kommunikatives Handeln. A.a.O. S. 103
** Ebd.
*** Ebd. S. 104
**** Ebd. S. 113
***** Jürgen Habermas, Die Neue Unübersichtlichkeit. Suhrkamp, Frankfurt/M. 1985, S. 237

hen. Wo nur besondere Interessen im Spiel sind, können Handlungskonflikte nicht, auch nicht in idealen Fällen, durch Argumentation beigelegt werden, sondern nur durch Verhandlung und Kompromiß. Die Verfahren der Kompromißbildung können allerdings ihrerseits unter normativen Gesichtspunkten beurteilt werden. Man wird etwa einen fairen Kompromiß nicht erwarten dürfen, wenn die beteiligten Parteien nicht über gleiche Machtdispositionen oder Drohpotentiale[2] verfügen.*

2 Disposition: Verfügung; Potential: Fähigkeit

Auch Fragen des guten *oder glücklichen Lebens und Fragen der* Verwirklichung *moralischer Normen und Einsichten bleiben im praktischen Diskurs unberücksichtigt und werden der praktischen Klugheit des Individuums überlassen. Darin sieht Habermas den Preis, den eine Ethik auf der nachkonventionellen Stufe (siehe 9.1) zahlen muß:*

Auf dieser Stufe löst sich das moralische Urteil von den lokalen Übereinkünften und der historischen Färbung einer partikularen Lebensform; es kann sich nicht länger auf die Geltung dieses lebensweltlichen Kontextes berufen. Und moralische Antworten behalten nur mehr die rational motivierende Kraft von Einsichten zurück; sie verlieren mit den fraglosen Evidenzen eines lebensweltlichen Hintergrundes die Schubkraft empirisch wirksamer Motive. Jede universalistische Moral muß diese Einbußen an konkreter Sittlichkeit, die sie um des kognitiven[1] Vorteils willen zunächst in Kauf nimmt, wettmachen, um praktisch wirksam zu werden. Universalistische Moralen sind auf Lebensformen angewiesen, die ihrerseits soweit ‚rationalisiert' sind, daß sie die kluge Applikation[2] allgemeiner moralischer Einsichten ermöglichen und Motivationen für die Umsetzung von Einsichten in moralisches Handeln fördern.**

1 kognitiv: die Erkenntnis betreffend
2 Applikation: Anwendung

9.4 Kritik an der Diskursethik

Ähnlich wie gegen die Ethik Kants erheben sich gegen eine Ethik des vernünftigen Diskurses Anfragen aus zweierlei Richtungen: Welche Stolpersteine liegen der praktischen Umsetzung einer solchen Theorie im Wege? Und kann die Diskursethik ihren Anspruch, Vernunft und Moral durch formale Regeln zu definieren, erfüllen? Mit der ersten Frage beschäftigt sich der Text des Sprachwissenschaftlers Harald Weinrich; zum zweiten Problem nimmt Friedrich Kambartel Stellung.

9.4.1 Die Diktatur des Sitzfleisches – Harald Weinrich

Was dürfen wir uns in diesem Kontext vom *Diskurs* erhoffen, so wie ihn Jürgen Habermas idealtypisch zur kritischen Prüfung herrschender Meinungen und geltender Normen empfohlen hat? Habermas setzt ja auf den Diskurs als herrschaftsfreies Miteinanderreden insbesondere die Hoffnung, daß an seinem Ende, wenn der Diskurs „nur lange genug fortgesetzt wird", ein Konsens, ja sogar ein „wahrer Konsens" hergestellt werden kann. Um diese Hoffnung plausibel zu machen, muß er allerdings nicht nur jedes Macht- und Kompetenzgefälle („Herrschaft"),

* Ebd. S. 243
** Jürgen Habermas, Moralbewußtsein und kommunikatives Handeln. A.a.O. S. 119

sondern auch jeden Realitätsdruck und Entscheidungszwang fortdenken. Ich will davon absehen, daß der Diskurs unter so idealen Bedingungen weit aus der schmuddeligen Wirklichkeit, von der Hartmut v. Hentig[1] spricht, herausrückt in ein sehr fernes, sehr zukünftiges oder sehr akademisches Utopia[2]; und daß insbesondere alle Situationen des Lernens, die den Ausgleich eines bestehenden Kompetenzgefälles zum Ziel haben, nur mit hoffentlich sokratischer Ironie unter die Regeln des Diskurses gebracht werden können. Nehmen wir also an, daß alle Gesprächsteilnehmer eines Diskurses die gleichen Rechte und Chancen haben, reden, fragen, raten, fordern und befehlen zu können. Es bereitet keine besonderen Denkschwierigkeiten, sich den Anfang und den Fortgang eines solchen Diskurses vorzustellen: es gilt da nur die Rednerliste, und die „kommunikative Kompetenz"[3] ist tatsächlich wie eine Menge von Spielmarken unter die Teilnehmer dieses Gesellschaftsspieles gleichmäßig verteilt. Was ich mir hingegen nach den von Habermas festgelegten Spielregeln nicht vorstellen kann, ist das *Ende* eines Diskurses. Es ist ja weder eine vorgegebene Fragestellung zugelassen (die schon durch ihre linguistische Fragestruktur: Vorinformation + Leerstelle den Diskurs beherrschen würde), noch soll es unter den Teilnehmern des Diskurses institutionelle oder charismatische[4] Autorität geben, noch sind schließlich Einflüsse von außen vorgesehen, die einen Drang oder Zwang zum Abschluß der Verhandlungen ausüben.

Unter diesen Umständen weiß ich nicht, wie ein Diskurs überhaupt zu einem Ende, geschweige denn zu einem Ziel kommen soll. Die Wissenschaften nämlich, die zur Kritik der Meinungen und Normen aufzubieten sind, werden – und zwar mit Recht – sogleich argumentieren, daß die Verhältnisse natürlich viel komplexer sind, als das in den herrschenden Auffassungen zum Ausdruck kommt und in je beliebigen Auffassungen zum Ausdruck kommen kann. So erzeugen die Spielregeln des Diskurses mit Notwendigkeit ein Dauer-Räsonnement, das im „Ausdiskutieren" der Probleme bis zur psychischen oder biologischen Erschöpfung (Aus-!) der Gesprächspartner geht und am nächsten Tag ohne Erschöpfung der Komplexität[5] weiterläuft. Denn die Komplexität ist immer größer, als ein Diskurs lang sein kann: das ist die moderne Variante der alten Maxime *Ars longa, vita brevis.*[6] Es ist daher zu befürchten, daß der Diskurs nicht zu einem Konsens in der Wahrheit (was immer das sein mag) führt, sondern einzig und allein zu einem Konsens im Weiterreden: Diktatur des Sitzfleisches.

Schlimmer noch: ich kann wiederum die Befürchtung nicht abweisen, daß mitten im herrschaftsfreien Diskurs eine neue, nämlich vom Diskurs selber erzeugte Herrschaft entsteht, gegen die in den von Habermas aufgestellten Spielregeln keine Sicherung vorgesehen ist: eben die Herrschaft durch Komplexität. Man kann nicht nur eine Sache zerreden, sondern auch die Gesprächspartner totreden. Jeder Diskurs kann unter Anrufung der (heiligen oder unheiligen) Weltkomplexität mit einer Strategie, die hemmungslos alle Karten der Komplexität ausspielt, so gesteuert werden, daß gewisse Interessen, die als solche immer einfach sind, von erschöpften Gesprächsteilnehmern abgesegnet oder doch wenigstens geduldet werden. Allemal aber kann ein Diskurs durch ständiges Auffüllen der Rednerliste folgenlos gehalten werden. Das eine ist offensive, das andere defensive Strategie. Gemeinsam ist beiden Strategien, daß eine – wenn auch minoritäre – Gruppe in die Lage versetzt wird, den Diskurs „lange genug", nämlich bis zur Erlangung entscheidender Vorteile, fortzusetzen.

1 Hartmut v. Hentig: geb. 1925, Pädagoge in Bielefeld an der Laborschule und Universität
2 Utopia: erdachtes Land (erstmals bei Thomas Morus)
3 kommunikative Kompetenz: die Fähigkeit, sich in der Kommunikation zu behaupten
4 Charisma: außerordentliche Begabung und Ausstrahlung, derentwegen eine Person als Autorität anerkannt wird
5 Komplexität: Gesamtheit aller Merkmale und Möglichkeiten
6 Ars longa, vita brevis (lat. Sprichwort): Die Kunst ist lang, das Leben kurz

Gewiß: solange der Diskurs unter den skizzierten idealtypischen Bedingungen steht und als Diskurs-*Spiel* abläuft, ist die Gefahr der Herrschaft durch Komplexität nicht besonders bedenklich. Die Fiktion besagt ja, daß alle Diskurs-Teilnehmer chancengleiches Sitzfleisch haben. Sowie jedoch das Ansinnen erhoben wird, reale Gesprächssituationen vor Gericht, im Hörsaal oder im Parlament sollten möglichst weitgehend dem idealen Diskurs entsprechen, ergeben sich entscheidende Strategievorteile für alle diejenigen Personen oder Gruppen, die aufgrund irgendwelcher Umstände (Besitz, Jugend, Phlegma[7], robuste Gesundheit, fehlende familiäre Bindungen usw.) die möglicherweise gefährlich lange Dauer des Diskurses nicht zu scheuen brauchen. Sie sind nämlich dann diejenigen, die den Diskurs mit dem Herrschaftsmittel der Komplexität beherrschen können, wenn sie es nur wollen.*

7 Phlegma: Dickfelligkeit

9.4.2 Plädoyer für eine Kultur der Vernunft – Friedrich Kambartel

Die Ethikgeschichte zeitigt immer wieder neue Versuche, ein Kriterium für Vernunft (und dann auch für Moralität) aufzufinden. Friedrich Kambartel sieht inzwischen alle derartigen Versuche, Vernunft oder Moralität in formale Regeln oder Prinzipien zu fassen, als irreführend an. Als Spielarten des allgemeinen Vernunftprinzips behandelt er zunächst das Prinzip des vernünftigen Selbstinteresses, dann das Prinzip des vernünftigen Diskurses, wie es Habermas, Apel und andere zeitgenössische Philosophen in ähnlicher Weise (bis vor einigen Jahren auch Kambartel selbst) vertreten. Wir sollen die Versuche, Vernunft und Moral begrifflich scharf zu fassen, nicht aufgeben, wohl aber sollen wir uns hüten, derartige Definitionen zu überschätzen:

Wenn wir, für den Augenblick, einmal die Vorstellung eines allgemeinen Vernunftprinzips beiseite setzen, dann bleibt uns zunächst eine Menge grammatischer[1] Bedingungen oder Kriterien der Rationalität, von denen wir dann im übrigen einige „technisch" oder „zweckrational"[2], andere „moralisch" usf. nennen mögen. Manche davon haben die *Form* von Regeln, andere lesen sich wie ein Ziel oder eine Perspektive, wiederum andere wie eine Einstellung oder Fähigkeit. Und diese „Formen" können sich dann mit einer Vielfalt von eher inhaltlichen Gesichtspunkten verbinden, Gesichtspunkten z. B. der Symmetrie[3], der Gleichheit, der gegenseitigen Anerkennung als (moralische) Person, der Allgemeinheit (etwa der Formulierung), der Universalität (etwa der Anwendung), der Gerechtigkeit; oder solchen der Wahrhaftigkeit, des Realitätsbezuges und der Wahrheit; jedoch auch des kalkulierten Selbstinteresses und technischer Rationalität; schließlich der Weisheit und der richtigen (guten) Form des individuellen Lebens oder Lebensverständnisses.

1 grammatisch: hier und im folgenden im Sinne von „begrifflich"
2 technisch oder zweckrational: von einem vorgegebenen Zweck abhängig (vgl. Kants technische Regeln, 7.1.3)
3 Symmetrie: hier im Sinne von Gleichverteilung der Chancen, den Diskurs mitzubestimmen

* Harald Weinrich, System, Diskurs, Didaktik und die Dikatur des Sitzfleisches. In: F. Maciejewski (Hrsg.), Theorie der Gesellschaft oder Sozialtechnologie. Suhrkamp, Frankfurt/M. 1973, S. 145–161, Auszug S. 155–157. Erstveröffentlichung in Merkur 26 (1972), S. 801–812

Sind nun aber nicht alle diese (formalen und materialen) *Aspekte* der Vernunft schlicht *Facetten* ein und desselben Phänomens, das wir „Rationalität“ nennen? – Wir mögen so reden; wenn wir nur nicht das, was ich gerade „Aspekte“ oder „Facetten“ genannt habe, zu *Merkmalen* einer Definition der Rationalität werden lassen (...).

Wenn uns die Vernunft leitet, folgen wir dann *dem (einem) allgemeinen* Prinzip oder Kriterium der Vernunft, einem Satz von Regeln etwa? Oder sollten wir nicht besser sagen, daß wir, als gelernte Vernunftwesen, in der Lage sind, eine Reihe verschiedener, obzwar miteinander auf vielfältige Weise verbundener, Kriterien der Bewertung abwägend zu beurteilen; d. h. insbesondere, daß es uns obliegt und möglich ist, ihre Angemessenheit und ihr richtiges Verhältnis für die *jeweils betrachtete Situation* einzuschätzen und zu verstehen. – Die hier wesentliche Frage der Angemessenheit führt uns nun nicht wiederum auf ein allgemeines, nur „höheres“ Kriterium. Es gibt hier nämlich keinen allgemeinen Standard der Adäquatheit, der (eine Kennzeichnung, die) dann in allen überhaupt denkbaren Situationen verwendbar wäre. Wir müssen im Gegenteil sagen, daß wir unsere Vernunft ausüben und zeigen, indem wir die (verschiedenartigen) situationsangemessenen Maßstäbe und ihr jeweils sinnvolles Verhältnis kennen (praktizieren können), ohne uns dabei auf überall verfügbare Beurteilungskriterien einer nächsten Ebene zu stützen. – Wollten wir hier Ausdrücke aus Kants Philosophie verwenden, wir müßten sagen: Die „Vernunft“ ist auf unsere „Urteilskraft“ angewiesen, und auf die Lebenserfahrung, welche ihr im allgemeinen zugrundeliegt. Und dies zu sagen, ist keine empirische, sondern eine grammatische Bemerkung.

Wenn wir nun versuchen, das philosophische Vernunftverständnis in diesem Sinne zu ändern, dann ist ein Wort hilfreich, welches als Gegenbewegung zu Worten wie „Prinzip“, „Kriterium“ oder „Definition“ dienen kann. Es muß ein Wort sein, das sich auf eine weite Vielfalt von Praktiken und Maßstäben bezieht, eine Vielfalt, deren Zusammenhang nicht durch Begrenzungslinien nach Art einer Definition erreicht oder garantiert ist. Ein naheliegender Vorschlag ist hier das Wort „Kultur“. – Dieses Wort eignet sich für unseren Zweck in mancherlei Hinsicht.

Zunächst verstehen wir unter einer Kultur normalerweise eine *gemeinsame* Praxis und ihre Orientierungen, eine soziale Erscheinung. Und auch die Verpflichtung, welche uns die Vernunft auferlegt, ist ja nicht lediglich selbsterzeugt, nur aus den *privaten Entschlüssen* des Individuums herrührend.

Zum zweiten lernen wir normalerweise Form(en) und Inhalt einer Kultur nicht über eine bloße allgemeine Charakterisierung. Wollen wir ein gutes Urteil über die in und mit einer Kultur entfalteten Tätigkeiten, Unterscheidungen, Bewertungen und Problemlösungen besitzen (in unserem Falle dazu, was das Vernünftige ist), so erwerben wir das zugehörige Wissen in der Regel dadurch, daß wir mit den „Bestandteilen“ der Kultur sozusagen „Stück für Stück“ (und „Schritt für Schritt“) bekannt und vertraut werden. – Auch eine Charakterisierung hat hier also eher illustrierend, durch „Erläuterung“ im Fregeschen[4] Sinne, nicht über (definierende) „Erklärungen“ zu erfolgen. Nur kommt hinzu: Rein „äußerliche“ Erläuterungen geben uns im allgemeinen nicht die Möglichkeit, uns *praktisch* und in einer Kultur *zu bewegen*, machen unsere *Lebensvollzüge* noch nicht zu einem Teil dieser Kultur. Hier sind wir vielmehr darauf angewiesen, daß man uns das Notwendige lehrt, daß wir praktisch teilnehmen (nicht nur auf der Ebene von Beschreibung), daß wir *erfahren* werden; und wir sind dabei abhängig von anderen (der einschlägigen Tradition) und auch (abhängig) von den Wechselfällen des Lebens, die unserer Erfahrung häufig erst die notwendige Vielfalt geben.

Ich sollte hinzufügen, daß sich die Kultur der Vernunft von Kulturen unterscheidet, die eine partikulare Praxis, eine sozusagen „lokale“ Komponente in unserem Leben bestimmen; der

4 Gottlob Frege (1848–1925): Begründer der modernen Logik

Unterschied liegt darin, daß Vernunft, insbesondere durch ihre grammatischen Verbindungen mit dem Überlegen, Argumentieren, Sich-Orientieren, überall (in unserem Leben) von Bedeutung sein kann: In diesem Sinne gehören Verständnis und Praxis der Vernunft zur *Form* unseres Lebens, d. h. zu unserem Leben, wenn wir es „als Ganzes" betrachten.
Wir geraten im übrigen in eine ähnliche Situation, wenn wir nach definierenden Prinzipien der Freiheit oder der Moralität suchen. Statt dessen Ausschau zu halten nach dem grammatischen Netzwerk einer (moralischen) Kultur, das wäre auch hier anzuraten!
Wir werden nicht als vernünftige Wesen geboren, obwohl wir von Natur für diese schwierige Unternehmung mehr oder weniger gut ausgestattet sein mögen – zur Vernunft bilden wir uns, werden durch Bildung dazu geführt; und mögen dann selbst dazu beitragen.
Stellen wir uns vor, daß der Prozeß der Bildung zur Vernunft scheitert oder sich die Tradition, welche das vernünftige Leben trägt, verliert: Könnten uns dann (an ihrer Stelle) Definitionen und theoretische Abgrenzungen helfen, etwa die grammatische Grundlage einer Erneuerung sein?*

Arbeitsanregungen

1. Formulieren Sie selbst, ähnlich wie Kohlberg (9.1), einen konkreten moralischen Konflikt, und fragen Sie Personen verschiedenen Alters nach einer begründeten Lösung. Welchen Moralstufen würden Sie die Antworten zuordnen?
2. Nennen Sie Situationen, in denen unser gewöhnliches kommunikatives (verständigungsorientiertes) Handeln in einen Diskurs übergeht.
3. Erläutern Sie die Tabelle der sechs Moralstufen (9.1). Versuchen Sie die Tabelle um eine Rubrik „Sanktionen" (Sicherungsmaßnahmen) zu erweitern, indem Sie den drei Hauptstufen die folgenden drei Sanktionsmöglichkeiten sinnvoll zuordnen: Scham – Schuld – Strafe.
4. Versuchen Sie ähnliche widersinnige Sätze zu bilden wie die beiden Beispielsätze zu Beginn von 9.2. Welche Argumentationsregeln ergeben sich daraus?
5. Zur 1. Argumentationsregel in 9.2: In welchen Fällen können Betroffene nicht selbst am Diskurs teilnehmen? Lassen sich Vorkehrungen treffen, um die Interessen fernbleibender Betroffener zu wahren?
6. Zur 4. Argumentationsregel: Erläutern Sie durch Beispiele innere und äußere Zwänge, die einen Diskurs behindern.
7. Welche Schwierigkeiten sieht Habermas, wenn es darum geht festzustellen, ob ein Diskurs ideal ist oder unter Zwängen steht? (9.2)
8. Inwiefern ist die Idee des idealen Diskurses in allen unseren Diskursen, auch den schlechten, bereits wirksam? (9.2)
9. Entgegen seinen früheren Annahmen behauptet Habermas nicht mehr, daß die vier Argumentationsregeln (9.2) das Kriterium der Moral formulieren. Was mag Habermas dazu bewogen haben, doch das Universalisierungsprinzip als höchsten Maßstab anzuerkennen? (9.3)
10. Vergleichen Sie Kants kategorischen Imperativ (7.1.3 und 7.1.4) mit dem Universalisierungsprinzip, wie es Habermas (9.3) formuliert. Diskutieren Sie Gemeinsamkeiten und Unterschiede.

* Friedrich Kambartel: Philosophie der humanen Welt. Suhrkamp, Frankfurt/M. 1989, S. 33–36

11. Habermas weist darauf hin, daß durch den Diskurs (und auch durch das Universalisierungsprinzip) keine Normen erzeugt werden. Woher kommen dann die Normen, die im Diskurs geprüft werden? (9.3)
12. Wie Kant definiert Habermas die Ethik so, daß Fragen, die einen Kompromiß verlangen, bzw. Fragen, die bloß von persönlichem Interesse sind, herausfallen (9.3). Formulieren Sie solche bloß „partikularen" Interessen; halten Sie es für richtig, wenn die Moralphilosophie sich damit nicht beschäftigt? Von welcher Seite würden Sie bei solchen Fragen Rat erwarten?
13. Erläutern Sie, warum derjenige, der eine konventionelle oder vorkonventionelle Moral vertritt, direkter zu moralischem Verhalten motiviert wird als jemand, der eine nachkonventionelle Moral vertritt. So Habermas in 9.3. – Berücksichtigen Sie auch die in Arbeitsanregung 3 genannten möglichen Sanktionen bei unmoralischem Verhalten.
14. Was ist die Hauptthese, die Weinrich (in 9.4.1) gegen Habermas vertritt? Mit welchen Argumenten stützt er diese Hauptthese? Was könnte Habermas dem entgegnen?
15. Kambartel nennt (in 9.4.2, 1. Absatz des zitierten Textes) mehrere Kriterien der Rationalität, wie sie in der Philosophiegeschichte aufgetaucht sind. In welchen Moraltheorien sind Ihnen diese Kriterien begegnet?
16. Wozu brauchen wir als moralische bzw. vernünftige Wesen auch Urteilskraft? (9.4.2)
17. Suchen Sie nach verschiedenen Fällen, in denen (in Kambartels Sinn) unterschiedliche Aspekte der Moral angemessen sind.
18. Was akzeptiert Kambartel an der Diskursethik, was kritisiert er? Und wie erscheinen die verschiedenen Ansätze der Moraltheorie, die Sie kennengelernt haben, aus Kambartels Perspektive?
19. Welche Verantwortung ergibt sich aus Kambartels These, Vernunft und Moral seien Resultat der jeweiligen Kultur? Auf wessen Schultern ruht diese Verantwortung?
20. Geben Sie eine begründete Antwort auf Kambartels Schlußfrage in 9.4.2.
21. Welche Moraltheorie hat Sie rückblickend am ehesten überzeugt? Haben Sie eine Methode gefunden, um Moralprinzipien zu beurteilen, oder vertreten Sie (nun) den ethischen Skeptizismus im Sinne von Brandt? (2.3)

TEIL B: POLITIK

10 Einführung

Unter „Politik“ *versteht man ursprünglich die „Angelegenheiten der Polis (Stadt, Staat) bzw. ihrer Bürger (griech.: ta politika), aber auch die* Wissenschaft *von diesen „bürgerlichen Angelegenheiten“ (griech.: episteme oder techne politike), eine lehr- und lernbare Theorie.*
Geht es dabei um Probleme, die durch deskriptive *Erkenntnisse zu beantworten sind, ist die* Politikwissenschaft *gefragt. (Deskriptive Sätze* beschreiben *die Wirklichkeit und beruhen auf Empirie, Erfahrung.)*
Wenn auch normative *Fragen gelöst werden müssen, ist die* politische Philosophie *(Staatsphilosophie) zuständig. (In normativen Sätzen stecken Vorschriften, Wertungen oder Aufforderungen; sie sind mit wissenschaftlicher Erfahrung nicht zureichend zu begründen.)*
Wie jede andere Wissenschaft ist die politische Philosophie durch ihren Gegenstandsbereich (Was wird erforscht?) und ihre Methode (Wie wird geforscht?) gekennzeichnet. Damit und mit den Zielen dieser Wissenschaft beschäftigt sich der folgende Text. (Zum Autor vgl. Teil A, 1.3.)

10.1 Fragen, Arbeitsweisen und Ziele der Staatsphilosophie – Norbert Hoerster

Die staatsphilosophische Fragestellung, die von den Anfängen der Staatsphilosophie bis heute gleichermaßen aktuell gewesen ist und die im Mittelpunkt unserer Texte stehen wird, lautet: Warum gibt es überhaupt so etwas wie einen Staat? Und wie sollte der Staat richtigerweise im einzelnen beschaffen sein? Man darf diese zentrale Fragestellung aller Staatsphilosophie nicht mißverstehen. Gefragt ist hier nicht nach der historischen Entstehung, der Genese des Staates oder nach einzelnen seiner Verwirklichungen; mit dieser Frage befaßt sich eine Einzelwissenschaft, nämlich die Geschichtswissenschaft. Für den Staatsphilosophen ist die Warum-Frage eine Frage der *Rechtfertigung*: Gibt es vom Standpunkt der Vernunft aus überzeugende Gründe für die Existenz eines Staates (dafür, daß es einen Staat geben *soll*) und, wenn ja, für die Existenz eines Staates welcher Art? Gibt es Erwägungen, die einen rationalen Menschen bestimmen können, das Leben in einem Staat dem Leben in einem staatslosen Zustand vorzuziehen, und welche der möglichen Formen des Staates lassen diese Erwägungen wählenswert erscheinen?

Dies sind Fragen wertender Natur, normative Fragen, die sich von den deskriptiven, auf dem Feld der Beschreibung liegenden Fragen – etwa der Politikwissenschaft – deutlich unterscheiden. Ob sich derartige Wertungsfragen überhaupt, wie es die Staatsphilosophie zu tun beansprucht, mit rationalen Mitteln behandeln lassen, wird bisweilen bezweifelt. (...)

Jedenfalls wäre es voreilig, die Möglichkeit jeglicher staatsphilosophischer Erkenntnis skeptisch zu beurteilen, bevor man sich nicht ernsthaft und im Detail mit den wichtigsten staatsphilosophischen Argumentationen selbst vertraut gemacht und auseinandergesetzt hat. Sollte etwa das Urteil, die gegenwärtige Staatsordnung der Bundesrepublik Deutschland sei besser als die des Dritten Reiches, anstatt rational begründbar, wirklich nichts weiter als eine Sache willkürlicher Festlegung oder persönlichen Bekenntnisses sein? Wer eine derartige, auf den ersten Blick alles andere als einleuchtende These aufstellt, sollte sich ihre Begründung nicht zu einfach machen. Es wäre ein mehr als trauriger Befund, wenn man dem Staatsbürger, der nach Rechtfertigung jener politischen Gewalt verlangt, unter der er lebt, schon aus prinzipiellen Gründen jede Antwort schuldig bleiben müßte.

Die staatsphilosophische Rechtfertigungsproblematik hat eine Reihe verschiedenartiger, wenn auch verwandter Aspekte. Einige von ihnen, die den Kernbereich der Staatsphilosophie bilden, seien hier schlagwortartig genannt: Was ist das Ziel einer sozialen Vereinigung von der Art des Staates? Liegt es in nichts anderem als im Glück und Wohlergehen der einzelnen Mitglieder, oder ist es letztlich überindividueller Natur? Welche Rolle spielt bei seiner Verwirklichung das Prinzip der Gerechtigkeit? Was fordert dieses Prinzip? Wie sind Glück und Wohlergehen der Individuen näher zu bestimmen? Zählt lediglich die Befriedigung der faktisch vorhandenen Begierden, Wünsche und Interessen, oder kann eigentliches Glück nur in der moralischen Selbstverwirklichung entsprechend einem metaphysisch fundierten Menschenbild liegen? – Sind die Rechte und Pflichten, die Individuen untereinander haben, ausnahmslos staatlichen Ursprungs, oder gibt es eine Kategorie von Rechten und Pflichten (etwa moralischer Natur), die unabhängig von jeder staatlichen Normierung existieren und an denen sich diese, soll sie ihrer Funktion gerecht werden, zu orientieren hat? – Woher leitet der Staat seine Autorität, die er mittels der Rechtsordnung dem einzelnen gegenüber so selbstverständlich zur Geltung bringt, eigentlich ab? Beruht sie vielleicht letztlich auf der – wenn schon nicht ausdrücklich, so doch stillschweigend erteilten – Zustimmung seiner Bürger? Liegt also die eigentliche Souveränität immer beim Volk selbst; und muß jede Konstituierung und Ausübung staatlicher Macht, den Intentionen und Interessen des Volkes entsprechend, als an bestimmte Bedingungen geknüpft gedacht werden? – Wie ist das richtige Verhältnis zwischen staatlicher Macht und individueller Freiheit beschaffen? Unter welchen Voraussetzungen ist das Individuum berechtigt, staatlichen Anordnungen den Gehorsam zu versagen beziehungsweise zu versuchen, im Wege einer Revolution die bestehende staatliche Ordnung aus den Angeln zu heben?

Diese und ähnliche Fragen der staatsphilosophischen Rechtfertigungsproblematik haben im allgemeinen zwei unterschiedliche Dimensionen. Die Antworten auf sie erweisen sich zum einen dort als relevant, wo es um *Kriterien des richtigen Inhalts* staatlicher Normen geht – etwa im Zusammenhang mit der Frage, welche Abwehrrechte dem Individuum gegen den Staat zustehen sollen oder wie eine gerechte Form staatlicher Strafe aussieht. Und sie haben zum anderen Konsequenzen dafür, *von wem und nach welchem Verfahren* politische Entscheidungen gefällt werden sollen – also ob etwa Demokratie und Gewaltenteilung gerechtfertigte Formen staatlichen Regierens sind.

Die Fragestellung der Staatsphilosophie ist, wie wir schon sahen, nicht deskriptiver, sondern normativer, wertender Art: Wir möchten wissen, in welchen Institutionen und nach welchen Prinzipien die Menschen politisch zusammenleben *sollen*. Diese Art der Fragestellung unterscheidet die staatsphilosophische von der einzelwissenschaftlichen Beschäftigung mit dem Staat. Das bedeutet jedoch nicht, daß im Rahmen normativer Staatsphilosophie keine deskriptiven Erkenntnisse relevant werden könnten. Denn die zu suchenden Prinzipien politischen Zusammenlebens sollen ja nicht für irgendein beliebiges Wesen gelten, sondern für den Menschen, ein Wesen mit spezifischen Fähigkeiten und Eigenschaften. Es liegt deshalb auf der Hand, daß die Lösung der staatsphilosophischen Problemstellung auch von gewissen fundamentalen Fakten über den Menschen abhängig ist.

Vor allem deskriptive Fragen der folgenden Art sind es, die von Staatsphilosophen immer wieder als relevant erachtet und in ihre normativen Erörterungen miteinbezogen worden sind: Gibt es eine höhere, überempirische Seinsordnung – beruhend etwa auf kosmischen Gesetzmäßigkeiten, auf dem Schöpfungsplan Gottes oder auf einer inneren Zielrichtung des Verlaufs der Weltgeschichte –, in die das Leben politischer Gemeinschaften eingefügt ist? Verfügt der Mensch über gewisse natürliche Anlagen, die ihn zu einem Leben in einer politischen Gemeinschaft – vielleicht einer politischen Gemeinschaft mit bestimmten, näher angebbaren Strukturen – gleichsam vorprogrammieren? Angenommen, es gäbe keine staatliche Ordnung – wie würde menschliches Leben dann im einzelnen aussehen; welche Vor- und welche Nachteile würde dieses Leben gegenüber einem Leben im Staat für den einzelnen einschließen?

Derartige Fragen werden, wie gesagt, von der Staatsphilosphie im Kontext ihrer normativen Begründungsproblematik aufgeworfen. Selbst beantworten kann sie diese Fragen allerdings nicht; denn sie fallen in das Arbeitsgebiet solcher Disziplinen wie der Metaphysik, der Theologie, der Geschichtsphilosophie beziehungsweise der empirischen Sozialwissenschaften. Der Staatsphilosoph ist darauf angewiesen, die Ergebnisse dieser Disziplinen, soweit sie über gesicherte Ergebnisse verfügen, zu übernehmen oder aber sich in die betreffende Disziplin soweit einzuarbeiten, daß er an der in ihr geführten Diskussion in kompetenter Weise selbst teilnehmen kann.

In jedem Fall bleibt dem Staatsphilosophen in diesem Zusammenhang relevanter deskriptiver Erkenntnisse *eine* Aufgabe reserviert, die Aufgabe der Transformation: Er muß die jeweiligen Erkenntnisse, die die betreffende Disziplin ja ohne Rücksicht auf seine spezifische Fragestellung formuliert hat, in den Kontext dieser Fragestellung übertragen. Das zu tun erfordert nicht selten ein beträchtliches Maß an Klärung und Vergleich sprachlicher Bedeutungen. Inwieweit ist etwa die Theorie eines psychologischen Egoismus, wie sie der Freudschen Psychoanalyse zugrunde liegt, identisch mit jener Egoismusthese, aus der manche Staatsphilosophen die unumgängliche Notwendigkeit eines staatlichen Sanktionsapparates abgeleitet haben?

Der Staatsphilosoph bewegt sich hier auf dem Gebiet der Begriffsanalyse. Diese bildet neben dem Rechtfertigungsproblem den zweitwichtigsten Teilbereich seiner Disziplin. Begriffs- und sprachanalytische Untersuchungen nehmen in der Staatsphilosophie in der Tat einen größeren Raum ein, als man zunächst vermuten könnte. Sie sind nämlich nicht nur auf das Problem der Übertragung relevanter Resultate anderer Disziplinen beschränkt. Sie spielen vielmehr schon innerhalb der staatsphilosophischen Fragestellung selbst eine bedeutende Rolle. Bevor wir nämlich nicht die staatsphilosophischen Kernbegriffe – Begriffe wie „Staat", „Recht", „Macht", „Autorität", „Freiheit", „Gerechtigkeit", „Gleichheit", „Demokratie" – geklärt und präzisiert haben, besteht immer die Gefahr, daß unsere staatsphilosophischen Fragen und Antworten von verschiedenen Personen in einem unterschiedlichen Sinn verstanden werden. Wenn etwa verschiedene Personen schon mit den Begriffen „Staat" und „Demokratie" unterschiedliche Vorstellungen verbinden, dann kann ihre Diskussion der Fragen, wie sich die Existenz einer staatlichen Ordnung rechtfertigen läßt und welches die ideale Staatsform ist, nur zu Mißverständnis und Konfusion führen.

Eine solche Begriffsexplikation geht richtigerweise in zwei Schritten vor: Sie stellt zunächst den tatsächlichen allgemeinen sowie den tatsächlichen wissenschaftlichen Sprachgebrauch des betreffenden Begriffes fest (in aller Regel wird der wissenschaftliche Sprachgebrauch bereits eine gewisse Präzisierung des allgemeinen Sprachgebrauchs darstellen). Sodann sucht sie diesen Sprachgebrauch sofern erforderlich mit den Mitteln kritischer Analyse zu verbessern. Kriterien dieser Verbesserung sind Gesichtspunkte wie Präzision, logische Konsistenz, Stimmigkeit im Rahmen des gesamten staatsphilosophischen Begriffsnetzes. Bei dieser Begriffsfestlegung sollte nicht schon die Einstellung zu Sachfragen eine Rolle spielen, sondern das Ziel einer optimalen sprachlichen Verständigung über das jeweils Gemeinte allein ausschlaggebend sein.

Staatsphilosophische Theorien und Systeme setzen sich also aus mindestens drei verschiedenartigen Elementen zusammen: aus begriffsanalytischen beziehungsweise begriffsdefinitorischen Elementen; aus den im Brennpunkt stehenden normativen Rechtfertigungselementen; und schließlich aus als Zusatzprämissen herangezogenen deskriptiven Elementen (theologischer, metaphysischer oder empirischer Natur).

Nicht immer sind staatsphilosophische Abhandlungen so verfaßt, daß es aus jeder der in ihnen aufgestellten Behauptungen unmittelbar hervorgeht, auf welcher der drei Ebenen sie liegt;

unterschiedslos gehen oft die verschiedenartigen Elemente im Rahmen einer bestimmten Argumentation ineinander über. Das gilt besonders für staatsphilosophische Texte früherer Jahrhunderte (...), in denen das methodische und sprachkritische Bewußtsein in der Philosophie durchweg noch nicht so geschärft war wie heute. Um so wichtiger ist es für den Leser solcher Texte, sich diese Unterscheidungen klarzumachen und mit ihrer Hilfe die in den Texten enthaltenen Argumente zu analysieren. Nur so wird er dem Ziel, sie kritisch zu würdigen und für das eigene staatsphilosophische Denken fruchtbar zu machen, näherkommen.

(...) Welches Interesse leitet jemanden, der sich mit klassischen Texten der Staatsphilosophie beschäftigen möchte? – Diese Frage läßt sich nicht einheitlich beantworten; denn es gibt eine Reihe recht verschiedenartiger Gesichtspunkte, unter denen man die Geschichte der Staatsphilosophie studieren kann. Die wichtigsten von ihnen seien kurz vorgestellt.

Erstens kann man die Geschichte der Staatsphilosophie im Sinne einer Ideengeschichte als den Ablauf einer fortschreitenden Entwicklung bestimmter Fragestellungen und Theorien begreifen. Unter diesem Gesichtspunkt wird man bei der Beschäftigung mit einem bestimmten Denker vor allem an der Frage interessiert sein, inwieweit sich in seinem Werk Bezüge auf das Denken seiner Vorgänger sowie seiner Nachfolger feststellen lassen, ob er in irgendeiner Weise durch frühere Fragestellungen und Theorien angeregt wurde sowie seinerseits spätere beeinflußt hat.

Zweitens kann man die Geschichte der Staatsphilosophie als integrierten Bestandteil der Gesamtgeschichte, insbesondere der politischen Geschichte sehen – die Geschichte der politischen *Theorie* in gewisser Weise als Spiegel der Geschichte der politischen *Praxis*. Unter diesem Gesichtspunkt wird man vor allem wissen wollen, welche praktisch-politischen Probleme und Konflikte Zeit und Gesellschaft des jeweiligen Autors bestimmten, welche Einstellung er zu diesen Problemen und Konflikten hatte und in welcher Weise er es verstand, seine staatsphilosophischen Theorien diesen Einstellungen dienstbar zu machen.

Während diese beiden Betrachtungsweisen historisch orientiert sind, gilt das für eine dritte mögliche Betrachtungsweise nicht. Sie ist primär nicht daran interessiert, die Position eines bestimmten staatsphilosophischen Denkers in dem zugehörigen historischen Kontext (sei er horizontal oder vertikal verstanden) zu sehen und zu würdigen. Sie geht vielmehr von der Frage aus, inwieweit diese Position für die staatsphilosophische Diskussion der Gegenwart fruchtbar gemacht werden kann und inwieweit sich aus ihr Anregungen für unser eigenes staatsphilosophisches Denken gewinnen lassen. Dabei braucht eine solche Anregung natürlich keineswegs in eine Übernahme der betreffenden Theorie zu münden. Sie kann ebensogut darauf hinauslaufen, daß man nur gewisse Aspekte von ihr akzeptiert oder aber, indem man sie vollständig ablehnt, sich zur Ausarbeitung einer kritischen Gegenposition veranlaßt sieht. Entscheidend für diese Betrachtungsweise ist lediglich, daß man die Theorien vergangener Denker als noch heute aktuelle Diskussionsbeiträge ansieht und sie dementsprechend ernst nimmt.

Jede dieser drei Betrachtungsweisen, die selbstverständlich Berührungspunkte miteinander aufweisen und sich bis zu einem gewissen Grade ergänzen können, ist legitim und in sich lohnend. (...)

Ich bin der Auffassung, daß der staatsphilosophische Anfänger, der sich in die Geschichte des Faches einarbeiten möchte, gerade auf den dritten, ahistorischen Gesichtspunkt das Hauptgewicht seines Interesses legen sollte. Dafür sprechen vor allem zwei Gründe. Erstens verfügt er gewöhnlich nicht über das erforderliche geistes- und politikgeschichtliche Wissen, um im Rahmen der ersten beiden Betrachtungsweisen über rudimentäre (oft illegitim simplifizierende) Erkenntnisse hinauszugelangen. Und zweitens ist sein primäres Interesse an der Staatsphilosophie gewöhnlich ja gar nicht historischer Natur; er möchte sich vom heutigen Standpunkt über die staatsphilosophischen Grundprobleme und ihre Lösungen ein eigenes Bild machen.

Natürlich ließe sich dieses Ziel im Prinzip auch ohne die Beschäftigung mit klassischen Texten erreichen. Es ist aber nun einmal eine kaum zu bestreitende Tatsache, daß die meisten der noch heute aktuellen staatsphilosophischen Kernprobleme und Lösungsalternativen schon von Denkern wie Platon und Aristoteles, Hobbes und Locke, Rousseau und Kant, Marx und Mill im Detail ausgearbeitet wurden. Und es gibt wenige Betätigungen, bei denen der philosophische Anfänger mehr lernen kann als bei der kritischen Rekonstruktion, der Übersetzung in das eigene Denken von Theorien und Konzeptionen großer, origineller Denker der Vergangenheit.*

10.2 Überblick zur Geschichte der politischen Philosophie

Die Politik entwickelt sich als Lehre von der richtigen Ordnung der bürgerlichen Verhältnisse in der Zeit, als der griechische Stadtstaat, die Polis, im Niedergang begriffen ist. ***Platon*** *(427–348 v. Chr.) verteidigt nicht die alten Herrschaftsansprüche der Adelsschicht, aus der er selbst stammt; für verderblich hält er die sophistische These vom Recht des Stärkeren, und auch die Demokraten haben in seinen Augen ihre Unfähigkeit offenbart, als sie Sokrates zum Tode verurteilt haben. So entwirft Platon das Modell eines Staates, in dem die Macht von denen ausgeübt wird, die durch ihre elitäre philosophische Ausbildung am besten wissen, was vernünftig und gerecht ist. (Vergleiche 11 und 6.3.1)*

Platons Schüler ***Aristoteles*** *(384–322 v. Chr.) verzichtet darauf, einen Idealstaat zu konstruieren. Die theoretische Einsicht des Wissenschaftlers und Philosophen wird nun unterschieden von der praktisch-politischen Klugheit des Bürgers. In der aktiven Teilnahme an der gemeinsamen Staatsordnung sieht Aristoteles die Bestimmung und den Lebenssinn aller (Voll-)Bürger. (12.1)*

Daß damit viele Bewohner der Polis (Frauen und Sklaven vor allem) aus dem freien politischen Leben ausgeschlossen sind und nur in dienender Funktion gebraucht werden, kritisieren die Stoiker und die Christen als inkonsequent und ungerecht; zugleich weiten sie den Blick über den eigenen Staat zur universalen (Rechts-)Gemeinschaft aller Menschen, verbunden durch die gemeinsame Vernunft bzw. durch den Bezug auf einen gemeinsamen Gott.

Aber was zunächst als Fortschritt imponiert, die Hervorkehrung des Menschseins gegenüber dem Bürgersein, führt in der Folge, z. B. bei Augustinus (354–430), zu einer einseitigen Aufwertung der jenseitsbezogenen Innerlichkeit auf Kosten der weltlichen Politik und bringt die Christen zuweilen in den Konflikt der Gehorsamspflicht gegenüber dem König einerseits und Gott (bzw. dem Papst) andererseits.

Erst ***Thomas von Aquin*** *(1224–1274) gelingt die Synthese, indem er das weltliche Ziel (in der Politik: das Gemeinwohl) nicht als Gegensatz, sondern als Vorstufe zum transzendenten Endziel des ewigen Heils vorstellt. (12.3)*

Im Gegensatz dazu löst ***Niccolò Machiavelli*** *(1469–1527) den Zusammenhang von geistiger und weltlicher Macht sowie die Verbindung von Ethik und Politik. Letztere begreift er als Technik des Machtgewinns und der Machterhaltung. Nicht der gerechte Staat oder das gemeinsame Gut der Staatsbürger sind sein Anliegen, sondern die teils berechenbaren, teils irrationalen Faktoren der Realpolitik, die der souveräne Herrscher für eine erfolgreiche Strategie in Rechnung zu stellen hat. Der politische Horizont wird bewußt auf die Grenze des Nationalstaats und seine besonderen Interessen (die Staatsräson) zurückgenommen. (13.1)*

Für ***Thomas Hobbes*** *(1588–1679) stellt sich die Aufgabe, zwischen dem Staatsinteresse und den Vernunftinteressen der zunehmend selbstbewußteren Individuen zu vermitteln. Dabei vertraut er*

* Norbert Hoerster, Der Gegenstand der Staatsphilosophie und ihre Geschichte. In: Ders., Klassische Texte der Staatsphilosophie. Deutscher Taschenbuch Verlag, München [5]1987, S. 11–18

nur auf das, was beweisbar ist: auf rationale Analyse und auf empirische Beobachtung; darüber hinausgehende Spekulation lehnt er ab. Die Gesetze werden nicht mehr aus der Wahrheit einer gerechten (vielleicht sogar gottgewollten) Ordnung begründet: „auctoritas non veritas fecit legem", das heißt: Die Autorität (i. S. v. Autorisierung, Befugnis, Legitimität), nicht die Wahrheit macht das Gesetz (zum gültigen Gesetz). Das heißt insbesondere, daß die Gesetze von (dazu autorisierten) Menschen gemacht sind und daß sie unabhängig davon gelten, ob sie gerecht sind oder nicht. Insoweit ist Hobbes Rechtspositivist. Aber die Art, wie die Autorisierung (Legitimation) zustande kommen soll, produziert, über den Rechtspositivismus hinausgehend, ein neues Gerechtigkeitskriterium: den Gesellschaftsvertrag, in dem sich die einzelnen Individuen auf die wechselseitige Beschränkung ihres Naturrechts auf Freiheit einigen. (13.2)

*Bei **John Locke** (1632–1704) findet der Gesellschaftsvertrag eine liberale Ausgestaltung (14.1), bei **Jean-Jacques Rousseau** (1712–1778) eine radikaldemokratische (14.2). **Immanuel Kants** (1724–1804) Theorie des Rechtsstaats verbindet den Liberalismus Lockes mit Rousseaus Prinzip der allgemeinen Zustimmungsfähigkeit des Rechts. (15.2)*

***Charles de Montesquieu** (1689–1755) unterstützt im Sinne Lockes das im Absolutismus unterdrückte Bedürfnis nach politischer Freiheit durch seine konkrete Forderung der Gewaltenteilung im Staat (15.1). Zugleich bereitet er den Boden dafür, die Politik aus ihren jeweils besonderen historischen, geographischen und gesellschaftlichen Bedingungen zu verstehen; die Politik verzweigt sich damit in eine normative Politische Philosophie und in eine empirische Politikwissenschaft.*

*Die Entfremdung des einzelnen zur Gesellschaft und zum Staat, wie sie Rousseau beschrieben hat, glaubt **Georg Wilhelm Friedrich Hegel** (1770–1831) durch ein philosophisch vertieftes Verständnis der modernen Gesellschaft und des Rechtsstaats überwinden zu können. (16.1, 17.2.2) **Karl Marx** (1818–1883) und **Friedrich Engels** (1820–1895) dagegen setzen auf die revolutionäre politische Praxis, die den Staat (als Machtinstrument der besitzenden Klasse) eines Tages überflüssig machen soll. (14.4.1, 16.2)*

*Während der Anarchist **Michail Bakunin** (1814–1876), noch radikaler als Marx, jegliche Herrschaft, Hierarchie und Autorität glaubt abschütteln zu können (17.1.1), mahnt **Rosa Luxemburg** (1870–1919), vorsichtiger als Marx und Lenin, die rechtlichen Errungenschaften der bürgerlichen Demokratie zu achten. (16.3.1; vgl. 14.4.1)*

*Einen weitaus deutlicheren Gegenpol zu Marx markiert **Max Weber** (1864–1920). Er sieht die Zukunft in einem kapitalistischen bürokratischen Nationalstaat, dessen Herrschaft durch legale Verfahren legitimiert sein sollte.*

In der politischen Philosophie des 20. Jahrhunderts werden ganz unterschiedliche Traditionen aufgegriffen und fortentwickelt. Dabei scheint sich doch eine wesentliche Übereinstimmung (zumindest für unseren Kulturkreis) über die beste Staatsform und ihre fundamentalen Grundwerte herauszustellen: Zu der auf Freiheit und Gleichheit beruhenden repräsentativen Demokratie gibt es derzeit offenbar keine ernsthaft anvisierte Alternative; die Differenzen liegen eher in den Fragen der konkreten Ausgestaltung.

***Jürgen Habermas** (geb. 1929) berief sich, wie vor ihm **Erich Fromm** (1900–1980; 14.4.2) und vor allem **Ernst Bloch** (1885–1977; 13.2.5), auf gesellschaftskritische Anstöße der Hegel-Marx-Tradition, hat aber zunehmend die Begriffe und Ideen vieler anderer Theorien verarbeitet, insbesondere solche aus der angelsächsischen Philosophie; daran, daß die politische Philosophie eine kritische, normative Theorie bleiben muß, hält er fest. (15.3.2, 16.3.4, 18.2)*

*Die Denktradition des Aristoteles wird von **Hannah Arendt** (1904–1975; 12.2) sowie von **Charles Taylor** (geb. 1931; 16.1.3) und **Robert Spaemann** (geb. 1927; 17.3.2) fortgeführt.*

Vorzugsweise auf Kant berufen sich ***John Rawls*** *(geb. 1921; 19),* ***Reinhard Brandt*** *(geb. 1937; 20.2.2) und* ***Otfried Höffe*** *(geb. 1943; 17.1.2, 19.3).*
Auch für ***Carl Friedrich v. Weizsäcker*** *(geb. 1912; 11.3.2) ist Kant neben Platon die entscheidende philosophische Quelle.*
In der Tradition Hegels stehen ***Hermann Lübbe*** *(geb. 1926; 17.2.2, 18.3) und* ***Dieter Henrich*** *(geb. 1927; 20.2.3).*
Ernst Tugendhat *(geb. 1930; 20.1.2, 20.3) und* ***Norbert Hoerster*** *(geb. 1937; 10.1) vertrauen vorzugsweise auf die Methoden der neueren sprachanalytischen Philosophie.*
André Glucksmann *(geb. 1937; 15.3.1, 20.2.1) ist als Vertreter der „Neuen Philosophen" Frankreichs am ehesten aus der vehementen Abkehr von Hegel und Marx zu begreifen, ein Weg, den* ***Karl R. Popper*** *(geb. 1902; 11.4) schon ein halbes Jahrhundert eher ging.*
Zu vielfältig sind die Quellen, aus denen ***Hans Blumenberg*** *(geb. 1920; 11.3.1) schöpft, als daß man ihn einer bestimmten philosophischen Schule zuordnen könnte, zumal er sich nur am Rande mit politischer Philosophie beschäftigt.*
Einige Beiträge dieses Bandes stammen nicht von Philosophen: Martin Luther King *(1929–1968; 17.3.1)* war Theologe wie Helmut Gollwitzer *(geb. 1908; 16.3.3);* Ossip K. Flechtheim *(geb. 1909; 16.3.2) ist Politikwissenschaftler,* Wolf Biermann *(geb. 1936; 20.1.1) ist Dichter und Sänger.*

Arbeitsanregungen

1. Gliedern Sie 10.1, und fassen Sie den Inhalt kurz zusammen.
2. Geben Sie eigene Beispiele für die in 10.1 unterschiedenen Fragestellungen der Staatsphilosophie.
3. Geht die Begriffsanalyse, wie sie in 10.1 dargelegt wird, deskriptiv oder normativ vor?
4. Welches Erkenntnisinteresse verfolgen Sie, wenn Sie sich mit Staatsphilosophie beschäftigen?
5. Wählen Sie gemäß Ihren Interessen einen bedeutenden Autor oder eine Autorin der Politischen Philosophie und stellen Sie ihn bzw. sie mit einem seiner bzw. ihrer Werke (oder einem Werkausschnitt) vor.

11 Die Herrschaft der Besten

Und zum Lande der wilden gesetzelosen Kyklopen
Kamen wir jetzt, der Riesen, die im Vertraun auf die Götter
Nimmer pflanzen noch sä'n und nimmer die Erde beackern.
Ohne Samen und Pfleg entkeimen alle Gewächse,
Weizen und Gerste dem Boden und edle Reben, die tragen
Wein in geschwollenen Trauben, und Gottes Regen ernährt ihn.
Dort ist weder Gesetz noch öffentliche Versammlung,
Sondern sie wohnen all' auf den Häuptern hoher Gebirge
In gehöhleten Felsen, und jeder richtet nach Willkür
Seine Kinder und Weiber, und kümmert sich nicht um den andern.*

Es ist Homer, der uns im 9. Gesang der Odyssee erzählt, wie Odysseus auf seiner Irrfahrt von Troja ins heimische Griechenland die schreckliche Bekanntschaft mit einem Volk macht, das sich nicht zu einer geordneten Gemeinschaft zusammengefunden hat. Die Kyklopen sind keine Menschen. Sie leben nicht in Häusern, sondern in Höhlen. Recht und Gerechtigkeit, die die Griechen als Gabe der Götter erflehten, kennen die Kyklopen nicht:

Wir Kyklopen kümmern uns nicht um den König des Himmels,
Noch um die seligen Götter; denn wir sind besser als jene!**

Sie handeln nach Willkür und Laune. Die Griechen dagegen leben in einer Stadt (polis) und damit in einer Rechtsordnung: Ihre Polis verstehen sie als Zusammenschluß von Häusern zu einer autarken Wirtschafts- und Schutzgemeinschaft, zugleich auch als eine religiöse Einheit, die nach innen durch göttliches Gesetz (nomos) geordnet ist. Wer so schamlos ist, das Recht zu verletzen oder die Stadtgottheit zu beleidigen, den trifft die vergeltende Rache der Götter (némesis).
Die Polis ist die Gesamtheit ihrer Bürger; sie hat wenig eigene Finanzen und keinen eigenen Verwaltungsapparat. Um so entscheidender ist, wer herrscht. Gegen die traditionellen Herrschaftsansprüche der Adligen (Aristokraten – von griech. aristoi: die Besten) kann sich in Athen

*,** Homer, Odyssee. Übers. v. Johann Heinrich Voss. Goldmann, München 1964, S. 98, 102

und anderen Stadtstaaten des 5. Jahrhunderts v. Chr. zunehmend die breite Bürgerschicht (demos = das Volk) durchsetzen, die während der Perserkriege (490–448 v. Chr.) in steigendem Maße Verantwortung übernehmen muß.
Sowohl der Sophist Kallikles als auch der Sokrates-Schüler Platon wenden sich in den folgenden Texten gegen die Demokratie (Volksherrschaft).

11.1 Die Stärksten sind die Besten – Kallikles

Von Natur ist allemal das Schwächere auch das Schlechtere, d. h. das Unrecht-leiden, dem Gesetz nach aber das Unrecht-tun. Denn das widerfährt wahrlich nicht einem *Manne*, das Unrechtleiden, sondern nur irgendeinem Sklaven, für den es besser wäre, tot zu sein als zu leben, der, mißhandelt und mit Füßen getreten, nicht imstande ist, sich selber zu helfen noch einem anderen, der ihm lieb ist. Doch die, die die Gesetze geben, das sind ja die Schwachen und die große Masse. In Rücksicht auf ihre eigene Person und ihren eigenen Vorteil geben sie daher die Gesetze und bestimmen, was zu loben und was zu tadeln ist. Darum suchen sie die Stärkeren, die die Kraft in sich fühlen, mehr zu haben (als die anderen), einzuschüchtern, damit diese nicht mehr begehren. Zu dem Zweck behaupten sie, daß „mehr haben wollen" schändlich und ungerecht sei, und *das* ist nun das Unrechttun: danach trachten, mehr als die anderen zu besitzen (oder zu sein). Sie selber sind ja schon heilfroh, wenn sie nur das gleiche haben – wo sie doch die Schlechteren sind. – Daher heißt dann nach dem Gesetz *das* ungerecht und schändlich, wenn einer mehr zu haben trachtet als die Masse, und das nennen sie dann Unrechttun. Doch die Natur selber offenbart ja, daß es gerecht ist, daß der tüchtigere Mann mehr hat als der weniger tüchtige und der stärkere mehr als der schwächere. Daß das wirklich so ist, offenbart sich an vielen Beispielen, sowohl im Bereich der anderen Lebewesen wie bei den Menschen, in ganzen Staaten und Geschlechtern, daß in diesem Sinne entschieden ist, was gerecht ist: daß nämlich der Stärkere über den Schwächeren herrscht und mehr hat als er. Mit was für Recht ist denn Xerxes gegen Griechenland zu Felde gezogen oder sein Vater gegen die Skythen? Und noch tausend Beispiele derart könnte man anführen. Doch ich meine: diese handeln so gemäß der Natur und – beim Zeus! – nach dem *Gesetz der Natur*, freilich nicht nach dem Gesetz, das *wir* geben (was ja nur eine *Erfindung* von uns ist!), indem wir die Besten und Stärksten in unseren eigenen Reihen schon von Kindheit an in Zucht nehmen, sie gerade wie Löwen mit Zaubersprüchen und allerlei Blendwerk bändigen, indem wir ihnen immer wieder weismachen, es müßten alle das gleiche haben, und das gerade sei das Schöne und das Gerechte. Wenn aber eines Tages ein Mann aufsteht, der von Natur genug Kraft hat, der schüttelt alles das ab, zerreißt seine Fesseln und entflieht; er tritt all unser Geschreibsel, all unseren Schwindel, all die Zaubersprüche und all die widernatürlichen Gesetze mit Füßen; er, der bisher unser *Sklave* war, steht auf und offenbart sich als unser *Herr*; da erstrahlt plötzlich das Recht der Natur in seinem Glanz! –
(...) Das also ist die Wahrheit; das wirst du einsehen, wenn du deinen Blick auf größere Dinge richtest und endlich der Philosophie den Rücken kehrst. Die Philosophie, mein lieber Sokrates, ist ja eine ganz nette Sache, wenn sich einer in seiner Jugend mit Maßen mit ihr befaßt; wenn er aber mehr als nötig mit ihr seine Zeit vergeudet, dann gereicht sie dem Menschen zum Verderben! Denn wenn er auch noch so begabt sein sollte – wenn er über seine Jugendzeit hinaus philosophiert, dann bleibt er unweigerlich in all den Dingen unerfahren, die ein Mann kennen muß, der tüchtig und angesehen werden will. Auch von den Gesetzen des Staates erfahren solche Leute (Philosophen) nichts, auch nicht von Anreden, deren man sich bedienen muß, wenn man mit den Menschen bei Abschluß von Verträgen unterhandelt, sei es in eigener

Sache oder im Namen des Staates; sie wissen auch nichts von den menschlichen Lüsten und Begierden; und von Menschenkenntnis haben sie keinen Hauch!

Anm.: Die Person dieses Kallikles kommt nur in Platons Dialogen vor. Es ist daher seit langem umstritten, ob sich hinter dieser Dialogfigur eine historische Person verbirgt oder nicht. Doch nehmen verschiedene hervorragende Kenner des platonischen Schrifttums an, daß dahinter doch eine geschichtliche Persönlichkeit steckt. Jedenfalls aber hat die von diesem Kallikles vorgetragene Lehre – „die Herrenmoral!“ – eine geradezu typische Bedeutung für die Sophistik.*

11.2 Die Philosophen sind die Besten – Platon

Platon sieht die Polis in doppelter Weise gefährdet: einerseits durch die sophistische Kritik an traditionellen Vorstellungen von Recht und Gerechtigkeit, andererseits aber auch durch die kaum weniger willkürliche Herrschaft des Volkes, dessen Unvernunft sich bei der Verurteilung des Sokrates bloßgestellt hat.

In Krisensituationen ist man immer versucht, sich ins Privatleben zurückzuziehen; das war auch im Athen des vierten vorchristlichen Jahrhunderts nicht anders als heute. Doch Platon sieht seine Aufgabe anders: Gerade als Philosoph muß er sich engagieren. Er entwirft eine beispielhafte Ordnung staatlichen Zusammenlebens, die sichern soll, daß es den Menschen gut geht, wenn sie gerecht *leben. Und wer könnte besser für eine gerechte Staatsordnung sorgen als diejenigen, die sich am intensivsten um die Erkenntnis der Gerechtigkeit bemühen, die Philosophen? Also sollen die Philosophen in Platons Idealstaat herrschen.*

11.2.1 Die gerechte Ordnung des Ständestaates

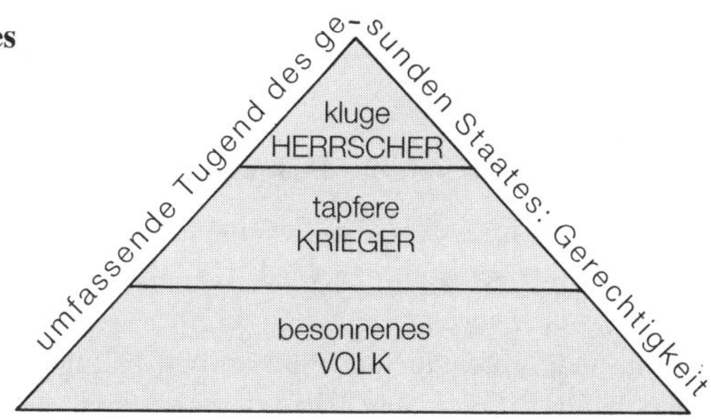

Platons Idealstaat

Platon beschreibt den Menschen als dreigeteilt. Für jeden Teil gibt es eine Tugend, eine ordnende Kraft: Die Besonnenheit ordnet das sinnliche Begehren, die Tapferkeit reguliert den Willen, die Klugheit leitet die Vernunft.

Analog dazu teilt Platon die Bürgerschaft seines Musterstaates in drei Klassen oder Stände*: Volk (Geschäftsleute, Handwerker und Bauern als Nährstand), Krieger (sie schützen und verwalten den Staat) und Herrscher (Philosophen als Gesetzgeber und Richter).*

Im folgenden Textauszug aus der „Politeia“ (Der Staat) benutzt Platon seinen Lehrer Sokrates als Sprachrohr, obwohl dieser, als der Dialog verfaßt wurde (vermutlich um 374 v. Chr.), schon lange tot war. Sokrates berichtet von einem Gespräch mit Glaukon, Platons Halbbruder, dem er erklärt hat, was unter der Gerechtigkeit des Staates zu verstehen sei:

Von Anfang an, als wir unsere Stadt gründeten, haben wir doch eine Regel festgesetzt, nach der man auf jeden Fall handeln müsse, und das, oder etwas Ähnliches, ist, wie mir scheint, die

* Platon, Gorgias 483a–484d. In: Die Vorsokratiker. Hrsg. u. übers. v. Wilhelm Capelle, Reclam, Stuttgart 1968, S. 353–355

Gerechtigkeit. Wir haben ja doch festgesetzt und es immer wieder gesagt, wenn du dich erinnerst, daß jeder einzelne nur *einen* öffentlichen Beruf in der Stadt ausüben soll, nämlich den, zu welchem seine Natur am besten geeignet ist.
„Ja, das sagten wir."
Und daß es Gerechtigkeit ist, wenn man das Seine tut und nicht mancherlei Dinge treibt, auch das haben wir wahrlich schon von vielen anderen gehört und selbst immer wieder gesagt.
„Ja, das haben wir gesagt."
Das, mein Freund, sagte ich, wird also wahrscheinlich auf irgendeine Weise die Gerechtigkeit sein: daß man das Seine tut. (...)
Wenn aber jemand seiner Veranlagung nach ein Handwerker ist oder sonst ein Geschäftsmann, jedoch durch seinen Reichtum oder durch Verbindungen oder Körperkraft oder durch ähnliche Vorzüge hochmütig gemacht wird und danach strebt, in den Kriegerstand einzutreten, oder wenn ein Krieger in den Stand des Ratgebers und Wächters aufsteigen möchte, ohne dazu befugt zu sein, und wenn dann diese ihre Werkzeuge und ihre Stellung miteinander vertauschten, oder wenn ein und derselbe versuchte, das alles gleichzeitig zu verrichten, dann, glaube ich, bist auch du der Meinung, daß das Vertauschen und die Vielgeschäftigkeit dieser Leute das Verderben der Stadt bedeuten.
„Allerdings."
Die Vielgeschäftigkeit und das Vertauschen dieser drei Stände wird also für die Stadt der größte Schaden sein, und man könnte sie wohl mit vollem Recht ein Hauptverbrechen nennen.
„Ganz gewiß."
Das größte Verbrechen an der eigenen Stadt wirst du aber doch als Ungerechtigkeit bezeichnen.
„Ohne Zweifel."
Das also ist die Ungerechtigkeit. Umgekehrt aber wollen wir so sagen: wenn der Stand des Geschäftsmannes [Volks], des Gehilfen [Kriegers] und des Wächters [Herrschers] das Seine tut und jeder von ihnen seine Aufgabe in der Stadt erfüllt, so wäre das das Gegenteil davon; das wäre Gerechtigkeit und würde die Stadt gerecht machen.
„Genau so verhält es sich, nach meiner Meinung", erwiderte er.*

11.2.2 Die Herrschaft des Philosophenstandes

Sei es denn ausgesprochen, wenn es uns auch wie eine berstende Welle mit Gelächter und Schmach überschwemmen wird. Gib also acht, was ich sagen will.
„Sag es nur", verlangte er [Glaukon].
Wenn nicht entweder die Philosophen Könige werden in den Städten, sagte ich, oder die, die man heute Könige und Machthaber nennt, echte und gründliche Philosophen werden, und wenn dies nicht in eines zusammenfällt: die Macht in der Stadt und die Philosophie, und all die vielen Naturen, die heute ausschließlich nach dem einen oder dem anderen streben, gewaltsam davon ausgeschlossen werden, so wird es, mein lieber Glaukon, mit dem Elend kein Ende haben, nicht für die Städte und auch nicht, meine ich, für das menschliche Geschlecht. Und eher wird auch die Staatsverfassung, die wir vorhin beschrieben haben, nicht – soweit das überhaupt möglich ist – verwirklicht werden noch das Licht der Sonne erblicken. Doch das ist es eben, was ich schon lange nicht zu sagen wage, weil ich nämlich sehe, wie sehr meine Worte der allgemeinen Meinung zuwiderlaufen. Denn es ist schwer einzusehen, daß nur in einer solchen Stadt das Glück für den einzelnen und für die Gesamtheit zu finden sein sollte.**

* Platon, Politeia 433a–434d. Übers. v. R. Rufener, abgedruckt in: W. Oelmüller u.a., Philosophische Arbeitsbücher 1, Diskurs: Politik. Schöningh, Paderborn 1987. ©Artemis

** Ebd. 473c–473e

Um einen dauerhaft gesunden Staat garantieren zu können, sieht Platon im einzelnen eine strenge Ordnung vor: Den beiden oberen Ständen ist kein Privateigentum erlaubt; auch Frauen und Kinder sollen als Gemeineigentum betrachtet werden. Nur aus der überwachten Verbindung von Männern und Frauen mit dem besten Erbgut dürfen Kinder als legitim anerkannt werden, die anderen sind auszusetzen. Selbst die Literatur und Musik, welche zur Erziehung der Kinder eingesetzt werden dürfen, müssen durch eine staatliche Zensur überprüft werden, damit sie nicht gegen die vernünftige Ordnung der herrschenden Philosophen verstoßen.

11.2.3 Der Bildungsgang des Philosophen (Höhlengleichnis)

Im siebten Buch seiner Politeia beschreibt Platon in einem Gleichnis, das er wieder Sokrates in den Mund legt, wie schwierig es für den Philosophen ist, zum Licht der Erkenntnis, zu den zeitlosen Ideen zu gelangen. Noch schwieriger, ja sogar gefährlich ist es, mit der Wahrheit denen gegenüberzutreten, die in der Gefangenschaft ihrer Scheinwelt zufrieden verharren.

Stelle dir vor: Da befinden sich Menschen in einem unterirdischen höhlenartigen Gehäuse. Nach oben zum Licht hin verläuft ein langer Gang an der Höhle entlang. In dieser Höhle sind sie von Kindheit an, gefesselt an Schenkeln und Nacken. Sie können sich nicht von der Stelle bewegen und nur vor sich hin blicken. Die Köpfe zu wenden verwehrt ihnen die Fesselung. Licht fällt auf sie von einem Feuer, das oberhalb und rückwärtig entfernt von ihnen brennt. Zwischen dem Feuer und den Gefesselten liegt etwas höher ein Weg, an dem entlang du dir ein Mäuerchen vorstellen mußt, wie die Gaukler Schranken zwischen sich und den Zuschauern aufrichten, um über diesen ihre Kunststücke vorzuführen.

Ich sehe es vor mir, sagte (Glaukon).

Dann stelle dir weiter vor, wie an diesem Mäuerchen entlang Leute allerlei Gebilde tragen, die über das Mauerwerk hinausragen. Es sind steinerne wie hölzerne Darstellungen von Menschen und Tieren sowie mancherlei andere Kunstformen. Die Vorführer dieser Gebilde mögen sich wohl unterhalten, einige werden still sein.

Von einem wunderlichen Bild erzählst du und von wunderlichen Gefangenen, sagte (Glaukon).

Aber doch ganz ähnlich uns, sagte ich. Menschen in dieser Lage haben, das wirst du zugeben, von sich selbst und voneinander seit jeher keine andere Kenntnis als durch die Schatten, die das Feuer auf die Höhlenwand vor ihnen wirft.

Wie sonst, sagte er, wenn sie durch Zwang auf Lebenszeit die Köpfe unbewegt halten müssen?

Was aber sehen sie von den Gebilden, die hinter ihnen vorgeführt werden? Etwas anderes (als deren Schatten)?

Was sonst?

Könnten sie nun miteinander erörtern, was sie da sehen, würden sie es nicht auch deiner Meinung nach für das Seiende selbst halten?

Es bleibt ihnen nichts anderes übrig.

Was aber weiter, wenn im Gewahrsam der Gefesselten ein Echo von der Hinterwand der Höhle her käme? Spräche dann einer von den hinter ihnen Vorübergehenden, würden sie etwas anderes für sprechend halten als die gerade vor ihnen einherziehenden Schatten?

Bei Zeus, nein!, sagte er.

Alles in allem, sagte ich, könnten Menschen in solcher Lage für wahrhaft wirklich nur die Schatten jener künstlichen Gebilde halten.

Daran führt kein Weg vorbei, sagte er.

Nun aber achte auf das, was geschieht, wenn sie von den Fesseln befreit und von ihrem Unverstand geheilt würden, was es auch damit von Natur aus auf sich haben möge. Sobald einer befreit wäre und gezwungen würde, sofort aufzustehen und sich umzudrehen, loszugehen und ins Licht zu blicken, könnte er das alles nur unter Schmerzen, wäre auch wegen der Augenblendung außerstande, jene Gebilde zu erkennen, von denen er bis dahin nur die Schatten gesehen hatte. Was würde er deiner Meinung nach sagen, wenn ihm einer nun erklärte, er habe zuvor nichts als Truggebilde gesehen, sei jetzt aber dem Seienden viel nähergekommen und habe die rechte Blickrichtung auf das Mehrseiende eingeschlagen? Wenn man ihm nun jedes der vorgeführten Gebilde zeigte und ihm Antwort auf die Frage abverlangte, was das sei – gibst du nicht zu, daß er ratlos wäre und daran festhielte, das vor all diesem Gesehene sei wirklicher gewesen als das ihm jetzt Vorgewiesene?

Ich gebe es zu, sagte (Glaukon).

Nun, wenn man diesen auch noch zwänge, ins Licht (des Feuers) selbst zu blicken, würden ihm da nicht die Augen wehtun, so daß er sich abwendete und flüchten wollte zu jenen Schatten, deren Anblick er aushalten konnte? Und würde er dann nicht dabei bleiben, sie seien in Wirklichkeit deutlicher als das, was man ihm jetzt zeige?

So ist es, sagte (Glaukon).

Ich weiter: Wenn nun irgendwer ihn von dort wegzerrte und durch den unebenen steilen Aufgang hindurchzwängte, ohne von ihm abzulassen, bis er ihn ans Tageslicht hinausgebracht hätte – müßte der derart Verschleppte nicht voll Schmerz und Wut sein? Und nachdem er ans Licht gekommen ist, hat er da nicht die Augen voll von Glanz, so daß er wiederum nichts von dem erkennen kann, was man ihm diesmal als das Wahre bezeichnet?

Nichts kann er erkennen, sagte (Glaukon), wenigstens nicht im ersten Augenblick.

Wohl nicht ohne Eingewöhnung, meine ich, wenn er zur Anschauung von dem da oben gelangen soll. Dabei fiele ihm zuerst am leichtesten der Blick auf die Schatten, danach auf die Spiegelungen von Menschen und anderem im Wasser, schließlich auf all dieses als es selbst. Davon wieder würde er, zumindest bei Nacht, leichter anschauen können, was am Himmel erscheint und den Himmel selbst angesichts des Lichtes der Sterne und des Mondes, schwerer bei Tage die Sonne und ihr Licht.

Wie sonst?

Schließlich wird er so weit sein, daß er die Sonne – nun nicht mehr im Wasser oder einem anderen Widerschein – unmittelbar als sie selbst an ihrem Ort im Blick auszuhalten und ihre Beschaffenheit zu bestimmen vermag.

Er wird es dahin bringen, sagte (Glaukon).

Über sie wird er aus allem den Schluß ziehen können, daß sie es sein muß, die die Jahreszeiten kommen und gehen wie die Jahre und alles andere vorbeiziehen läßt, was sich im Einfluß ihrer Strahlung befindet. Mehr noch: Als Ursprung von allem ist sie es sogar von jenem, was jene (in der Höhle) auf irgendeine Weise vor sich sehen.

Es ist klar geworden, sagte (Glaukon), daß er über jenes hinaus zu diesem vordringen würde.

Wie aber jetzt weiter? Er könnte sich erinnern an das frühere Gehäuse und die dort geltende Weisheit sowie die damals mit ihm Gefesselten. Glaubst du nicht, er würde zwar sich wegen des Wandels seines Geschicks glücklich schätzen, aber doch Mitleid mit jenen haben?

Und zwar sehr.

Wie ist es mit den Ehrungen und Auszeichnungen und Preisen, die sie damals untereinander ausgemacht hatten für den, der am scharfsinnigsten das Vorüberziehende erkannte und seinem Gedächtnis am genauesten einprägte, in welcher Reihenfolge und in welchen Gleichzeitigkeiten es eintraf, so daß er daraufhin das künftig Fälligste anzukündigen vermochte? Scheint jener dir noch Lust zu so etwas zu haben und Neid auf die von jenen dort am meisten Geehrten und mit der größten Macht Ausgestatteten? Oder wird er es mit Homer halten und um alles lieber auf sich nehmen wollen, als Ackerknecht einem Armen zu dienen? Wird er nicht was immer auch lieber erleiden wollen, als wieder jene Truggebilde anzuerkennen und jenes Leben zu führen?

Ja, sagte (Glaukon), ich glaube es; alles würde er eher erdulden und auf sich nehmen, als wieder so zu leben.

Bedenke nun noch folgendes: Wenn dieser aus seiner neuen Verfassung wieder hinabstiege, um sich an seinem selbigen Platz niederzulassen, wird er da nicht, so plötzlich aus der Sonne kommend, die Augen voll von Finsternissen haben?

Und ob!, sagte (Glaukon).

Da würde er nun wieder jene Schatten zu erkennen haben, im Wettbewerb mit den für immer Gefesselten, während sein Sehvermögen noch geschwächt ist, bevor seine Augen sich eingestellt haben, was nicht wenig Zeit der Anpassung erfordert. Müßte er sich da nicht zum Gespött machen und sich nachsagen lassen, er käme von seinem Aufstieg mit verdorbenen Augen zurück und es könne sich nicht lohnen, sich an diesem Aufstieg zu versuchen? Wollte er nun Hand anlegen, andere zu befreien und hinaufzuführen, würden sie dann, sofern sie sich seiner bemächtigen und ihn umbringen könnten, ihn nicht wirklich töten?*

Den Schluß des Gleichnisses kann man als Anspielung auf Sokrates' Tod lesen, vielleicht auch als Vorwegnahme des eigenen Scheiterns: Als Platon versucht, mit seiner politischen Theorie als Gast im tyrannisch regierten Syrakus (auf Sizilien) Einfluß zu nehmen, wird er verjagt.

11.3 Interpretation des Höhlengleichnisses

11.3.1 Das Drama von der Gerechtigkeit – Hans Blumenberg

Zunächst ist die Parallelisierung der Seele mit dem Staat das Schlußstück der eingeschlagenen Methode, an der ‚Vergrößerung' des Staats abzulesen, was dem Blick der Selbsterkenntnis an der Seele, weil zu stark verkleinert, entgeht. Es ermöglicht, den drei Ständen – dem der Gelderwerber, dem der Helfer und dem der Ratgeber[1] – Entsprechungen in der Seele selbst zu geben. Am befriedeten Verhältnis der Seelenteile ist wiederum die Möglichkeit vorzuführen, daß Unruhen *(staseis)* aus der *Polis* ausgeschlossen sein können. Das Gemeinsame der Vergleichung liegt in der Formel, dort wie hier könne und solle ein jedes *das Seine* tun. Was das sei, kommt am ehesten zutage in der Relation auf das, was jedes nicht ist: das ihm Untergeordnete zu beherrschen, sich dem ihm Vorgeordneten zu fügen. Das ist charakteristisch für die griechische Art der Beantwortung von Fragen, was etwas seiner Natur nach sei, durch Hinweis auf die Relationen, die es durch seine Einordnung in den *Kosmos* finde.

Zweifellos wird auch im Höhlenmythos der Entfesselte *das Seine* tun, indem er zu den Eingeschlossenen zurückkehrt, um beinahe ihr Sokrates zu werden. Er verhält sich wie der ratgebende Seelenteil *(bouleutikon)*, der den anderen Seelenvermögen vorgeordnet ist, aber sein Schicksal darin hat, von diesen widerrechtlich unter Gewalt genommen zu werden. In der Seele selbst spielt sich die Urform des auf dem methodischen Umweg über den Staat gefundenen Dramas ab, das sich aus dem Kontakt ergibt, den das zur Herrschaft bestimmte Seelenvermögen mit der Philosophie aufnehmen kann – und durch sie mit einer Wirklichkeit, die sich unter den Bedingungen der Höhle nicht als ‚überlegen' ausweisen läßt. In der ‚Höhlensprache' fehlt der Komparativ für das, was ist: das *mãllon on*.[2]

1 Blumenberg benutzt diese Begriffe anstelle der in 11.2.1 vorkommenden Ständebezeichnungen Volk, Krieger, Herrscher

2 mãllon on (griech.): das mehr Seiende

* Platon, Politeia, 514a–517a. Übers. v. Hans Blumenberg, in: Hans Blumenberg, Höhlenausgänge. Suhrkamp, Frankfurt/M. 1989, S. 122f.

Diese Berührung bleibt den anderen Seelenteilen uneinsichtig und ärgerlich, macht ihnen den zugemuteten Verlust ihrer Befriedigungen unerträglich und führt aus der Furcht davor zu Aufstand und Gewalt. Im unausgeführten Tötungswunsch der Eingeschlossenen gegenüber dem, der sie zu ihrem Glück beraten, ihr Helfer und Retter sein möchte, bildet sich im Zerrbild der Begriff von Gerechtigkeit ab, den der Dialog am *Polis*modell entwickelt hat. Denn die Eingeschlossenen sind zweifellos jenem begehrenden Seelenteil zuzuordnen, der in der Einstellung auf seine Wunscherfüllungen nicht nur den höchsten Grad der Anfälligkeit für das Unwirkliche hat, sondern darüber hinaus die Befriedigung durch Illusion gar nicht zu unterscheiden wünscht von der durch Realität.*

11.3.2 Drei Deutungsmöglichkeiten – Carl Friedrich v. Weizsäcker

Platon vergleicht im Höhlengleichnis uns Menschen mit gefesselten Gefangenen in einer Höhle, die auf der Wand vor ihnen die Schatten von hinter ihnen vorbeigetragenen Abbildern wirklicher Dinge sehen und die diese Schatten von Bildern für die Wirklichkeit halten; wer die Abfolge der Schatten am besten vorhersagen kann, bekommt einen Preis. Wem es gegeben wird, sich umzudrehen und ans Licht zu steigen, der sieht der Reihe nach zuerst die Bilder, deren Schatten er vorher sah, dann die Schatten wirklicher Dinge droben im Licht, dann, wenn seine Augen sich gewöhnt haben, die Dinge selbst und das Licht der ewigen Sonne. Kehrt er zurück in die Höhle, um die Andern dort zu belehren, so erscheint er ihnen verwirrt, sein Auge geblendet, und wenn er nicht nachläßt, zu lehren, so töten sie ihn – so ging es dem Sokrates. Das Gleichnis läßt, modern ausgedrückt, drei gleich richtige Deutungen zu: eine theoretische, eine politisch-moralische, eine mystische. In der theoretischen Deutung sind die Schatten die Sinneswahrnehmungen; wer die vorhersagen kann, bekommt einen Preis. Die Bilder in der Höhle sind die Gegenstände der theoretischen Physik, Atome und dergleichen; was man im Licht sieht, ist die Mathematik, das große Paradigma[1] der griechischen Philosophie, und die ewigen Strukturen, in denen die Mathematik wurzelt. In der politisch-moralischen Deutung sind die Schatten das sogenannte reale politische Leben; wer sie vorhersagen kann, gewinnt die Wahl. Die Bilder in der Höhle sind vielleicht die sozialen Realitäten, und was man im Licht sieht, sind die ewigen moralischen Gesetze, ohne die keine Gesellschaft bestehen kann. In der mystischen Deutung sind die Schatten die äußeren Ereignisse unseres Lebens; die Bilder in der Höhle sind vielleicht die seelischen Wirklichkeiten, die sich dem Psychologen erschließen; was man im Licht sieht aber ist die göttliche Wirklichkeit, deren Funken unsere Seelen sind.
Ich habe soeben versucht, Ihnen etwas vom Pathos der Philosophie zu vermitteln. Die Arbeit der Philosophie aber ist der Versuch, den Zusammenhang des jetzt nur in Bildern Angedeuteten zu denken. Der Aufstieg aus der Sinnenwelt zu den Ideen ist für Platon Propädeutik[2]. Die Arbeit der Philosophie ist die Bewegung in den Ideen und der die Sinnesdaten nachträglich begreiflich machende Wiederabstieg. Das ist die Erklärung der erfahrenen Natur aus den ewigen Bedingungen ihrer Möglichkeit; es ist der Entwurf eines Modells der menschlichen Gesellschaft – Politeia – aus dem Bilde der Gerechtigkeit selbst; es ist das Verstehen der menschlichen Seele aus ihrer Teilhabe am göttlichen Geist.**

1 Paradigma: Musterbeispiel
2 Propädeutik: Vorbereitung, Einführung in ein Wissensgebiet

* Hans Blumenberg, Höhlenausgänge. A.a.O. S. 122 f.
** Carl Friedrich v. Weizsäcker: Wahrnehmung der Neuzeit. C. Hanser, München–Wien 1983, S. 336–338

11.4 Kritik der utopischen Sozialtechnik – Karl R. Popper

Unter dem Eindruck des Nationalsozialismus und des sowjetischen Stalinismus sucht Karl R. Popper die geistigen Grundlagen solcher totalitären Machtansprüche, die alle Lebensbereiche ihrer Kontrolle unterwerfen.
Popper macht dafür das autoritäre politische Denken von Platon, Hegel und Marx verantwortlich. Sein Gegenmodell: die „offene Gesellschaft", die auf Pluralismus und Evolution setzt; sie muß so gestaltet und abgesichert werden, daß sie nicht von der Weisheit ihrer Regenten abhängt, sondern auch schlechte Herrscher verkraften kann.
Im folgenden Textausschnitt konfrontiert Popper die „utopische Sozialtechnik", *die er Platon zuschreibt, mit der* „Sozialtechnik der Einzelprobleme" *(piecemeal engineering), mit der sich eine offene Gesellschaft bescheiden müsse.*

Die utopische[1] Sozialtechnik kann durch die folgende Argumentation plausibel gemacht werden. Jede rationale Handlung muß ein bestimmtes Ziel haben. Sie ist rational in eben dem Ausmaß, in dem sie ihr Ziel bewußt und konsequent verfolgt und in dem sie ihre Mittel diesem Ziel entsprechend festsetzt. Die Wahl eines Ziels ist also die erste Aufgabe, die wir lösen müssen, wenn wir rational zu handeln wünschen; wir müssen unsere wirklichen und endgültigen Ziele sorgfältig festsetzen, und wir müssen von ihnen jene Teil- oder Zwischenziele klar unterscheiden, die eigentlich nur als Mittel oder als Schritte auf dem Wege zum endgültigen Ziel in Betracht kommen: Wenn wir diese Unterscheidung vergessen, dann vergessen wir auch uns zu fragen, ob es wahrscheinlich ist, daß diese Teilziele das letzte Ziel fördern; und damit hören wir auf, rational zu handeln. Auf das Gebiet politischer Tätigkeit angewendet, verlangen die angeführten Prinzipien die Festlegung unseres endgültigen politischen Ziels oder des idealen Staates, bevor irgendeine praktische Handlung unternommen wird. Nur dann, wenn dieses Ziel zumindest in rohen Umrissen bestimmt ist, wenn wir einen Bauplan der von uns angestrebten Gesellschaftsordnung besitzen, nur dann können wir beginnen, uns die besten Mittel und Wege zu ihrer Verwirklichung zu überlegen und einen Plan für praktisches Handeln aufzustellen. Die angegebenen Vorbereitungen sind für jede praktische politische Handlung notwendig, die die Bezeichnung „rational" verdient, insbesondere sind sie notwendig für den sozialen Aufbau selbst.

Das ist in kurzen Zügen das methodologische[2] Vorgehen, das ich utopisch nenne. Es ist überzeugend und verführerisch. In der Tat fühlen sich vor allem diejenigen Denker davon angezogen, die entweder von historizistischen[3] Vorurteilen unberührt sind oder die gegen derartige Vorurteile zu Felde ziehen. Das macht die universalistisch-utopische Technik um so gefährlicher und ihre Kritik um so dringender.

Bevor ich diese Kritik im Detail ausführe, möchte ich einen anderen Weg der Sozialtechnik umreißen, den ich die Sozialtechnik der Einzelprobleme nenne oder die Technik des schrittweisen Umbaus der Gesellschaftsordnung. Ihn halte ich methodologisch für einwandfrei. Ein Politiker, der sich diese Methode zu eigen macht, mag eine Skizze einer Gesellschaftsordnung vor Augen haben; er mag hoffen, daß die Menschheit eines Tages einen idealen Staat verwirklichen und Glück und Vollkommenheit auf Erden erreichen wird. Wie dem auch sei – er wird auf jeden Fall einsehen, daß sich die Vollkommenheit, wenn sie sich überhaupt erreichen läßt, in weiter Ferne befindet und daß *jede* Generation von Menschen, also auch die jetzt lebende,

1 utopisch: Adjektiv zu Utopie (Wunschbild einer idealen Gesellschaft; eigentlich: Nicht-Ort, Nirgendwo)
2 methodologisch: Adjektiv zu Methodologie (Lehre von den wissenschaftlichen Methoden, Vorgehensweisen)
3 Historizismus nennt Popper Theorien, die die geschichtliche Fortentwicklung vorhersagen zu können glauben.

ihre Rechte hat; vielleicht nicht so sehr ein Recht auf Glück – denn es gibt keine institutionellen Mittel, um einen Menschen glücklich zu machen –, aber doch ein Recht, nicht unglücklich gemacht zu werden, soweit sich dies durchführen läßt. Den Leidenden steht ein Recht auf alle nur erdenkliche Hilfe zu. Dementsprechend wird sich der Anwalt der Ad-hoc-Technik[4] nach den größten und dringlichsten Übeln in der Gesellschaft umsehen, und er wird versuchen, sie zu beseitigen; er wird nicht dem größten Gut nachspüren und sich für seine Verwirklichung einsetzen. Dieser Unterschied ist durchaus nicht bloß verbal. Er ist in Wirklichkeit von größter Bedeutung. Es ist der Unterschied zwischen einer vernünftigen Methode zur Verbesserung des Geschicks der Menschheit und einer Methode, die, wenn sie wirklich ausprobiert wird, leicht zu einer unerträglichen Zunahme menschlichen Leidens führen kann. Es ist der Unterschied zwischen einer Methode, die sich in jedem Augenblick anwenden läßt, und einer Methode, deren Befürwortung leicht zu einer ständigen Verschiebung des Handelns auf einen späteren Zeitpunkt führen kann, wenn die Bedingungen günstiger sind. Und es ist auch der Unterschied zwischen der einzigen Methode zur Verbesserung der Umstände, die bisher, zu jeder Zeit und an jedem Ort wirklich erfolgreich gewesen ist (Rußland eingeschlossen, wie wir sehen werden), und einer Methode, die, wo immer sie versucht wurde, nur zum Gebrauch von Gewalt an Stelle von Vernunft und, wenn nicht zu ihrer eigenen Aufgabe, so doch zur Aufgabe des ursprünglichen Zieles geführt hat.

Der Befürworter einer Ad-hoc-Technik kann seine Methode damit verteidigen, daß die systematische Bekämpfung des Leidens und der Ungerechtigkeit und des Krieges viel eher die Unterstützung einer großen Zahl von Menschen finden wird als der Kampf für die Verwirklichung eines Idealstaates. Daß es soziale Übel gibt, das heißt soziale Zustände, unter denen viele Menschen zu leiden haben, ist etwas, was sich verhältnismäßig leicht feststellen läßt: die, die leiden, können aus eigener Erfahrung urteilen, und die andern können kaum sagen, daß sie gerne mit jenen tauschen würden. Aber über einen Idealstaat vernünftig zu diskutieren ist unendlich viel schwieriger. Das soziale Leben ist so kompliziert, daß nur wenige Menschen oder überhaupt niemand fähig ist, den Wert eines Bauplans für soziale Maßnahmen im großen Maßstab richtig einzuschätzen; ob er praktisch ist; ob er zu einer wirklichen Verbesserung führen kann; welche Leiden aller Wahrscheinlichkeit nach mit ihm verbunden sein werden und welche Mittel zu seiner Verwirklichung führen. Im Gegensatz dazu sind Pläne für einen schrittweisen Umbau der Gesellschaftsordnung relativ einfach zu beurteilen. Es sind dies ja Pläne für einzelne Institutionen, zum Beispiel für die Kranken- oder Arbeitslosenversicherung, für Schiedsgerichte, für Budgetvoranschläge[5] zur Bekämpfung von Depressionen[6] oder für Erziehungs-

Karl Raimund Popper

4 ad hoc (lat.): zu diesem (Zweck). Ad-hoc-Technik meint hier die Sozialtechnik der Einzelprobleme; sie wählt die jeweiligen Schritte nach dem jeweiligen Zweck.

5 Budget: Haushaltsplan

6 Depression: (wirtschaftliche) Unlust

reform. Wenn sie fehlschlagen, dann ist der Schaden nicht allzu groß und eine Wiederherstellung oder Adjustierung[7] nicht allzu schwierig. Derartige Entwürfe sind weniger riskant und gerade aus diesem Grunde weniger umstritten. Wenn sich aber eine Einigung in bezug auf die bestehenden Übel und Mittel zu ihrer Bekämpfung leichter erreichen läßt als eine Einigung über ein ideales Gut und über die Mittel zu seiner Verwirklichung, dann können wir auch hoffen, daß uns die Anwendung der Methode des stückweisen Umbaus über die allergrößte Schwierigkeit jeder vernünftigen politischen Reform hinweghelfen wird, nämlich über die Frage, wie wir es anstellen sollen, daß bei der Durchführung des Programms die Vernunft und nicht Leidenschaft und Gewalt zu Worte kommen. Es wird möglich sein, einen vernünftigen Kompromiß zu erzielen und dadurch eine Verbesserung mit Hilfe demokratischer Methoden zu erreichen. („Kompromiß" ist ein häßliches Wort; wir sollten aber lernen, es richtig zu gebrauchen. *Institutionen* sind unvermeidlich das Ergebnis eines Kompromisses mit Umständen, Interessen usf., obgleich wir als *Personen* Einflüssen dieser Art widerstehen sollten.)

Im Gegensatz dazu verlangt ein utopischer Versuch der Verwirklichung eines idealen Staates auf Grund eines Entwurfes der Gesellschaftsordnung als ganzer eine streng zentralisierte Herrschaft einiger weniger, und er führt daher aller Wahrscheinlichkeit nach zu einer Diktatur. Ich halte das für eine entscheidende Kritik des utopischen Vorgehens; denn im Kapitel über das Prinzip des Führertums habe ich zu zeigen versucht, daß eine autoritäre Herrschaft eine höchst fragwürdige Regierungsform ist. Einige Punkte, die in jenem Kapitel nicht berührt wurden, liefern uns sogar noch bessere Argumente gegen das Vorgehen der Utopisten. Eine der Schwierigkeiten, denen ein wohlwollender Diktator ins Auge sehen muß, ist die Frage, wie es sich feststellen läßt, ob die Ergebnisse seiner Maßnahmen mit seinen guten Absichten übereinstimmen. Die Schwierigkeit kommt daher, daß die Bürger einer Diktatur das Regime nicht zu kritisieren wagen. Dementsprechend wird der wohlwollende Diktator nicht leicht Klagen über die Maßnahmen hören, die er getroffen hat. Aber ohne eine Kontrolle wie diese kann er schwerlich feststellen, ob seine Maßnahmen das gewünschte wohlwollende Ziel erreichten. Für den utopischen Sozialtechniker muß sich die Situation noch weiter verschlechtern. Die Rekonstruktion der Gesellschaftsordnung ist ein großes Unternehmen, das vielen Menschen geraume Zeit hindurch beachtenswerte Unannehmlichkeiten bereiten muß. Der utopische Sozialtechniker wird also seine Ohren gegen viele Klagen verschließen müssen; in der Tat wird seine Aufgabe zum Teil in der Unterdrückung unvernünftiger Einwände bestehen. Aber damit muß er, unvermeidlich, vernünftige Kritik unterdrücken. Eine andere Schwierigkeit der utopischen Sozialtechnik hängt mit dem *Problem des Nachfolgers des Diktators* zusammen. (...) Die Schwierigkeit, in die die utopische Sozialtechnik hier verwickelt wird, läßt sich mit den Problemen eines wohlwollenden Tyrannen vergleichen, der einen gleich wohlwollenden Nachfolger zu finden trachtet. Sie ist aber noch ernsthafter. Gerade der Umfang eines utopischen Unternehmens macht es unwahrscheinlich, daß sein Ziel während der Lebenszeit eines Sozialtechnikers oder einer Gruppe von Sozialtechnikern realisiert werden wird. Und wenn die Nachfolger nicht dasselbe Ideal anstreben, dann waren vielleicht alle Leiden vergeblich, die das Volk um des Ideals willen auf sich nahm.

Eine Verallgemeinerung dieses Arguments führt uns zu einer weiteren Kritik des Vorgehens der Utopisten. Die utopische Methode kann klarerweise nur dann von praktischem Wert sein, wenn wir annehmen, daß der ursprüngliche Entwurf, vielleicht mit gewissen Berichtigungen, bis zu seiner Vollendung die Grundlage der Arbeit bleibt. Aber die Arbeit wird einige Zeit in Anspruch nehmen. Diese Zeit wird voll sein von politischen und geistigen Revolutionen, neuen Experimenten und neuen Erfahrungen auf dem Gebiet der Politik. Es ist daher zu erwarten,

7 Adjustierung: Anpassung, Einregulierung

daß sich die Ideen und die Ideale ändern werden. Was den Autoren des ursprünglichen Entwurfs als der ideale Staat vorschwebte, wird ihren Nachfolgern vielleicht nicht mehr im gleichen Lichte erscheinen. Aber damit bricht die ganze Methode zusammen: Eine Methode, nach der wir uns zuerst ein endgültiges politisches Ziel setzen und hierauf auf seine Verwirklichung hinarbeiten, wird wertlos, sobald wir zugeben, daß sich das Ziel im Verlauf seiner Verwirklichung beträchtlich ändern kann. In jedem Augenblick kann es sich herausstellen, daß die bisher unternommenen Maßnahmen sehr weit von der Realisierung des neuen Ziels wegführen. Und wenn wir unsere Richtung dem neuen Ziel gemäß ändern, dann setzen wir uns wieder derselben Gefahr aus. Es ist möglich, daß wir trotz aller Opfer keinem der Ziele näherkommen. Diejenigen Sozialtechniker, die einen Schritt auf ein fernes Ideal zu der Verwirklichung eines in einem konkreten Fall geschlossenen Kompromisses vorziehen, sollten sich immer folgendes vor Augen halten: Wenn das Ideal sehr weit entfernt ist, dann mag es sogar schwierig sein, festzustellen, ob der unternommene Schritt zu ihm hin oder von ihm wegführte. Das trifft besonders dann zu, wenn der Weg in Zick-Zack-Schritten oder, in Hegels Jargon, „dialektisch“ verläuft, oder wenn er überhaupt nicht klar geplant ist. (Das hängt mit der alten und etwas kindischen Frage zusammen, inwieweit der Zweck die Mittel heiligt. Abgesehen davon, daß meiner Ansicht nach kein Zweck jemals alle Mittel rechtfertigen kann, glaube ich, daß ein ziemlich konkretes und realisierbares Ziel vorübergehend Maßnahmen rechtfertigen kann, die ein ferneres Ideal nie rechtfertigen könnte.)

Wir sehen nun, daß sich das Vorgehen der Utopisten nur durch den platonischen Glauben an ein absolutes und unveränderliches Ideal retten läßt, zusammen mit zwei weiteren Annahmen, nämlich (a) der Annahme, daß es rationale Methoden gibt, die uns ein für allemal festzustellen gestatten, wie dieses Ideal beschaffen ist, und (b) der Annahme, daß es rationale Methoden gibt, die uns die besten Mittel zu seiner Verwirklichung lehren. Nur derart weitreichende Annahmen könnten uns davon abhalten, die utopische Methodologie als völlig nutzlos zu verwerfen. Aber sogar Platon selbst und die glühendsten Platoniker werden zugeben, daß (a) sicher nicht zutrifft, daß es keine rationale Methode gibt, die uns lehrt, wie wir das endgültige Ziel auffinden können, sondern daß wir uns, wenn überhaupt, nur auf eine Art von Intuition verlassen können. Jede Meinungsverschiedenheit zwischen den utopischen Technikern muß daher in Ermangelung rationaler Methoden zum Gebrauch der Macht an Stelle der Vernunft, das heißt zur Gewaltanwendung führen. Wenn überhaupt irgendein Fortschritt in einer bestimmten Richtung zustande kommt, dann geschieht dies *trotz* der angenommenen Methoden und nicht *weil* sie angenommen wurden. Der Erfolg ist dann vielleicht zum Beispiel auf die hervorragenden Eigenschaften der Führer zurückzuführen; aber wir dürfen nicht vergessen, daß hervorragende Führer nicht ein Produkt rationaler Methoden sind, sondern ein Produkt glücklicher Umstände.

Es ist wichtig, daß diese Kritik in der richtigen Weise verstanden wird; ich kritisiere nicht das Ideal durch den Hinweis auf die Tatsache, daß sich ein Ideal niemals realisieren läßt, daß es immer eine Utopie bleiben muß. Dies wäre keine zutreffende Kritik, denn vieles, was man einst dogmatisch für unrealisierbar erklärte, so zum Beispiel die Errichtung von Institutionen zur Sicherung des zivilen Friedens – das heißt zur Verhinderung von Verbrechen *innerhalb* des Staates – ist realisiert worden; und ich glaube, daß zum Beispiel die Errichtung von Institutionen zur Verhinderung internationaler Verbrechen – das heißt bewaffneter Angriffe oder bewaffneter Erpressung – kein allzuschweres Problem ist, obgleich es oft als utopisch gebrandmarkt wird. Was ich als utopische Sozialtechnik kritisiere, ist der Vorschlag des völligen Neubaus der Gesellschaftsordnung als ganzer, ein Vorschlag, dessen Verwirklichung zu sehr weitgehenden Veränderungen führen muß und dessen praktische Konsequenzen sich wegen unserer beschränkten Erfahrung nur schwer abschätzen lassen. Die utopische Sozialtechnik behauptet rational für die ganze Gesellschaft zu planen, obgleich wir keinesfalls jenes Ausmaß an Tatsachenwissen besitzen, das notwendig wäre, um einen so ambitiösen Anspruch auch nur einigermaßen zu rechtfertigen. Wir können ein solches Wissen nicht besitzen, weil wir in dieser Art des Planens nur ungenügende praktische Erfahrung haben und weil sich die Kenntnis von Tatsachen auf die Erfahrung stützen muß. Das zur Anwendung einer Sozialtechnik im großen Maßstab nötige soziologische Wissen existiert einfach nicht.*

11.5 Lexikalisches Stichwort: Staat

Staat (vom Lateinischen: status = Zustand, Lage, Verfassung; vgl. im Französischen: état; auch: états = Stände; im Niederländischen: Staaten = Stände, als erste Verkörperung des eigenen unabhängigen Staats schlechthin) Zusammenfassende moderne Bezeichnung für den Komplex von Institutionen, die das öffentliche Leben regeln und die oberste Macht (Souveränität) innehaben bzw. delegieren, mit Staatsvolk, Staatsgebiet, Staatsgewalt (Georg Jellinek): Historisch zuerst faßbar im alten Vorderen Orient zur Organisierung komplexer Gesellschaftsstrukturen auf Basis der ausgereiften agrarischen Produktion (Hochkultur/Zivilisation) mit städtischen Zentren, zunächst bei Sumerern und im alten Ägypten (ca. 3100 v. Chr.); im Laufe der Geschichte unterschiedlich geprägt, je nach Entwicklungsstand einer Gesellschaft – Stammes-, Stadtstaat, Nationalstaat, Großreich, dazu unterschiedliche Staatsformen, theoretisch und systematisch zuerst behandelt von Aristoteles (384–322): Monarchie, Diktatur, Republik, Demokratie; zentralisiert als Einheitsstaat oder (in der einen oder anderen Form) dezentralisiert als Bundesstaat, Staatenbund (Konföderation), mit oder ohne Trennung von geistlicher (Priester) und weltlicher Macht, repräsentiert durch Krone, Parlament u. ä.; Vorherrschaft von Priestern (Theokratie) oder Priesterkönigen am Anfang historisch faßbarer Strukturen, später eher die Ausnahme. Der zentralisierte Staat mit Bürokratie entstand im allgemeinen erst auf der Basis der Schriftlichkeit; innere Konflikte Zentrale–Peripherie, zugespitzt bis zum Bürgerkrieg; Konflikte untereinander ausgetragen in Kriegen; Beziehungen nach innen geregelt durch (ungeschriebene, erst viel später geschriebene) Verfassungen, nach außen durch Verträge, Abmachungen u. ä.; dazu übertragen das für das moderne naturrechtliche Staatsdenken so wichtige abstrakte Modell des Gesellschaftsvertrags zur Begründung von Staat und Herrschaft. Je nach unterschiedlicher Betonung von Zweck und Umfang staatlicher Tätigkeit verschiedene Konzeptionen – völlig negiert von der Lehre der Anarchie, auf ein unerläßliches Minimum reduziert im liberalen Freihandelsstaat („Nachtwächterstaat"), seit der Industrialisierung und ihren unmittelbaren Vorstufen erweitert um merkantilistischen „Polizeystaat" („Polizey" hier älteres Wort für Politik schlechthin, für Wirtschaftslenkung und Hebung des Wohlstandes durch Regulierung des Staates), über den sozialen Rechtsstaat und den Wohlfahrtsstaat eher sozialdemokratischer Prägung bis zum die Gesamtheit des Lebens regulierenden kommunistischen Staat, der in seinem Endzustand sich gleichwohl selbst auflösen, also zum Zustand der Staatenlosigkeit vor den Hochkulturen, zurückführen soll. Wichtig für die Entwicklung des modernen Staats ist auch die Unterscheidung zwischen Rechts- und Verfassungsstaat.**

* Karl R. Popper, Die offene Gesellschaft und ihre Feinde. Bd. 1. Francke, Bern [2]1970, S. 214–220. Engl. Original 1945. Die Anmerkungen Poppers sind weggelassen.

** I. Geiss: Geschichte griffbereit. Bd. 4: Begriffe. Rowohlt, Reinbek b. Hamburg 1983

Arbeitsanregungen

1. Welche Zusammenhänge zwischen Recht und Religion werden aus Homers Erzählung (Beginn des Kapitels 11) deutlich?
2. Kallikles (11.1) beruft sich bei seiner Kritik an den Minderwertigen und ihren Gesetzen auf die Natur. Stimmt es, daß „die Natur selber offenbart", was gut und gerecht ist?
3. Gemäß Platons Entwurf ist der Staat gerecht, wenn jeder seine standesgemäße Aufgabe erfüllt (11.2.1); warum erscheint uns diese Auffassung heute so befremdlich? Vergleichen Sie dazu auch die Erläuterungen in 11.3.1.
4. Wie könnten Sie Platons Ruf nach den Philosophenkönigen gegen das von ihm erwartete skeptische Gelächter (11.2.2) verteidigen?
5. Formulieren Sie den Text 11.2.2 so um, daß er in einem heutigen Parteiprogramm stehen könnte.
6. Wägen Sie Vor- und Nachteile der Philosophenherrschaft gegenüber unserer Demokratie ab.
7. Welche Vorteile hat es für Platons Idealstaat, wenn die beiden oberen Stände ohne Privateigentum leben?
8. Die Regenten in Platons Staat sind nicht an Gesetze gebunden. Welche Vorteile und welche Gefahren sehen Sie darin?
9. Platon sagt nichts darüber, wer die zukünftigen Herrscher auswählen soll; welche konkreten Probleme ergäben sich in einem solchen Staat?
10. Was fehlt den Gefangenen in der Höhle? Warum sind sie dennoch zufrieden?
11. Platons Mythos gibt keine Auskunft darüber, wer den Gefangenen in der Höhle befreit. Können Sie diese Leerstelle füllen?
12. Verfolgen Sie die Etappen des Weges aus der Höhle. Ziehen Sie zur Interpretation dieser Etappen 11.3.2 hinzu.
13. Welches Drama spielt sich in der Höhle ab, wenn der Philosoph zu den dort Gefangenen zurückkehrt? Stellen Sie dabei die Analogie her zum innerseelischen Konflikt zwischen (ratgebender) Vernunft und dem Begehren. (11.3.1)
14. Gliedern Sie den Text Poppers. (11.4)
15. Stellen Sie die Ziele und Vorgehensweise der „utopischen Sozialtechnik" denen der „Sozialtechnik der Einzelprobleme" gegenüber.
16. Welche Gründe führt Popper gegen die utopische Sozialtechnik an? Überzeugt Sie Poppers Kritik?

12 Der Mensch als politisches und soziales Wesen

12.1 Der Mensch ist ein politisches Wesen – Aristoteles

Aristoteles ist sich mit seinem Lehrer Platon einig: Der Staat soll Gerechtigkeit verwirklichen, das ist seine Aufgabe. Aber wie sieht der gerechte Staat aus? Platon entwirft als Antwort auf diese Frage einen Idealstaat als Richtmaß und Beispiel (paradigma). Aristoteles geht eher umgekehrt vor: Er untersucht die bestehenden Staaten und ihre Verfassungen, um daran zu erkennen, welche Staatsform ihren Zweck am besten erfüllt. Seine Hinwendung zur Vielfalt der Menschen und des Zusammenlebens bedeutet zugleich die Abkehr von Platons Einheitsstaat:

„Es ist aber doch klar, daß ein Staat, der immer mehr eins wird, schließlich gar kein Staat mehr ist. Seiner Natur nach ist er eine Vielheit. Wird er immer mehr eins, so wird er aus dem Staat ein Haus[1] und aus dem Hause ein einzelner Mensch. Denn wir dürfen wohl sagen, daß ein Haus mehr eins ist als ein Staat, und ein einzelner Mensch noch mehr als ein Haus. Auch wenn man also diese Einheit herstellen könnte, dürfte man es nicht. Denn man würde den Staat überhaupt aufheben.
*Der Staat besteht außerdem nicht nur aus vielen Menschen, sondern auch aus solchen, die der Art nach verschieden sind. Aus ganz Gleichen entsteht kein Staat.“**

1 Das Haus (griech.: oikos) ist die Gemeinschaft der Großfamilie, in der alle (Frau, Kinder, Gesinde) unter der Herrschaft des Hausherrn stehen.

Als Staatsform favorisiert Aristoteles die „Politie“, eine Mittelform zwischen Aristokratie und Demokratie:

*„Denn die Menge, von der der einzelne kein tüchtiger Mann ist, scheint doch in ihrer Gesamtheit besser sein zu können als jene Besten; nicht jeder Einzelne für sich, sondern die Gesamtheit, so wie Speisungen, zu denen viele beigetragen haben, besser sein können als jene, die ein Einzelner veranstaltet. Denn es sind viele, und jeder hat einen Teil an Tugend und Einsicht.“***

*Gegen Platons Vorschlag einer Güter- und Kindergemeinschaft wendet er nüchtern ein: „Was den meisten gemeinsam ist, erfährt am wenigsten Fürsorge.“****
Auch wenn der Staat keine Einheit werden, sondern eine Vielheit bleiben soll, versteht Aristoteles – ganz anders als wir heute – den Staat als Organismus, in dem der einzelne sich verwirklicht. Die Begründung gibt er im folgenden Text.

(...) Endlich ist die aus mehreren Dörfern bestehende vollkommene Gemeinschaft der Staat. Er hat gewissermaßen die Grenze der vollendeten Autarkie[1] erreicht, zunächst um des bloßen Lebens willen entstanden, dann aber um des vollkommenen Lebens willen bestehend. Darum existiert auch jeder Staat von Natur, da es ja schon die ersten Gemeinschaften tun. Er ist das Ziel von jenen, und das Ziel ist eben der Naturzustand. Denn den Zustand, welchen jedes Einzelne erreicht, wenn seine Entwicklung zum Abschluß gelangt ist, nennen wir die Natur jedes Einzelnen, wie etwa des Menschen, des Pferdes, des Hauses.

1 Autarkie (griech.): Selbständigkeit, Selbstgenügsamkeit (als Bedingung für Glückseligkeit, Eudämonie

* Aristoteles, Politik. 2. Buch, 1261 a. Übers. u. hrsg. v. Olof Gigon, Deutscher Taschenbuch Verlag, München 1976, S. 70
** Aristoteles, Politik. 3. Buch, 1281 a–1281 b. A. a. O. S. 119
*** Aristoteles, Politik. 2. Buch, 1261 b. A. a. O. S. 71

Außerdem ist der Zweck und das Ziel das Beste. Die Autarkie ist aber das Ziel und das Beste. Daraus ergibt sich, daß der Staat zu den naturgemäßen Gebilden gehört und daß der Mensch von Natur ein staatenbildendes Lebewesen ist[2]; derjenige, der aufgrund seiner Natur und nicht bloß aus Zufall außerhalb des Staates lebt, ist entweder schlecht oder höher als der Mensch; so etwa der von Homer beschimpfte: „ohne Geschlecht, ohne Gesetz und ohne Herd". Denn dieser ist von Natur ein solcher und gleichzeitig gierig nach Krieg, da er unverbunden dasteht, wie man im Brettspiel sagt.

Daß ferner der Mensch in höherem Grade ein staatenbildendes Lebewesen ist als jede Biene oder irgendein Herdentier, ist klar. Denn die Natur macht, wie wir behaupten, nichts vergebens. Der Mensch ist aber das einzige Lebewesen, das Sprache besitzt[3]. Die Stimme zeigt Schmerz und Lust an und ist darum auch den anderen Lebewesen eigen (denn bis zu diesem Punkte ist ihre Natur gelangt, daß sie Schmerz und Lust wahrnehmen und dies einander anzeigen können); die Sprache dagegen dient dazu, das Nützliche und Schädliche mitzuteilen und so auch das Gerechte und Ungerechte. Dies ist nämlich im Gegensatz zu den andern Lebewesen dem Menschen eigentümlich, daß er allein die Wahrnehmung des Guten und Schlechten, des Gerechten und Ungerechten und so weiter besitzt. Die Gemeinschaft in diesen Dingen schafft das Haus und den Staat.

Der Staat ist denn auch von Natur ursprünglicher als das Haus oder jeder Einzelne von uns. Denn das Ganze muß ursprünglicher sein als der Teil. Wenn man nämlich das Ganze wegnimmt, so gibt es auch keinen Fuß oder keine Hand, außer dem Namen nach, wie etwa eine Hand aus Stein; nur in diesem Sinn wird eine tote Hand noch eine Hand sein. In Wahrheit ist alles bestimmt durch seine besondere Leistung und Fähigkeit, und wenn es diese nicht mehr besitzt, kann es auch nicht mehr als dasselbe Ding bezeichnet werden außer dem bloßen Namen nach.

Daß also der Staat von Natur ist und ursprünglicher als der Einzelne, ist klar. Sofern nämlich der Einzelne nicht autark für sich zu leben vermag, so wird er sich verhalten wie auch sonst ein Teil zu einem Ganzen. Wer aber nicht in Gemeinschaft leben kann oder in seiner Autarkie ihrer nicht bedarf, der ist kein Teil des Staates, sondern ein wildes Tier oder Gott.

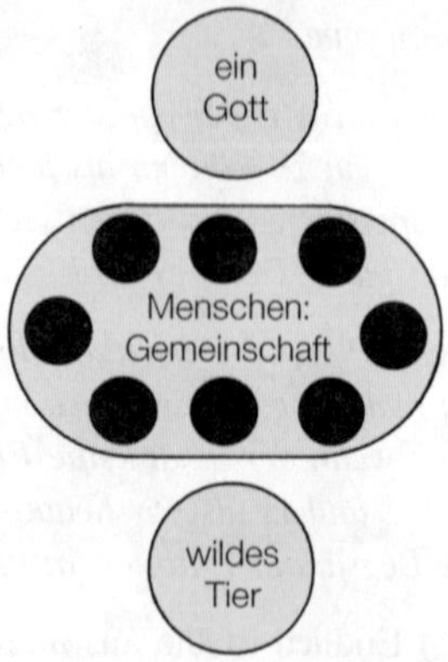

Alle Menschen haben also von Natur den Drang zu einer solchen Gemeinschaft, und wer sie als erster aufgebaut hat, ist ein Schöpfer größter Güter. Wie nämlich der Mensch, wenn er vollendet ist, das beste der Lebewesen ist, so ist er abgetrennt von Gesetz und Recht das schlechteste von allen. Das schlimmste ist die bewaffnete Ungerechtigkeit. Der Mensch besitzt von Natur als Waffen die Klugheit und Tüchtigkeit, und gerade sie kann man am allermeisten in verkehrtem Sinne gebrauchen. Darum ist der Mensch ohne Tugend das gottloseste und wildeste aller Wesen und in Liebeslust und Eßgier das schlimmste. Die Gerechtigkeit dagegen ist der staatlichen Gemeinschaft eigen. Denn das Recht ist die Ordnung der staatlichen Gemeinschaft, und die Gerechtigkeit urteilt darüber, was gerecht sei.*

2 Hier findet sich Aristoteles' erste Definition des Menschen: als zoon politikon
3 Dies ist Aristoteles' zweite Definition des Menschen: als zoon logon echon

* Aristoteles, Politik. 1. Buch, 1252 b–1253 a. A. a. O. S. 49 f.

12.2 Der Mensch wird zum gesellschaftlichen Wesen – Hannah Arendt

Historisch ist es sehr wahrscheinlich, daß das Entstehen des Stadt-Staates und des öffentlichen Bereichs auf Kosten der Macht und der Bedeutung des Privaten, der Familie und des Haushalts, stattgefunden hat. Dennoch blieb die uralte Heiligkeit des häuslichen Herdes selbst in Griechenland, das in der Auflösung der Familienbande zugunsten des politischen Verbands viel weiter ging als die römische Republik, immer erhalten. Und es war nicht so sehr der Respekt vor Privatbesitz in unserem Sinne, der die Polis daran hinderte, den privaten Bereich ihrer Bürger zu ruinieren, als das Gefühl dafür, daß ohne ein gesichertes Eigentum niemand sich in die Angelegenheiten der gemeinsamen Welt mischen konnte, weil er ohne eine Stätte, die er wirklich sein eigen nennen konnte, in ihr gleichsam nirgends lokalisiert war.

(...) Die Sphäre des Haushalts war dadurch ausgezeichnet, daß das Zusammenleben in ihr vornehmlich von den menschlichen Bedürfnissen und Lebensnotwendigkeiten diktiert war. Die Kraft, welche die Menschen hier zusammentrieb, war das Leben selbst, das Leben des Einzelnen wie das der Gattung, und die Penaten, die römischen Haushaltgötter, waren demnach für Plutarch[1] „die Götter, die unser Leben erhalten und unsern Körper ernähren". Daß die Sorge für die Erhaltung des Einzelnen dem Manne und die für die Erhaltung der Gattung der Frau oblag, schien von der Natur selbst vorgezeichnet, und die beiden natürlichsten Funktionen des Menschen, das Arbeiten des Mannes, das der Nahrung dient, und das Gebären der Frau, das der Fortpflanzung dient, waren gleicherweise dem Drang und Trieb des Lebens untertan. Das natürliche Zusammenleben im Haushalt hatte daher seinen Ursprung in der Notwendigkeit, und Notwendigkeit durchherrschte alle Tätigkeiten, die in diesen Bereich fielen.

Im Gegensatz hierzu war der Raum der Polis das Reich der Freiheit, und sofern es überhaupt einen Bezug zwischen diesen beiden Bereichen gab, so galt für ihn natürlicherweise, daß die Beherrschung der Lebensnotwendigkeiten innerhalb eines Haushaltes die Bedingungen für die Freiheit in der Polis bereitstellte. Auf keinen Fall konnte man daher unter Politik etwas verstehen, was für das Wohlergehen der Gesellschaft notwendig war (...).

(...) Das Verschwinden der Kluft, welche die Menschen des klassischen Altertums gleichsam täglich überqueren mußten, um den engen Bezirk des Haushalts zu übersteigen und aufzusteigen in den Bereich des Politischen, ist ein wesentlich neuzeitliches Phänomen. Denn der Abstand zwischen dem Privaten und dem Öffentlichen war im Mittelalter noch irgendwie vorhanden, wenn er auch viel von seiner Bedeutung eingebüßt und vor allem seine Position völlig verändert hatte. Man hat mit Recht gesagt, daß nach dem Untergang des römischen Reiches die katholische Kirche es war, die einen Ersatz für die Zugehörigkeit zu einem öffentlichen Körper bot, die in den letzten Jahrhunderten der ausgehenden Antike vor allem in der Munizipalverwaltung[2] realisiert werden konnte. Die spezifisch mittelalterliche Spannung

1 Plutarch: (ca. 46–120 n. Chr.) griech. Philosoph, Schriftsteller und Priester
2 Munizipalverwaltung: Stadtverwaltung

zwischen dem Dunkel des Alltäglichen und der großartigen Pracht heiliger Stätten schuf einen Abstand zwischen dem Weltlichen und dem durch Religion Geheiligten, der in vielem der Kluft zwischen dem Privaten und dem Öffentlichen in der Antike entspricht; auch hier besagte das Hinüberwechseln aus dem einen in den anderen Bereich einen Aufstieg und ein Übersteigen. Dabei ist der Unterschied zwischen Antike und Mittelalter natürlich nicht zu übersehen; denn wie weltlich auch immer die Kirche schließlich werden mochte, so blieb sie doch an ein Jenseits gebunden, da die Sorge um das Seelenheil allein die Gemeinschaft der Gläubigen zusammenhalten konnte. (...)

Der Raum des Gesellschaftlichen entstand, als das Innere des Haushalts mit den ihm zugehörigen Tätigkeiten, Sorgen und Organisationsformen aus dem Dunkel des Hauses in das volle Licht des öffentlich politischen Bereichs trat. Damit war nicht nur die alte Scheidelinie zwischen privaten und öffentlichen Angelegenheiten verwischt, sondern der Sinn dieser Begriffe wie die Bedeutung, die eine jede der beiden Sphären für das Leben des Einzelnen als Privatmensch und als Bürger eines Gemeinwesens hatte, veränderten sich bis zur Unkenntlichkeit. Weder könnten wir im Sinne der Griechen sagen, daß ein nur innerhalb unseres eigensten (ἴδιον) Bereichs verbrachtes Leben „idiotisch" sei, weil es an der gemeinsamen Welt keinen Anteil hat, noch verstehen wir unter dem Privaten jene zwar notwendige, aber doch immer nur zeitweilige Zuflucht vor den Angelegenheiten einer res publica[3], welche die Römer ferne der Stadt, deren Bürger sie waren, auf ihrem Privatbesitz suchten und fanden. Für uns umschreibt das Private eine Sphäre der Intimität, wie sie uns aus dem griechischen Altertum schlechterdings unbekannt ist, wie wir sie in Ansätzen bis in die spätrömische Zeit zurückverfolgen können, die aber jedenfalls in ihrer Vielfalt und Mannigfaltigkeit keiner Epoche vor der Neuzeit bekannt war.

Dies ist sehr viel mehr als eine bloße Akzentverlagerung. Für die Antike war entscheidend, daß alles Private ein nur Privates ist, daß man in ihm, wie schon das Wort anzeigt, in einem Zustand der Beraubung lebte, und zwar beraubt der höchsten Möglichkeiten und der menschlichsten Fähigkeiten. Wer nichts kannte als die private Seite des Lebens, wer wie der Sklave keinen Zutritt zum Öffentlichen hatte oder wie die Barbaren ein allen gemeinsames Öffentliches gar nicht erst etabliert hatte, war nicht eigentlich ein Mensch. Wenn wir dem Wort „privat" nicht mehr anhören, daß es ursprünglich einen Zustand der Beraubung kennzeichnet, so auch darum, weil der neuzeitliche Individualismus eine so enorme Bereicherung der Privatsphäre mit sich gebracht hat. Wesentlicher für unser Verständnis des Privaten aber ist, daß es sich nicht nur wie im Altertum von dem Öffentlichen, sondern vor allem auch von dem Gesellschaftlichen abhebt, das die Antike nicht kannte und dessen Inhalt für sie in die Sphäre des Privaten fiel. (...)

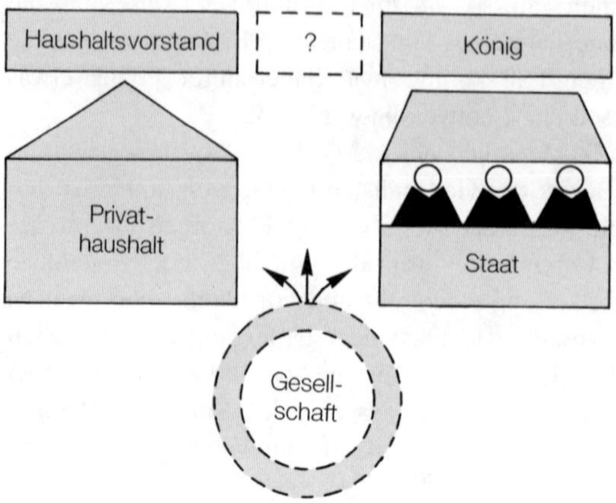

Zwar hat das monarchische Prinzip der Ein-Herrschaft, das die Antike für die typische Organisationsform des Haushalts hielt, sich innerhalb der modernen Gesellschaft – die nicht mehr, wie in den Anfangsstadien ihrer Entwicklung, von dem

3 res publica (lat.): Staat, Gemeinwesen, Staatsverwaltung (davon: Republik; eigentlich: öffentliche Angelegenheit)

höfischen Haushalt des absoluten Königtums repräsentiert wird – insofern gewandelt, als in der Gesellschaft gerade niemand herrscht oder regiert. Aber dieser Niemand, nämlich die hypothetische Einheitlichkeit des ökonomischen Gesellschaftsinteresses wie die hypothetische Einstimmigkeit der gängigen Meinungen in den Salons der guten Gesellschaft, regiert deshalb nicht weniger despotisch, weil er an keine Person gebunden ist. Wir kennen das Phänomen der Herrschaft dieses Niemand nur zu gut von der „sozialsten" aller Staatsformen, nämlich der Bürokratie, die nicht zufällig im letzten Stadium der nationalstaatlichen Entwicklung zur Herrschaft kommt, nämlich einer Entwicklung, deren Anfang durch die absolute Monarchie des aufgeklärten Despotismus gekennzeichnet war. Die Herrschaft des Niemands ist so wenig Nicht-Herrschaft, daß sie sich unter gewissen Umständen sogar als eine der grausamsten und tyrannischsten Herrschaftsformen entpuppen kann.

Entscheidend für diese Phänomene ist schließlich nur, daß die Gesellschaft in allen ihren Entwicklungsstadien das Handeln[4] genau so ausschließt wie früher der Bezirk des Haushalts und der Familie. An seine Stelle ist das Sich-Verhalten getreten, das in jeweils verschiedenen Formen die Gesellschaft von allen ihren Gliedern erwartet und für welches sie zahllose Regeln vorschreibt, die alle darauf hinauslaufen, die Einzelnen gesellschaftlich zu normieren, sie gesellschaftsfähig zu machen, und spontanes Handeln wie hervorragende Leistungen zu verhindern. (...)

In der Massengesellschaft hat das Gesellschaftliche nach einer jahrhundertelangen Entwicklung schließlich den Punkt erreicht, wo es jeweils alle Glieder einer Gemeinschaft gleichermaßen erfaßt und mit gleicher Macht kontrolliert. Die Massengesellschaft zeigt den Sieg der Gesellschaft überhaupt an; sie ist das Stadium, in dem es außerhalb der Gesellschaft stehende Gruppen schlechterdings nicht mehr gibt. Das Gleichmachen ist aber der Gesellschaft unter allen Umständen eigentümlich, und der Sieg der Gleichheit in der modernen Welt ist nur die politische und juristische Anerkennung der Tatsache, daß die Gesellschaft den Bereich des Öffentlichen erobert hat, wobei automatisch Auszeichnung und Besonderheit zu Privatangelegenheiten von Einzelindividuen werden.

Auf dem gleichen Konformismus, den die Gesellschaft verlangt und durch den sie handelnde Menschen in sich verhaltende Gruppen organisiert, beruht auch die Wissenschaft, die dem Entstehen der Gesellschaft auf dem Fuße folgte, nämlich die Nationalökonomie, deren wichtigstes wissenschaftliches Rüstzeug die Statistik ist, welche die Berechenbarkeit menschlicher Angelegenheiten bereits als selbstverständlich voraussetzt. Natürlich hat es ökonomische Theorien auch vor dem Beginn der Neuzeit gegeben, aber sie gehörten in die Gebiete der Ethik und Politik, wo sie keine große Rolle spielten, und sie unterstellten, daß Menschen in der Wirtschaft eben auch immer noch handelnde Wesen sind. Einen Anspruch auf Wissenschaftlichkeit konnten solche Wirtschaftstheorien überhaupt erst erheben, als die Gesellschaft ein einheitliches Sich-Verhalten durchgesetzt hatte, dessen Formen man nun erforschen und einheitlich systematisieren konnte, weil alle Unstimmigkeiten als Abweichungen von einer in der Gesellschaft geltenden Norm und daher als asozial oder anomal verbucht werden konnten.*

4 Arendt meint hier Handeln im eigentlichen Sinne: frei und verantwortlich hervorgebracht

* Hannah Arendt, Vita activa oder Vom tätigen Leben. Piper, München 1967, Auszüge aus S. 32–42. Arendts Anmerkungen sind weggelassen.

12.3 Die Verpflichtung des Herrschers auf das Gemeinwohl – Thomas von Aquin

Hannah Arendt schlägt in 12.2 die Brücke von der Antike über das Mittelalter zur Neuzeit und Gegenwart. Das von ihr beschriebene Heraufkommen der Gesellschaft als eigener Bereich, der sich zwischen private und politische Sphäre schiebt, läßt sich an Thomas von Aquins *lateinischer Wesensdefinition des Menschen festmachen: Aus dem politischen Wesen (zoon politikon) wird das soziale Wesen (animal sociale) – eine Verschiebung, die Thomas nicht weiter problematisiert. (Vgl. Anm. 1 zur folgenden Quelle.)*
Was ist nun der Sinn der Gesellschaft? Nach aristotelischem Vorbild erklärt ihn Thomas aus dem Ziel (griech.: telos; lat.: finis), durch das sich eine wohlgeordnete, gerechte Gesellschaft auszeichnet: das Gemeinwohl *(lat.: bonum commune). Das Gemeinwohl zu fördern muß also auch die Aufgabe des Herrschers sein, der gemäß mittelalterlichem Denken seine Königswürde von Gottes Gnaden verliehen bekommen hat.*

Der Mensch nun hat ein Ziel, dem sein ganzes Leben und sein Handeln zustrebt, denn er handelt nach seiner Vernunft, und diese kann offensichtlich nur im Hinblick auf ein Ziel tätig sein. Die Art und Weise, in der die Menschen ihr gefaßtes Ziel zu erreichen suchen, ist verschieden; schon die Verschiedenheit menschlicher Bestrebungen und menschlichen Handelns bringt das zum Ausdruck. Es braucht der Mensch also etwas, das ihm den geraden Weg zum Ziel bestimmt. Von Natur aus ist ihm so das Licht der Vernunft eingepflanzt, daß er dadurch in seinem Handeln zum Ziel geführt werde.
Wäre es die Bestimmung des Menschen, wie viele Tiere vereinzelt zu leben, würde er keiner anderen Leitung bedürfen, um sein Ziel zu erreichen; ein jeder wäre sein eigener König, und nur Gott würde als höchster Herrscher über ihn gebieten, insoweit er sich selbst durch das ihm geschenkte Licht der Vernunft in seinen Handlungen leiten lassen würde. Es ist aber die natürliche Bestimmung des Menschen, das für gemeinschaftliches und staatliches Leben erschaffene Geschöpf zu sein[1], das gesellig lebt, weit mehr als alle anderen Lebewesen. Schon die Notwendigkeit der menschlichen Natur gibt dafür die Erklärung. Anderen Geschöpfen hat die Natur die Nahrung bereitgestellt, die Bedeckung der Haare, Mittel zur Verteidigung, wie die Zähne, Hörner, Krallen, oder doch die Möglichkeit geschenkt, sich dem Gegner durch schnelle Flucht zu entziehen. Der Mensch aber ist mit keinem dieser Geschenke der Natur gerüstet, statt ihrer aller ist ihm die Vernunft gegeben, damit er, von ihr geleitet, imstande sei, sie sich selbst durch die Arbeit seiner Hände zu verschaffen. Aber um diese Aufgabe zu erfüllen, reicht die Kraft des einzelnen

1 Im Original heißt dieser Satz: „naturale autem est homini ut sit animal sociale et politicum".

nicht hin. Auf sich allein gestellt, wäre kein Mensch imstande, das Leben so zu führen, daß er seinen Zweck erreicht. So ist es also der Natur entsprechend, mit vielen gesellig zu leben. (...)

Wenn es also der natürlichen Bestimmung des Menschen entspricht, in Gesellschaft mit vielen zu leben, so muß unter den Menschen etwas sein, wodurch die vielen gelenkt werden. Wären nämlich viele Menschen beisammen und jeder nur auf das bedacht, was ihm selbst angemessen erscheint, so würde die Gesellschaft nach entgegengesetzten Richtungen auseinandergeraten, falls nicht eben jemand da wäre, der für das Sorge trägt, was das Wohl der Gesellschaft betrifft. So würde sich ja auch der Leib des Menschen und jedweden Geschöpfes auflösen, wenn es nicht eine gemeinsame leitende Kraft im Körper gäbe, die auf das gemeinsame Wohl aller Glieder bedacht ist. Das meint Salomo wohl, wenn er (Spr. 11, 14) sagt: „Wo kein Regent ist, zerstreut sich das Volk."

Daß das so geschieht, entspricht ganz unserer Einsicht. Denn das Eigene und das Gemeinsame ist nicht dasselbe. Durch das Eigene entstehen die Unterschiede, durch das Gemeinsame wird alles zur Einheit verbunden. Verschiedene Vorgänge haben aber auch verschiedene Ursachen. Es muß also außer dem, was jeden antreibt, sein Wohl im Auge zu haben, noch etwas anderes geben, das ihn bewegt, das Gemeinwohl der Gesellschaft zu beachten. (...)

Man kann nun bei allen Bemühungen, ein Ziel zu erreichen, einen richtigen und einen unrichtigen Weg einschlagen. Deshalb wird man auch bei der Lenkung einer Gesellschaft richtiges und unrichtiges Vorgehen finden. Richtig wird etwas, was immer es auch sei, geleitet, wenn es zu dem Ziel geführt wird, das ihm angemessen ist, unrichtig aber, wenn es zu einem Ziel gebracht wird, das ihm nicht entspricht. Einer Gesellschaft von Freien ist ein anderes Ziel angemesen als einer Gesellschaft von Sklaven. Frei ist nämlich, wer um seiner selbst willen lebt, ein Sklave dagegen, wer mit dem, was er ist, einem anderen gehört.

Wenn also eine Gesellschaft von Freien von ihrem Führer auf das Gemeinwohl der Gesellschaft hingelenkt wird, so wird diese Regierung recht und gerecht sein, wie es Freien angemessen ist. Wenn aber die Führung sich nicht das Gemeinwohl der Gesellschaft, sondern den persönlichen Vorteil des Führers zum Ziel setzt, so wird die Herrschaft ungerecht und wider die Natur sein. (...)

(...) wer nur sein Haus regiert, wird nicht König, sondern Oberhaupt der Familie genannt, freilich hat er eine gewisse Ähnlichkeit mit dem König, und darum nennt man manchmal die Könige Väter des Volkes.

Aus all dem Gesagten ergibt sich somit, daß der ein König ist, der über die Gesellschaft einer Stadt oder ein Land, und zwar, um ihrem Gemeinwohl zu dienen, die Führung hat. (...)

Dessen muß sich also ein König bewußt werden: daß er das Amt auf sich genommen hat, seinem Königreiche das zu sein, was die Seele für den Leib und Gott für die Welt bedeutet. Wenn er dies mit Fleiß bedenkt, wird in ihm wohl der Eifer der Gerechtigkeit entbrennen, da er erwägt, daß er nur deshalb auf seinen Platz gestellt ist, um an Gottes Statt in seinem Reiche Urteil zu sprechen. Aber auch die sanfte Gesinnung der Milde und Güte wird er daraus schöpfen können, wenn er einmal die einzelnen, die unter seiner Herrschaft stehen, wie Glieder seines eigenen Körpers betrachtet.*

Indem die Gesellschaft unter der gleichsam väterlichen Herrschaft des Königs das Gemeinwohl erstrebt, verwirklicht sie die Tugend, durch die sich die Gesellschaft auszeichnen soll. Das aber genügt für eine christliche Perspektive noch nicht: „Nun ist es aber nicht das letzte Endziel einer

* Thomas von Aquin, Über die Herrschaft der Fürsten. 1. Buch. Reclam, Stuttgart 1971, S. 5–10, 48 f. Original: De regimine principum, 1267. © Gustav Fischer, Stuttgart

*in Gemeinschaft verbundenen Gesellschaft, bloß nach der Tugend zu leben, sondern vielmehr durch dieses tugendvolle Leben in den Genuß der göttlichen Verheißungen zu gelangen.“**
Da das nicht allein aus menschlicher Kraft erreichbar ist, sondern göttlicher Hilfe bedarf, gilt Jesus als der höchste König, und der Papst als der „irdische Stellvertreter Christi“ ist, wenn es um Fragen des letzten (himmlischen) Zieles geht, die höchste irdische Autorität.

12.4 Lexikalisches Stichwort: Gemeinwohl

Gemeinwohl, in der Tradition der politischen Philosophie und Soziallehre zwar meist im Gegensatz zum Privatinteresse, im übrigen aber sehr verschieden gebrauchter Terminus. Das Prinzip G. geht davon aus, daß die einzelnen Bürger sich zweckhaft nicht selbst genügen, d. h. sich nicht unter völlig eigenständigen Zwecksetzungen entwickeln können, sondern daß es dazu einer sozialen (vom Staat nach allgemein geistig-sittlichen Werten organisatorisch zu gewährleistenden) Rechts- und Lebensordnung bedarf, die das G. und das Privatwohl der einzelnen kompromißhaft zu versöhnen hat. In Abgrenzung zu materialistisch einseitigen Wohlstands- und Wachstumsforderungen bezieht sich G. auch auf künstlerische, moralische und geistige Wertrealisierungen.
Systematisch lassen sich folgende Bedeutungen von G. unterscheiden:
1. G. als der Zweck einer Gruppe (Gemeinschaft, Gesellschaft), zu dessen Erreichung diese Gruppe besteht. Diese Bedeutung von G. ist im Anschluß an Aristoteles v. a. von der Scholastik (hier insbesondere im Thomismus)[1] und von der katholischen Soziallehre übernommen worden. Hier erhebt sich die Frage nach der Methode der Bestimmung eines solchen Zweckes für eine Gruppe und insbesondere für die Gesellschaft. –
2. G. als das Kriterium, nach dem man eine politische Entscheidung – im Gegensatz zu einer lediglich aus einem Privatinteresse gefällten Entscheidung – als „gut“ oder (der Gesellschaft) „nützlich“ beurteilen kann.
Um dieses Kriterium zu präzisieren, ist versucht worden, a) das G. mit dem allgemeinen Wohl, d. h. dem Wohl eines jeden gleichzusetzen, was nur dadurch gelingt, daß dogmatisch auch das Eintreten solcher Zustände, die von manchem unerwünscht sind, als seinem Wohle dienlich erklärt wird; b) das G. als den durch einen „vernünftigen“ Willen für alle gewollten Zustand aufzufassen, z. B. durch die Volonté générale[2] bei J.-J. Rousseau, wobei sich die Frage nach der Vernünftigkeit stellt; außerdem wurde versucht, c) das G. aufgrund schon vorausgesetzter Wertvorstellungen zu bestimmen, wie dies weitgehend in der katholischen Soziallehre geschieht; und schließlich d) das G. dann als erreicht zu sehen, wenn irgendein Ausgleich zwischen den sich widerstreitenden Interessen, der das Bestehen der jeweiligen Gruppe (Gesellschaft, Gemeinschaft) nicht gefährdet, erzielt ist.**

1 Scholastik: die im Mittelalter gelehrte christliche Philosophie, deren bedeutendster Vertreter Thomas von Aquin war. Die Scholastik stützt sich auf die Schriften des Aristoteles und der Kirchenväter (vor allem Augustinus) sowie auf die Bibel. Ein Schreiben des Papstes Leo XIII. von 1879 führte zu einer Neubelebung („Neuscholastik“, „Thomismus“).

2 Volonté générale: der allgemeine Wille, der – im Unterschied zur Summe der egoistischen Einzelwillen (volonté de tous) – nach einer freien und vernünftigen Willensbildung das wahre Allgemeininteresse ausdrückt (vgl. Kap. 14)

* Ebd. S. 54
** Meyers Enzyklopädisches Lexikon in 25 Bänden, Mannheim, Wien, Zürich ^{9}1974

Arbeitsanregungen

1. In welchem Sinn ist für Aristoteles der Staat die höchste der drei Gemeinschaften Haus – Dorf – Staat (Polis)? (Vgl. 12.1, ergänzend 12.2)
2. Manche sehen den Staat als Zweckverband an. Wie steht Aristoteles (12.1) zu dieser These?
3. Der Mensch ist gemäß Aristoteles „von Natur" ein politisches (staatenbildendes) Lebewesen. Was heißt hier „von Natur"?
4. Der Mensch wird von Aristoteles nicht nur als zoon politikon, sondern auch als zoon logon echon, als vernunft- und sprachbegabtes Wesen definiert. (Logos heißt vernünftige Ordnung und vernünftige Rede.) Ergänzen oder widersprechen sich die beiden Bestimmungen des Menschen?
5. Wie grenzten die alten Griechen die Bereiche des Haushalts und der Politik voneinander ab? Vergleichen Sie damit unsere heutige Abgrenzung. (12.2)
6. Erklären Sie Entstehung und Sinn der gesellschaftlichen Sphäre, die sich zwischen die private und politische geschoben hat. (12.2)
7. Was kritisiert Arendt an der gesellschaftlichen Sphäre unserer Zeit?
8. Die Scholastik, zu der Thomas von Aquins Werk zu zählen ist, beruft sich auf die Bibel und auf Aristoteles; weisen Sie dies an 12.4 nach.
9. Wie begründet Thomas von Aquin politische Herrschaft? Wieso neigt er dabei zur Monarchie?
10. Welche Grenzen setzt Thomas der Herrschaft des Königs? Vergleichen Sie damit den Amtseid im Grundgesetz Artikel 56.
11. Was ist konkret unter dem Gemeinwohl im heutigen Rechts- und Sozialstaat zu verstehen? (Vgl. GG Art. 20 Abs. 1 und Art. 14 Abs. 2.)
12. Diskutieren Sie anhand konkreter Beispiele (etwa Altersvorsorge, Vertragsfreiheit, Erhebung von Steuern) das Spannungsverhältnis zwischen persönlicher Freiheit und Sozialstaatlichkeit.

13 Die Technik der Macht

Im Mittelalter waren Staat und Kirche (imperium und sacerdotium) noch ineinander verwoben; Politik und Ethik trugen ihren Teil dazu bei, den Menschen den rechten Platz in der gottgewollten Ordnung anzuweisen, aus der heraus alles Tun legitimiert werden mußte.
Der uns selbstverständliche Gedanke, daß die Ausübung von Macht eine rein weltliche Angelegenheit ist, kann sich erst entwickeln, als die mittelalterliche Ordnung zerfällt. Dieser Prozeß vollzieht sich vom 13. bis ins 16. Jahrhundert. Die Kirche verliert durch innere Streitigkeiten und durch die skrupellose Machtpolitik der Päpste ihre Autorität. Glaube und Vernunft bieten keine Einheit mehr. In der aus dem Humanismus der Renaissance *sich entwickelnden Reformation geht schließlich auch die Glaubenseinheit der Kirche verloren.*
Städtische Märkte entwickeln sich, der Fernhandel blüht, Bankhäuser entwickeln sich; das berechnende Denken des Ökonomen folgt eigenen Gesetzlichkeiten, nicht mehr der Moral. Auch der Siegeszug der Naturwissenschaften wird erst möglich, indem die Natur als System mathematisch berechenbarer Gesetzmäßigkeiten aufgefaßt wird. Nicht scholastische Buchgelehrsamkeit, sondern empirische Beobachtung und Experiment führen zu neuen Entdeckungen und technischem Fortschritt.
Aus der Einheit des Abendlandes entwickeln sich konkurrierende Nationalstaaten:

*„Der Engländer ist dem Franzosen feind aus keinem anderen Grund, als weil er Franzose ist. Der Brite ist feindselig gegen den Schotten gesinnt, einzig und allein weil er ein Schotte ist, der Deutsche ist wider den Franzosen und der Spanier wider beide. Welche Verkehrtheit: ein bloßer Ortsname bringt sie auseinander (...). Warum hat ein so geringfügiger Umstand größere Wirkung als so viele Gemeinsamkeiten der Natur? Als so viele Bande in Christo?“**

Sowohl der eher an politischer Praxis interessierte Machiavelli *wie der auf eine systematische Theorie abzielende* Hobbes *verzichten darauf, die neue Zeit zu beklagen; sie ziehen vielmehr die nüchternen Konsequenzen aus den geistigen und politischen Umwälzungen. Sie sehen, daß die Versittlichung des Menschen als Ziel der Politik zu hoch gegriffen ist; Stabilisierung der Herrschaft – das ist ein realistisches Ziel und schwer genug in einem zerrissenen Vaterland.*
Nicht das gute und glückliche Leben, wie es das teleologische Denken der antiken und mittelalterlichen Philosophen anpries, motiviert politisches Handeln, sondern das Überleben, die Selbsterhaltung. Politik gilt nicht mehr als in sich sinnvolle Lebensform des freien Mannes (bei Aristoteles: praxis), sondern als Technik (Aristoteles: techne), den Staat herzustellen – wie eine berechnete Schöpfung oder ein Kunstwerk. Der Techniker der Macht ist nicht an Wunschvorstellungen interessiert, sondern am politischen Handwerk, wie es tatsächlich ausgeübt wird; deshalb baut er eher auf ein pessimistisches Menschenbild, um sich unliebsame Enttäuschungen zu ersparen.
Bis heute wirken die illusionslosen Betrachtungen Machiavellis und Hobbes' faszinierend und provozierend zugleich. Wie immer man ihre Schriften beurteilt, beide haben erstmals die Grundlagen der modernen Auffassung des Staates als weltliches und souveränes Gebilde ausgearbeitet.

* Erasmus von Rotterdam, Klage des Friedens, 1517

13.1 Die Trennung von Politik und Moral – Niccolò Machiavelli

Als 1453 Konstantinopel durch die Türken erobert wird, fliehen viele Gelehrte nach Italien und begünstigen die Gründung einer Akademie in Florenz („Academia Platonica", 1459), die das antike Gedankengut wiederbelebt. Das Leitbild der Renaissance ist nicht mehr der höfische Edelmann, sondern der „uomo universale": der allseitig gebildete Mensch, der an Theorie und Praxis gleichermaßen interessiert ist. (Erst die Verbindung von theoretischem Wissen und praktischen Fertigkeiten ermöglicht die Weiterentwicklung der Technik zur Ingenieurskunst.*) Vorbildlicher Repräsentant ist Leonardo da Vinci, aber auch sein jüngerer Zeitgenosse Machiavelli wird diesem Anspruch gerecht. Beide wirken in Florenz, dem geistigen Zentrum der Renaissance, wo sich eine selbstbewußte republikanisch gesonnene Bürgerschaft mit der mächtigen Bankiersfamilie der Medici auseinanderzusetzen hat. Obwohl Machiavelli selbst auch eher der Republik zuneigt, widmet er seine Schrift „Der Fürst" (Il Principe) dem Alleinherrscher Lorenzo de' Medici, den er am Ende des Werks auffordert, das zerrissene Italien zu einen. Wenn er sich dabei von der* Staatsraison *und nicht von der Moral leiten läßt, ja sich sogar erklärtermaßen über alle moralischen Bedenken hinwegsetzt, soll ihn der Erfolg rechtfertigen: Mit Tüchtigkeit und Glück (virtù und fortuna) solle er Italien, das von den Barbaren unterdrückt und geplündert werde, befreien und zu neuer Größe emporführen.*

13.1.1 Der Herrscher als Fuchs und Löwe

Es bleibt nun noch zu prüfen, von welcher Art das Verhalten eines Fürsten gegenüber seinen Untertanen und seinen Freunden sein muß. Da ich weiß, daß schon viele hierüber geschrieben haben, fürchte ich, für anmaßend gehalten zu werden, wenn auch ich darüber schreibe, insbesondere da ich bei der Erörterung dieses Themas von den Argumenten der anderen abweiche. Da es aber meine Absicht ist, etwas Nützliches für den zu schreiben, der es versteht, schien es mir angemessener, der Wirklichkeit der Dinge nachzugehen als den bloßen Vorstellungen über sie. Viele haben sich Republiken und Fürstentümer vorgestellt, die nie jemand gesehen oder tatsächlich gekannt hat; denn es liegt eine so große Entfernung zwischen dem Leben, wie es ist, und dem Leben, wie es sein sollte, daß derjenige, welcher das, was geschieht, unbeachtet läßt zugunsten dessen, was geschehen sollte, dadurch eher seinen Untergang als seine Erhaltung betreibt; denn ein Mensch, der sich in jeder Hinsicht zum Guten bekennen will, muß zugrunde gehen inmitten von so viel anderen, die nicht gut sind. Daher muß ein Fürst, wenn er sich behaupten will, die Fähigkeit erlernen, nicht gut zu sein, und diese anwenden oder nicht anwenden, je nach dem Gebot der Notwendigkeit (necessità).

(...) Cesare Borgia galt als grausam; nichtsdestoweniger hat er durch seine Grausamkeit die Romagna geordnet und geeint sowie dort Frieden und Ergebenheit wiederhergestellt.[1] Bei genauer Betrachtung wird man feststellen, daß er so viel mehr Milde besaß als das Volk von Florenz, das – um dem Ruf der Grausamkeit zu entgehen – zuließ, daß Pistoia zerstört wurde.[2] Einen Fürsten darf es daher nicht kümmern, der Grausamkeit bezichtigt zu werden, wenn er dadurch bei seinen Untertanen Einigkeit und Ergebenheit aufrechterhält; er erweist sich als

1 Cesare Borgia (1475–1507), Sohn von Papst Alexander VI., eroberte um 1500 große Gebiete, u. a. die Romagna, die Landschaft um Bologna.

2 Pistoia stand unter der Herrschaft von Florenz. Bei inneren Auseinandersetzungen in Pistoia (1502) scheuten die Florentiner davor zurück, mit Härte gegen die Unruhestifter vorzugehen.

milder, wenn er nur ganz wenige Exempel statuiert, als diejenigen, die aus zu großer Milde Mißstände einreißen lassen, woraus Mord und Raub entstehen; denn hierdurch wird gewöhnlich einem ganzen Gemeinwesen Gewalt angetan, während die Exekutionen auf Befehl des Fürsten nur gegen einzelne Gewalt üben. (...)

Doch ein Fürst muß sich besonnen verhalten, ehe er Glauben schenkt und zu handeln beginnt; aber er darf sich auch nicht vor eingebildeten Gefahren fürchten; sondern er muß maßvoll handeln, gezügelt durch Klugheit und Menschenfreundlichkeit, damit zu große Gutgläubigkeit ihn nicht unvorsichtig macht und zu großes Mißtrauen ihn nicht unerträglich werden läßt.

Daraus ergibt sich die Streitfrage, ob es besser ist, geliebt als gefürchtet zu werden oder umgekehrt. Die Antwort ist, daß man das eine wie das andere sein sollte; da es aber schwerfällt, beides zu vereinigen, ist es viel sicherer, gefürchtet als geliebt zu werden, wenn man schon den Mangel an einem von beiden in Kauf nehmen muß. Denn man kann von den Menschen im allgemeinen sagen, daß sie undankbar, wankelmütig, unaufrichtig, heuchlerisch, furchtsam und habgierig sind; und solange du ihnen Gutes erweist, sind sie dir völlig ergeben: sie bieten dir ihr Blut, ihre Habe, ihr Leben und ihre Kinder, wenn – wie ich oben gesagt habe – die Not fern ist; kommt diese dir aber näher, so begehren sie auf. Ein Fürst, der sich völlig auf ihre Versprechungen verlassen hat, ohne andere Vorbereitungen zu treffen, ist dann verloren; denn Freundschaften, die man durch Geld und nicht durch Großmut und Seelenadel erwirbt, hat man zwar bezahlt, aber man besitzt sie nicht und kann sie in Zeiten der Not nicht in Anspruch nehmen. Auch scheuen sich die Menschen weniger, einen zu verletzen, der sich beliebt macht, als einen, den sie fürchten; denn die Liebe wird durch das Band der Dankbarkeit aufrechterhalten, das, weil die Menschen schlecht sind, von ihnen bei jeder Gelegenheit des eigenen Vorteils wegen zerrissen wird; die Furcht aber wird durch die Angst vor Strafe aufrechterhalten, welche dich niemals verläßt.

Gleichwohl darf ein Fürst nur so viel Furcht verbreiten, daß er, wenn er dadurch schon keine Liebe gewinnt, doch keinen Haß auf sich zieht; denn er kann sehr wohl gefürchtet werden, ohne verhaßt zu sein; dies wird ihm stets gelingen, wenn er das Eigentum seiner Bürger und Untertanen sowie ihre Frauen respektiert. Und wäre er auch gezwungen, einen hinrichten zu lassen, so tue er dies, wenn dafür eine entsprechende Rechtfertigung und ein offensichtlicher Grund bestehen; vor allem aber muß er das Eigentum anderer achten; denn die Menschen vergessen schneller den Tod ihres Vaters als den Verlust ihres Erbes. (...)

Wie löblich es für einen Fürsten ist, sein Wort zu halten und aufrichtig statt hinterlistig zu sein, versteht ein jeder; gleichwohl zeigt die Erfahrung unserer Tage, daß diejenigen Fürsten Großes vollbracht haben, die auf ihr gegebenes Wort wenig Wert gelegt und sich darauf verstanden haben, mit List die Menschen zu hintergehen; und schließlich haben sie sich gegen diejenigen durchgesetzt, welche auf die Redlichkeit gebaut hatten.

Ihr müßt nämlich wissen, daß es zweierlei Kampfweisen gibt: die eine mit der Waffe der Gesetze, die andere mit bloßer Gewalt; die erste ist dem Menschen eigen, die zweite den Tieren; da aber die erste oftmals nicht ausreicht, ist es nötig, auf die zweite zurückzugreifen. Daher muß ein Fürst es verstehen, von der Natur des Tieres und von der des Menschen den rechten Gebrauch zu machen. Dies wird den Fürsten auf indirekte Weise von den antiken Geschichtsschreibern gelehrt, die berichten, Achill und viele andere Fürsten der Vorzeit seien dem Zentauren Chiron zur Erziehung übergeben worden, damit er sie unter seiner Zucht halte. Einen, der halb Tier, halb Mensch ist, zum Lehrmeister zu haben, soll nichts anderes besagen, als daß ein Fürst beide Naturen annehmen können muß und daß die eine ohne die andere nicht von Dauer ist.

Da also ein Fürst gezwungen ist, von der Natur der Tiere den rechten Gebrauch machen zu können, muß er sich unter ihnen den Fuchs und den Löwen auswählen; denn der Löwe ist wehrlos gegen Schlingen und der Fuchs gegen Wölfe. Man muß also ein Fuchs sein, um die Schlingen zu erkennen, und ein Löwe, um die Wölfe zu schrecken. Diejenigen, welche sich einfach auf die Natur des Löwen festlegen, verstehen hiervon nichts. Ein kluger Herrscher kann und darf daher sein Wort nicht halten, wenn ihm dies zum Nachteil gereicht und wenn die Gründe fortgefallen sind, die ihn veranlaßt hatten, sein Versprechen zu geben. Wären alle Menschen gut, dann wäre diese Regel schlecht; da sie aber schlecht sind und ihr Wort dir gegenüber nicht halten würden, brauchst auch du dein Wort ihnen gegenüber nicht zu halten. Auch hat es noch nie einem Fürsten an rechtmäßigen Gründen gefehlt, um seinen Wortbruch zu verschleiern. Hierfür könnte man zahllose Beispiele aus neuerer Zeit geben und zeigen, wieviel Friedensverträge und wieviel Versprechungen durch die Treulosigkeit der Fürsten wertlos und nichtig geworden sind; und wer es am besten verstanden hat, von der Fuchsnatur Gebrauch zu machen, hat es am besten getroffen. Aber man muß eine solche Fuchsnatur zu verschleiern wissen und ein großer Lügner und Heuchler sein: die Menschen sind so einfältig und gehorchen so sehr den Bedürfnissen des Augenblicks, daß derjenige, welcher betrügt, stets jemanden finden wird, der sich betrügen läßt.

Ich will eines der neueren Beispiele nicht verschweigen. Alexander VI. tat nie etwas anderes und war nie auf etwas anderes bedacht, als die Menschen zu täuschen, und er fand immer jemanden, mit dem er dies tun konnte. Es gab noch nie einen Menschen, der mit größerer Eindringlichkeit Versicherungen abgegeben, mit heiligeren Eiden Versprechungen gemacht und sie weniger gehalten hätte; dennoch gelangen ihm seine Betrügereien stets nach Wunsch, da er die Welt von dieser Seite gut kannte.

Für einen Fürsten ist es also nicht erforderlich, alle obengenannten guten Eigenschaften wirklich zu besitzen, wohl aber den Anschein zu erwecken, sie zu besitzen. Ich wage gar zu behaupten, daß sie schädlich sind, wenn man sie besitzt und ihnen stets treu bleibt; daß sie aber nützlich sind, wenn man sie nur zu besitzen scheint; so mußt du milde, treu, menschlich, aufrichtig sowie fromm scheinen und es auch sein; aber du mußt geistig darauf vorbereitet sein, dies alles, sobald man es nicht mehr sein darf, in sein Gegenteil verkehren zu können. Man muß nämlich einsehen, daß ein Fürst, zumal ein neu zur Macht gekommener, nicht all das befolgen kann, dessentwegen die Menschen für gut gehalten werden, da er oft gezwungen ist – um seine Herrschaft zu behaupten –, gegen die Treue, die Barmherzigkeit, die Menschlichkeit und die Religion zu verstoßen. Daher muß er eine Gesinnung haben, aufgrund deren er bereit ist, sich nach dem Wind des Glücks und dem Wechsel der Umstände zu drehen und – wie ich oben gesagt habe – vom Guten so lange nicht abzulassen, wie es möglich ist, aber sich zum Bösen zu wenden, sobald es nötig ist.*

* Niccolò Machiavelli, Der Fürst (Il Principe). Übers. u. hrsg. v. Ph. Rippel, Reclam, Stuttgart 1986, Kap. XV, XVII, XVIII, S. 119, 127–139

13.1.2 Die Rolle der Fortuna in der Politik

Der selbstbewußte Politiker der Renaissance leitet seine Herrschaftsansprüche nicht aus der Tradition ab; jeder kann vom Privatmann zum Fürsten aufsteigen, wenn er die Notwendigkeit (necessità) des Zeitlaufs (fortuna) beachtet und seine Gelegenheiten mit energischer Gestaltungskraft (virtù) zu nutzen weiß. (Virtù von lat. virtus: Fähigkeit, Tüchtigkeit, Tugend.)

Es ist mir wohl bekannt, daß viele die Meinung vertraten und viele sie vertreten, die Dinge dieser Welt würden auf solche Weise von Fortuna und von Gott geleitet, daß die Menschen mit ihrer Klugheit sie nicht ändern könnten, ja überhaupt kein Mittel dagegen hätten, und die daher zu dem Urteil kommen könnten, man solle sich nicht viel mit den Dingen abplagen, sondern sich der Leitung des Schicksals überlassen. Diese Meinung hat in unserer Zeit viel Zustimmung gefunden wegen des großen Wechsels der Dinge, den wir erlebt haben und jeden Tag erleben, jenseits aller menschlichen Erwartung. Im Gedanken neigte auch ich bisweilen in mancher Hinsicht dieser Meinung zu. Dennoch halte ich es – um unseren freien Willen nicht auszuschließen – für wahrscheinlich, daß Fortuna zwar zur Hälfte Herrin über unsere Taten ist, daß sie aber die andere Hälfte oder beinahe so viel unserer Entscheidung überläßt. Ich vergleiche sie mit einem jener reißenden Ströme, die, wenn sie im Zorn anschwellen, die Ebenen überfluten, Bäume und Häuser niederreißen, hier Erde wegspülen und dort anschwemmen; jeder flieht vor ihnen, alles weicht vor ihrer Gewalt zurück, ohne auf irgendeine Art Widerstand leisten zu können. Obwohl die Ströme eine so wilde Natur haben, bleibt doch den Menschen in ruhigen Zeiten die Möglichkeit, mit Deichen und Dämmen Vorkehrungen zu treffen, so daß die Ströme, wenn sie wieder anschwellen, entweder in ihrem Flußbett bleiben oder ihre Gewalt nicht so unbändig und verheerend ist. Ähnlich verhält es sich mit Fortuna; sie zeigt ihre Macht dort, wo man nicht die Kraft aufbringt, ihr zu widerstehen, und sie lenkt ihre Gewalt dorthin, wo sie weiß, daß sie nicht durch Dämme und Deiche zurückgehalten wird. Wenn ihr Italien betrachtet, das der Schauplatz dieses wechselvollen Geschehens ist und das dazu den Anlaß gegeben hat, so seht ihr ein Land, das ohne alle Dämme und Deiche ist: hätte es den Schutz ausreichender Tüchtigkeit (virtù) gehabt wie Deutschland, Spanien und Frankreich, so hätte entweder diese Überschwemmung nicht so große Veränderungen mit sich gebracht oder sie wäre gar nicht eingetreten.

Damit will ich es genug sein lassen, über den Widerstand gegen Fortuna im allgemeinen zu reden. Um aber mehr auf Einzelheiten einzugehen, so stelle ich fest, daß man einen Fürsten heute Erfolg haben und morgen untergehen sieht, ohne daß eine Veränderung seines Wesens oder irgendeiner seiner Eigenschaften zu bemerken gewesen wäre. Dies beruht meiner Meinung nach zunächst auf den vorher ausführlich erörterten Gründen, daß nämlich ein Fürst, der sich ganz auf das Glück verläßt, untergeht, sobald dieses wechselt; ferner glaube ich, daß der Glück hat, der seine Handlungsweise den Zeitumständen anpaßt, und ebenso jener ins Unglück gerät, dessen Handlungsweise nicht den Zeitumständen entspricht. Sieht man doch, daß die Menschen auf verschiedene Weise vorgehen, um das Ziel zu erreichen, das ein jeder vor Augen hat, nämlich Ruhm und Reichtum: der eine verfährt mit Besonnenheit, der andere mit Ungestüm; dieser mit Gewalt, jener mit List; einer mit Geduld, ein anderer mit deren Gegenteil; so kann jeder auf unterschiedliche Weise an sein Ziel gelangen. Auch beobachtet man, daß von zwei Besonnenen der eine sein Ziel erreicht, der andere nicht; und daß ebenso zwei mit verschiedenen Methoden gleichermaßen Glück haben, der eine mit Besonnenheit, der andere mit Ungestüm: dies liegt allgemein an den Zeitumständen, die mit der betreffenden Handlungsweise übereinstimmen oder nicht.*

* Ebd. S. 191–195

13.2 Selbsterhaltung durch den absoluten Herrscher – Thomas Hobbes

Umfassender als Machiavelli betrachtet Thomas Hobbes die gesamte Welt (die Natur, den Menschen und den Staat) materialistisch: als Mechanismus, den man zerlegen (analysieren) muß, um seinen Zusammenhang zu erkennen und darauf Einfluß zu nehmen. Wissen ist Macht – diese These übernimmt Hobbes von Francis Bacon, dem Begründer des Empirismus (und Anhänger Machiavellis), bei dem Hobbes kurze Zeit als Sekretär beschäftigt war.

Wie Machiavelli leidet Hobbes an seinem Vaterland: Die Streitigkeiten zwischen verschiedenen religiösen Strömungen (v. a. zwischen Katholiken und der anglikanischen Landeskirche, die Heinrich VIII. 1534 nach dem Bruch mit dem Papst eingerichtet hat) und die Machtkämpfe zwischen Parlament und König zeigen Hobbes, daß ohne eine absolute (unumschränkte) oberste Herrschaftsgewalt ein Land in den Naturzustand zurücksinkt, in dem jeder gegen jeden Krieg führt („bellum omnium contra omnes").

Die Religionskriege haben offenbart, daß der Anspruch auf wahre Erkenntnis die Menschen nicht mehr einigen und die Mächtigen nicht mehr legitimieren kann, ist es doch gerade dieser Anspruch, der die Parteien in erbitterte Kämpfe gestürzt hat. (Deutschland durchlebt diese Erfahrung im Dreißigjährigen Krieg.) Wahrheit und Moral haben ihr Ansehen verspielt, hat sich doch erwiesen, daß jeweils das als wahr oder moralisch bezeichnet wurde, was den Interessen der Mächtigen dient.

Unter solchen Bedingungen ist es der Friede, *der als letztes und notwendiges Ziel der Politik über alle Parteigrenzen hinweg Glaubwürdigkeit erlangen kann. Das Überleben, die* Selbsterhaltung, *so Hobbes, ist der letzte naturnotwendige Zweck.*

Aber so wie der Mensch von Natur aus nun einmal ist, lassen sich Frieden und Sicherheit nur durch eine absolute Macht sicherstellen. Die Verkörperung dieser höchsten, Politik und Religion umgreifenden Macht nennt Hobbes (nach einem biblischen Seeungeheuer) „Leviathan". So erschreckend der Leviathan auch ist und sein soll – Hobbes' Staatskonstruktion hat auch eine fortschrittliche Seite: Die Macht wird nicht mehr auf Gottesgnadentum zurückgeführt, sie geht auch nicht mehr von den Ständen, v. a. nicht von der Aristokratie aus, sondern vom Volk, ja von jedem einzelnen. In einem (nicht wirklichen, sondern vorgestellten) Vertrag *gibt der einzelne sein natürliches Recht auf Selbstbehauptung an den „künstlichen Menschen" Leviathan ab. Das ist zwar ein hoher Preis für den Frieden, den ihm der Staat dafür gewährt; aber einen totalitären Staat propagiert Hobbes nicht: Für jeden Bürger bleiben wichtige Freiräume – z. B. in der Denk- und Lehrfreiheit der Wissenschaft und Religion und in wirtschaftlichen Aktivitäten.*

Im ersten Textauszug (13.2.1) führt der Autor zunächst in die Methode und den Inhalt der Schrift ein, deren ausführlicher Titel so lautet: „Leviathan oder Stoff, Form und Gewalt eines bürgerlichen und kirchlichen Staates". In 13.2.2 beschreibt er den Menschen im „Naturzustand", d. h. so, wie man sich den Menschen vorstellt, bevor er gesellschaftliche Bindungen eingegangen und unter eine obrigkeitliche Gewalt gestellt ist. Schließlich erfahren wir, wie man durch vernünftige Überlegung (ausgedrückt als Gesetz der Natur) den Naturzustand überwindet (13.2.3) und wie die Einrichtung einer Staatsgewalt gedacht werden kann (13.2.4).

13.2.1 Programmatische Einleitung

Die *Natur* (das ist die Kunst, mit der Gott die Welt gemacht hat und lenkt) wird durch die *Kunst* des Menschen wie in vielen anderen Dingen so auch darin nachgeahmt, daß sie ein künstliches Tier herstellen kann. Denn da das Leben nur eine Bewegung der Glieder ist, die innerhalb eines besonders wichtigen Teils beginnt – warum sollten wir dann nicht sagen, alle *Automaten* (Maschinen, die sich selbst durch Federn und Räder bewegen, wie eine Uhr) hätten ein künstliches Leben? Denn was ist das *Herz,* wenn nicht eine *Feder,* was sind die *Nerven*, wenn nicht viele *Stränge*, und was die *Gelenke*, wenn nicht viele *Räder*, die den ganzen Körper so in Bewegung setzen, wie es vom Künstler beabsichtigt wurde? Die *Kunst* geht noch weiter, indem sie auch jenes vernünftige, hervorragendste Werk der Natur nachahmt, den *Menschen*. Denn durch Kunst wird jener große *Leviathan* geschaffen, genannt *Gemeinwesen* oder *Staat*, auf lateinisch *civitas*, der nichts anderes ist als ein künstlicher Mensch, wenn auch von größerer Gestalt und Stärke als der natürliche, zu dessen Schutz und Verteidigung er ersonnen wurde. Die *Souveränität* stellt darin eine künstliche *Seele* dar, die dem ganzen Körper Leben und Bewegung gibt, die *Beamten* und anderen *Bediensteten* der Jurisdiktion und Exekutive künstliche *Gelenke, Belohnung* und *Strafe*, die mit dem Sitz der Souveränität verknüpft sind und durch die jedes Gelenk und Glied zur Verrichtung seines Dienstes veranlaßt wird, sind die *Nerven*, die in dem natürlichen Körper die gleiche Aufgabe erfüllen. *Wohlstand* und *Reichtum* aller einzelnen Glieder stellen die *Stärke* dar, *salus populi* (die *Sicherheit des Volkes*) seine *Aufgabe*; die *Ratgeber*, die ihm alle Dinge vortragen, die er unbedingt wissen muß, sind das *Gedächtnis, Billigkeit* und *Gesetze* künstliche *Vernunft* und künstlicher *Wille; Eintracht* ist *Gesundheit, Aufruhr Krankheit* und *Bürgerkrieg Tod*. Endlich aber gleichen die *Verträge* und *Übereinkommen*, durch welche die Teile dieses politischen Körpers zuerst geschaffen, zusammengesetzt und vereint wurden, jenem „Fiat" oder „Laßt uns Menschen machen", das Gott bei der Schöpfung aussprach.

Um die Natur dieses künstlichen Menschen zu beschreiben, möchte ich untersuchen:
Erstens, *Werkstoff* und *Konstrukteur*; beides ist der *Mensch*.
Zweitens, *wie* und durch welche *Verträge* er entsteht, was die *Rechte* und die gerechte *Macht* oder *Autorität* eines *Souveräns* sind, und was ihn *erhält* und *auflöst*.
Drittens, was ein *christlicher Staat*, und
letztlich, was das *Reich der Finsternis* ist.*

13.2.2 Der unbeherrschte Mensch

Die Natur hat die Menschen hinsichtlich ihrer körperlichen und geistigen Fähigkeiten so gleich geschaffen, daß trotz der Tatsache, daß bisweilen der eine einen offensichtlich stärkeren Körper oder gewandteren Geist als der andere besitzt, der Unterschied zwischen den Menschen alles in allem doch nicht so beträchtlich ist, als daß der eine aufgrund dessen einen Vorteil beanspruchen könnte, den ein anderer nicht ebensogut für sich verlangen dürfte. Denn was die Körperstärke betrifft, so ist der Schwächste stark genug, den Stärksten zu töten – entweder durch Hinterlist oder durch ein Bündnis mit anderen, die sich in derselben Gefahr wie er selbst befinden.

Und was die geistigen Fähigkeiten betrifft, so finde ich, daß die Gleichheit unter den Menschen noch größer ist als bei der Körperstärke – einmal abgesehen von den auf Wörtern beruhenden Künsten und besonders von der Fertigkeit, nach allgemeinen und unfehlbaren Regeln vorzuge-

* Thomas Hobbes, Leviathan. Übers. v. W. Euchner, hrsg. u. eingel. v. Iring Fetscher, Luchterhand, Darmstadt und Neuwied 1966. Neuausgabe Ullstein, Frankfurt, Berlin, Wien 1976, S. 5f.

hen, was man Wissenschaft nennt. Diese beherrschen nur wenige und nur in wenigen Dingen, da sie weder eine mit uns geborene, angeborene Fähigkeit ist, noch durch Beschäftigung mit irgendeinem anderen Gegenstand erworben wird wie die Klugheit. Denn Klugheit ist nur Erfahrung, die alle Menschen, die sich gleich lang mit den gleichen Dingen beschäftigen, gleichermaßen erwerben. Was diese Gleichheit vielleicht unglaubwürdig erscheinen läßt, ist nur eine selbstgefällige Eingenommenheit von der eigenen Weisheit, von der fast alle Menschen annehmen, sie besäßen sie in höherem Maße als das gewöhnliche Volk, das heißt, als jedermann außer ihnen selbst und einigen anderen, die sie wegen ihres Rufes oder weil sie mit ihnen übereinstimmen, anerkennen. Denn die Natur der Menschen ist so beschaffen, daß sie, wie sehr sie auch den größeren Witz, die größere Beredsamkeit oder Gelehrsamkeit anderer anerkennen, doch kaum annehmen, es gebe viele, die so weise sind wie sie, denn sie sehen ihren eigenen Verstand unmittelbar vor Augen und den anderer Menschen über eine Entfernung. Aber das beweist eher, daß die Menschen in dieser Hinsicht gleich, als daß sie ungleich sind. Denn es gibt gewöhnlich kein besseres Zeichen der gleichmäßigen Verteilung eines Dings, als daß jedermann mit seinem Anteil zufrieden ist.

Aus dieser Gleichheit der Fähigkeiten entsteht eine Gleichheit der Hoffnung, unsere Absichten erreichen zu können. Und wenn daher zwei Menschen nach demselben Gegenstand streben, den sie jedoch nicht zusammen genießen können, so werden sie Feinde und sind in Verfolgung ihrer Absicht, die grundsätzlich Selbsterhaltung und bisweilen nur Genuß ist, bestrebt, sich gegenseitig zu vernichten oder zu unterwerfen. Daher kommt es auch, daß, wenn jemand ein geeignetes Stück Land anpflanzt, einsät, bebaut oder besitzt und ein Angreifer nur die Macht eines einzelnen zu fürchten hat, mit Wahrscheinlichkeit zu erwarten ist, daß andere mit vereinten Kräften anrücken, um ihn von seinem Besitz zu vertreiben und ihn nicht nur der Früchte seiner Arbeit, sondern auch seines Lebens und seiner Freiheit zu berauben. Und dem Angreifer wiederum droht die gleiche Gefahr von einem anderen.

Und wegen dieses gegenseitigen Mißtrauens gibt es für niemand einen anderen Weg, sich selbst zu sichern, der so vernünftig wäre wie Vorbeugung, das heißt, mit Gewalt oder List nach Kräften jedermann zu unterwerfen, und zwar so lange, bis er keine andere Macht mehr sieht, die groß genug wäre, ihn zu gefährden. Und dies ist nicht mehr, als seine Selbsterhaltung erfordert und ist allgemein erlaubt. Auch weil es einige gibt, denen es Vergnügen bereitet, sich an ihrer Macht zu weiden, indem sie auf Eroberungen ausgehen, die sie über das zu ihrer Sicherheit erforderliche Maß hinaustreiben, könnten andere, die an sich gerne innerhalb bescheidener Grenzen ein behagliches Leben führen würden, sich durch bloße Verteidigung unmöglich lange halten, wenn sie nicht durch Angriff ihre Macht vermehrten. Und da folglich eine solche Vermehrung der Herrschaft über Menschen zur Selbsterhaltung eines Menschen notwendig ist, muß sie ihm erlaubt werden.

Ferner empfinden die Menschen am Zusammenleben kein Vergnügen, sondern im Gegenteil großen Verdruß, wenn es keine Macht gibt, die dazu in der Lage ist, sie alle einzuschüchtern. Denn jedermann sieht darauf, daß ihn sein Nebenmann ebenso schätzt, wie er sich selbst einschätzt, und auf alle Zeichen von Verachtung oder Unterschätzung hin ist er von Natur aus bestrebt, soweit er es sich getraut (was bei weitem genügt, Menschen, über denen keine allgemeine, sie zum Stillhalten zwingende Macht steht, dazu zu bewegen, daß sie sich gegenseitig vernichten), seinen Verächtern durch Schädigung und den anderen Menschen durch das Exempel größere Wertschätzung abzunötigen.

So liegen also in der menschlichen Natur drei hauptsächliche Konfliktsursachen: Erstens Konkurrenz, zweitens Mißtrauen, drittens Ruhmsucht. Die erste führt zu Übergriffen der Menschen des Gewinnes, die zweite der Sicherheit und die dritte des Ansehens wegen. Die ersten wenden Gewalt an, um sich zum Herrn über andere Männer und deren Frauen, Kinder und

Vieh zu machen, die zweiten, um dies zu verteidigen und die dritten wegen Kleinigkeiten wie ein Wort, ein Lächeln, eine verschiedene Meinung oder jedes andere Zeichen von Geringschätzung, das entweder direkt gegen sie selbst gerichtet ist oder in einem Tadel ihrer Verwandtschaft, ihrer Freunde, ihres Volks, ihres Berufs oder ihres Namens besteht.

Daraus ergibt sich klar, daß die Menschen während der Zeit, in der sie ohne eine allgemeine, sie alle im Zaum haltende Macht leben, sich in einem Zustand befinden, der Krieg genannt wird, und zwar in einem Krieg eines jeden gegen jeden (bellum omnium contra omnes). Denn *Krieg* besteht nicht nur in Schlachten oder Kampfhandlungen, sondern in einem Zeitraum, in dem der Wille zum Kampf genügend bekannt ist. Und deshalb gehört zum Wesen des Krieges der Begriff *Zeit,* wie zum Wesen des Wetters. Denn wie das Wesen des schlechten Wetters nicht in ein oder zwei Regenschauern liegt, sondern in einer Neigung hierzu während mehrerer Tage, so besteht das Wesen des Kriegs nicht in tatsächlichen Kampfhandlungen, sondern in der bekannten Bereitschaft dazu während der ganzen Zeit, in der man sich des Gegenteils nicht sicher sein kann. Jede andere Zeit ist *Frieden*.

Deshalb trifft alles, was Kriegszeiten mit sich bringen, in denen jeder eines jeden Feind ist, auch für die Zeit zu, während der die Menschen keine andere Sicherheit als diejenige haben, die ihnen ihre eigene Stärke und Erfindungskraft bieten. In einer solchen Lage ist für Fleiß kein Raum, da man sich seiner Früchte nicht sicher sein kann; und folglich gibt es keinen Ackerbau, keine Schiffahrt, keine Waren, die auf dem Seeweg eingeführt werden können, keine bequemen Gebäude, keine Geräte, um Dinge, deren Fortbewegung viel Kraft erfordert, hin- und herzubewegen, keine Kenntnis von der Erdoberfläche, keine Zeitrechnung, keine Künste, keine Literatur, keine gesellschaftlichen Beziehungen, und es herrscht, was das Schlimmste von allem ist, beständige Furcht und Gefahr eines gewaltsamen Todes – das menschliche Leben ist einsam, armselig, ekelhaft, tierisch und kurz.*

13.2.3 Naturrecht und Naturgesetz – Die Überwindung des Naturzustands

Im folgenden Text beruft sich Hobbes auf das Naturrecht. *Bereits von den Sophisten und der Stoa wird den tatsächlich bestehenden Rechten und Gesetzen* („positives Recht") *ein natürliches (im Sinne von: unbeliebiges, überzeitliches) Recht gegenübergestellt. Der Verweis auf das Naturrecht soll es ermöglichen, die jeweils bestehende Gesellschaftsordnung an einem kritischen Maßstab zu messen. Die Schwierigkeit liegt nun darin, daß der Natur eine (natürliche oder göttliche) Ordnung unterstellt werden muß, die für den Menschen verbindlich ist. Da eine solche Ordnung nicht einfach an der Natur abgelesen werden kann, versteht sich das moderne Naturrecht als* Vernunftrecht: *Aus einer vorausgesetzten Natur des Menschen (z. B. als geselliges oder als egoistisches Wesen) werden Rechtsprinzipien rational abgeleitet. Sie sind die überall und jederzeit gültigen Grundlagen des Rechts. Zu diesen unverzichtbaren Rechtsprinzipien zählen wir die Menschenrechte.*

Das *natürliche Recht,* in der Literatur gewöhnlich *jus naturale* genannt, ist die Freiheit eines jeden, seine eigene Macht nach seinem Willen zur Erhaltung seiner eigenen Natur, das heißt seines eigenen Lebens, einzusetzen und folglich alles zu tun, was er nach eigenem Urteil und eigener Vernunft als das zu diesem Zweck geeignetste Mittel ansieht.

Unter *Freiheit* versteht man nach der eigentlichen Bedeutung des Wortes die Abwesenheit äußerer Hindernisse. Diese Hindernisse können einem Menschen oftmals einen Teil seiner Macht wegnehmen, das zu tun, was er möchte, aber sie können ihn nicht daran hindern, die ihm verbliebene Macht so anzuwenden, wie es ihm sein Urteil und seine Vernunft gebieten.

* Ebd., 13. Kap., S. 94–96

Ein *Gesetz der Natur, lex naturalis*, ist eine von der Vernunft ermittelte Vorschrift oder allgemeine Regel, nach der es einem Menschen verboten ist, das zu tun, was sein Leben vernichten oder ihn der Mittel zu seiner Erhaltung berauben kann, und das zu unterlassen, wodurch es seiner Meinung nach am besten erhalten werden kann. Denn obwohl diejenigen, welche über diesen Gegenstand sprechen, gewöhnlich *jus* und *lex, Recht* und *Gesetz*, durcheinanderbringen, so sollten diese Begriffe doch auseinandergehalten werden. Denn *Recht* besteht in der Freiheit, etwas zu tun oder zu unterlassen, während ein *Gesetz* dazu bestimmt und verpflichtet, etwas zu tun oder zu unterlassen. So unterscheiden sich Gesetz und Recht wie Verpflichtung und Freiheit, die sich in ein- und demselben Fall widersprechen.

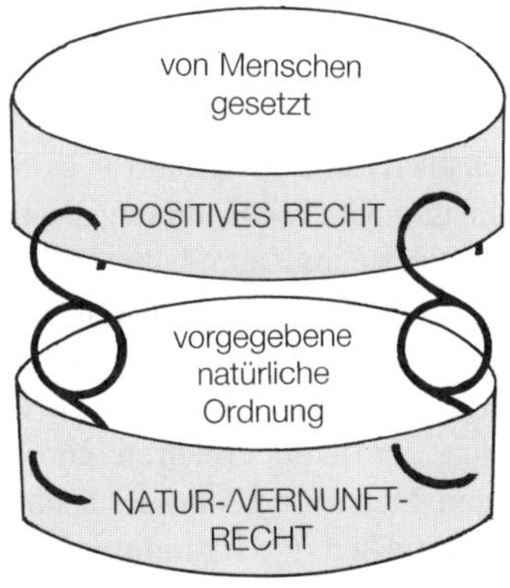

Und weil sich die Menschen, wie im vorhergehenden Kapitel dargelegt, im Zustand des Kriegs eines jeden gegen jeden befinden, was bedeutet, daß jedermann von seiner eigenen Vernunft angeleitet wird, und weil es nichts gibt, das er nicht möglicherweise zum Schutze seines Lebens gegen seine Feinde verwenden könnte, so folgt daraus, daß in einem solchen Zustand jedermann ein Recht auf alles hat, selbst auf den Körper eines anderen. Und deshalb kann niemand sicher sein, solange dieses Recht eines jeden auf alles besteht, die Zeit über zu leben, die die Natur dem Menschen gewöhnlich einräumt, wie stark und klug er auch sein mag. Folglich ist dies eine Vorschrift oder allgemeine Regel der Vernunft: *Jedermann hat sich um Frieden zu bemühen, solange dazu Hoffnung besteht. Kann er ihn nicht herstellen, so darf er sich alle Hilfsmittel und Vorteile des Kriegs verschaffen und sie benützen*. Der erste Teil dieser Regel enthält das erste und grundlegende Gesetz der Natur, nämlich: *Suche Frieden und halte ihn ein*. Der zweite Teil enthält den obersten Grundsatz des natürlichen Rechts: *Wir sind befugt, uns mit allen zur Verfügung stehenden Mitteln zu verteidigen*.

Aus diesem grundlegenden Gesetz der Natur, das den Menschen befiehlt, sich um Frieden zu bemühen, wird das zweite Gesetz der Natur abgeleitet: *Jedermann soll freiwillig, wenn andere ebenfalls dazu bereit sind, auf sein Recht auf alles verzichten, soweit er dies um des Friedens und der Selbstverteidigung willen für notwendig hält, und er soll sich mit soviel Freiheit gegenüber anderen zufrieden geben, wie er anderen gegen sich selbst einräumen würde*. Denn solange jemand das Recht beibehält, alles zu tun, was er will, solange befinden sich alle Menschen im Kriegszustand. Verzichten aber andere nicht ebenso wie er auf ihr Recht, so besteht für niemanden Grund, sich seines Rechts zu begeben, den dies hieße eher, sich selbst als Beute darbieten – wozu niemand verpflichtet ist – als seine Friedensbereitschaft zeigen. Dem entspricht dieses Gesetz der Heiligen Schrift: *Was ihr wollt, daß euch andere tun sollen, das tut ihnen*, sowie dieses für alle Menschen geltende Gesetz: *Quod tibi fieri non vis, alteri ne feceris.*[1]*

1 Hobbes zitiert hier die Goldene Regel zunächst in der positiven Fassung des Neuen Testaments (Matthäus 7, 12), dann lateinisch in der negativen Fassung, die gewöhnlich so übersetzt wird: „Was du nicht willst, daß man dir tu', das füg' auch keinem andern zu."

* Ebd., Beginn des 14. Kap., S. 99 f.

13.2.4 Die Autorisierung eines absoluten Herrschers

Die ungeselligen Menschen vergleicht Hobbes mit gesellig zusammenlebenden Tieren wie Bienen und Ameisen:

Die Übereinstimmung dieser Lebewesen ist natürlich, die der Menschen beruht nur auf Vertrag, der künstlich ist. Und deshalb ist es kein Wunder, daß außer dem Vertrag noch etwas erforderlich ist, um ihre Übereinstimmung beständig und dauerhaft zu machen, nämlich eine allgemeine Gewalt, die sie im Zaum halten und ihre Handlungen auf das Gemeinwohl hinlenken soll. Der alleinige Weg zur Errichtung einer solchen allgemeinen Gewalt, die in der Lage ist, die Menschen vor dem Angriff Fremder und vor gegenseitigen Übergriffen zu schützen und ihnen dadurch eine solche Sicherheit zu verschaffen, daß sie sich durch eigenen Fleiß und von den Früchten der Erde ernähren und zufrieden leben können, liegt in der Übertragung ihrer gesamten Macht und Stärke auf einen Menschen oder eine Versammlung von Menschen, die ihre Einzelwillen durch Stimmenmehrheit auf einen Willen reduzieren können. Das heißt soviel wie einen Menschen oder eine Versammlung von Menschen bestimmen, die deren Person verkörpern sollen, und bedeutet, daß jedermann alles als eigen anerkennt, was derjenige, der auf diese Weise seine Person verkörpert, in Dingen des allgemeinen Friedens und der allgemeinen Sicherheit tun oder veranlassen wird, und sich selbst als Autor alles dessen bekennt und dabei den eigenen Willen und das eigene Urteil seinem Willen und Urteil unterwirft. Dies ist mehr als Zustimmung oder Übereinstimmung: Es ist eine wirkliche Einheit aller in ein und derselben Person, die durch Vertrag eines jeden mit jedem zustande kam, als hätte jeder zu jedem gesagt: *Ich autorisiere diesen Menschen oder diese Versammlung von Menschen und übertrage ihnen mein Recht, mich zu regieren, unter der Bedingung, daß du ihnen ebenso dein Recht überträgst und alle ihre Handlungen autorisierst.* Ist dies geschehen, so nennt man diese zu einer Person vereinte Menge *Staat*, auf lateinisch *civitas*. Dies ist die Erzeugung jenes großen *Leviathan* oder besser, um es ehrerbietiger auszudrücken, jenes *sterblichen Gottes*, dem wir unter dem *unsterblichen Gott* unseren Frieden und Schutz verdanken. Denn durch diese ihm von jedem einzelnen im Staate verliehene Autorität steht ihm so viel Macht und Stärke zur Verfügung, die auf ihn übertragen worden sind, daß er durch den dadurch erzeugten Schrecken in die Lage versetzt wird, den Willen aller auf den innerstaatlichen Frieden und auf gegenseitige Hilfe gegen auswärtige Feinde hinzulenken. Hierin liegt das Wesen des Staates, der, um eine Definition zu geben, *eine Person ist, bei der sich jeder einzelne einer großen Menge durch gegenseitigen Vertrag eines jeden mit jedem zum Autor ihrer Handlungen gemacht hat, zu dem Zweck, daß sie die Stärke und Hilfsmittel aller so, wie sie es für zweckmäßig hält, für den Frieden und die gemeinsame Verteidigung einsetzt.*

Wer diese Person verkörpert, wird *Souverän* genannt und besitzt, wie man sagt, *höchste Gewalt,* und jeder andere daneben ist sein *Untertan.* (...)

Die *Aufgabe* des Souveräns, ob Monarch oder Versammlung, ergibt sich aus dem Zweck, zu dem er mit der souveränen Gewalt betraut wurde, nämlich der Sorge für die *Sicherheit des Volkes.* Hierzu ist er kraft natürlichen Gesetzes verpflichtet, sowie zur Rechenschaft vor Gott, dem Schöpfer dieses Gesetzes, und nur vor ihm. Mit „Sicherheit" ist hier aber nicht die bloße Erhaltung des Lebens gemeint, sondern auch alle anderen Annehmlichkeiten des Lebens, die sich jedermann durch rechtmäßige Arbeit ohne Gefahr oder Schaden für den Staat erwirbt. Damit ist nicht gemeint, daß man hierbei in der Sorge um die einzelnen weitergehen sollte, als daß man sie vor Unrecht schützt, wenn sie Klage erheben, sondern dies sollte durch eine allgemeine Vorsorge in Form von öffentlicher Unterrichtung durch Lehre und Beispiel und durch Erlaß und Durchführung guter Gesetze geschehen, nach denen die einzelnen ihre eigenen Angelegenheiten einrichten können.

Und da sich der Staat auflöst, wenn die oben im achtzehnten Kapitel genauer charakterisierten, wesentlichen Rechte des Souveräns entfallen und jedermann in den Zustand und die unglückliche Lage eines Kriegs gegen jeden zurückkehrt, was das größte Übel dieses Lebens ist, so ist es Aufgabe des Souveräns, diese Rechte in ihrer Gesamtheit zu erhalten und folglich eine Verletzung seiner Pflicht, erstens, sie auf einen anderen zu übertragen oder eines dieser Rechte niederzulegen. Denn wer die Mittel aufgibt, gibt auch das Ziel auf, und das Mittel gibt derjenige auf, der als Souverän anerkennt, daß er den bürgerlichen Gesetzen unterworfen ist und folgende Gewalten aufgibt: Die Gewalt der obersten Gerichtsbarkeit, Krieg und Frieden kraft eigener Autorität zu erklären, die Beurteilung, was staatspolitisch notwendig ist, Steuern und Soldaten einzuziehen, wenn und soweit er es nach seinem eigenen Gewissen für notwendig hält, Beamte und Staatsdiener für Krieg und Frieden zu ernennen und Lehrer zu bestimmen und zu prüfen, welche Lehren mit der Verteidigung, dem Frieden und dem Wohl des Volkes vereinbar sind oder ihnen widersprechen.*

Im letzten Absatz formuliert Hobbes mit den Gewalten bzw. Aufgaben des Souveräns implizit auch den Bedeutungsumfang des Begriffs Souveränität. (Vgl. dazu 13.3)
Jede souveräne Macht ist für Hobbes gerechtfertigt, gleich ob es sich um eine monarchische oder republikanische Macht handelt. Entscheidend ist, daß sie die absolute Macht besitzt und so den Frieden und die Selbsterhaltung der Bürger sichern kann.

Damit ist zugleich die einzige Bedingung genannt, unter der der Untertan den Unterwerfungsvertrag aufkündigen kann: wenn der Herrscher die Sicherheit des Volkes nicht mehr gewährleisten kann. Dann fallen die Menschen zurück in den Naturzustand, in dem „der Mensch dem Menschen ein Wolf" ist (homo homini lupus, so Hobbes in der Widmung zu De Cive, 1642).

Hobbes' „Leviathan" (Titelblatt)

* Ebd., 17. Kap., S. 134 f. und 30. Kap., S. 255

13.2.5 Hobbes' Einfluß auf das ökonomische Denken – Ernst Bloch

Bloch entdeckt bei Hobbes die Ursprünge unserer (kapitalistischen) Wirtschaftsordnung:

Nun zu den Wirkungen, die den Auffassungen von Hobbes folgten. Mit dem homo homini lupus ist das selfish system, wie man das seit dem achtzehnten Jahrhundert nennt, das egoistische System als Grundelement des kapitalistischen Gesellschafts- und Wirtschaftslebens zum ersten Mal notiert worden. Das wirkte weiter, einmal ironisch, fast zynisch bei Mandeville (1670–1733), einem Franzosen, der in England heranwuchs und auch dort lebte, und dann optimistisch bei dem großen Nationalökonomen Adam Smith (1723–1790), dem Gründer der bürgerlichen Nationalökonomie. *Mandeville,* von Hobbes bestimmt, schrieb eine eigentümliche Schrift, mit der sich auch Marx ziemlich eingehend auseinandersetzte. Die Schrift erschien 1714 und heißt „The Fable of the Bees or Private Vices Made Public Benefits", Die Bienenfabel, oder private Laster machten öffentliche Wohltaten. Darin stellt Mandeville in Gestalt einer Fabel dar, daß nur Egoismus den Bienenstock zusammenhält. In dem Augenblick, wo es ehrenhafte, ehrliche Bienen gibt, steht das ganze Leben im Bienenstock still, und eine Katastrophe tritt ein. Das ist des Pudels Kern: Wenn viele Gauner zusammenwirken, entsteht etwas wie der Anschein eines Rechtsstaats. Dasselbe Motiv, nun frei vom Satirischen, taucht (...) bei *Adam Smith* auf, in seinem berühmten Hauptwerk „An Inquiry into the Nature and Causes of the Wealth of Nations", Untersuchung über die Natur und die Ursachen des Reichtums der Völker, 1776. Indem die Individuen nichts wollen, als ihren eigenen Profit zu machen, ihren eigenen Vorteil zu erwerben, entsteht gemäß dem Gesetz der freien Konkurrenz und dem Ausgleichsspiel zwischen Angebot und Nachfrage eine Wohltat für die Konsumenten. Weil jeder den anderen überbieten will und nur Profit machen kann, indem er bessere Waren billiger herstellt, entsteht ein Vorteil für den Auswählenden und Kaufenden. Das läuft ab nach einem natürlichen Gesetz aus der Mechanik von Angebot und Nachfrage, wobei sich eine Art Heterogonie der Zwecke durchsetzt, das heißt, das was man gar nicht gewollt hat, taucht in der Verfolgung der eigenen Absichten auf. Ein neuer Zweck entstünde derart, der gar nicht in der Absicht der kapitalistisch-individuellen Produktionsweise lag, nämlich Maximalbefriedigung der Bedürfnisse aller. (...)

Seine (A. Smith's) Behauptung einer Wohltätigkeit privater Egoismen lebt aber im heutigen westlichen Kapitalismus schließlich nur vernebelnd noch weiter. Die ganze Nüchternheit in der ursächlichen Feststellung der privaten Egoismen durch Smith wäre nicht möglich gewesen ohne die radikale Demonstration, die eben Hobbes der kapitalistisch ebenso breit werdenden wie kulminierenden Wolfsnatur angedeihen ließ. Und die Nüchternheit der Feststellung von Smith, geschäftstüchtiger Egoismus sei der entscheidende Grundantrieb der Gesellschaft seiner Zeit, ist so aufklärend wie seine Behauptung, aus ihm folgten lauter Wohltaten, die schon gefaßte Einsicht wieder versperrt. Ebenso hat zweifellos Hobbes mit der wölfischen Natur den Staat seiner und auch späterer Zeit augenöffnend charakterisiert, aber indem er Wolfsnatur nicht als geschichtlich erzeugt begreift, sondern dem Menschen schlechthin zuschreibt, rechtfertigt er wiederum antiaufklärerisch den von ihm entlarvten Staat.*

* Ernst Bloch, Vorlesungen zur Philosophie der Renaissance. In: Ders., Gesamtausgabe. Bd. 12. Suhrkamp, Frankfurt/M. 1977, S. 296–298

13.3 Lexikalisches Stichwort: Herrschaft

Herrschaft ist ein Rechtsverhältnis, das die politischen Beziehungen zwischen den Mitgliedern einer Gesellschaft verbindlich und zu bestimmten Zwekken regelt. Sie äußert sich als öffentliche und staatliche Gewalt und wird als politische Macht, deren Entstehung und Anwendung nach geltendem Recht legitimierbar sein soll, gegenüber der Gesellschaft durch Institutionen vermittelt. Der Charakter der H. ist abhängig von ihren Zwecken und von der Entstehung, Rechtfertigung und Anwendung des Rechts. Unabhängig von den Zwecken der H. gibt es jeweils Herrschende und Beherrschte, die formal identisch sein und sich in beiden Funktionen ablösen können (Demokratie, auf Freiheit und Gleichheit beruhende H.-Formen) oder in einem einseitigen H.-Verhältnis nicht die gleichen Rechte in Anspruch nehmen können (autoritäre H.-Formen).

(...) Grundlegender sind die Zwecke und Legitimationen von H. Die Zwecke sind von Annahmen über die Natur des Menschen abhängig: Gilt er als Wesen, das sich vor sich und seinesgleichen schützen muß (T. Hobbes), ist der Grund der H. das Schutzbedürfnis und ihr Zweck das Überleben der Menschen. H. entspricht damit dem Interesse der Herrschenden und der Beherrschten. Die bürgerliche H. setzt zu diesem Zweck den Staat als Autorität und Hüter des Rechts ein, der die Gesellschaft als Summe rechtlich und moralisch autonomer Individuen regiert, ohne deren private Zwecke zu bestimmen (Hobbes, Locke, Spinoza). Gilt der Mensch primär als Wesen der Vernunft, können die privaten mit den allgemeinen Zwecken der Gesellschaft identisch werden (Hegel), und der Zweck der H. ist nicht mehr das bloße Überleben, sondern die Verwirklichung derjenigen Freiheit, die wiederum mit der Idee des Staates identisch ist (Sittlichkeit). Der Zwangscharakter der H. löst sich zwar formal auf, da unter der H. der Vernunft die Herrschenden gleichzeitig die Beherrschten sind. H. wird damit aber totalitär. Der Totalitarismus geht von der absoluten Gleichheit der moralischen und materialen Zwecke des Staates und der Bürger und damit von der Übereinstimmung von H. und Ethik aus; er verzichtet daher auf die Gewaltenteilung, auf die Trennung der repräsentativen H. des Volkes durch die Gesetzgebung von der direkten, gesetzlich gebundenen Regierung. Diese Regierung, die zugleich gesetzgebend ist, ist despotisch (Kant), und die Gesetzgebung ist selbst dem Zwang ihrer Gesetze unterworfen und nicht frei. Dies ist der Grundcharakter der Diktatur: die Zwecke der Gesetzgebung sind weder öffentlich änderbar noch überprüf- und rechtfertigbar, da sie von der Regierung vorgegeben werden.

Gilt der Mensch als vernünftiges Wesen, das des guten Handelns fähig ist oder durch Erziehung und Gewöhnung werden kann, erübrigt sich die Furcht vor seinesgleichen langfristig, und der indirekte Zweck der H. kann das Glück als gutes und tugendhaftes Leben des einzelnen werden (Aristoteles). Indirekt ist dieser Zweck, weil er an individuelles Handeln und Wollen gebunden bleibt. Direkter Zweck der H. wird Glück dann, wenn jeder Mensch nur des guten Handelns fähig ist, so daß sich die Schutzfunktion der H. und der ihr entsprechende Gehorsam der Bürger erübrigt (H.-Freiheit). Diese Lösung des Problems der H. macht sich zunächst die Einsicht zunutze, daß jede im Mißtrauen aller gegen alle begründete H. notwendig zur Tyrannei führe (Platon). Sie hält dann, aber ohne hinreichende Gründe, die Ursachen des Mißtrauens durch einen Wandel der Moral in einer Erziehungsdiktatur mit der Aufhebung der Entfremdung als Versöhnung von Mensch und Natur (K. Marx) für beseitigbar und verfolgt mit der Aufhebung des Eigentums und privater Glücksziele letztlich die selben totalitären Zwecke wie die H. der Vernunft. Diese langfristig angelegte Befreiung von H. durch moralische Umerziehung unterscheidet die marxistische Ethik vom Anarchismus: er fordert eine unmittelbare H.-Freiheit als Befreiung von jeder sittl. legitimen und staatlich garantierten Beschränkung individueller Gewalt. Damit tritt die H.-Freiheit als Auflösung verbindlicher Handlungsnormen in den äußersten Gegensatz zur gerechten H., die davon ausgeht (Hobbes, Kant, auch christliche Ethik), daß Ethik notwendig ein Korrektiv von H. sein muß, da die Möglichkeiten menschlicher Gewalt und des Bösen im Handeln nicht vernachlässigt werden können. (...)

H.-Formen sind der Gefahr von Legitimationskrisen (J. Habermas) ausgesetzt. Die Legitimation von H. als öffentliche Rechtfertigung ihrer Zwecke soll zeigen, in welcher Form H. geeignet ist, ihre Macht zur Verwirklichung der Werte einzusetzen, die für die Gesellschaft und ihre Mitglieder konstitutiv sind. (...)*

* Otfried Höffe, Lexikon der Ethik. A. a. O.

13.4 Lexikalisches Stichwort: Souveränität

Souveränität. Bezeichnung für die höchste unabhängige Herrschafts- und Entscheidungsgewalt eines Staates, die dessen oberste Hoheitsgewalt auf seinem Territorium sowie dessen Recht einschließt, seine Gesellschafts- und Staatsordnung, sein Verfassungs- und Rechtssystem frei und unabhängig zu gestalten sowie die Richtlinien seiner Innen- und Außenpolitik selbst zu bestimmen. – Es wird zwischen innerer und äußerer S. unterschieden, wobei die äußere S., die eigentliche Staats-S., ein Grundprinzip des Völkerrechts ist, wie auch Art. 2 der UN-Charta die „souveräne Gleichheit" ihrer Mitglieder zum Grundsatz hat. Die äußere S. schließt Fremdherrschaft aus und Unabhängigkeit von anderen Staaten und Impermeabilität[1] ein. Durch bestimmte Formen von Staatenverbindungen (...) kann die S. eingeschränkt werden (sog. Halbsouveränität); da v. a. in neuerer Zeit viele Staaten durch Verträge und Bündnisse ihre Hoheitsgewalt v. a. in politischer, militärischer, aber auch wirtschaftlicher Hinsicht eingeschränkt haben, bezeichnet man heute die völkerrechtlich selbständigen Staaten unter Vermeidung des Begriffes S. als Völkerrechtssubjekte. – Mit dem Begriff der inneren S. wird die Staatsgewalt als rechtlich höchste Gewalt im Staate gekennzeichnet, die von keiner anderen Gewalt abhängig ist; in Demokratien wird sie durch die Form der Volkssouveränität legitimiert und begrenzt.

Die politische Forderung nach S. entstand mit der Bildung neuzeitlicher Territorialstaaten, als die Fürsten etwa seit dem 13. Jh. Unabhängigkeit von Kaiser und Papst postulierten. In seinem Werk „Les six livres de la République" (1567) ist die S. der grundlegende Begriff der Staatslehre J. Bodins; Merkmal der S., die er den Fürsten zuerkannte, war v. a. das Recht, über Krieg und Frieden zu entscheiden, Gesetze zu erlassen und selbst über den Gesetzen zu stehen, ihrerseits allerdings gebunden an das göttliche Recht und das Naturrecht. Der Staatstheoretiker des Absolutismus, Th. Hobbes, führte diese Fürsten-S. auf den Gesellschaftsvertrag zurück und befreite sie von allen Beschränkungen durch eine übergeordnete Rechtsidee. Als Gegenposition entwickelte sich bereits seit dem Mittelalter die Forderung nach Volkssouveränität, als deren wichtigster Theoretiker J.-J. Rousseau gilt. (...) nach dem Sturz der Monarchie wurde in der Weimarer Reichsverfassung von 1919 der Grundsatz der Volkssouveränität verankert.*

1 Impermeabilität (lat.): Undurchdringlichkeit; im politischen Sinn: Unzulässigkeit von fremden Eingriffen in die inneren Angelegenheiten eines Staates

Arbeitsanregungen

1. Informieren Sie sich in einem Geschichtsbuch über das Zeitalter der Renaissance, vor allem über Wirtschaft, Kultur und Wissenschaft in Italien. Was ist anders als im Mittelalter?
2. Ein Fürst soll sich nach Machiavellis Vorschlag von der Staatsräson leiten lassen. Was bedeutet dieser Begriff?
3. Wie rechtfertigt Machiavelli seine moralische Gleichgültigkeit bei der Behandlung politischer Probleme? (13.1.1)
4. Welches Menschenbild zeichnet Machiavelli? Welche Bedeutung hat sein Menschenbild für seine Theorie, insbesondere für das Bild vom klugen Fürsten?
5. Hat Machiavelli alle Spuren von Moralität aus dem Leitbild des Fürsten getilgt?
6. Wären Machiavellis Ratschläge (vor allem in 13.1.1) für einen heutigen Politiker noch nützlich?
7. Machiavelli vergleicht Fortuna mit einem reißenden Strom (13.1.2); inwieweit stimmt dieser Vergleich, wo findet er seine Grenze? Ein anderes Symbol für den Lauf des Schicksals ist das Glücksrad; was drückt es aus?
8. Soll sich ein Politiker den Zeitumständen anpassen, wie Machiavelli (in 13.1.2) fordert?
9. „Auf dem Klavier der kalten Macht spielen können und trotzdem ein schönes Stück hervorbringen, das ist Politik nach Machiavelli." Was meint wohl Ernst Bloch mit diesem Zitat (Gesamtausgabe, Bd. 12, S. 281), und können Sie ihm zustimmen?

* Meyers Enzyklopädisches Lexikon in 25 Bänden. Mannheim, Wien, Zürich ^{9}1974

10. Informieren Sie sich über die politischen Ereignisse in England zur Zeit Hobbes'.
11. Wieso ist der Staat für Hobbes „ein künstlicher Mensch"? (13.2.1)
12. Wieso ist die Souveränität „eine künstliche Seele"? (13.2.1, vgl. 13.3)
13. Welches Menschenbild vertritt Hobbes? (13.2.2) Vergleichen Sie es mit Machiavellis Menschenbild und mit dem des Aristoteles.
14. Hobbes geht von einer weitgehenden Gleichheit der Menschen im Naturzustand aus; überzeugt Sie diese These? (13.2.2)
15. Geben Sie Hobbes' Gedankengang wieder, wonach im Naturzustand jederzeit „der Krieg eines jeden gegen jeden" (13.2.2) herrscht.
16. Weisen Sie an Hobbes' Formulierungen im Text 13.2.3 nach, daß er das Naturrecht als Vernunftrecht versteht.
17. Kann es im Naturzustand überhaupt Rechte geben? Wie formuliert und begründet Hobbes (in 13.2.3) den obersten Grundsatz des Naturrechts?
18. Was ist die zentrale Forderung des zweiten Gesetzes der Natur? Welchen Sinn haben die einschränkenden Bedingungen, die Hobbes an diese Forderung hängt? (13.2.3)
19. Für den Vertrag, durch den eine absolute Herrschaft eingerichtet werden soll (13.2.4), hat man verschiedene Bezeichnungen benutzt: Herrschafts-, Unterwerfungs- oder Gesellschaftsvertrag. Sind alle diese Bezeichnungen zutreffend?
20. Beachten Sie, wer diesen Vertrag schließt. Wer ist *nicht* Vertragspartner?
21. Welche Bezeichnungen wählt Hobbes für den Staat? Erläutern Sie die Bezeichnungen. Entsprechen Sie Ihrem Staatsverständnis?
22. Welche Grenzen sind in Hobbes' Modell der Willkür eines Herrschers gesetzt? Ist seine Macht damit ausreichend begrenzt?
23. Hat Ernst Bloch recht, wenn er die Tiervergleiche (Biene bzw. Wolf), die Mandeville und Hobbes benutzen, auf unsere heutige Gesellschaft überträgt? (13.2.5)
24. Beurteilen Sie rückblickend unter Beachtung von 13.4 den Zusammenhang von Politik und Moral: Ist Herrschaft notwendig, oder kann es eine herrschaftsfreie Gesellschaft geben? Ist Politik, so wie sie tatsächlich betrieben wird, gleichgültig gegenüber der Moral, oder ist sie von Moral geleitet? Was sollte der letzte Zweck politischen Handelns sein?

14 Freiheit – Gleichheit – Eigentum

Sobald der Staat und staatliche Macht nicht mehr als gottgegebene oder natürliche Ordnung selbstverständlich hingenommen werden und nachdem auch kein einheitliches Weltbild mehr als gemeinsame Basis für die Gesellschaft vorhanden ist, besinnt sich der einzelne Bürger zunehmend auf sich selbst und nimmt „von Natur aus", also unabhängig von Staat und Gesellschaft, Rechte für sich in Anspruch. Aus seinem (mehr oder weniger egoistischen) Interesse gibt der einzelne einen Teil seiner natürlichen Freiheitsrechte ab, um in gleicher Freiheit mit seinen Mitmenschen sicher sein Leben (und sein Eigentum) genießen zu können.
Das Modell, an dem diese Art des Zusammenlebens erklärt wird, ist der Vertrag. Bereits Hobbes hat an diesem Modell erklärt, wie staatliche Herrschaft gerechtfertigt werden kann. Politisch einflußreich wird das Modell erst in den hundert Jahren vor der Französischen Revolution durch John Locke *und* Jean-Jacques Rousseau. *Ihre Theorie des* Gesellschaftsvertrags *geht, wie Hobbes, von einem Naturzustand aus, dessen Freiheit und Gleichheit so lange ungesichert bleibt, bis vertraglich eine Herrschaft eingerichtet ist. Allerdings sehen beide Autoren, anders als Hobbes, zwischen dem Naturzustand und der Herrschaft noch einen Zwischenstand der* Vergesellschaftung *vor, so daß immer dann, wenn die Herrschaft gefährdet ist, nicht der gesetzlose Naturzustand droht, sondern die bestehenden Gesellschaftsstrukturen eine neue Regierung bilden können. Auch die Art der Herrschaft, an die Locke und Rousseau denken, zeigt eine fortschrittliche Tendenz: Während Hobbes' Unterwerfungsvertrag den Absolutismus rechtfertigt (am stärksten ausgeprägt im Frankreich Ludwigs XIV.), tritt Locke für eine* konstitutionelle Monarchie *ein (in England seit 1689 verwirklicht), Rousseau für eine* bürgerliche Republik *(das politische Ziel der Französischen Revolution).*

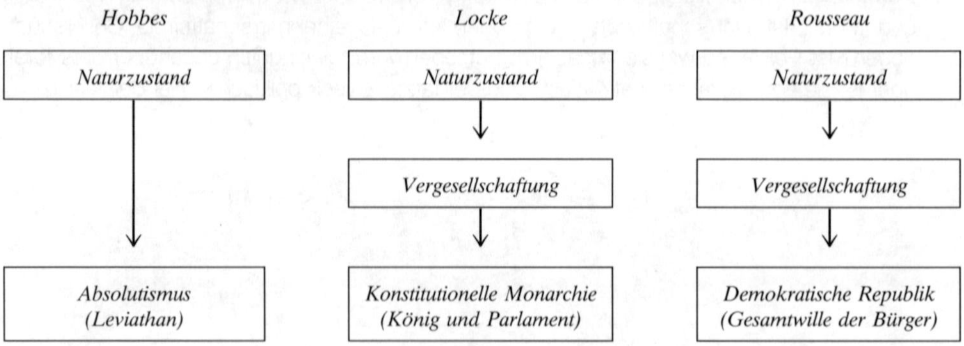

14.1 Der Gesellschaftsvertrag des Besitzbürgertums – John Locke

Mit der Vertreibung der Stuarts in der „Glorious Revolution" (1688) endet in England die Zeit des Absolutismus. Zwei Jahre später erscheinen anonym die „Zwei Abhandlungen über die Regierung", in denen John Locke die theoretische Grundlage für die neue konstitutionelle (durch Verfassung eingeschränkte) Monarchie vorlegt, die das englische Parlament mit Wilhelm III. von Oranien ausgehandelt hat. (Erst muß Wilhelm 1689 in der „Bill of Rights" die Rechte des unabhängigen Parlaments anerkennen, dann wird er zum König gekrönt.)

Hobbes' Schriften wurden acht Jahre zuvor noch verbrannt. Lockes politische Philosphie wird dagegen außergewöhnlich erfolgreich. Das liegt nicht nur daran, daß sich die politischen Verhältnisse so entwickeln, daß Lockes Abhandlungen bei ihrem Erscheinen von höchster Aktualität sind. Nicht unwichtig dürfte auch Lockes religiöse Grundhaltung sein, hat man doch Hobbes als Atheisten gebrandmarkt und abgelehnt. Nicht zuletzt findet Locke ein freundliches Publikum, weil er den wirtschaftlichen Interessen des zunehmend mächtigeren Bürgertums eine philosophische Basis gibt.

In der ersten der beiden Abhandlungen argumentiert Locke gegen einen gewissen Robert Filmer, der im Sinne des absolutistischen Herrscherhauses der Stuarts die absolute Macht des Monarchen auf die von Gott gegebene Autorität des biblischen Urvaters Adam zurückführen möchte.

In der zweiten Abhandlung, aus der die folgenden Auszüge stammen, entwickelt Locke seine naturrechtlichen Vorstellungen und den Gesellschaftsvertrag, mit dem der mächtige Leviathan gezähmt werden kann.

14.1.1 Die ursprüngliche Freiheit und Gleichheit

Um politische Gewalt richtig zu verstehen und sie von ihrem Ursprung herzuleiten, müssen wir sehen, in welchem Zustand sich die Menschen von Natur aus befinden. Es ist ein Zustand vollkommener Freiheit, innerhalb der Grenzen des Naturgesetzes seine Handlungen zu lenken und über seinen Besitz und seine Person zu verfügen, wie es einem am besten scheint – ohne jemandes Erlaubnis einzuholen und ohne von dem Willen eines anderen abhängig zu sein.

Es ist überdies ein Zustand der Gleichheit, in dem alle Macht und Rechtsprechung wechselseitig sind, da niemand mehr besitzt als ein anderer (...).

Im Naturzustand herrscht ein natürliches Gesetz, das für alle verbindlich ist. Die Vernunft aber, welcher dieses Gesetz entspringt, lehrt alle Menschen, wenn sie sie nur um Rat fragen wollen, daß niemand einem anderen, da alle gleich und unabhängig sind, an seinem Leben, seiner Gesundheit, seiner Freiheit oder seinem Besitz Schaden zufügen soll. Alle Menschen nämlich sind das Werk eines einzigen allmächtigen und unendlich weisen Schöpfers, die Diener eines einzigen souveränen Herrn, auf dessen Befehl und in dessen Auftrag sie in die Welt gesandt wurden. Sie sind sein Eigentum, denn sie sind sein Werk, von ihm geschaffen, daß sie so lange bestehen, wie es ihm gefällt, nicht aber, wie es ihnen untereinander gefällt. Und da uns allen die gleichen Fähigkeiten verliehen wurden und wir alle Glieder einer einzigen Gemeinschaft, der der Natur, sind, kann nicht angenommen werden, daß uns irgendeine Rangordnung unter uns dazu ermächtigt, einander zu zerstören, als wären wir einer zu des anderen Nutzen geschaffen, so wie die untergeordneten Lebewesen zu unserem Nutzen geschaffen sind. Wie ein jeder verpflichtet ist, sich selbst zu erhalten und seinen Platz nicht freiwillig zu verlassen, so sollte er aus dem gleichen Grund, wenn es seine eigene Selbsterhaltung nicht gefährdet, nach Möglichkeit auch die übrige Menschheit erhalten. Er sollte niemanden seines Lebens oder dessen, was zur Erhaltung des Lebens dient: seiner Freiheit, seiner Gesundheit, seiner Glieder oder seiner Güter berauben oder sie beeinträchtigen – es sei denn, um an einem Verbrecher Gerechtigkeit zu üben.

Damit nun die Menschen davon abgehalten werden, sich gegenseitig in ihren Rechten zu beeinträchtigen und einander Schaden zuzufügen, und damit das Naturgesetz beobachtet werde, das den Frieden und die Erhaltung der ganzen Menschheit verlangt, so ist in jenem Zustand die Vollstreckung des Naturgesetzes in die Hand aller gegeben. Ein jeder hat somit das Recht, diejenigen, die das Gesetz überschreiten, in dem Maße zu strafen, wie es nötig ist, eine neue Verletzung zu verhindern. Denn gleich allen anderen die Menschen dieser Welt betreffenden Gesetzen wäre das Naturgesetz nichtig, wenn im Naturzustand niemand die Macht hätte, dieses Gesetz zu vollstrecken, um den Unschuldigen zu schützen und den, der es überschreitet, in Schranken zu halten.*

14.1.2 Der Erwerb von Eigentum

Wenn die Erde und alle niederen Lebewesen wohl allen Menschen gemeinsam eignen, so hat doch jeder Mensch ein Eigentum an seiner eigenen Person. Über seine Person hat niemand ein Recht als nur er allein. Die Arbeit seines Körpers und das Werk seiner Hände, so können wir sagen, sind im eigentlichen Sinne sein. Was immer er also jenem Zustand entrückt, den die Natur vorgesehen und in dem sie es belassen hat, hat er mit seiner Arbeit gemischt und hat ihm etwas hinzugefügt, was sein eigen ist – es folglich zu seinem Eigentum gemacht. Da er es jenem Zustand des gemeinsamen Besitzes enthoben, in den es die Natur gesetzt hat, hat er ihm durch seine Arbeit etwas hinzugefügt, was das gemeinsame Recht der anderen Menschen ausschließt. Denn diese Arbeit ist das unbestreitbare Eigentum des Arbeitenden, und niemand außer ihm selbst kann ein Recht haben auf irgend etwas, was einmal mit seiner Arbeit verbunden ist – zumindest dort nicht, wo für die anderen bei gleicher Qualität noch genug davon in gleicher Güte vorhanden ist.

Wer sich von den Eicheln ernährt, die er unter einer Eiche aufliest, oder von den Äpfeln, die er von den Bäumen des Waldes sammelt, hat sich diese offensichtlich zu eigen gemacht. Niemand kann in Abrede stellen, daß diese Nahrung sein ist. Meine Frage nun lautet: Wann fingen sie an, sein Eigentum zu sein? Als er sie verdaute? Oder als er sie aß? Als er sie kochte? Als er sie nach Hause brachte? Oder als er sie auflas? Und es ist eindeutig, daß nichts sie ihm zu eigen machen konnte, wenn nicht das erste Aufsammeln (...).

Man mag hier vielleicht einwenden: Falls man ein Recht erwirbt, wenn man die Eicheln oder die anderen Früchte der Erde sammelt usw., so kann sich ein jeder so viel anhäufen, wie er will. Worauf ich die Antwort gebe: Das ist nicht so. Dasselbe Naturgesetz, welches uns auf diesem Wege Eigentum gibt, begrenzt dieses Eigentum auch. *Gott gibt uns reichlich allerlei zu genießen* (1. Tim. 6, 17), sagt die durch die Erleuchtung bekräftigte Stimme der Vernunft. Wieweit jedoch hat er es uns gegeben? Es zu genießen. So viel, als ein jeder zu irgendwelchem Vorteil für sein Leben nutzen kann, bevor es verdirbt, darf er sich zu seinem Eigentum machen. Was darüber hinausgeht, ist mehr, als ihm zusteht, und gehört den anderen. Nichts ist von Gott geschaffen worden, damit es die Menschen verderben lassen oder vernichten. (...)

* John Locke, Über die Regierung. Übers. v. D. Tidow, hrsg. v. P. C. Mayer-Tasch, Reclam, Stuttgart 1988, [1]1974, Kap. II, §§ 4–7, S. 4–7. Engl. Erstausgabe 1690

Der Hauptgegenstand des Eigentums heute sind jedoch nicht die Früchte der Erde und die Tiere, die auf ihr leben, sondern die Erde selbst als das, was alles übrige hält und trägt, und ich glaube, es ist offensichtlich, daß auch das Eigentum daran auf die gleiche Weise erworben wird wie das vorige. Soviel Land ein Mensch bepflügt, bepflanzt, bebaut, kultiviert und soviel er verwerten kann durch die Nutzung seines Ertrages, soviel ist sein eigen. (...)

Als Gott die Welt der ganzen Menschheit zu gemeinsamem Besitz gab, gebot er dem Menschen auch, zu arbeiten – der überdies durch seinen armseligen Zustand dazu gezwungen wurde. Gott wie auch seine Vernunft befahlen ihm, sich die Erde untertan zu machen, d. h. sie zum Nutzen für sein Leben zu bebauen und etwas Eigenes, seine Arbeit, darauf zu verwenden. (...)

So sehen wir, daß die Unterwerfung oder Bebauung der Erde und Ausübung von Herrschaft eng miteinander verbunden sind. Eines gibt ein Recht auf das andere, so daß Gott, als er befahl, sich die Erde zu unterwerfen, die Befugnis gab, sie sich anzueignen. Und die Bedingung des menschlichen Lebens, Arbeit und ein Material vorzufinden, das bearbeitet werden kann, führt notwendigerweise zu Privatbesitz. (...)

Dies aber wage ich kühn zu behaupten: daß ebendiese Eigentumsregel, daß nämlich ein jeder so viel haben sollte, wie er nutzen kann, auch jetzt noch gelten würde, und zwar ohne daß jemand Not leiden müßte (denn es gibt genug Land auf der Welt, genügend sogar für die doppelte Zahl von Bewohnern), wenn nicht die Erfindung des Geldes und das stillschweigende Übereinkommen der Menschen, ihm einen Wert zuzumessen, (mit ihrer Zustimmung) die Bildung größerer Besitztümer und das Recht darauf mit sich gebracht hätte.*

14.1.3 Der Schutz des Eigentums

Die Menschen sind – wie schon gesagt wurde – von Natur alle frei, gleich und unabhängig, und niemand kann ohne seine Einwilligung aus diesem Zustand verstoßen und der politischen Gewalt eines anderen unterworfen werden. Die einzige Möglichkeit, diese natürliche Freiheit aufzugeben und die Fesseln bürgerlicher Gesellschaft anzulegen, ist die, daß man mit anderen Menschen übereinkommt, sich zusammenzuschließen und in eine Gemeinschaft zu vereinigen, mit dem Ziel, behaglich, sicher und friedlich miteinander zu leben – in dem sicheren Genuß des Eigentums und in größerer Sicherheit gegenüber allen, die ihr nicht angehören. Jede beliebige Anzahl von Menschen kann dies tun, denn es verletzt nicht die Freiheit der übrigen; diese verbleiben wie zuvor in der Freiheit des Naturzustandes. Sobald eine Anzahl von Menschen auf diese Weise übereingekommen ist, eine Gemeinschaft oder Regierung zu bilden, haben sie sich ihr sogleich einverleibt, und sie bilden einen einzigen politischen Körper, in dem die Mehrheit das Recht hat, zu handeln und die übrigen Glieder mitzuverpflichten. (...)

Von allen Menschen, die sich aus dem Naturzustand zu einer Gemeinschaft vereinigen, muß daher vorausgesetzt werden, daß sie die ganze Gewalt, die für das Ziel ihrer Vereinigung in die Gesellschaft notwendig ist, an die Mehrheit jener Gemeinschaft abtreten – es sei denn, man hätte sich ausdrücklich auf eine größere Zahl als die Mehrheit geeinigt. Und dies geschieht mit der bloßen Übereinkunft, sich zu einer politischen Gesellschaft zu vereinigen – was schon den ganzen Vertrag ausmacht, der zwischen den Individuen, die in das Staatswesen eintreten oder es begründen, geschlossen wird und notwendig ist. So ist der Anfang und die tatsächliche Begründung einer politischen Gesellschaft nichts anderes als die Übereinkunft einer der Mehrheitsbildung fähigen Anzahl freier Menschen, sich zu vereinigen und sich einer solchen Gesell-

* Ebd. Kap. V, §§ 27, 28, 31, 32, 35, 36, S. 22–29

schaft einzugliedern. Dies und einzig dies gab oder vermochte den Anfang zu geben für jede rechtmäßige Regierung auf der Welt. (...)

Wenn der Mensch im Naturzustand so frei ist, wie gesagt worden ist, wenn er der absolute Herr seiner eigenen Person und Besitztümer ist, dem Größten gleich und niemandem untertan – warum soll er seine Freiheit aufgeben? Warum soll er auf diese Selbstherrschaft verzichten und sich der Herrschaft und dem Zwang einer anderen Gewalt unterwerfen? Die Antwort darauf liegt auf der Hand; denn wenn er im Naturzustand auch ein solches Recht hat, so kann er sich seiner doch nur mit wenig Sicherheit erfreuen und ist fortwährend den Übergriffen anderer ausgesetzt. Da nämlich alle in demselben Maße König sind wie er selbst, da alle Menschen gleich sind und der größere Teil von ihnen sich nicht streng an Billigkeit und Gerechtigkeit hält, ist der Besitz seines Eigentums in diesem Zustand höchst unsicher und höchst ungewiß. Das läßt ihn bereitwillig einen Zustand aufgeben, der bei aller Freiheit voll ist von Furcht und ständiger Gefahr, und nicht ohne Grund verlangt es ihn und ist er bereit, sich zu einer Gesellschaft mit anderen zu verbinden, die sich entweder schon vereinigt haben oder doch die Absicht haben, sich zu vereinigen – zur gegenseitigen Erhaltung ihres Lebens, ihrer Freiheiten und Güter, was ich ganz allgemein Eigentum nenne.

Das große und hauptsächliche Ziel also, zu dem sich Menschen in Staatswesen zusammenschließen und sich unter eine Regierung stellen, ist die Erhaltung ihres Eigentums. Im Naturzustand fehlt dazu vielerlei.

Zum ersten bedarf es eines eingeführten und anerkannten Gesetzes, das mit allgemeiner Zustimmung als die Norm für Recht und Unrecht und als der allgemeine Maßstab zur Entscheidung aller Streitfälle unter ihnen angenommen und anerkannt ist. Denn obwohl das Naturgesetz allen vernunftbegabten Wesen klar und verständlich ist, werden die Menschen doch von ihrem eigenen Interesse beeinflußt, und da sie es außerdem zuwenig kennen, weil sie nicht genügend darüber nachdenken, sind sie nicht geneigt, es als ein Gesetz anzuerkennen, das in seiner Anwendung auf ihre eigenen Streitfälle für sie verbindlich wäre.

Zum zweiten fehlt es im Naturzustand an einem anerkannten und unparteiischen Richter, mit Autorität, alle Streitfälle nach dem eingeführten Gesetz zu entscheiden. Da jeder in diesem Zustand sowohl Richter als auch Vollstrecker des Naturgesetzes ist, die Menschen aber sich selbst gegenüber parteiisch sind, ist es leicht möglich, daß Leidenschaft und Rachsucht sie in ihren eigenen Angelegenheiten zu weit und zu hitzig mit sich fortreißen, auf der anderen Seite aber Nachlässigkeit und Unbeteiligtsein sie zu gleichgültig gegenüber den Angelegenheiten anderer machen.

Zum dritten fehlt es im Naturzustand häufig an einer Gewalt, die dem Urteil, wenn es gerecht ist, Rückhalt gibt, es unterstützt und für die gebührende Vollstreckung sorgt. Wer sich mit einer unrechten Tat gegen das Gesetz vergeht, wird selten darauf verzichten, wenn es in seiner Macht steht, sein Unrecht mit Gewalt durchzusetzen – ein solcher Widerstand macht oftmals die Bestrafung gefährlich und häufig für die, die sie durchführen, verderblich.

Die Menschen befinden sich also trotz aller Privilegien des Naturzustandes in einer schlechten Lage, solange sie in ihm verbleiben, und es treibt sie deshalb bald zur Gesellschaft.*

* Ebd., Kap. VIII, §§ 95, 96, S. 73–76; Kap. IX, §§ 123–127, S. 95–97

14.2 Der radikaldemokratische Gesellschaftsvertrag – Jean-Jacques Rousseau

„Alles ist gut, wie es aus den Händen des Schöpfers kommt; alles entartet unter den Händen des Menschen.“ Mit diesem Einleitungssatz seines Erziehungsromans „Emile“ (1762) zielt Rousseau auf sein modernes Grundthema: den Widerspruch zwischen dem Fortschritt der Zivilisation einerseits und der sittlichen Rückständigkeit andererseits. Vernunft, Wissenschaft, Technik, Bildung, Anstandsformen – all das, worauf seine Zeitgenossen stolz sein mögen, ist für Rousseau kein Grund zum Stolz, es macht den Menschen nicht zum Menschen.
Nach seiner Rousseau-Lektüre schreibt Kant (um 1765): „ich verachtete den Pöbel, der von nichts weiß. Rousseau hat mich zurecht gebracht. Dieser verblendende Vorzug verschwindet, ich lerne die Menschen ehren (...).“

Mit Rousseau entdeckten die fortschrittsgläubigen Aufklärer die Würde des Menschen. Sie beruht nicht auf der Intelligenz, sondern auf der Freiheit *– darin sieht Rousseau das Wesen des Menschen. Weil die Freiheit nicht bestehen kann, wo ein Mensch dem anderen unterworfen ist, ist die* Gleichheit *unlösbar an die Freiheit geknüpft. Die Freiheit und Gleichheit wiederherzustellen, das soll auch die Aufgabe des demokratischen Staates sein, wie ihn Rousseau, beeindruckt vom Kleinstaat der griechischen Antike, in seinem „Gesellschaftsvertrag“ (Contrat social, 1762) entwirft.*
Mit dem zeitgenössischen Menschen ist ein solcher Staat nicht zu machen. Hobbes' Beschreibung des Menschen als Wolf trifft zu – allerdings nur für den durch die Zivilisation verbildeten Bürger (bourgeois), *dessen Selbsterhaltungstrieb zur Eigensucht verkommen ist; eine zwanghafte Erziehung hat das natürliche Mitleid verkümmern lassen und die Menschen seit der Arbeitsteilung untereinander entfremdet und in eine Konkurrenz getrieben, in der jeder sich mit dem anderen vergleicht und Überlegenheit anstrebt.*
Rousseau träumt von einer freien Erziehung, in der der Mensch seine Natürlichkeit und angeborene Tugend bewahrt, um als sittlich verantwortungsvoller Bürger (citoyen) *in der Volksversammlung die Eigeninteressen zu überwinden und das wahre gemeinsame Wohl zu befördern.*

14.2.1 Kritik der unfreien Gesellschaft

Der erste, welcher ein Stück Landes umzäunte, sich in den Sinn kommen ließ zu sagen: *dieses ist mein,* und einfältige Leute antraf, die es ihm glaubten, der war der wahre Stifter der bürgerlichen Gesellschaft. Wieviel Laster, wieviel Krieg, wieviel Mord, Elend und Greuel hätte einer nicht verhüten können, der die Pfähle ausgerissen, den Graben verschüttet und seinen Mitmenschen zugerufen hätte: „Glaubt diesem Betrüger nicht; ihr seid verloren, wenn ihr vergeßt, daß die Früchte euch allen, der Boden aber niemandem gehört.“ (...)

Es ist nichts zahmer als der Mensch in seinem ursprünglichen Zustande, da ihn die Natur von der Dummheit der Tiere und von den schädlichen Einsichten des gesitteten Menschen gleich weit entfernt, da Vernunft und Instinkt nur darauf abzielen, daß er sich vor einem Übel hüte, von dem er bedroht wird, und da er durch ein natürliches Mitleid abgehalten wird, jemals Böses zu tun, auch wenn es ihm von einem anderen zugefügt wird, und nichts kann ihn dazu antreiben, es ihm wiederum zu vergelten. Nach des weisen Locke Grundsatz *gibt es kein Unrecht, wo kein Eigentum ist*. (...)

Die Arbeit gab dem Ackersmann ein Recht auf die Früchte eines Feldstückes, das er bestellt hat, und folglich, wenigstens bis zur Ernte, auch auf den Grund selbst, und ununterbrochener Besitz von Jahr zu Jahr verwandelte sich in ein Eigentum. (...)

Der Stärkere konnte mehr verfertigen, der Geschicktere aus seiner Arbeit mehr Nutzen ziehen und der Sinnreichere vieles mit weniger ausrichten. Der Ackersmann hatte oft mehr Eisen oder der Schmied mehr Getreide nötig, und wenn beide gleich viel arbeiteten, verdiente dieser sehr viel und jener hatte kaum zu leben. So entwickelte sich die natürliche Ungleichheit unvermerkt mit derjenigen, die hinzugekommen ist, und die Verschiedenheit der Menschen, die sich in den verschiedenen Umständen, in welchen sie sich befanden, entwickelt hat, wird merklicher und anhaltender in ihren Wirkungen, bis sie endlich auf das Schicksal eines jeden einen großen Einfluß erlangt. (...)

Nunmehr fangen alle natürlichen Eigenschaften zu wirken an. Der Rang und das Schicksal eines jeden Menschen ist nicht allein in Ansehung der Glücksgüter oder der Macht, anderen zu dienen und zu schaden, sondern auch in Ansehung des Verstandes, der Schönheit, der Leibesstärke, der Geschicklichkeit und der Verdienste oder der Talente festgesetzt, und da diese Eigenschaften die einzigen Mittel waren, sich Hochachtung zu erwerben, so mußte man welche davon besitzen oder sie vortäuschen. Man mußte zu seinem eigenen Besten sich anders stellen, als man war. Sein und Scheinen wurden zwei ganz verschiedene Dinge, und aus diesem Unterschiede entsprang die täuschende Hoheitsmiene, die betrügerische List und ihr Gefolge, alle übrigen Laster. Von der anderen Seite sieht man, wie der Mensch, der vorhin frei und unabhängig war, wegen einer Menge hinzukommender Bedürfnisse sozusagen der ganzen Natur, und was noch schlimmer ist, seinesgleichen unterliegen muß. Er wird anderer Menschen Sklave sogar, indem er ihr Herr wird. Der Reiche bedarf anderer Menschen Dienste, der Arme ihres Beistandes und der im mittelmäßigen Stande lebt, kann ihrer ebensowenig überhoben sein. (...) Diese Übel waren die ersten Früchte des Eigentums und das unzertrennliche Gefolge der entstehenden Ungleichheit. (...)

Der Reiche war jetzt in bedenklichen Umständen. Er war allein gegen viele und die gegenseitige Eifersucht ließ ihm keine Hoffnung übrig, mit einigen seinesgleichen in ein Bündnis zu treten und seinen Feinden, die sich durch Raubsucht wider ihn vereinigt hatten, gemeinschaftlich zu widerstehen. Er geriet endlich auf den wohlausgesonnensten Anschlag, den der menschliche Verstand je erdacht hat: die Kräfte seiner Feinde selbst wendete er zu seinem Besten an, und seine Gegner wurden seine Beschützer. Er flößte ihnen andere Maximen ein, er gab ihnen andere Gesetze, die ihm mehr Vorteil brachten, als er von dem Rechte der Natur Nachteil zu befürchten hatte.

Demzufolge wird er seinen Nachbarn vor Augen gestellt haben, wie greulich eine Situation sei, die sie alle einen wider den andern in Harnisch bringt, in der der Besitz nicht weniger beschwerlich ist als das Bedürfnis und in der weder Reiche noch Arme froh und sicher leben könnten. Er wird ihnen Scheingründe genug eingebildet haben, um sie nach seinem Zwecke zu lenken. „Wir wollen uns vereinigen", mag er zu ihnen gesagt haben, „wir wollen die Schwächeren vor Unterdrückung bewahren, die Ehrsüchtigen in Schranken halten und einen jeden dasjenige in Sicherheit besitzen lassen, was ihm gehört. Wir wollen Verordnungen der Gerechtigkeit und des Friedens vorschreiben, die die Menschen verpflichten sollen, miteinander verträglich zu sein. Niemand soll davon ausgenommen sein, und dadurch wollen wir dem Eigensinn des Glückes die Waage halten, indem wir Starke und Schwache einerlei Pflichten gegeneinander unterwerfen. Kurz, statt unsere Kräfte zu unserem Verderben anzuwenden, wollen wir sie lieber in eine einzige obere Gewalt versammeln, die uns nach weisen Gesetzen regieren, alle Glieder der Gesellschaft beschützen und verteidigen, den allgemeinen Feind zurücktreiben und uns in einer unveränderlichen Eintracht erhalten soll."

Seine Rede brauchte nur halb so gut zu sein, um diese groben und leicht zu verführenden Menschen auf seine Seite zu bringen. Sie hatten auch überdies so viele Dinge unter sich auszumachen, daß sie nicht länger ohne Schiedsrichter, und so viel Geiz und Ehrsucht, daß sie nicht länger ohne Oberherrn bleiben konnten. Alle liefen in ihre Ketten, indem sie sich frei zu machen glaubten, denn sie waren vernünftig genug, die Vorteile, die eine politische Verfassung mit sich bringt, einzusehen, es fehlte ihnen aber an Erfahrung, die Gefährlichkeit derselben vorauszuwissen. Die sich vielleicht am meisten auf die Mißbräuche der neuen Einrichtung verstanden, dachten eben ihre Rechnung dabei zu finden, und die Weisesten unter dem Volke sahen wohl, daß sie einen Teil ihrer Freiheit aufopfern mußten, um den Rest in Sicherheit zu setzen, so wie sich ein Verwundeter den Arm abnehmen läßt, um den übrigen Körper zu retten.

Die Gesetze und die Gesellschaften, die auf diese Art entweder wirklich entstanden oder wenigstens entstehen konnten, hielten die Armen noch fester im Zaume und den Reichen legten sie neue Kräfte bei, richteten unsere natürliche Freiheit ohne Rettung zugrunde, setzten das Gesetz des Eigentums und der Ungleichheit auf ewig fest, verwandelten eine geschickte Usurpation in ein unwiderrufliches Recht, und einigen Ehrsüchtigen zum Besten verdammten sie das ganze menschliche Geschlecht zu Arbeit, Dienstbarkeit und Jammer.*

14.2.2 Die moralische Republik

Rousseau beklagt zwar die Arbeitsteilung und die luxuriöse Anhäufung von Eigentum, doch den Wunsch, zum Naturzustand zurückzukehren, verachtet er, weil er eine Illusion ist:

*„Wird man die Gesellschaften zerstören, das Mein und Dein aufheben und wieder in die Wälder zurückkehren müssen, um dort mit den Bären zusammenzuleben? Dies ist eine Folgerung, die vielleicht meine Gegner ziehen wollen." Er, Rousseau, gehöre zu den Menschen, „deren Leidenschaften schon auf ewig ihre ursprüngliche Einfalt unterdrückt haben, die nicht mehr von Kräutern und Eicheln leben und die weder Gesetze noch Oberherren entbehren können (...). Sie werden die heiligen Bande der Gesellschaft, deren Mitglieder sie sind, hochschätzen, sie werden ihren Nächsten lieben und ihm, soviel in ihrer Macht steht, dienen, sie werden die Gesetze gewissenhaft beobachten (...).“***

Vor allem gilt es, das wichtigste Gut des Menschen zurückzugewinnen, die Freiheit: „Der Mensch wird frei geboren, und überall liegt er in Ketten." Mit diesem Skandal eröffnet Rousseau seine Schrift vom Gesellschaftsvertrag (Du Contrat Social). Rousseau fordert eine Gesellschaft, in der der Bürger dem Souverän aus frei übernommener sittlicher Pflicht gehorchen kann, nicht aus erzwungenem Gehorsam.

Der Stärkste ist nie stark genug, um ständig Herr zu bleiben, wenn er seine Stärke nicht in Recht und den Gehorsam nicht in Pflicht verwandelt. Daher kommt auch der Ausdruck „das Recht des Stärkeren"; Recht wird hier scheinbar ironisch aufgefaßt, und dennoch ist es in

* Jean-Jacques Rousseau, Abhandlung über den Ursprung und die Grundlagen der Ungleichheit. 2. Teil. In: Ders., Schriften in zwei Bänden. Bd. 1. Hrsg. v. H. Ritter, C. Hanser, München–Wien 1978, S. 230, 241–243, 245–247

** Ebd. S. 281 f.

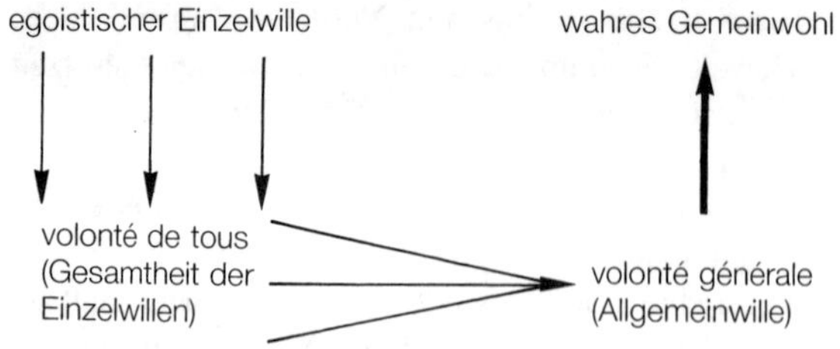

Wirklichkeit als Prinzip anerkannt. Aber wird man uns diesen Ausdruck denn nie erklären? Die Stärke ist ein physisches Vermögen; ich begreife absolut nicht, welche sittliche Verpflichtung aus ihren Wirkungen hervorgehen kann. (...)

Da kein Mensch eine von der Natur verliehene Gewalt über seinesgleichen hat und da die Stärke kein Recht gewährt, so bleiben also die Vereinbarungen als die einzige Grundlage jeder rechtmäßigen Gewalt unter den Menschen übrig. (...)

Man wird entgegnen, daß der Gewaltherrscher seinen Untertanen die Ruhe des Staatsbürgers sichere; es mag sein, aber was gewinnen sie dabei, wenn die Kriege, in die sein Ehrgeiz sie verwickelt, wenn seine unersättliche Habgier, wenn die Bedrückungen seiner Minister sie mehr belasten, als ihre Zwistigkeiten es vermöchten? Was gewinnen sie dabei, wenn diese Ruhe selbst ein Glied in der langen Kette ihres Elends ist? Im Kerker lebt man auch ruhig; genügt das, um sich wohl zu fühlen? Die in der Höhle des Zyklopen eingesperrten Griechen lebten ebenfalls in tiefster Ruhe, bis die Reihe an sie kam, verschlungen zu werden. (...)

Auf seine Freiheit verzichten, heißt auf sein Menschsein, auf die Menschenrechte, ja selbst auf seine Pflichten verzichten. Wer auf alles verzichtet, für den ist keine Entschädigung möglich. Ein solcher Verzicht ist mit der Natur des Menschen unvereinbar, und man entzieht, wenn man seinem Willen alle Freiheit nimmt, seinen Handlungen allen sittlichen Wert. Kurz, es ist eine nichtige und mit sich selbst im Widerspruch stehende Vereinbarung, auf der einen Seite eine unumschränkte Macht und auf der anderen einen schrankenlosen Gehorsam festzusetzen. (...)

„Eine Form der gesellschaftlichen Vereinigung gilt es zu finden, die mit der ganzen gemeinsamen Kraft die Person und das Vermögen jedes Gesellschaftsgliedes verteidigt und schützt und durch die jeder einzelne, obgleich er sich mit allen vereint, gleichwohl nur sich selbst gehorcht und so frei bleibt wie vorher." Dies ist die Hauptfrage, deren Lösung der Gesellschaftsvertrag gibt. (...)

Sondert man also vom Gesellschaftsvertrag alles aus, was nicht zu seinem Wesen gehört, so wird man sich überzeugen, daß er sich in folgende Worte zusammenfassen läßt: „Jeder von uns stellt gemeinschaftlich seine Person und seine ganze Kraft unter die oberste Leitung des Allgemeinwillens, und wir nehmen jedes Mitglied als untrennbaren Teil des Ganzen auf."

An die Stelle der einzelnen Person jedes Vertragschließenden setzt ein solcher Gesellschaftsvertrag sofort einen geistigen Gesamtkörper, dessen Mitglieder aus sämtlichen Stimmabgebenden bestehen und der durch ebendiesen Akt seine Einheit, sein gemeinsames Ich, sein Leben und seinen Willen erhält. Diese öffentliche Person, die sich auf solche Weise aus der Vereinigung aller übrigen bildet, wurde ehemals Gemeinwesen[1] genannt und heißt jetzt Republik oder Staatskörper. Im passiven Zustand wird er von seinen Mitgliedern Staat, im aktiven Zustand Souverän, im Vergleich mit anderen seiner Art Macht genannt. Die Gesellschaftsglieder führen als Gesamtheit den Namen Volk und nennen sich einzeln als Teilhaber der höchsten Gewalt Staatsbürger und im Hinblick auf den Gehorsam, den sie den Staatsgesetzen schuldig sind, Untertanen. (...)

Der Souverän nun, der nur aus den einzelnen, aus denen er besteht, gebildet wird, hat und kann kein dem ihrigen zuwiderlaufendes Interesse haben; folglich bedarf die souveräne Macht

1 Rousseau erläutert in einer Anmerkung den Begriff Gemeinwesen (civitas) durch den Begriff des Bürgers (citoyen bzw. lat. cives: der Bürger einer Republik)

den Untertanen gegenüber keiner Bürgschaft, da ja der Körper unmöglich den Willen haben könnte, allen seinen Gliedern zu schaden; und wir werden später sehen, daß er einem einzelnen nicht schaden kann. Schon durch sein bloßes Dasein ist der Souverän stets, was er sein soll.
Anders jedoch ist die Stellung der Untertanen dem Souverän gegenüber, der trotz des gemeinschaftlichen Interesses keine Bürgschaft für ihre Verpflichtungen besitzen würde, wenn er nicht Mittel fände, sich ihrer Treue zu versichern.
In der Tat kann jeder einzelne als Mensch einen besonderen Willen haben, der dem Gemeinwillen, den er als Staatsbürger hat, zuwiderläuft oder mit dem er doch nicht überall in Einklang steht. Sein persönliches Interesse kann ganz andere Anforderungen an ihn stellen als das gemeinsame Interesse; sein selbständiges und von Natur unabhängiges Dasein kann ihm das, was er dem Gemeinwesen schuldig ist, als einen freiwilligen Beitrag erscheinen lassen, dessen Verlust den anderen einen geringeren Schaden bereiten würde, als ihm die Last der Begleichung verursacht. Das Individuum würde die moralische Person, die den Staat ausmacht, nur als eine Idee auffassen können, weil sie eben kein Mensch ist, und die Rechte des Staatsbürgers genießen, ohne die Pflichten des Untertans erfüllen zu wollen, eine Ungerechtigkeit, deren Umsichgreifen den Untergang des Staatskörpers herbeiführen würde.
Damit demnach der Gesellschaftsvertrag keine leere Form sei, enthält er stillschweigend folgende Verpflichtung, die allein den übrigen Kraft gewähren kann; sie besteht darin, daß jeder, der dem Allgemeinwillen den Gehorsam verweigert, von dem ganzen Körper zum Gehorsam gezwungen werden soll; das hat keine andere Bedeutung, als daß man ihn zwingen wird, frei zu sein.*

14.3 Die Umsetzung von Naturrecht und Gesellschaftsvertrag in positives Recht

Die erste Menschenrechtserklärung ist die Virginia Bill of Rights, *die der Kongreß von Virginia, der ältesten und bevölkerungsreichsten amerikanischen Kolonie Englands, am 12. Juni 1776 annimmt. Die amerikanischen Siedler leben anfangs in einer Welt, die dem fiktiven Naturzustand des Gesellschaftsvertrags nicht unähnlich ist; andererseits sind sie Untertanen des englischen Königs.*
Am 2. Juli 1776 stimmen die 56 Delegierten von zwölf der dreizehn Kolonien im „Continental Congress" für die Unabhängigkeit. Nach dem Vorbild der Virginia Bill of Rights und durchdrungen vom Geist der Aufklärung, insbesondere von John Lockes Ideen, verfaßt Thomas Jefferson *(1743–1826) im Auftrag des Kongresses die Unabhängigkeitserklärung, die von Benjamin Franklin und John Adams überarbeitet und am 4. Juli 1776 angenommen wird. Jefferson, ein Rechtsanwalt aus Virginias Oberschicht, gilt als führender Kopf der Unabhängigkeitsbewegung und wird später der dritte Präsident der USA. Zuvor erlebt er, als Nachfolger B. Franklins amerikanischer Gesandter in Paris, den Beginn der Französischen Revolution.*
Dort berät er auch den Marquis de Lafayette *(1757–1834), der den ersten französischen Entwurf einer Menschenrechtserklärung in der Nationalversammlung vorlegt. Lafayette orientiert sich dabei am Vorbild der Virginia Bill of Rights und der amerikanischen Unabhängigkeitserklärung, hat er doch selbst an der Seite George Washingtons mit vielen anderen französischen Soldaten für Amerikas Unabhängigkeit von England gekämpft.*

* Jean-Jacques Rousseau, Der Gesellschaftsvertrag. Übers. v. H. Denhardt u. W. Bahner, Röderberg-Verlag, Frankfurt/M. 1978, 1. Buch, S. 42–45, 49–53. Franz. Erstausgabe Amsterdam 1762

14.3.1 Virginia Bill of Rights (12. Juni 1776)

Eine Erklärung der Rechte, gegeben von den Vertretern des guten Volkes von Virginia, zusammengekommen in vollzähliger und freier Versammlung darüber, welche Rechte ihnen und ihrer Nachkommenschaft als Grundlage und Fundament der Regierung zustehen.

1. Daß alle Menschen von Natur aus gleich frei und unabhängig sind und bestimmte angeborene Rechte besitzen, die sie ihrer Nachkommenschaft durch keinen Vertrag rauben oder entziehen können, wenn sie eine staatliche Verbindung eingehen, nämlich das Recht auf den Genuß des Lebens und der Freiheit, auf die Mittel zum Erwerb und Besitz von Eigentum, das Streben nach Glück und Sicherheit und das Erlangen beider.

2. Daß alle Gewalt im Volke ruht und folglich von ihm abgeleitet ist, daß die Behörden seine Bevollmächtigten und Diener sind und ihm zu aller Zeit verantwortlich.

3. Daß eine Regierung eingesetzt ist oder eingesetzt sein sollte zum allgemeinen Wohle, zum Schutz und zur Sicherheit des Volkes, der Nation oder der Gemeinde; daß von all den verschiedenen Regierungsformen diejenige die beste ist, die fähig ist, den höchsten Grad von Glück und Sicherheit hervorzurufen und die am wirksamsten gegen die Gefahr schlechter Verwaltung gesichert ist; und daß die Mehrheit einer Staatsgemeinde ein unzweifelhaftes, unveräußerliches und unverletzliches Recht hat, eine Regierung zu reformieren, zu verändern oder abzuschaffen, wenn sie diesen Zwecken unangemessen oder entgegengesetzt befunden wird, und zwar in einer Weise, die für das Allgemeinwohl am dienlichsten scheint.

4. Daß kein Mensch oder keine Gruppe von Menschen zu ausschließlichen und besonderen Vorteilen und Vorrechten in der Gemeinde berechtigt ist, außer in Anbetracht öffentlicher Dienstleistungen, und da diese nicht vererbt werden können, sollten auch die Ämter der Obrigkeit, des Gesetzgebers oder Richters nicht erblich sein.

5. Daß die gesetzgebenden und vollziehenden Gewalten eines Staates getrennt und von der richterlichen unterschieden werden sollen; und daß die Mitglieder der beiden ersten, um von einer Unterdrückung dadurch, daß sie die Lasten des Volkes mitfühlen und -tragen, zurückgehalten zu werden, in bestimmten Zeitabschnitten in eine bürgerliche Stellung zurückversetzt werden und in jene Gesellschaft zurückkehren sollten, aus der sie ursprünglich genommen wurden; und daß die freigewordenen Stellen durch häufige, bestimmte und regelmäßige Wahlen wieder besetzt werden sollten, bei denen alle oder ein gewisser Teil der früheren Mitglieder wieder wählbar oder nicht wählbar sein sollten, je nachdem es die Gesetze heißen.

6. Daß die Wahlen der Mitglieder, die als Vertreter des Volkes in der Versammlung dienen sollen, frei sein sollten, und daß alle Menschen, die genügend ihr dauerndes Interesse an der Allgemeinheit und ihre Bindung an die Staatsgemeinde nachweisen können, das Recht zur Wahl haben, daß ihnen ihr Eigentum nicht zu öffentlichen Zwecken besteuert oder genommen werden kann ohne ihre eigene Einwilligung oder die der so gewählten Volksvertreter; daß sie ferner durch kein Gesetz gebunden werden können, dem sie nicht in gleicher Weise im Interesse der Allgemeinheit zugestimmt haben. (...)*

* Wolfgang Lautemann und Manfred Schlenke (Hrsg.), Geschichte in Quellen, Amerikanische und Französische Revolution. Bayerischer Schulbuch-Verlag, München 1981, S. 107f.

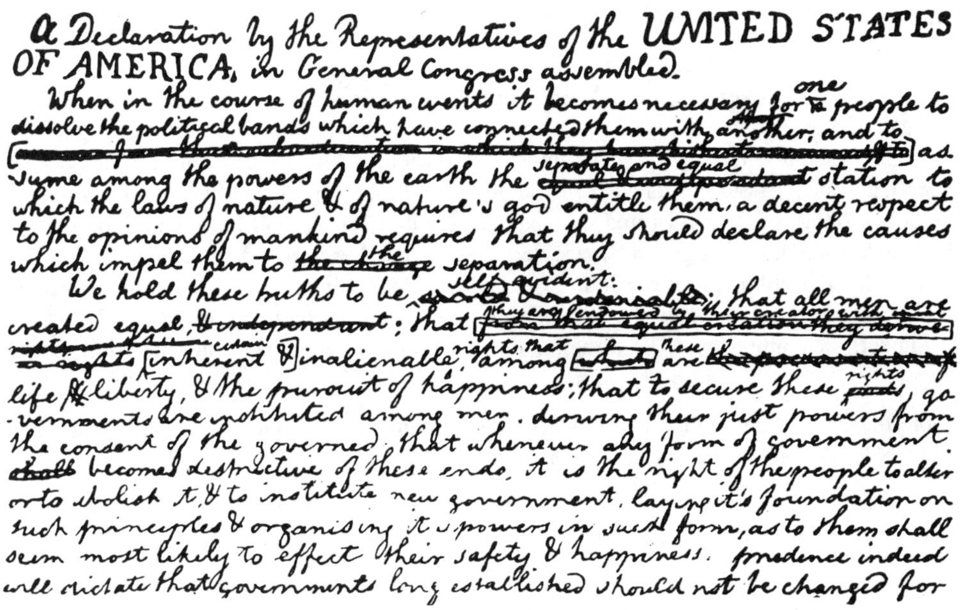
A Declaration by the Representatives of the UNITED STATES OF AMERICA, in General Congress assembled.

When in the course of human events it becomes necessary for one people to dissolve the political bands which have connected them with another, and to assume among the powers of the earth the separate and equal station to which the laws of nature & of nature's god entitle them, a decent respect to the opinions of mankind requires that they should declare the causes which impel them to the separation.

We hold these truths to be self-evident; that all men are created equal; that they are endowed by their creator with certain [inherent &] inalienable rights; that among these are life, liberty, & the pursuit of happiness; that to secure these rights, governments are instituted among men, deriving their just powers from the consent of the governed; that whenever any form of government becomes destructive of these ends, it is the right of the people to alter or to abolish it, & to institute new government, laying it's foundation on such principles & organising it's powers in such form, as to them shall seem most likely to effect their safety & happiness. prudence indeed will dictate that governments long established should not be changed for

*Erster Teil von Jeffersons handschriftlichem Entwurf der Unabhängigkeitserklärung der USA, 4. Juli 1774**

14.3.2 Unabhängigkeitserklärung der USA (4. Juli 1776)

Die einstimmige Erklärung der dreizehn vereinigten Staaten von Amerika

Wenn es im Laufe der geschichtlichen Ereignisse für ein Volk notwendig wird, die politischen Bande zu lösen, die es mit einem anderen verknüpft haben, und unter den Mächten der Erde die gesonderte und gleichwertige Stellung einzunehmen, zu der die Gesetze der Natur und des Schöpfers es berechtigen, so erfordert eine geziemende Achtung vor der Meinung der Welt, daß es die Gründe angibt, die es zu der Trennung zwingen.
Wir halten diese Wahrheiten für in sich einleuchtend: daß alle Menschen gleich geschaffen sind; daß sie von ihrem Schöpfer mit gewissen unveräußerlichen Rechten ausgestattet sind, darunter Leben, Freiheit und Streben nach Glück; daß zur Sicherung dieser Rechte Regierungen unter den Menschen eingesetzt sind, die ihre gerechten Vollmachten von der Einwilligung der Regierten herleiten; daß, wenn immer eine Regierungsform diesen Zielen zum Schaden gereicht, es das Recht des Volkes ist, sie zu ändern oder abzuschaffen und eine neue Regierung einzusetzen, die sich auf solchen Grundsätzen aufbaut und ihre Macht in einer Weise organisiert, wie sie am geeignetsten erscheint, seine Sicherheit und sein Glück zu schaffen. In der Tat wird die Klugheit gebieten, daß seit langem bestehende Regierungsformen nicht aus geringfügigen und vorübergehenden Ursachen geändert werden sollten, und dementsprechend beweist alle Erfahrung, daß die Menschheit eher geneigt ist zu dulden, so lange die Mißstände ertragbar sind, als sich Recht zu verschaffen durch Abschaffung der Formen, an die sie gewöhnt ist. Aber wenn eine lange Kette von Mißbräuchen und Anmaßungen, stets das gleiche Ziel verfolgend, die Absicht enthüllt, ein Volk unter den unbeschränkten Despotismus zu beugen, so ist es sein Recht, ist es seine Pflicht, eine solche Herrschaft abzuschütteln und sich neue Bürgschaften für seine zukünftige Sicherheit zu verschaffen. (...)**

* Ebd. Tafel III
** Ebd. S. 90f.

14.3.3 Die Erklärung der Menschen- und Bürgerrechte (26. August 1789)

Da die Vertreter des französischen Volkes, als Nationalversammlung eingesetzt, erwogen haben, daß die Unkenntnis, das Vergessen oder die Verachtung der Menschenrechte die einzigen Ursachen des öffentlichen Unglücks und der Verderbtheit der Regierungen sind, haben sie beschlossen, die natürlichen, unveräußerlichen und heiligen Rechte der Menschen in einer feierlichen Erklärung darzulegen, damit diese Erklärung allen Mitgliedern der Gesellschaft beständig vor Augen ist und sie unablässig an ihre Rechte und Pflichten erinnert; damit die Handlungen der gesetzgebenden wie der ausübenden Gewalt in jedem Augenblick mit dem Endzweck jeder politischen Einrichtung verglichen werden können und dadurch mehr geachtet werden; damit die Ansprüche der Bürger, fortan auf einfache und unbestreitbare Grundsätze begründet, sich immer auf die Erhaltung der Verfassung und das Allgemeinwohl richten mögen.

Infolgedessen erkennt und erklärt die Nationalversammlung in Gegenwart und unter dem Schutze des Allerhöchsten folgende Menschen- und Bürgerrechte:

Art. 1. Die Menschen sind und bleiben von Geburt frei und gleich an Rechten. Soziale Unterschiede dürfen nur im gemeinen Nutzen begründet sein.

Art. 2. Das Ziel jeder politischen Vereinigung ist die Erhaltung der natürlichen und unveräußerlichen Menschenrechte. Diese Rechte sind Freiheit, Eigentum, Sicherheit und Widerstand gegen Unterdrückung.

Art. 3. Der Ursprung jeder Souveränität ruht letztlich in der Nation. Keine Körperschaften, kein Individuum können eine Gewalt ausüben, die nicht ausdrücklich von ihr ausgeht.

Art. 4. Die Freiheit besteht darin, alles tun zu können, was einem anderen nicht schadet. So hat die Ausübung der natürlichen Rechte eines jeden Menschen nur die Grenzen, die den anderen Gliedern der Gesellschaft den Genuß der gleichen Rechte sichern. Diese Grenzen können allein durch Gesetz festgelegt werden.

Art. 5. Nur das Gesetz hat das Recht, Handlungen, die der Gesellschaft schädlich sind, zu verbieten. Alles, was nicht durch Gesetz verboten ist, kann nicht verhindert werden, und niemand kann gezwungen werden zu tun, was es nicht befiehlt.

Art. 6. Das Gesetz ist der Ausdruck des allgemeinen Willens. Alle Bürger haben das Recht, persönlich oder durch ihre Vertreter an seiner Formung mitzuwirken. Es soll für alle gleich sein, mag es beschützen, mag es bestrafen. Da alle Bürger in seinen Augen gleich sind, sind sie gleicherweise zu allen Würden, Stellungen und Beamtungen nach ihrer Fähigkeit zugelassen ohne einen anderen Unterschied als den ihrer Tugenden und ihrer Talente.
(...)

Art. 16. Eine Gesellschaft, in der die Verbürgung der Rechte nicht gesichert und die Gewaltenteilung nicht festgelegt ist, hat keine Verfassung.

Art. 17. Da das Eigentum ein unverletzliches und heiliges Recht ist, kann es niemandem genommen werden, wenn es nicht die gesetzlich festgelegte, öffentliche Notwendigkeit augenscheinlich erfordert und unter der Bedingung einer gerechten und vorherigen Entschädigung.*

* G. Franz (Hrsg.), Staatsverfassungen. Oldenbourg, München–Wien [3]1975, S. 303–307

14.4 Kritik des Naturrechts und des Privateigentums

14.4.1 Menschenrechte als Rechte des egoistischen Bürgers – Karl Marx

Im folgenden Textauszug bezieht sich Marx auf die französischen Verfassungen von 1791, 1793 und 1795, denen die Menschenrechtserklärung von 1789 in leicht geänderter Form vorangestellt wurde. Marx zitiert die Artikel im französischen Original; sie sind hier ins Deutsche übersetzt:

Betrachten wir einen Augenblick die sogenannten Menschenrechte, und zwar die Menschenrechte unter ihrer authentischen Gestalt, unter der Gestalt, welche sie bei ihren *Entdeckern*, den Nordamerikanern und Franzosen, besitzen!
(...)
Die *droits de l'homme*, die Menschenrechte werden als *solche* unterschieden von den *droits du citoyen*, von den Staatsbürgerrechten. Wer ist der vom *citoyen* unterschiedene *homme*? Niemand anders als das *Mitglied der bürgerlichen Gesellschaft*. Warum wird das Mitglied der bürgerlichen Gesellschaft ‚Mensch', Mensch schlechthin, warum werden seine Rechte *Menschenrechte* genannt? Woraus erklären wir dies Faktum? Aus dem Verhältnis des politischen Staats zur bürgerlichen Gesellschaft, aus dem Wesen der politischen Emanzipation.
Vor allem konstatieren wir die Tatsache, daß die sogenannten *Menschenrechte*, die *droits de l'homme* im Unterschied von den *droits du citoyen*, nichts anderes sind als die Rechte des *Mitglieds der bürgerlichen Gesellschaft*, d. h. des egoistischen Menschen, des vom Menschen und vom Gemeinwesen getrennten Menschen. Die radikalste Konstitution, die Konstitution von 1793, mag sprechen:

Erklärung der Menschen- und Bürgerrechte
Art. 2. Diese Rechte etc. (die natürlichen und unantastbaren Rechte) sind: die *Gleichheit*, die *Freiheit*, die *Sicherheit*, das *Eigentum*.

Worin besteht die *Freiheit*?
Art. 6. „Die Freiheit ist das Vermögen jedes Menschen, alles zu tun, was den Rechten des andern nicht schadet", oder nach der Deklaration der Menschenrechte von 1791: „Die Freiheit besteht darin, alles zu tun, was dem anderen nicht schadet."

Die Freiheit ist also das Recht, alles zu tun und zu treiben, was keinem anderen schadet. Die Grenze, in welcher sich jeder dem anderen *unschädlich* bewegen kann, ist durch das Gesetz bestimmt, wie die Grenze zweier Felder durch den Zaunpfahl bestimmt ist. Es handelt sich um die Freiheit des Menschen als isolierter auf sich zurückgezogener Monade.[1] (...) Aber das Menschenrecht der Freiheit basiert nicht auf der Verbindung des Menschen mit dem Menschen, sondern vielmehr auf der Absonderung des Menschen von dem Menschen. Es ist das *Recht* dieser Absonderung, das Recht des *beschränkten,* auf sich beschränkten Individuums.
Die praktische Nutzanwendung des Menschenrechts der Freiheit ist das Menschenrecht des *Privateigentums*.

Worin besteht das Menschenrecht des Privateigentums?
Art. 16. (Konstitution von 1793): „Das Recht auf *Eigentum* ist das Recht jedes Bürgers, seine Güter, seine Einkünfte, die Früchte seiner Arbeit und seines Fleißes zu genießen und *nach Belieben* darüber zu verfügen."

Das Menschenrecht des Privateigentums ist also das Recht, willkürlich, ohne Beziehung auf andere Menschen, unabhängig von der Gesellschaft, sein Vermögen zu genießen und über

1 Monade (griech.): in sich abgeschlossene Einheit, ohne Wechselwirkung mit anderen Einheiten

dasselbe zu disponieren, das Recht des Eigennutzes. Jene individuelle Freiheit, wie diese Nutzanwendung derselben, bilden die Grundlage der bürgerlichen Gesellschaft. Sie läßt jeden Menschen im anderen Menschen nicht die *Verwirklichung*, sondern vielmehr die *Schranke* seiner Freiheit finden. Sie proklamiert vor allem aber das Menschenrecht, „seine Güter, seine Einkünfte, die Früchte seiner Arbeit und seines Fleißes zu genießen und *nach Belieben* darüber zu verfügen."

Es bleiben noch die anderen Menschenrechte, die Gleichheit und die Sicherheit. Die Gleichheit, hier in ihrer nichtpolitischen Bedeutung, ist nichts als die Gleichheit der oben beschriebenen *Freiheit*, nämlich: daß jeder Mensch gleichmäßig als solche auf sich ruhende Monade betrachtet wird. Die Konstitution von 1795 bestimmt den Begriff dieser Gleichheit, ihrer Bedeutung angemessen, dahin:

Art. 3 (Konstitution von 1795): „Die Gleichheit besteht darin, daß das Gesetz für alle gleich ist, es mag beschützen oder bestrafen."

Und die Sicherheit?
Art. 8 (Konstitution von 1793): „Die Sicherheit besteht im Schutz, den die Gesellschaft jedem seiner Mitglieder gewährt für die Erhaltung seiner Person, seiner Rechte und seines Eigentums."

Die *Sicherheit* ist der höchste soziale Begriff der bürgerlichen Gesellschaft, der Begriff der *Polizei*, daß die ganze Gesellschaft nur da ist, um jedem ihrer Glieder die Erhaltung seiner Person, seiner Rechte und seines Eigentums zu garantieren. Hegel nennt in diesem Sinn die bürgerliche Gesellschaft „den Not- und Verstandesstaat".
Durch den Begriff der Sicherheit erhebt sich die bürgerliche Gesellschaft nicht über ihren Egoismus. Die Sicherheit ist vielmehr die *Versicherung* des Egoismus.
Keines der sogenannten Menschenrechte geht also über den egoistischen Menschen hinaus, über den Menschen, wie er Mitglied der bürgerlichen Gesellschaft, nämlich auf sich, auf sein Privatinteresse und seine Privatwillkür zurückgezogenes und vom Gemeinwesen abgesondertes Individuum ist. Weit entfernt, daß der Mensch in ihnen als Gattungswesen aufgefaßt wurde, erscheint vielmehr das Gattungsleben selbst, die Gesellschaft, als ein den Individuen äußerlicher Rahmen, als Beschränkung ihrer ursprünglichen Selbständigkeit. Das einzige Band, das sie zusammenhält, ist die Natur-Notwendigkeit, das Bedürfnis und das Privatinteresse, die Konservation ihres Eigentums und ihrer egoistischen Person.
(...) wir sehen, daß das Staatsbürgertum, das *politische Gemeinwesen* von den politischen Emanzipatoren sogar zum bloßen *Mittel* für die Erhaltung dieser sogenannten Menschenrechte herabgesetzt, daß also der citoyen zum Diener des egoistischen homme erklärt, die Sphäre, in welcher der Mensch sich als Gemeinwesen verhält, unter die Sphäre, in welcher er sich als Teilwesen verhält, degradiert, endlich nicht der Mensch als citoyen, sondern der Mensch als bourgeois für den *eigentlichen* und *wahren* Menschen genommen wird. (...)
Erst wenn der wirkliche individuelle Mensch den abstrakten Staatsbürger in sich zurücknimmt und als individueller Mensch in seinem empirischen Leben, in seiner individuellen Arbeit, in seinen individuellen Verhältnissen, *Gattungswesen* geworden ist, erst wenn der Mensch seine ‚forces propres'[2] als *gesellschaftliche* Kräfte erkannt und organisiert hat und daher die gesellschaftliche Kraft nicht mehr in der Gestalt der *politischen* Kraft von sich trennt, erst dann ist die menschliche Emanzipation vollbracht.*

2 forces propres (franz.): eigene Kräfte

* Karl Marx, Zur Judenfrage, 1844. In: Iring Fetscher (Hrsg.), Marx-Engels-Studienausgabe. Bd. 1. Fischer Taschenbuch Verlag, Frankfurt 1966, S. 46–53

14.4.2 Privateigentum und Gesellschaftscharakter – Erich Fromm

Da wir in einer Gesellschaft leben, die auf den drei Säulen Privateigentum, Profit und Macht ruht, ist unser Urteil äußerst voreingenommen. Erwerben, Besitzen und Gewinnmachen sind die geheiligten und unveräußerlichen Rechte des Individuums in der Industriegesellschaft. Dabei spielt weder eine Rolle, woher das Eigentum stammt, noch ist mit seinem Besitz irgendeine Verpflichtung verbunden. Das Prinzip lautet: „Es geht niemanden etwas an, wo und wie mein Eigentum erworben wurde oder was ich damit tue. Mein Recht ist uneingeschränkt und absolut – solange ich nicht gegen die Gesetze verstoße.

Diese Form des Eigentums wird *Privat*eigentum (von lat. *privare* = berauben) genannt, weil sie andere von dessen Gebrauch und Genuß ausschließt und mich zu seinem Besitzer, seinem einzigen Herrn macht. Diese Form von Eigentum ist angeblich etwas Natürliches und Universales, während sie in Wirklichkeit eher die Ausnahme als die Regel darstellt, wenn wir die gesamte menschliche Geschichte einschließlich der Prähistorie betrachten, insbesondere jene außereuropäischen Kulturen, in welchen die Wirtschaft nicht Vorrang vor allen anderen Lebensbereichen hatte. Neben dem Privateigentum gibt es Begriffe wie *selbstgeschaffenes Eigentum*, das ausschließlich das Ergebnis eigener Arbeit ist, *eingeschränktes Eigentum*, das durch die Verpflichtung eingeschränkt ist, seinen Mitmenschen zu helfen, *funktionales* oder *persönliches Eigentum*, zu dem sowohl Werkzeuge als auch Gebrauchs- und Genußgegenstände zählen, und *gemeinsames Eigentum* wie beispielsweise im israelischen Kibbuz, wobei die Gruppe die gemeinsamen Güter im Geiste der Brüderlichkeit teilt.

Die in der Gesellschaft geltenden Normen prägen auch den Charakter ihrer Mitglieder („Gesellschafts-Charakter"). Sie sind in unserem Fall von dem Wunsch gekennzeichnet, Eigentum zu erwerben, um es zu behalten und zu vermehren, das heißt Profit zu machen. (...)

Da einem das, was man hat, auf die eine oder andere Weise weggenommen werden kann, muß man außerdem ständig mehr haben wollen, um sein Leben vor dieser Gefahr zu schützen. Wenn jeder mehr möchte, muß jeder die aggressiven Absichten seiner Nachbarn fürchten, ihm wegzunehmen, was er hat; um solchen Angriffen vorzubeugen, muß man selbst stärker und präventiv aggressiver werden. Da die Produktion, so groß sie auch sein mag, niemals mit *unbegrenzten* Wünschen Schritt halten kann, muß zwischen den Individuen im Kampf um den größten Anteil Konkurrenz und Antagonismus herrschen. Und selbst wenn ein Stadium absoluten Überflusses erreicht werden könnte, würde der Kampf weitergehen. Wer von der Natur mit schwächerer Gesundheit und geringerer Attraktivität, mit weniger Gaben und Talenten ausgestattet wäre, müßte die anderen, die „mehr" haben, bitter beneiden.

Daß die Existenzweise des Habens und die daraus resultierende Habgier zwangsläufig zu Antagonismus und Kampf zwischen den Menschen führen, gilt sowohl für Völker als auch für einzelne Menschen. Denn solange die Völker aus Menschen bestehen, deren hauptsächliche Motivation das Haben und die Gier ist, werden sie notwendigerweise Krieg führen. Es ist unvermeidlich, daß sie einem anderen Volk neiden, was dieses hat, und versuchen, das, was sie begehren, durch Krieg, ökonomischen Druck und Drohungen zu bekommen. (...)

Die Vorstellung, man könne Frieden haben, während man das Streben nach Besitz und Gewinn unterstützt, ist eine Illusion, und zwar eine gefährliche, denn sie hindert die Menschen zu erkennen, daß sie sich einer klaren Alternative stellen müssen: entweder eine radikale

Veränderung des Charakters oder ewiger Krieg. Tatsächlich ist diese Alternative alt; die Führer haben den Krieg gewählt, und die Menschen sind ihnen gefolgt. Heute und in Zukunft, als Folge der unglaublich anwachsenden Destruktivität der neuen Waffen, ist die Alternative nicht länger Krieg – sondern gegenseitiger Selbstmord.*

Arbeitsanregungen

1. Was ist ein Vertrag? (Nennen Sie Elemente, Durchführung, Zweck und Beendigung eines Vertrags.)
2. Wenn Locke vom Naturzustand spricht, denkt er an eine geschichtliche Frühzeit, während Hobbes und Rousseau den Naturzustand als Fiktion vorstellen. Welches Verständnis ist wohl angemessener?
3. Vergleichen Sie die Beschreibung des Naturzustands bei Locke (14.1.1), Hobbes (13.2.3) und Rousseau (14.2.1).
4. In der Antike wurde Arbeit verachtet; wie bewertet Locke die Arbeit (14.1.2)?
5. Wie rechtfertigt Locke das Eigentum? Stimmen Sie Locke zu, wenn er sagt, daß das Eigentum „das gemeinsame Recht der anderen Menschen ausschließt"? (14.1.2) Vergleichen Sie damit unser Grundgesetz Artikel 14, Absatz 2.
6. Wozu verlassen die Menschen den Naturzustand? Vergleichen Sie Locke (14.1.3) und Hobbes (13.2.3).
7. Wie kann nach Lockes Theorie eine Regierung legitimiert werden? (14.1.3)
8. Locke vertritt das Mehrheitsprinzip, das er als erster näher begründet (14.1.3). Wie beurteilen Sie folgenden Einwand: „Das Gesetz der Stimmenmehrheit ist selbst eine Sache des Übereinkommens und setzt wenigstens eine einmalige Einstimmigkeit voraus." (Rousseau, Der Gesellschaftsvertrag, I. Buch, 5. Kap.)
9. Warum genügt den Menschen nicht das Naturgesetz, um ein geordnetes Zusammenleben zu gewährleisten? (14.1.3)
10. Wie beurteilen Sie die Chance eines herrschaftsfreien (anarchistischen) Zusammenlebens der Menschen?
11. Was kritisiert Rousseau an der zivilisierten bürgerlichen Gesellschaft? (14.2.1)
12. Wie rekonstruiert Rousseau die Entstehung von Herrschaft? (14.2.1) Könnte man die Theorien von Hobbes und Locke in Rousseaus Sinn als Scheinargumentationen ansehen, die letzlich Unterdrückung rechtfertigen sollen?
13. In welchem Sinn kann man mit Rousseau sagen: „Der Mensch wird frei geboren (...)"? (Wie kann man feststellen, ob der Satz richtig ist?)
14. Welche Ansprüche stellt Rousseau (in 14.2.2) an die von ihm geforderte Republik? Inwiefern ist er radikaler und demokratischer als Locke?
15. Klären Sie den Begriff „Allgemeinwille" (volonté générale) in 14.2.2.
16. Wer sollte (gemäß welchem Kriterium) feststellen, was der Allgemeinwille jeweils ist? Rousseau klärt diese Frage nicht. Ist das Problem lösbar?
17. Kann ein Staat von seinen Bürgern *moralisches* Verhalten verlangen, wie Rousseau es wollte?
18. Gibt es überhaupt *ein* gemeinsames Gemeinwohl, wie Rousseau unterstellt? Oder hat der Pluralismus (die Vielfalt der Wertvorstellungen) das letzte Wort?

* Erich Fromm, Haben oder Sein. Die seelischen Grundlagen einer neuen Gesellschaft. Deutscher Taschenbuch Verlag, München ^{13}1983, S. 73f., 111f. Amerikan. Original 1976. © dva, Stuttgart 1976

19. Ist die Kluft zwischen Staat und einzelnem Bürger wirklich überwindbar? Unter welchen Prämissen?
20. Ist Rousseaus Republik auch ein Modell für einen Staat, der über die Größe eines Stadtstaates wesentlich hinausgeht? Welche Probleme tauchen auf?
21. Weisen Sie nach, daß die Rechtserklärungen aus 14.3 auf den Traditionen des Naturrechts und des Gesellschaftsvertrags beruhen.
22. Welche Grundwerte kommen in den Rechtserklärungen vor? Erläutern Sie die Bedeutung dieser Begriffe. Welche dieser Grundwerte werden bis heute im Grundgesetz geschützt?
23. Formulieren Sie jeweils die Rechtsauffassung, gegen die sich jeder einzelne Artikel der Virginia Bill of Rights richtet.
24. Man hat Jefferson nachgesagt, er habe die Unabhängigkeitserklärung (14.3.2) von Locke nahezu abgeschrieben. Überprüfen Sie dieses Urteil, indem Sie die Unabhängigkeitserklärung mit 14.1.1 und dem Beginn von 14.1.3 vergleichen.
25. Die französische Menschen- und Bürgerrechtserklärung ist nicht nur von Locke, sondern auch von Rousseau beeinflußt. Wie läßt sich das an 14.3.3 nachweisen?
26. Erst 1865, nach dem Sezessionskrieg, wurde die Sklaverei durch die amerikanische Verfassung verboten. Wie lassen sich die Sklavenhaltung oder die Entrechtung der Indianer mit den Menschenrechtserklärungen vereinbaren?
27. Fassen Sie Marxens Kritik an den Menschenrechten (14.4.1) in einer Hauptthese zusammen.
28. Welchen Zusammenhang sieht Marx zwischen Freiheit, Gleichheit, Sicherheit und Eigentum?
29. Inwiefern kann Marx mit Hegel den bürgerlichen Staat als „Not- und Verstandesstaat" bezeichnen?
30. Welches Gegenbild zum egoistischen Bürger zeichnet Marx in 14.4.1?
31. Beachten Sie die verschiedenen Formen des Eigentums, die Fromm vorstellt (14.4.2), und diskutieren Sie, ob bzw. inwieweit unsere Gesellschaft auf Privateigentum verzichten könnte. Lesen Sie dazu im Grundgesetz die Artikel 14 und 15.
32. Überzeugt Sie der Zusammenhang, den Fromm zwischen Privateigentum und dem Gesellschaftscharakter herstellt?

15 Die Kontrolle der Macht

Wer Macht ausübt, bedarf der Kontrolle und der Beschränkung. Andernfalls werden dem Mißbrauch Tür und Tor geöffnet, und die Sicherheit und Freiheit der Bürgerinnen und Bürger sind bedroht.

Um despotischer Willkür der Herrschenden zu begegnen, hat man seit den Anfängen der Zivilisation Gesetze formuliert, die das Verhältnis zwischen Herrschenden und Staatsbürgern sowie das Verhältnis der Staatsbürger untereinander regeln.

Im Mittelalter beruft man sich auf vielfältige traditionelle Rechte und Privilegien. Aus dem Lehnsrecht erwachsen Pflichten und Freiheitsgarantien, wie sie etwa der englische Adel im Jahre 1215 in den 63 Artikeln der Magna Charta Libertatum *(Große Urkunde der Freiheiten) dem König abgerungen hat; im Mitspracherecht der hohen Adligen z. B. bei Steuererhöhungen sieht der englische Parlamentarismus seine Wurzeln. Weil so die Macht des Königs, des höchsten Souveräns und Stellvertreters Gottes, frühzeitig durch ein Gegengewicht gehemmt wird, bleibt England die unumschränkte Herrschaft eines* absolutistischen Monarchen *erspart, die sich auf dem europäischen Festland nach der Entmachtung der Stände im 17. Jahrhundert etablierte. Zum Inbegriff des Absolutismus wird der „Sonnenkönig" Ludwig XIV. von Frankreich.*

Die Ideen der Aufklärung bewegen viele Herrscher des 18. Jahrhunderts, so etwa den Preußenkönig Friedrich den Großen, zur abgemilderten Herrschaftsform des aufgeklärten Absolutismus, *der seinen Untertanen mehr Freiheiten zugesteht. Doch erst der politische Kampf der* Französischen Revolution *überwindet den Absolutismus zugunsten der Volkssouveränität und teilt die Staatsmacht unter verschiedenen Institutionen auf: In der* Gewaltenteilung *werden die legislative (gesetzgebende), die judikative (richterliche) und die exekutive (ausführende) Gewalt gesondert. Schließlich werden alle Mächte, Institutionen und Mitglieder des Staates einer Verfassung unterstellt: Der* Rechtsstaat *entsteht.*

Voltaire bei Friedrich dem Großen

Eine Voraussetzung dafür, daß die fortschrittlichen Ideen der Aufklärer politisch wirksam werden können, ist die Möglichkeit, öffentlich seine Meinung kundtun und verbreiten zu können. Nicht zuletzt durch die Pressefreiheit (als Verfassungsrecht erstmals 1776 in der Virginia Bill of Rights garantiert) entsteht eine kritische Öffentlichkeit, *die zunehmend Bedeutung gewinnt und als eine vierte Macht neben den drei klassischen Gewalten (Legislative, Judikative, Exekutive) angesehen werden kann.*

15.1 Gewaltenteilung – Charles de Montesquieu

Montesquieu wächst im Frankreich Ludwigs XIV. auf, der, beeinflußt von Hobbes, gesagt haben soll „L'état c'est moi" (Der Staat bin ich). Im Unterschied zu den späteren Aufklärern tritt Montesquieu bei aller Freiheitsliebe noch für die Privilegien des Adels ein, weil er in diesem eine unabhängige Zwischengewalt sieht, die die Extreme einer despotischen Monarchie und einer Adelsherrschaft verhindern soll. Den Gedanken der Gewaltenteilung findet er ansatzweise bei John Locke, mit dem gemeinsam er den größten geistigen Einfluß auf die Väter der amerikanischen Unabhängigkeitserklärung und auf die weitere Verfassungsgeschichte ausübt. Seit dem frühen 19. Jahrhundert ist die Gewaltenteilung Bestandteil aller geschriebenen Verfassungen.

Freiheit ist das Recht, all das zu machen, was die Gesetze gestatten. Wenn ein Staatsbürger machen dürfte, was sie untersagen, so gäbe es keine Freiheit mehr, denn die anderen hätten diese Möglichkeit dann ja ebensogut.

Demokratie und Aristokratie sind nicht freie Staaten auf Grund ihrer Natur. Die politische Freiheit ist nur unter maßvollen Regierungen anzutreffen. Indes besteht sie selbst in maßvollen Staaten nicht immer, sondern nur dann, wenn man die Macht nicht mißbraucht. Eine ewige Erfahrung lehrt jedoch, daß jeder Mensch, der Macht hat, dazu getrieben wird, sie zu mißbrauchen. Er geht immer weiter, bis er an Grenzen stößt. Wer hätte das gedacht: Sogar die Tugend hat Grenzen nötig.

Damit die Macht nicht mißbraucht werden kann, ist es nötig, durch die Anordnung der Dinge zu bewirken, daß die Macht die Macht bremse. (...)

Es gibt in jedem Staat drei Arten von Vollmacht: die legislative Befugnis, die exekutive Befugnis in Sachen, die vom Völkerrecht abhängen, und die exekutive Befugnis in Sachen, die vom Zivilrecht abhängen.

Auf Grund der ersteren schafft der Herrscher oder Magistrat Gesetze auf Zeit oder für die Dauer, ändert geltende Gesetze oder schafft sie ab. Auf Grund der zweiten stiftet er Frieden oder Krieg, sendet oder empfängt Botschaften, stellt die Sicherheit her, sorgt gegen Einfälle vor. Auf Grund der dritten bestraft er Verbrechen oder sitzt zu Gericht über die Streitfälle der Einzelpersonen. Diese letztere soll richterliche Befugnis heißen, und die andere schlechtweg exekutive Befugnis des Staates.

Politische Freiheit für jeden Bürger ist jene geistige Beruhigung, die aus der Überzeugung hervorgeht, die jedermann von seiner Sicherheit hat. Damit man diese Freiheit genieße, muß die Regierung so beschaffen sein, daß kein Bürger einen andern zu fürchten braucht.

Sobald in ein und derselben Person oder derselben Beamtenschaft die legislative Befugnis mit der exekutiven verbunden ist, gibt es keine Freiheit. Es wäre nämlich zu befürchten, daß derselbe Monarch oder derselbe Senat tyrannische Gesetze erließe und dann tyrannisch durchführte.

Freiheit gibt es auch nicht, wenn die richterliche Befugnis nicht von der legislativen und von der exekutiven Befugnis geschieden wird. Die Macht über Leben und Freiheit der Bürger würde unumschränkt sein, wenn jene mit der legislativen Befugnis gekoppelt wäre, denn der Richter wäre Gesetzgeber. Der Richter hätte die Zwangsgewalt eines Unterdrückers, wenn jene mit der exekutiven Gewalt gekoppelt wäre.

Alles wäre verloren, wenn ein und derselbe Mann beziehungsweise die gleiche Körperschaft entweder der Mächtigsten oder der Adligen oder des Volkes folgende drei Machtvollkommenheiten ausübte: Gesetze erlassen, öffentliche Beschlüsse in die Tat umsetzen, Verbrechen und private Streitfälle aburteilen. (...)

Stets gibt es im Staat Leute, die durch Geburt, Reichtum oder Auszeichnungen hervorragen. Wenn sie aber mit dem Volk vermengt würden und wie die andern bloß eine Stimme besäßen, so würde die gemeinsame Freiheit für sie Sklaverei bedeuten. Sie hätten keinerlei Interesse an der Verteidigung der Freiheit, denn die meisten Beschlüsse würden zu ihren Ungunsten gefaßt. Ihre Teilnahme an der Gesetzgebung muß daher ihrer anderweitigen Vorrangstellung innerhalb des Staates angemessen sein. Das trifft zu, wenn sie eine Körperschaft bilden, die das Recht hat, Unternehmungen des Volkes auszusetzen, genauso wie das Volk das Recht hat, die ihrigen auszusetzen.

Auf diese Weise wird die legislative Befugnis sowohl der Adelskörperschaft als auch der gewählten Körperschaft der Volksvertreter anvertraut. Jede hat ihre Versammlungen und Abstimmungen für sich, sowie getrennte Gesichtspunkte und Interessen. (...)

Das also ist die Grundverfassung der Regierung, von der wir reden. Die legislative Körperschaft setzt sich aus zwei Teilen zusammen. Durch ihr wechselseitiges Verhinderungsrecht wird der eine den andern an die Kette legen. Beide zusammen werden durch die exekutive Befugnis gefesselt, die ihrerseits von der Legislative gefesselt wird.

Eigentlich müßten diese drei Befugnisse einen Stillstand oder eine Bewegungslosigkeit herbeiführen. Doch durch den notwendigen Fortgang der Dinge müssen sie notgedrungen fortschreiten und sind daher gezwungen, in gleichem Schritt zu marschieren.*

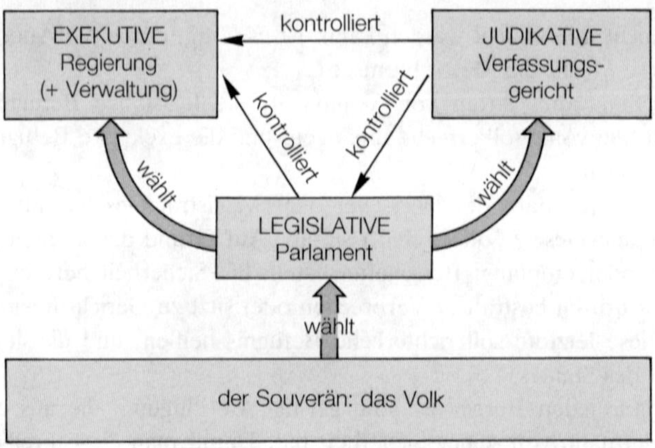

Gewaltenteilung in der modernen Demokratie

* Charles de Montesquieu, Vom Geist der Gesetze, 1748. Übers. v. K. Weigand, Reclam, Stuttgart 1989, XI. Buch, Kap. 3, 4, 6, S. 210–213, 217, 223

15.2 Der Rechtsstaat – Immanuel Kant

Im folgenden Text argumentiert Kant vom Boden des Gesellschaftsvertrags aus, den er allerdings eindeutig nicht als historische Tatsache verstanden wissen will:

„Sondern es ist eine bloße Idee *der Vernunft, die aber ihre unbezweifelte (praktische) Realität hat: nämlich jeden Gesetzgeber zu verbinden, daß er seine Gesetze so gebe, als sie aus dem vereinigten Willen eines ganzen Volks haben entspringen* können, *und jeden Untertan, so fern er Bürger sein will, so anzusehen, als ob er zu einem solchen Willen mit zusammen gestimmet habe. Denn das ist der Probierstein der Rechtmäßigkeit eines jeden öffentlichen Gesetzes."**

Hobbes' Gesellschaftsvertrag ist für Kant unannehmbar, weil der Untertan alle seine Rechte an den Regenten abgibt. Kant dagegen sieht in der Freiheit *ein angeborenes, d. h. unaufgebbares Recht, das zu schützen die Pflicht jedes Staates ist. Eine staatliche Ordnung ist daher nur in der Form eines Rechtsstaats zu rechtfertigen.*

Verbindung vieler zu irgend einem (gemeinsamen) Zweck (den alle *haben*) ist in allen Gesellschaftsverträgen anzutreffen; aber Verbindung derselben, die an sich selbst Zweck ist (den ein jeder *haben soll*), mithin die in einem jeden äußeren Verhältnisse der Menschen überhaupt, welche nicht umhin können, in wechselseitigen Einfluß auf einander zu geraten, unbedingte und erste Pflicht ist: eine solche ist nur in einer Gesellschaft, so fern sie sich im bürgerlichen Zustande befindet, d.i. ein gemeines Wesen ausmacht, anzutreffen. Der Zweck nun, der in solchem äußern Verhältnis an sich selbst Pflicht und selbst die oberste formale Bedingung (conditio sine qua non) aller übrigen äußeren Pflicht ist, ist das *Recht* der Menschen *unter öffentlichen Zwangsgesetzen*, durch welche jedem das Seine bestimmt und gegen jedes anderen Eingriff gesichert werden kann.
Der Begriff aber eines äußeren Rechts überhaupt geht gänzlich aus dem Begriffe der *Freiheit* im äußeren Verhältnisse der Menschen zu einander hervor; und hat gar nichts mit dem Zwecke, den alle Menschen natürlicher Weise haben (der Absicht auf Glückseligkeit), und der Vorschrift der Mittel, dazu zu gelangen, zu tun: so daß auch daher dieser letztere sich in jenes Gesetze schlechterdings nicht, als Bestimmungsgrund derselben, mischen muß. *Recht* ist die Einschränkung der Freiheit eines jeden auf die Bedingung ihrer Zusammenstimmung mit der Freiheit von jedermann, in so fern diese nach einem allgemeinen Gesetze möglich ist; und das *öffentliche Recht* ist der Inbegriff der *äußeren Gesetze,* welche eine solche durchgängige Zusammenstimmung möglich machen. Da nun jede Einschränkung der Freiheit durch die Willkür eines anderen *Zwang* heißt: so folgt, daß die bürgerliche Verfassung ein Verhältnis *freier Menschen* ist, die (unbeschadet ihrer Freiheit im Ganzen ihrer Verbindung mit anderen) doch unter Zwangsgesetzen stehen: weil die Vernunft selbst es so will, und zwar die reine a priori gesetzgebende Vernunft, die auf keinen empirischen Zweck (dergleichen alle unter dem allgemeinen Namen Glückseligkeit begriffen worden) Rücksicht nimmt; als in Ansehung dessen, und worin ihn ein jeder setzen will, die Menschen gar verschieden denken, so daß ihr Wille unter kein gemeinschaftliches Prinzip, folglich auch unter kein äußeres, mit jedermanns Freiheit zusammenstimmendes, Gesetz gebracht werden kann.

* Immanuel Kant, Über den Gemeinspruch: Das mag in der Theorie richtig sein, taugt aber nicht für die Praxis. II. Vom Verhältnis der Theorie zur Praxis im Staatsrecht (Gegen Hobbes), 1793. In: Ders., Werke. A.a.O., Bd. 9, S. 153

Der bürgerliche Zustand also, bloß als rechtlicher Zustand betrachtet, ist auf folgende Prinzipien a priori gegründet:

1. Die *Freiheit* jedes Gliedes der Sozietät, als *Menschen.*
2. Die *Gleichheit* desselben mit jedem anderen, als *Untertan.*
3. Die *Selbständigkeit* jedes Gliedes eines gemeinen Wesens, als *Bürgers.*

Diese Prinzipien sind nicht sowohl Gesetze, die der schon errichtete Staat gibt, sondern nach denen allein eine Staatserrichtung, reinen Vernunftprinzipien des äußeren Menschenrechts überhaupt gemäß, möglich ist. Also:

1. Die *Freiheit* als Mensch, deren Prinzip für die Konstitution eines gemeinen Wesens ich in der Formel ausdrücke: Niemand kann mich zwingen, auf seine Art (wie er sich das Wohlsein anderer Menschen denkt) glücklich zu sein, sondern ein jeder darf seine Glückseligkeit auf dem Wege suchen, welcher ihm selbst gut dünkt, wenn er nur der Freiheit anderer, einem ähnlichen Zwecke nachzustreben, die mit der Freiheit von jedermann nach einem möglichen allgemeinen Gesetze zusammen bestehen kann, (d.i. diesem Rechte des andern) nicht Abbruch tut. – Eine Regierung, die auf dem Prinzip des Wohlwollens gegen das Volk als eines *Vaters* gegen seine Kinder errichtet wäre, d.i. eine *väterliche Regierung* (imperium paternale), wo also die Untertanen als unmündige Kinder, die nicht unterscheiden können, was ihnen wahrhaftig nützlich oder schädlich ist, sich bloß passiv zu verhalten genötigt sind, um, wie sie glücklich sein *sollen,* bloß von dem Urteile des Staatsoberhaupts, und, daß dieser es auch wolle, bloß von seiner Gütigkeit zu erwarten: ist der größte denkbare *Despotismus* (Verfassung, die alle Freiheit der Untertanen, die alsdann gar keine Rechte haben, aufhebt). Nicht eine *väterliche,* sondern eine *vaterländische* Regierung (imperium, non paternale, sed patrioticum) ist diejenige, welche allein für Menschen, die der Rechte fähig sind, zugleich in Beziehung auf das Wohlwollen des Beherrschers, gedacht werden kann. *Patriotisch* ist nämlich die Denkungsart, da ein jeder im Staat (das Oberhaupt desselben nicht ausgenommen) das gemeine Wesen als den mütterlichen Schoß, oder das Land als den väterlichen Boden, aus und auf dem er selbst entsprungen, und welchen er auch so als ein teures Unterpfand hinterlassen muß, betrachtet, nur um die Rechte desselben durch Gesetze des gemeinsamen Willens zu schützen, nicht aber es seinem unbedingten Belieben zum Gebrauch zu unterwerfen sich für befugt hält. – Dieses Recht der Freiheit kömmt ihm, dem Gliede des gemeinen Wesens, als Mensch zu, so fern dieser nämlich ein Wesen ist, das überhaupt der Rechte fähig ist.

2. (...) Aus dieser Idee der Gleichheit der Menschen im gemeinen Wesen als Untertanen geht nun auch die Formel hervor: Jedes Glied desselben muß zu jeder Stufe eines Standes in demselben (die einem Untertan zukommen kann) gelangen dürfen, wozu ihn sein Talent, sein Fleiß und sein Glück hinbringen können; und es dürfen ihm seine Mituntertanen durch ein *erbliches* Prärogativ (als Privilegiaten für einen gewissen Stand) nicht im Wege stehen, um ihn und seine Nachkommen unter demselben ewig niederzuhalten. (...)

3. Die *Selbständigkeit* (sibisufficientia) eines Gliedes des gemeinen Wesens als *Bürgers,* d.i. als Mitgesetzgebers. (...)
Derjenige nun, welcher das Stimmrecht in dieser Gesetzgebung hat, heißt ein *Bürger* (citoyen, d.i. *Staatsbürger,* nicht Stadtbürger, bourgeois). Die dazu erforderliche Qualität ist, außer der *natürlichen* (daß es kein Kind, kein Weib sei), die einzige: daß er *sein eigener Herr* (sui iuris) sei, mithin irgend ein *Eigentum* habe (wozu auch jede Kunst, Handwerk, oder schöne Kunst, oder Wissenschaft gezählt werden kann), welches ihn ernährt (...).*

* Ebd. S. 144–151

Die von Kant favorisierte Staatsform ist die Republik – verstanden als ein Staat mit Gewaltenteilung und einer Volksvertretung durch gewählte Repräsentanten. Das Gemeinwohl eines solchen Staates dürfe nicht in der Glückseligkeit gesucht werden, sondern liege in der Rechtsstaatlichkeit:

Der Satz: Salus publica suprema civitatis lex est (Das öffentliche Wohl ist das oberste Gesetz des Staates) bleibt in seinem unverminderten Wert und Ansehen; aber das öffentliche Heil, welches *zuerst* in Betrachtung zu ziehen steht, ist gerade diejenige gesetzliche Verfassung, die jedem seine Freiheit durch Gesetze sichert: wobei es ihm unbenommen bleibt, seine Glückseligkeit auf jedem Wege, welcher ihm der beste dünkt, zu suchen, wenn er nur nicht jener allgemeinen gesetzmäßigen Freiheit, mithin dem Rechte anderer Mituntertanen, Abbruch tut. Wenn die oberste Macht Gesetze gibt, die zunächst auf die Glückseligkeit (die Wohlhabenheit der Bürger, die Bevölkerung und dergleichen) gerichtet sind: so geschieht dieses nicht als Zweck der Errichtung einer bürgerlichen Verfassung, sondern bloß als Mittel, den *rechtlichen Zustand* vornehmlich gegen äußere Feinde des Volks zu sichern.*

Weil für Kant der Rechtsstaat das oberste politische Gut darstellt, hält er jeden tätlichen Widerstand, Aufruhr und Revolution für ein Verbrechen. Die Rechte des Volks dürfen nur mit der „Freiheit der Feder" verteidigt werden.

15.3 Die kritische Öffentlichkeit

Jegliches Recht wird unmöglich, wenn das, was Recht oder Unrecht ist, in Dunkel gehüllt und somit ununterscheidbar wird. Recht und Moral sind darauf angewiesen, daß eine kritische Öffentlichkeit die jeweiligen Lebensverhältnisse durchleuchtet. Das aufgeklärte Publikum ist das Forum, vor dem sich die Politik auf ihre Rechtsstaatlichkeit und das Recht auf seine Moralität hin verantworten muß.
Es ist das Bürgertum des 18. Jahrhunderts, das im Namen der Aufklärung für das Recht auf freie Meinungsäußerung, für Pressefreiheit und für das Vereins- und Versammlungsrecht kämpft. Kant erklärt 1784 (in: Was ist Aufklärung?):
„Zu dieser Aufklärung wird aber nichts erfordert als Freiheit; *und zwar die unschädlichste unter allem, was nur Freiheit heißen mag, nämlich die: von seiner Vernunft in allen Stücken* öffentlichen Gebrauch *zu machen."*
Die Französische Revolution setzt die geforderten Rechte durch; darin liegt ein unbestreitbarer Erfolg, selbst in den Augen derer, die den brutalen Terror der Revolution verurteilen.
„Nur eine ausgezeichnete Wohltat hat der Genius unsers Zeitalters uns erwiesen, und die ist, daß er der Publizität so laut das Wort geredet hat. Diese allein kann den Mißbrauch der obersten Gewalt hemmen. Das ganze Volk und jeder einzelne im Volke hat das gegründetste Recht zu fordern, daß man ihn nicht im Dunkeln führe." So der Aufklärer Freiherr Adolph von Knigge 1790 (in: Geschichte des armen Herrn von Mildenberg). „Da wo Vermutung und Ungewißheit eintreten können, da gesellen sich auch die schwachen Guten zu den schlauen Bösen."
Trotz vieler Rückschläge werden die Rechte, die eine kritische Öffentlichkeit als Korrektiv der Regierung ermöglichen sollen, in die Staatsverfassungen aufgenommen. Doch mehren sich die Stimmen, die bezweifeln, daß wir in der heutigen Massendemokratie überhaupt noch auf eine kritische Öffentlichkeit bauen können.

* Ebd. S. 154f.

15.3.1 Gefahren der öffentlichen Dunkelheit – Platon, André Glucksmann

Im folgenden Text interpretiert André Glucksmann eine Erzählung über den Hirten Gyges, die sich in Platons zweitem Buch der „Politeia" (Der Staat) findet.

Der Urahn des Krösus, der Hirte Gyges, ein armer Schlukker, entdeckte eines Tages einen Ring, der mit der Zauberkraft ausgestattet war, nach Belieben unsichtbar zu machen. Er drang in den Palast ein, verführte die Königin, tötete den König und raffte im Schutze der Dämmerung ein Vermögen an sich, dem sein Enkel später zur Sprichwörtlichkeit verhelfen sollte. Die offenkundige Moral dieser Geschichte: Unrecht Gut gedeiht allemal; man braucht dem Schlechten nur Straflosigkeit zuzusichern, schon wird es um uns und in uns unbesiegbar. Ironischerweise offenbart die unmoralische Moral, daß die Fabel die Fragestellung verlagert und nicht mehr danach fragt, ob das Gute oder das Böse gewinnt, sondern zu welcher für beide gültigen Bedingung das eine oder das andere obsiegt. Wenn das Abenteuer des Gyges nichts weiter vor Augen führte als die statistisch nachgewiesene Tatsache, daß der Starke mächtiger ist als der Schwache, verdiente sie keine weitere Aufmerksamkeit. Unterschwellig sagt sie mehr aus, sie hinterfragt die Stärke des Starken und die Schwäche des Schwachen, sie spielt mit dem Gegensatz zwischen dem Sichtbaren und dem Unsichtbaren, den sie über den Gegensatz zwischen Gut und Böse setzt: Gyges verkörpert nicht wie de Sades Juliette[1] die Vorzüge des Lasters, sondern die der Unsichtbarkeit.

Mit welcher List, welchem Ersatz für den Ring, könnte man mit der Zauberkraft des Gyges konkurrieren? Indem man sich in Glaubwürdigkeit hüllt: „So muß auch der Ungerechte, weil er seine Taten verständig unternimmt, mit seinen Ungerechtigkeiten verborgen bleiben, wenn er uns recht tüchtig ungerecht sein soll: ... Denn die höchste Ungerechtigkeit ist, daß man gerecht scheine, ohne es zu sein." Der Unterschied zwischen Sein und Schein oder sichtbar und unsichtbar bedingt die Möglichkeit des Widerspruchs zwischen Recht und Unrecht. Anders ausgedrückt (und diese Lektion beherrscht die zehn Bücher von Platons *Staat*): Die Frage nach der Wahrheit kommt vor der Frage nach dem Guten. Solange eine geistige und soziale Verfinsterung jegliche Fähigkeit zunichte macht, das lasterhafte und das tugendsame Leben zu unterscheiden, ist es zwecklos, ihre jeweiligen Vorzüge zu vergleichen. Solange Wahrheit und Lüge sich vermischen, stellt sich die Frage nach der Moral schlechterdings nicht.

Das Abenteuer des Gyges bestimmt die Aufgabe, die sich Sokrates stellt: ein Gemeinwesen zu entwerfen, in dem die Tugend erkennbar ist. Von Platon bis Solschenizyn[2] beherrscht dieses Konzept das ganze politische Denken des Abendlandes (...).*

1 de Sade (1740–1814) beschreibt in seinem Roman „Juliette oder Die Wonnen des Lasters" (Paris 1797), wie Juliette durch extreme Grausamkeiten und Obszönitäten zu Erfolg und Glück gelangt und damit die Tugend widerlegt.

2 Alexander Solschenizyn (geb. 1918) kam wegen kritischer Äußerungen über Stalin acht Jahre in ein Straflager, war dann Mathematik- und Physiklehrer sowie Schriftsteller. Wegen seiner unablässigen Kritik an der kommunistischen Herrschaft 1969 aus dem sowjetischen Schriftstellerverband ausgeschlossen; 1970 Nobelpreis für Literatur; 1974 aus der Sowjetunion ausgewiesen; lebt und schreibt in den USA; 1991 von seinem Vaterland offiziell rehabilitiert.

* André Glucksmann, Philosophie der Abschreckung. Ullstein, Frankfurt/M., Berlin 1986, S. 52f. Französisches Original 1983

15.3.2 Öffentlichkeit in der Massendemokratie – Jürgen Habermas

Habermas untersucht, wie die bürgerliche Öffentlichkeit, die sich im 18. Jahrhundert zur Formulierung gesellschaftlicher Bedürfnisse sowie zur Kritik und Kontrolle des Staates herausbildete, zunehmend entkräftet wird.

Das Modell der bürgerlichen Öffentlichkeit rechnete mit der strikten Trennung des öffentlichen vom privaten Bereich, wobei die Öffentlichkeit der zum Publikum versammelten Privatleute, die den Staat mit Bedürfnissen der Gesellschaft vermittelt, selbst zum privaten Bereich zählte. (...) Diese Vermittlungsfunktion geht vom Publikum auf solche Institutionen über, die sich, wie die Verbände, aus der Privatsphäre, oder, wie die Parteien, aus der Öffentlichkeit heraus gebildet haben und nun Machtvollzug und Machtausgleich im Zusammenspiel mit dem Staatsapparat intern betreiben; dabei bemühen sie sich über die ihrerseits verselbständigten Massenmedien bei dem mediatisierten[1] Publikum um Zustimmung oder mindestens Duldung. Publizität wird gleichsam von oben entfaltet, um bestimmten Positionen eine Aura von good will[2] zu verschaffen. Ursprünglich garantierte Publizität den Zusammenhang des öffentlichen Räsonnements[3] sowohl mit der legislativen Begründung der Herrschaft als auch mit der kritischen Aufsicht über deren Ausübung. Inzwischen ermöglicht sie die eigentümliche Ambivalenz[4] einer Herrschaft über die Herrschaft der nichtöffentlichen Meinung: sie dient der Manipulation *des* Publikums im gleichen Maße wie der Legitimation *vor* ihm. Kritische Publizität wird durch manipulative verdrängt.*

1 mediatisiert: vermittelt, nur durch ein Medium gegenwärtig
2 good will (engl.): Wohlwollen
3 Räsonnement: vernünftige Überlegung
4 Ambivalenz: Doppelwertigkeit

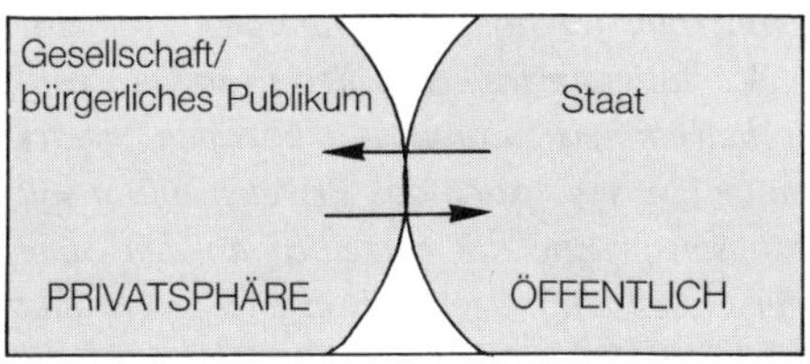

18. Jahrhundert

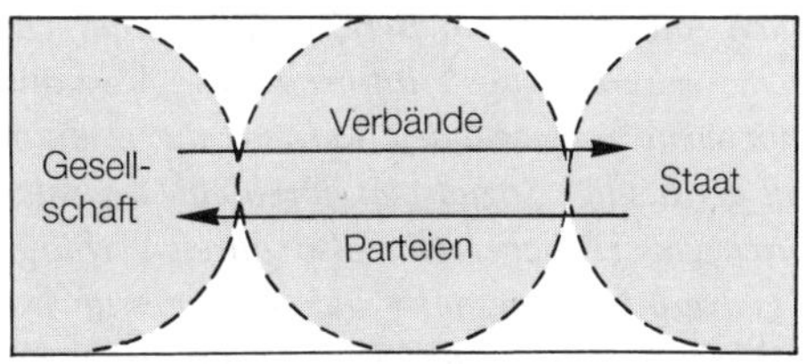

20. Jahrhundert

Um seine These zu belegen, weist Habermas auf vielfältige gesellschaftliche und politische Neuerungen der letzten hundert Jahre hin, z. B. auf die Entstehung von Zeitungskonzernen, auf den Einfluß der Werbung auf die Massenmedien, auf die bewußte Öffentlichkeitsarbeit und Pflege von public relations, auf Parteipropaganda, auf den gesunkenen Einfluß von Abgeordneten, die einem Fraktionszwang unterliegen, und anderes mehr.
Wie kann man unter diesen Umständen eine kritische Öffentlichkeit erneuern?

Auch heute verpflichtet die Verfassung des Sozialstaates als einer Massendemokratie die Tätigkeit der Staatsorgane zur Öffentlichkeit, damit ein permanenter Prozeß der Meinungs- und Willensbildung wenigstens als freiheitverbürgendes Korrektiv an der Macht- und Herrschaftsausübung wirksam werden kann (...).

* Jürgen Habermas, Strukturwandel der Öffentlichkeit. Luchterhand, Neuwied, Berlin [8]1976 ([1]1962), S. 211, 213

Die von gesellschaftlichen Organisationen beschlagnahmte, unter dem Druck kollektiver Privatinteressen vermachtete Öffentlichkeit kann über eine Mitwirkung an politischen Kompromissen hinaus Funktionen der politischen Kritik und Kontrolle nur in dem Maße ausüben, indem sie selbst Bedingungen der Publizität rücksichtslos unterworfen ist, nämlich Öffentlichkeit im strengen Sinne wiederum wird. Unter den veränderten Verhältnissen kann die Intention der klassischen Publizitätsforderungen vor einer Verkehrung ins Restaurative[1] bewahrt werden, wenn sich, in Ergänzung durch unorthodoxe[2] Publizitätsforderungen, Publizität auch auf Einrichtungen erstrecken soll, die bislang eher von der Öffentlichkeit der anderen leben, als selbst deren Aufsicht unterstehen: in erster Linie auf Parteien, dann aber auch auf politisch effektive Massenmedien und öffentliche Verbände. Sie alle sind Institutionen der staatsbezogen agierenden gesellschaftlichen Mächte – private Organisationen der Gesellschaft, die öffentliche Funktionen innerhalb der politischen Ordnung ausüben.
Um diesen Funktionen im Sinne demokratischer Meinungs- und Willensbildung genügen zu können, müssen sie zunächst in ihrem inneren Aufbau nach dem Prinzip der Öffentlichkeit organisiert sein und eine innerparteiliche bzw. verbandsinterne Demokratie institutionell ermöglichen – eine ungehinderte Kommunikation und öffentliches Räsonnement gestatten.
Sodann muß die Verbindung einer solchen Organisationsöffentlichkeit mit der Öffentlichkeit des gesamten Publikums durch Publizität des internen Partei- und Verbandsgeschehens gesichert sein. Schließlich bedarf die Tätigkeit der Organisationen selbst, ihr Druck auf den Staatsapparat, aber auch ihre Gewaltausübung gegeneinander, ebenso einer weitgehenden Publizität wie die vielfältigen Abhängigkeitsverhältnisse und wirtschaftlichen Verflechtungen; dazu gehört es etwa, daß die Organisationen der Öffentlichkeit Einblick in Herkunft und Verwendung ihrer finanziellen Mittel gewähren.*

1 restaurativ: auf die Wiederherstellung alter Ordnungen abzielend
2 unorthodox: herkömmlichen Anschauungen widersprechend

Auch Änderungen im Bereich der Grundrechte hält Habermas für nötig: Die liberalen Freiheitsrechte wie Meinungs-, Informations-, Versammlungs-, Vereinigungsfreiheit sollen in soziale Teilhaberechte umgewandelt werden; die traditionelle Enthaltsamkeitsgarantie des liberalen Staates soll der heutige Sozialstaat durch eine Gestaltungsgarantie ablösen. Auch das Privateigentum soll durch ein Teilhaberecht, also durch verbürgte Leistungsansprüche des einzelnen an den Staat sozialverträglich gestaltet und, soweit es im Interesse der Gesellschaft liegt, teilweise eingeschränkt werden. Der Grad der Demokratisierung unserer Gesellschaft hänge davon ab, inwieweit die „Rationalisierung des Vollzugs sozialer und politischer Gewalt“ durch eine kritische Öffentlichkeit gelinge – allen Bestrebungen, Publizität zu manipulieren, zum Trotz.

Diesem tatsächlichen Trend zur Entkräftung der Öffentlichkeit, als Prinzip, steht die sozialstaatliche Umfunktionierung der Grundrechte, überhaupt die Transformation des liberalen zum sozialen Rechtsstaat entgegen: das Öffentlichkeitsgebot wird von den Staatsorganen auf alle staatsbezogen agierenden Organisationen ausgedehnt. Im Maße seiner Verwirklichung würde anstelle eines nicht mehr intakten Publikums individuell verkehrender Privatleute ein Publikum der organisierten Privatleute treten. *Nur sie könnten unter heutigen Verhältnissen über die Kanäle der innerparteilichen und verbandsinternen Öffentlichkeit, und auf Grund der für den Verkehr der Organisationen mit dem Staat und untereinander in Kraft gesetzten Publizität, wirksam an einem Prozeß öffentlicher Kommunikation teilnehmen.* An diesem hätte sich die Bildung politischer Kompromisse zu legitimieren.**

* Ebd. S. 247 f. Literaturhinweise sind gestrichen.
** Ebd. S. 274

Arbeitsanregungen

1. Wieso kann Hobbes' Theorie für Ludwig XIV. eine Rechtfertigung seiner Herrschaft bieten?
2. Wogegen richtet sich wohl Montesquieus Definition der politischen Freiheit (1. Satz in 15.1)? Ist diese Definition überzeugend? Vergleichen Sie damit Lockes Definition vollkommener Freiheit in 14.1.1.
3. Welche Funktionen haben die drei Gewalten, und wer übt sie aus? Vergleichen Sie Montesquieus Erklärungen mit der Gewaltenteilung in unserem Staat.
4. Warum sollen die drei Gewalten getrennt werden? (15.1)
5. Ist die Gewaltenteilung in unserem Staat konsequent verwirklicht?
6. Politikwissenschaftler reden lieber von der „Balance" statt von der „Teilung" der Gewalten – warum wohl?
7. Zeigen Sie konservative Elemente in Montesquieus Theorie auf. (15.1)
8. Kant tritt für den Rechtsstaat ein (15.2) – warum nicht für den Sozialstaat? Inwiefern ist der Sozialstaat nach Kants Theorie zu rechtfertigen? (Schluß von 15.2)
9. Erläutern Sie Kants Begriff des Rechts (15.2). Vergleichen Sie damit seinen Begriff von Moralität.
10. Was versteht Kant unter Freiheit? Warum wäre für Kant Montesquieus Freiheitsdefinition (15.1) nicht ausreichend?
11. Die Französische Revolution verkündete die Losungen Freiheit – Gleichheit – Brüderlichkeit; Kant ersetzt „Brüderlichkeit" durch „Selbständigkeit" (15.2). Was versteht Kant darunter? Ist Selbständigkeit eine bessere politische Forderung als Brüderlichkeit?
12. Was versteht man gewöhnlich unter Patriotismus? Ist Patriotismus wünschenswert? Berücksichtigen Sie in ihrer Antwort Kants Auffassung von Patriotismus in 15.2.
13. Ist Kants Forderung der politischen Gleichheit heute verwirklicht?
14. Ist unser Staat in Kants Sinn ein Rechtsstaat?
15. Erläutern Sie die These „Die Frage nach der Wahrheit kommt vor der Frage nach dem Guten." (15.3.1)
16. Gibt es in der modernen Demokratie etwas, was mit dem Ring des Gyges (15.3.1) vergleichbar wäre? Wer muß dafür sorgen, daß sich die Zauberkraft des Rings nicht entfalten kann?
17. Beschreiben Sie in eigenen Worten den „Strukturwandel der Öffentlichkeit". (15.3.2)
18. Inwiefern ist dieser Strukturwandel für einen Rechtsstaat von Bedeutung?
19. Zählen Sie politisch einflußreiche Verbände und Parteien auf. Sind sie nach den Prinzipien der Öffentlichkeit und inneren Demokratie organisiert, wie Habermas es in 15.3.2 fordert?
20. Erläutern und diskutieren Sie Habermas' Vorschläge zur weiteren Demokratisierung unserer Gesellschaft. Was kann man sich unter der öffentlichen Kommunikation eines Publikums organisierter Privatleute (Ende von 15.3.2) vorstellen?

16 Entfremdung und Versöhnung

16.1 Der Staat als Verkörperung von Vernunft und Freiheit?

Bereits Montesquieu hat darauf aufmerksam gemacht, daß die Gesetze und die Regierungsform eines Staates dem Geist *des Volkes mit seinen vielfältigen natürlichen und kulturellen Bedingungen angepaßt sein müssen, damit die Politik vom Volk akzeptiert werden kann.*
Georg Wilhelm Friedrich Hegel *versteht den Begriff des Geistes noch umfassender; in Anlehnung an Aristoteles' Begriff der Seele (psyche) wird Geist zum lebendigen Prinzip aller Wirklichkeit. Auch die Natur ist also Geist, wenngleich nur eine Vorform, ohne Bewußtsein; sie strebt – vereinfacht ausgedrückt – zur weiteren Entfaltung des Geistes a) im einzelnen Menschen („subjektiver Geist"), b) in den gesellschaftlichen Institutionen von Recht, Moral und Sittlichkeit („objektiver Geist") und c) in Kunst, Religion und Philosophie („absoluter Geist").*
Weil für Hegel die eigentliche Wirklichkeit im Geist, in der Vernunft, in der Idee liegt, wird seine Philosophie als Idealismus *bezeichnet – im Unterschied zum Materialismus, der alles, was ist, auf materielle Stofflichkeit zurückführt (so z. B. Hobbes oder Marx). Der Idealist beharrt darauf, daß die Welt letztlich vernünftig und also verstehbar geordnet ist; deshalb gelangt der Idealist über die Erkenntnis der Wirklichkeit zu einer verbindlichen Ordnung auch für den Menschen.*
Hegels Gesellschafts- und Staatsphilosophie gehört in den Bereich des objektiven Geistes, wo sich im gemeinschaftlichen Leben das Ziel des Geistes – nämlich Freiheit – objektiv (d. h. geschichtlich-politisch) verwirklicht. Freiheit ist also für Hegel nicht eine bloße *Idee (wie für Kant), sondern gelebte Sittlichkeit und damit konkrete Wirklichkeit, und zwar am konkretesten im (richtig verstandenen) Staat. Erst wer den Staat als Verwirklichung der von uns allen erstrebten Freiheit philosophisch begreifen kann, kommt über die Entzweiung (Entfremdung) der bürgerlichen Gesellschaft mit ihrem Egoismus und ihren Konkurrenzkämpfen hinweg.*

16.1.1 Die Entzweiung der bürgerlichen Gesellschaft – Georg Wilhelm Friedrich Hegel

In der Tradition des liberalen Naturrechts (John Locke) denkt man sich die Gesellschaft als einen Ort weitgehender Harmonie. Hegel sieht in der Gesellschaft eher einen Kampfplatz gegensätzlicher Stände bzw. Klassen mit gegensätzlichen Interessen. Damit treten auch Gesellschaft und Staat in ein Spannungsverhältnis.

Wenn der Staat vorgestellt wird als eine Einheit verschiedener Personen, als eine Einheit, die nur Gemeinsamkeit ist, so ist damit nur die Bestimmung der bürgerlichen Gesellschaft gemeint. Viele der neueren Staatsrechtslehrer haben es zu keiner anderen Ansicht vom Staate bringen können. In der bürgerlichen Gesellschaft ist jeder sich Zweck, alles andere ist ihm nichts. Aber ohne Beziehung auf andere kann er den Umfang seiner Zwecke nicht erreichen; diese anderen sind daher Mittel zum Zweck des Besonderen. (...)
Der selbstsüchtige Zweck in seiner Verwirklichung, so durch die Allgemeinheit bedingt, begründet ein System allseitiger Abhängigkeit, daß die Subsistenz[1] und das Wohl des Einzelnen und sein rechtliches Dasein in die Subsistenz, das Wohl und Recht aller verflochten, darauf gegründet und nur in diesem Zusammenhange wirklich und gesichert ist. – Man kann dies System zunächst als den *äußeren Staat*, – *Not-* und *Verstandesstaat* ansehen.

1 Subsistenz: Lebensunterhalt

(...) So sehen die meisten z. B. die Bezahlung von Abgaben für ein Verletzen ihrer Besonderheit an, für ein ihnen Feindseliges, das ihren Zweck verkümmert; aber so wahr dies *scheint,* so kann doch die Besonderheit des Zwecks nicht befriedigt werden ohne das Allgemeine, und ein Land, worin keine Abgaben bezahlt werden, dürfte sich auch nicht durch die Erkräftigung der Besonderheit auszeichnen.*

Die Gegensätze tauchen auch zwischen verschiedenen Klassen und zwischen verschiedenen Nationen auf (womit Hegel die Phase des Imperialismus und Kolonialismus voraussieht):

Wenn die bürgerliche Gesellschaft sich in ungehinderter Wirksamkeit befindet, so ist sie innerhalb ihrer selbst in *fortschreitender Bevölkerung* und *Industrie* begriffen. – Durch die *Verallgemeinerung* des Zusammenhangs der Menschen durch ihre Bedürfnisse, und der Weisen, die Mittel für diese zu bereiten und herbeizubringen, vermehrt sich die *Anhäufung der Reichtümer*, denn aus dieser gedoppelten Allgemeinheit wird der größte Gewinn gezogen, – auf der einen Seite, wie auf der andern Seite die *Vereinzelung* und *Beschränktheit* der besondern Arbeit und damit die *Abhängigkeit* und *Not* der an diese Arbeit gebundenen Klasse, womit die Unfähigkeit der Empfindung und des Genusses der weitern Freiheiten und besonders der geistigen Vorteile der bürgerlichen Gesellschaft zusammenhängt.
Das Herabsinken einer großen Masse unter das Maß einer gewissen Subsistenzweise, die sich von selbst als die für ein Mitglied der Gesellschaft notwendige reguliert, – und damit zum Verluste des Gefühls des Rechts, der Rechtlichkeit und der Ehre, durch eigene Tätigkeit und Arbeit zu bestehen, – bringt die Erzeugung des *Pöbels* hervor, die hinwiederum zugleich die größere Leichtigkeit, unverhältnismäßige Reichtümer in wenige Hände zu konzentrieren, mit sich führt.
Wird der reichern Klasse die direkte Last aufgelegt, oder es wären in anderem öffentlichen Eigentum (reichen Hospitälern, Stiftungen, Klöstern) die direkten Mittel vorhanden, die der Armut zugehende Masse auf dem Stande ihrer ordentlichen Lebensweise zu erhalten, so würde die Subsistenz der Bedürftigen gesichert, ohne durch die Arbeit vermittelt zu sein, was gegen das Prinzip der bürgerlichen Gesellschaft und des Gefühls ihrer Individuen von ihrer Selbständigkeit und Ehre wäre; oder sie würde durch Arbeit (durch Gelegenheit dazu) vermittelt, so würde die Menge der Produktionen vermehrt, in deren Überfluß und dem Mangel der verhältnismäßigen selbst produktiven Konsumenten gerade das Übel besteht, das auf beide Weisen sich nur vergrößert. Es kommt hierin zum Vorschein, daß bei dem *Übermaße des Reichtums* die bürgerliche Gesellschaft *nicht reich genug* ist, d. h. an dem ihr eigentümlichen Vermögen nicht genug besitzt, dem Übermaße der Armut und der Erzeugung des Pöbels zu steuern. (...)
Durch diese ihre Dialektik wird die bürgerliche Gesellschaft über sich hinausgetrieben, zunächst *diese bestimmte* Gesellschaft, um außer ihr in andern Völkern, die ihr an den Mitteln, woran sie Überfluß hat, oder überhaupt an Kunstfleiß usf. nachstehen, Konsumenten und damit die nötigen Subsistenzmittel zu suchen.**

* Georg Wilhelm Friedrich Hegel, Grundlinien der Philosophie des Rechts, 1821. Hrsg. v. H. Reichelt, Ullstein, Frankfurt/M., Berlin, Wien 1972, §§ 182–184 mit Zusätzen, S. 169f.

** Ebd., §§ 243–246, S. 207–209

16.1.2 Versöhnung durch philosophisches Begreifen des Staates – Georg Wilhelm Friedrich Hegel

Ungebildete Menschen gefallen sich im Räsonieren und Tadeln, denn Tadel finden ist leicht, schwer aber das Gute und die innere Notwendigkeit desselben zu kennen. Beginnende Bildung fängt immer mit dem Tadel an, vollendete aber sieht in jedem das Positive. In der Religion ist ebensobald gesagt, dies oder jenes sei Aberglauben, aber es ist unendlich schwerer, die Wahrheit davon zu begreifen. Die erscheinende politische Gesinnung ist also von dem zu unterscheiden, was die Menschen wahrhaft wollen, denn sie wollen eigentlich innerlich die Sache, aber sie halten sich an Einzelheiten und gefallen sich in der Eitelkeit des Besserverstehenwollens. Das Zutrauen haben die Menschen, daß der Staat bestehen müsse und in ihm nur das besondere Interesse könne zustande kommen, aber die Gewohnheit macht das unsichtbar, worauf unsere ganze Existenz beruht. Geht jemand zur Nachtzeit sicher auf der Straße, so fällt es ihm nicht ein, daß dieses anders sein könne, denn diese Gewohnheit der Sicherheit ist zur andern Natur geworden, und man denkt nicht gerade nach, wie dies erst die Wirkung besonderer Institutionen sei. Durch die Gewalt, meint die Vorstellung oft, hänge der Staat zusammen; aber das Haltende ist allein das Grundgefühl der Ordnung, das alle haben.*

Was vernünftig ist, das ist wirklich;
und was wirklich ist, das ist vernünftig.

In dieser Überzeugung steht jedes unbefangene Bewußtsein, wie die Philosophie, und hiervon geht diese ebenso in Betrachtung des *geistigen* Universums aus als des *natürlichen*. Wenn die Reflexion, das Gefühl oder welche Gestalt das subjektive Bewußtsein habe, die *Gegenwart* für ein *Eitles* ansieht, über sie hinaus ist und es besser weiß, so befindet es sich im Eitlen, und weil es Wirklichkeit nur in der Gegenwart hat, ist es so selbst nur Eitelkeit. Wenn umgekehrt die *Idee* für das gilt, was nur so eine Idee, eine Vorstellung in einem Meinen ist, so gewährt hingegen die Philosophie die Einsicht, daß nichts wirklich ist als die Idee. Darauf kommt es dann an, in dem Scheine des Zeitlichen und Vorübergehenden die Substanz, die immanent, und das Ewige, das gegenwärtig ist, zu erkennen. Denn das Vernünftige, was synonym ist mit der Idee, indem es in seiner Wirklichkeit zugleich in die äußere Existenz tritt, tritt in einem unendlichen Reichtum von Formen, Erscheinungen und Gestaltungen hervor, und umzieht seinen Kern mit der bunten Rinde, in welcher das Bewußtsein zunächst haust, welche der Begriff erst durchdringt, um den inneren Puls zu finden und ihn ebenso in den äußern Gestaltungen noch schlagend zu fühlen. (...)

So soll denn diese Abhandlung, insofern sie die Staatswissenschaft enthält, nichts anders sein, als der Versuch, den *Staat als ein in sich Vernünftiges zu begreifen* und *darzustellen*. Als philosophische Schrift muß sie am entferntesten davon sein, einen *Staat, wie er sein soll*, konstruieren zu sollen; die Belehrung, die in ihr liegen kann, kann nicht darauf gehen, den Staat zu belehren, wie er sein soll, sondern vielmehr, wie er, das sittliche Universum, erkannt werden soll.

Ἰδοὺ Ῥόδος, ἰδοὺ καὶ τὸ πήδημα.
Hic Rodus, *hic* saltus[1].

Das *was ist* zu begreifen, ist die Aufgabe der Philosophie, denn das, *was ist*, ist die Vernunft. Was das Individuum betrifft, so ist ohnehin jedes ein *Sohn seiner Zeit*; so ist auch die Philosophie *ihre* Zeit *in Gedanken erfaßt*. Es ist ebenso töricht zu wähnen, irgendeine Philosophie

1 In Äsops Fabel 203 rühmt sich ein Prahler, in Rhodus gewaltig weit gesprungen zu sein. Darauf sagt einer der Zuhörer: „Hier ist Rhodus, hier springe!“ (Hic Rhodus, hic salta.)

* Ebd., Zusatz zu § 268, S. 226

gehe über ihre gegenwärtige Welt hinaus, als, ein Individuum überspringe seine Zeit, springe über Rhodus hinaus. Geht seine Theorie in der Tat drüber hinaus, baut es sich eine Welt, *wie sie sein soll*, so existiert sie wohl, aber nur in seinem Meinen, – einem weichen Elemente, dem sich alles Beliebige einbilden läßt.*

Wenn der Staat mit der bürgerlichen Gesellschaft verwechselt und seine Bestimmung in die Sicherheit und den Schutz des Eigentums und der persönlichen Freiheit gesetzt wird, so ist *das Interesse der Einzelnen als solcher* der letzte Zweck, zu welchem sie vereinigt sind, und es folgt hieraus ebenso, daß es etwas Beliebiges ist, Mitglied des Staates zu sein. – Er hat aber ein ganz anderes Verhältnis zum Individuum; indem er objektiver Geist ist, so hat das Individuum selbst nur Objektivität, Wahrheit und Sittlichkeit, als es ein Glied desselben ist. Die *Vereinigung* als solche ist selbst der wahrhafte Inhalt und Zweck, und die Bestimmung der Individuen ist, ein allgemeines Leben zu führen (...).
(...) Der Staat an und für sich ist das sittliche Ganze, die Verwirklichung der Freiheit, und es ist absoluter Zweck der Vernunft, daß die Freiheit wirklich sei. Der Staat ist der Geist, der in der Welt steht und sich in derselben mit *Bewußtsein* realisiert, während er sich in der Natur nur als das Andere seiner, als schlafender Geist verwirklicht. Nur als im Bewußtsein vorhanden, sich selbst als existierender Gegenstand wissend, ist er der Staat. Bei der Freiheit muß man nicht von der Einzelheit, vom einzelnen Selbstbewußtsein ausgehen, sondern nur vom Wesen des Selbstbewußtseins, denn der Mensch mag es wissen oder nicht, dies Wesen realisiert sich als selbständige Gewalt, in der die einzelnen Individuen nur Momente sind: es ist der Gang Gottes in der Welt, daß der Staat ist, sein Grund ist die Gewalt der sich als Wille verwirklichenden Vernunft. Bei der Idee des Staats muß man nicht besondere Staaten vor Augen haben, nicht besondere Institutionen, man muß vielmehr die Idee, diesen wirklichen Gott, für sich betrachten. Jeder Staat, man mag ihn auch nach den Grundsätzen, die man hat, für schlecht erklären, man mag diese oder jene Mangelhaftigkeit daran erkennen, hat immer, wenn er namentlich zu den ausgebildeten unserer Zeit gehört, die wesentlichen Momente seiner Existenz in sich. Weil es aber leichter ist, Mängel aufzufinden, als das Affirmative zu begreifen, verfällt man leicht in den Fehler, über einzelne Seiten den inwendigen Organismus des Staates selbst zu vergessen. Der Staat ist kein Kunstwerk, er steht in der Welt, somit in der Sphäre der Willkür, des Zufalls und des Irrtums; übles Benehmen kann ihn nach vielen Seiten defigurieren. Aber der häßlichste Mensch, der Verbrecher, ein Kranker und Krüppel ist immer noch ein lebender Mensch; das Affirmative, das Leben, besteht trotz des Mangels, und um dieses Affirmative ist es hier zu tun. (...)
Der Staat ist die Wirklichkeit der konkreten Freiheit; die *konkrete Freiheit* aber besteht darin, daß die persönliche Einzelheit und deren besondere Interessen sowohl ihre vollständige *Entwicklung* und die *Anerkennung ihres Rechts* für sich (im Systeme der Familie und der bürgerlichen Gesellschaft) haben, als sie durch sich selbst in das Interesse des Allgemeinen teils *übergehen*, teils mit Wissen und Willen dasselbe, und zwar als ihren eigenen *substantiellen Geist* anerkennen und für dasselbe als ihren *Endzweck tätig* sind (...).
(...) Die Idee des Staats in neuer Zeit hat die Eigentümlichkeit, daß der Staat die Verwirklichung der Freiheit nicht nach subjektivem Belieben, sondern nach dem Begriffe des Willens, d. h. nach seiner Allgemeinheit und Göttlichkeit ist. Die unvollkommenen Staaten sind die, in denen die Idee des Staats noch eingehüllt ist und wo die besonderen Bestimmungen derselben nicht zu freier Selbständigkeit gekommen sind. In den Staaten des klassischen Altertums findet sich allerdings schon die Allgemeinheit vor, aber die Partikularität war noch nicht losgebunden

* Ebd., Vorrede, S. 11–13

Die Universität Berlin, an der Hegel ab 1818 (dem Geburtsjahr von Marx) lehrte und an der Marx (fünf Jahre nach Hegels Tod 1831) studierte.

und freigelassen und zur Allgemeinheit, d.h. zum allgemeinen Zweck des Ganzen zurückgeführt. Das Wesen des neuen Staates ist, daß das Allgemeine verbunden sei mit der vollen Freiheit der Besonderheit und dem Wohlergehen der Individuen, daß also das Interesse der Familie und bürgerlichen Gesellschaft sich zum Staate zusammennehmen muß, daß aber die Allgemeinheit des Zwecks nicht ohne das eigene Wissen und Wollen der Besonderheit, die ihr Recht behalten muß, fortschreiten kann. Das Allgemeine muß also betätigt sein, aber die Subjektivität auf der anderen Seite ganz und lebendig entwickelt werden. Nur dadurch, daß beide Momente in ihrer Stärke bestehen, ist der Staat als ein gegliederter und wahrhaft organisierter anzusehen.

(...) Jener Begriff von Vereinigung von Pflicht und Recht ist eine der wichtigsten Bestimmungen und enthält die innere Stärke der Staaten. – Die abstrakte Seite der Pflicht bleibt dabei stehen, das besondere Interesse als ein unwesentliches, selbst unwürdiges Moment zu übersehen und zu verbannen. Die konkrete Betrachtung, die Idee, zeigt das Moment der Besonderheit ebenso wesentlich und damit seine Befriedigung als schlechthin notwendig; das Individuum muß in seiner Pflichterfüllung auf irgendeine Weise zugleich sein eigenes Interesse, seine Befriedigung oder Rechnung finden, und ihm aus seinem Verhältnis im Staat ein Recht erwachsen, wodurch die allgemeine Sache *seine eigene besondere* Sache wird. Das besondere Interesse soll wahrhaft nicht beiseite gesetzt oder gar unterdrückt, sondern mit dem Allgemeinen in Übereinstimmung gesetzt werden, wodurch es selbst und das Allgemeine erhalten wird. Das Individuum, nach seinen Pflichten Untertan, findet als Bürger in ihrer Erfüllung den Schutz seiner Person und Eigentums, die Berücksichtigung seines besonderen Wohls und die Befriedigung seines substantiellen Wesens, das Bewußtsein und das Selbstgefühl, Mitglied dieses Ganzen zu sein, und in dieser Vollbringung der Pflichten als Leistungen und Geschäfte für den Staat hat dieser seine Erhaltung und sein Bestehen. Nach der abstrakten Seite wäre das Interesse des Allgemeinen nur, daß seine Geschäfte, die Leistungen, die es erfordert, als Pflichten vollbracht werden.*

* Ebd., §§ 258–261 mit Zusätzen, S. 215–223

16.1.3 Was hält unsere Gesellschaft noch zusammen? – Charles Taylor

Charles Taylor überlegt gegen Ende seiner großen Hegel-Monographie, was an Hegels politischer Philosophie für uns bedeutsam bleibt:

Das Heranwachsen einer Generation, die ihre Bindung an das Ziel, die Natur zu erobern und den Menschen durch Arbeit und Produktion zu bestätigen, verliert, beschwört eine Krise herauf. Bloße Zuführung von Gütern ist machtlos und nicht wirksam, wenn es darum geht, eine Gesellschaft vor innerer Teilung, Stillstand und möglichem Zusammenbruch zu bewahren. Diese Erfahrung zeigt, daß die liberale Gesellschaft wie jede andere Gesellschaft nicht einfach dadurch bestehen kann, daß sie die Bedürfnisse und Interessen ihrer Mitglieder befriedigt. Gemeinsame Überzeugungen müssen außerdem die gesellschaftliche Struktur und Praxis mit dem verbinden, was ihre Mitglieder für letzten Endes bedeutend halten. (...)
Wenn diese gemeinsamen Zielvorstellungen scheitern oder verloren gehen, dann sind die Grundlagen der liberalen Gesellschaft in Gefahr. Die Möglichkeit, daß es dazu kommt, ist heutzutage unbedingt gegeben. Das Problem, Sittlichkeit wiederzuerlangen, eine Reihe von Institutionen und Praktiken so zu verändern, daß sich die Menschen mit ihnen identifizieren können, begleitet uns in der Apathie und Entfremdung der modernen Gesellschaft. In den entscheidenden Institutionen der repräsentativen Regierung wird immer deutlicher, daß die Stimme des Individuums bedeutungslos ist.
Auf dieses Phänomen der Gleichgültigkeit gegenüber dem Wählen wird in den ‚Grundlinien der Philosophie des Rechts' hingewiesen.[a] Tatsächlich bilden Entfremdung und Wiedererlangung der Sittlichkeit ein bedeutendes Problem in Hegels Theorie, und für jedes Zeitalter, das sich damit auseinander setzen muß, gewinnt das Hegelsche Denken eine erhebliche Bedeutung. Seine einzelnen Lösungen sind heutzutage zwar nicht sehr interessant, aber sein Erfassen der Verhältnisse von Mensch und Gesellschaft – von Identität und Entfremdung, von Differenzierung und Einzelgemeinschaften – und deren historischer Evolution vermittelt uns einen entscheidenden Teil der Sprache, die wir brauchen, um uns heute mit diesem Problem auseinanderzusetzen.
Es ist unbedeutend, daß Hegel die Entwicklung der modernen Gesellschaft nicht voraussah. Entscheidend ist allein die Tatsache, daß er eines ihrer immer wieder auftauchenden Probleme erkannte, das die Verfechter der 1789 aufgestellten Forderungen nach Freiheit, Gleichheit und Volkssouveränität in ihrer liberalen und in ihrer revolutionären Variante großenteils abgestritten haben, denn sie glaubten, das Problem der Sittlichkeit, die Identifikation der Menschen mit ihrer Gesellschaft als einem größeren Leben, von dem sie ein Teil sind, sei wesentlich eine Angelegenheit für Konservative oder sogar Reaktionäre. Die vollkommene Einrichtung einer Gesellschaft freier und gleicher Bürger sollte selbständig alle Probleme der Entfremdung und Teilung lösen. Aber jetzt sind wir dazu gezwungen, die Grundlagen unserer Gesellschaft erneut abzuschätzen und unsere Geschichte neu zu interpretieren, denn die dem Liberalismus und Marxismus gemeinsame Basis, die Apotheose[1] des Menschen als Produzent, beginnt unter der Belastung ökologischen Unheils zu schwanken, ebenso wie die falschen Prioritäten unkontrollierten technologischen Wachstums. Wir erkennen jetzt, daß die freie, gleiche Gesellschaft, die weit davon entfernt ist, ein Gegenmittel gegen die Entfremdung zu sein, gemeinsame Vorstellungen über die Lebenszwecke und unser Verhältnis zu Natur und Geschichte voraussetzt.

a Vgl. § 311 der *Rechtsphilosophie*, wo Hegel bemerkt, daß „besonders in großen Staaten die *Gleichgültigkeit* ... des Einzelnen ... gegen das Geben seiner Stimme, als die in der Menge eine unbedeutende Wirkung hat, eintritt"*

1 Apotheose: Verherrlichung

* Charles Taylor, Hegel. Übers. v. G. Fehn, Suhrkamp, Frankfurt/M. 1978, S. 602–604. Engl. Original 1975

16.2 Kampf gegen den Staat und die bürgerliche Gesellschaft

„Die Philosophen haben die Welt nur verschieden interpretiert, es kömmt drauf an, sie zu verändern." Mit diesem Satz wendet sich Karl Marx 1845 (in: Thesen über Feuerbach) insbesondere auch gegen Hegel. Hegel wollte den Bürger durch sittliche Bildung mit dem Staat versöhnen. Marx hält eine solche theoretische Bewältigung der Probleme der bürgerlichen Gesellschaft für trügerisch und fordert die praktische Veränderung, die radikale Revolution gemäß dem „kategorischen Imperativ, alle Verhältnisse umzuwerfen, in denen der Mensch ein erniedrigtes, ein geknechtetes, ein verlassenes, ein verächtliches Wesen ist". (Zur Kritik der Hegelschen Rechtsphilosophie, 1843/44.)
Ein derartiges politisches Programm, das auf die Abschaffung der bürgerlichen Gesellschaft und letztlich des Staates überhaupt abzielt, ist mit Hegels Idealismus nicht zu vereinbaren. Marx kehrt die Geistphilosophie um, stellt sie vom Kopf auf die Füße, wie er sagt, und arbeitet fortan mit einer materialistischen Philosophie. Ihr Ansatz lautet: Das Sein (die materiellen Verhältnisse) bestimmt das Bewußtsein (den Geist).

16.2.1 Das Sein bestimmt das Bewußtsein – Karl Marx, Friedrich Engels

Das Bewußtsein kann nie etwas Andres sein als das bewußte Sein, und das Sein der Menschen ist ihr wirklicher Lebensprozeß. Wenn in der ganzen Ideologie die Menschen und ihre Verhältnisse wie in einer Camera obscura[1] auf den Kopf gestellt erscheinen, so geht dies Phänomen ebensosehr aus ihrem historischen Lebensprozeß hervor, wie die Umdrehung der Gegenstände auf der Netzhaut aus ihrem unmittelbar physischen.
Ganz im Gegensatz zur deutschen Philosophie, welche vom Himmel auf die Erde herabsteigt, wird hier von der Erde zum Himmel gestiegen. D. h., es wird nicht ausgegangen von dem, was die Menschen sagen, sich einbilden, sich vorstellen, auch nicht von den gesagten, gedachten, eingebildeten, vorgestellten Menschen, um davon aus bei den leibhaftigen Menschen anzukommen; es wird von den wirklich tätigen Menschen ausgegangen und aus ihrem wirklichen Lebensprozeß auch die Entwicklung der ideologischen Reflexe und Echos dieses Lebensprozesses dargestellt. Auch die Nebelbildungen im Gehirn der Menschen sind notwendige Sublimate[2] ihres materiellen, empirisch konstatierbaren und an materielle Voraussetzungen geknüpften Lebensprozesses. Die Moral, Religion, Metaphysik und sonstige Ideologie und die ihnen entsprechenden Bewußtseinsformen behalten hiermit nicht länger den Schein der Selbständigkeit. Sie haben keine Geschichte, sie haben keine Entwicklung, sondern die ihre materielle Produktion und ihren materiellen Verkehr entwickelnden Menschen ändern mit dieser ihrer Wirklichkeit auch ihr Denken und die Produkte ihres Denkens. Nicht das Bewußtsein bestimmt das Leben, sondern das Leben bestimmt das Bewußtsein.*

1 Camera obscura: Lochkamera
2 Sublimate: Erhöhungen, Verfeinerungen

Das Verhältnis von Sein und Bewußtsein wird von Marx an anderen Stellen seines Werkes noch genauer ausgeführt, teilweise auch mit etwas anderen Begriffen. Das folgende Schema versucht einen zusammenfassenden Überblick zu geben:

* Karl Marx und Friedrich Engels, Die deutsche Ideologie. In: Marx/Engels, Werke Bd. 3, Dietz-Verlag, Berlin 1969, S. 26f. Erstveröffentlichung Moskau 1845/46

ideologischer ÜBERBAU, gesellschaftliches BEWUSSTSEIN

a) symbolische Weltinterpretationen *(Recht, Religion, Philosophie, Kunst ...)*
b) entsprechende Institutionen *(Gerichte, Kirchen, Parteien, kulturelle Einrichtungen ...)*

Spiegelung ⇑ Rückwirkung ⇓

materielle (vor allem ökonomische) BASIS, gesellschaftliches SEIN

a) Produktivkräfte *(Organisation der Arbeit und Produktionsmittel: Arbeitskräfte, Technik, Maschinen, Boden, Bodenschätze ...)*
b) Produktionsverhältnisse *(vor allem Eigentumsverhältnisse, Verteilungsverhältnisse, Rechtsformen)*

Kriterium für den Stand des gesellschaftlichen Fortschritts ist der Entwicklungsstand der Produktivkräfte. *Deren Entwicklung hängt wiederum ab von der Entwicklung der* Produktionsverhältnisse. *Es gibt zwei Haupttypen von Produktionsverhältnissen: 1. Privateigentum (Klassengesellschaft, Ausbeutung), 2. gesellschaftliches Eigentum (Sozialismus bzw. Kommunismus).*
Solange die Produktionsverhältnisse (z. B. der kapitalistischen Gesellschaft) die Entwicklung der Produktivkräfte fördern, entwickelt sich die jeweilige Gesellschaft weiter (Evolution); wenn die Produktionsverhältnisse dagegen hemmend wirken, keinen ökonomischen Fortschritt mehr erlauben, kommt es zur gesellschaftlichen Umwälzung (z. B. zur Revolution des Proletariats gegen das kapitalistische System des Bürgertums).

Karikatur „Capital und Labour“ aus Punch, 1843

Der Zusammenhang von materieller Basis und geistigem Überbau konnte, wie Marx und Engels im folgenden Kapitel ausführen, in der Gesellschaft überdeckt werden, weil die beiden Bereiche im Rahmen der allgemeinen Arbeitsteilung von verschiedenen Berufs- und Bevölkerungsgruppen behandelt wurden.

16.2.2 Arbeitsteilung, Privateigentum und ihre Überwindung – Karl Marx, Friedrich Engels

Die Teilung der Arbeit wird erst wirklich Teilung von dem Augenblicke an, wo eine Teilung der materiellen und geistigen Arbeit eintritt. Von diesem Augenblicke an *kann* sich das Bewußtsein wirklich einbilden, etwas Andres als das Bewußtsein der bestehenden Praxis zu sein, *wirklich* etwas vorzustellen, ohne etwas Wirkliches vorzustellen – von diesem Augenblicke an ist das Bewußtsein imstande, sich von der Welt zu emanzipieren und zur Bildung der „reinen" Theorie, Theologie, Philosophie, Moral etc. überzugehen. Aber selbst wenn diese Theorie, Theologie, Philosophie, Moral etc. in Widerspruch mit den bestehenden Verhältnissen treten, so kann dies nur dadurch geschehen, daß die bestehenden gesellschaftlichen Verhältnisse mit der bestehenden Produktionskraft in Widerspruch getreten sind (...).
Übrigens ist es ganz einerlei, was das Bewußtsein alleene anfängt, wir erhalten aus diesem ganzen Dreck nur das eine Resultat, daß diese drei Momente, die Produktionskraft, der gesellschaftliche Zustand und das Bewußtsein, in Widerspruch untereinander geraten können und müssen, weil mit der *Teilung der Arbeit* die Möglichkeit, ja die Wirklichkeit gegeben ist, daß die geistige und materielle Tätigkeit – daß der Genuß und die Arbeit, Produktion und Konsumtion, verschiedenen Individuen zufallen, und die Möglichkeit, daß sie nicht in Widerspruch geraten, nur darin liegt, daß die Teilung der Arbeit wieder aufgehoben wird. (...)
Mit der Teilung der Arbeit, in welcher alle diese Widersprüche gegeben sind und welche ihrerseits wieder auf der naturwüchsigen Teilung der Arbeit in der Familie und der Trennung der Gesellschaft in einzelne, einander entgegengesetzte Familien beruht, ist zu gleicher Zeit auch die *Ver*teilung, und zwar die *ungleiche*, sowohl quantitative wie qualitative Verteilung der Arbeit und ihrer Produkte gegeben, also das Eigentum, das in der Familie, wo die Frau und die Kinder die Sklaven des Mannes sind, schon seinen Keim, seine erste Form hat. Die freilich noch sehr rohe, latente Sklaverei in der Familie ist das erste Eigentum, das übrigens hier schon vollkommen der Definition der modernen Ökonomen entspricht, nach der es die Verfügung über fremde Arbeitskraft ist. Übrigens sind Teilung der Arbeit und Privateigentum identische Ausdrücke – in dem Einen wird in Beziehung auf die Tätigkeit dasselbe ausgesagt, was in dem Andern in bezug auf das Produkt der Tätigkeit ausgesagt wird.
Ferner ist mit der Teilung der Arbeit zugleich der Widerspruch zwischen dem Interesse des einzelnen Individuums oder der einzelnen Familie und dem gemeinschaftlichen Interesse aller Individuen, die miteinander verkehren, gegeben; und zwar existiert dies gemeinschaftliche Interesse nicht bloß in der Vorstellung, als „Allgemeines", sondern zuerst in der Wirklichkeit als gegenseitige Abhängigkeit der Individuen, unter denen die Arbeit geteilt ist. Und endlich bietet uns die Teilung der Arbeit gleich das erste Beispiel davon dar, daß, solange die Menschen sich in der naturwüchsigen Gesellschaft befinden, solange also die Spaltung zwischen dem besondern und gemeinsamen Interesse existiert, solange die Tätigkeit also nicht freiwillig, sondern naturwüchsig geteilt ist, die eigne Tat des Menschen ihm zu einer fremden, gegenüberstehenden Macht wird, die ihn unterjocht, statt daß er sie beherrscht. Sowie nämlich die Arbeit verteilt zu werden anfängt, hat Jeder einen bestimmten ausschließlichen Kreis der Tätigkeit, der ihm aufgedrängt wird, aus dem er nicht heraus kann; er ist Jäger, Fischer oder Hirt oder kritischer Kritiker und muß es bleiben, wenn er nicht die Mittel zum Leben verlieren will – während in der kommunistischen Gesellschaft, wo Jeder nicht einen ausschließlichen Kreis der

Tätigkeit hat, sondern sich in jedem beliebigen Zweige ausbilden kann, die Gesellschaft die allgemeine Produktion regelt und mir eben dadurch möglich macht, heute dies, morgen jenes zu tun, morgens zu jagen, nachmittags zu fischen, abends Viehzucht zu treiben, nach dem Essen zu kritisieren, wie ich gerade Lust habe, ohne je Jäger, Fischer, Hirt oder Kritiker zu werden. Dieses Sichfestsetzen der sozialen Tätigkeit, diese Konsolidation unsres eignen Produkts zu einer sachlichen Gewalt über uns, die unsrer Kontrolle entwächst, unsre Erwartungen durchkreuzt, unsre Berechnungen zunichte macht, ist eines der Hauptmomente in der bisherigen geschichtlichen Entwicklung, und eben aus diesem Widerspruch des besondern und gemeinschaftlichen Interesses nimmt das gemeinschaftliche Interesse als *Staat* eine selbständige Gestaltung, getrennt von den wirklichen Einzel- und Gesamtinteressen, an, und zugleich als illusorische Gemeinschaftlichkeit, aber stets auf der realen Basis der in jedem Familien- und Stamm-Konglomerat[1] vorhandenen Bänder, wie Fleisch und Blut, Sprache, Teilung der Arbeit im größeren Maßstabe und sonstigen Interessen – und besonders, wie wir später entwickeln werden, der durch die Teilung der Arbeit bereits bedingten Klassen, die in jedem derartigen Menschenhaufen sich absondern und von denen eine alle andern beherrscht. Hieraus folgt, daß alle Kämpfe innerhalb des Staats, der Kampf zwischen Demokratie, Aristokratie und Monarchie, der Kampf um das Wahlrecht etc. etc., nichts als die illusorischen Formen sind, in denen die wirklichen Kämpfe der verschiednen Klassen untereinander geführt werden (wovon die deutschen Theoretiker nicht eine Silbe ahnen, trotzdem daß man ihnen in den „Deutsch-Französischen Jahrbüchern“[2] und der „Heiligen Familie“[3] dazu Anleitung genug gegeben hatte), und ferner, daß jede nach der Herrschaft strebende Klasse, wenn ihre Herrschaft auch, wie dies beim Proletariat der Fall ist, die Aufhebung der ganzen alten Gesellschaftsform und der Herrschaft überhaupt bedingt, sich zuerst die politische Macht erobern muß, um ihr Interesse wieder als das Allgemeine, wozu sie im ersten Augenblick gezwungen ist, darzustellen. Eben weil die Individuen *nur* ihr besondres, für sie nicht mit ihrem gemeinschaftlichen Interesse zusammenfallendes suchen, überhaupt das Allgemeine illusorische Form der Gemeinschaftlichkeit, wird dies als ein ihnen „fremdes“ und von ihnen „unabhängiges“, als ein selbst wieder besonderes und eigentümliches „Allgemein“-Interesse geltend gemacht, oder sie selbst müssen sich in diesem Zwiespalt bewegen, wie in der Demokratie. Andrerseits macht denn auch der *praktische* Kampf dieser beständig *wirklich* den gemeinschaftlichen und illusorischen gemeinschaftlichen Interessen entgegentretenden Sonderinteressen die *praktische* Dazwischenkunft und Zügelung durch das illusorische „Allgemein“-Interesse als Staat nötig. Die soziale Macht, d.h. die vervielfachte Produktionskraft, die durch das in der Teilung der Arbeit

Karl Marx, Friedrich Engels und Marx' drei Töchter

1 Konglomerat: Gemisch, Zusammengewürfeltes

2 „Deutsch-Französische Jahrbücher“: von Marx mit Arnold Ruge 1844 in Paris (in deutscher Sprache) herausgegebene Schrift; enthält u.a. „Zur Judenfrage“ und „Zur Kritik der Hegelschen Rechtsphilosophie. Einleitung“ von Karl Marx

3 „Die Heilige Familie“: erste von Marx und Engels 1844 gemeinsam verfaßte Schrift, gegen idealistische und reformistische Denkansätze gerichtet

bedingte Zusammenwirken der verschiedenen Individuen entsteht, erscheint diesen Individuen, weil das Zusammenwirken selbst nicht freiwillig, sondern naturwüchsig ist, nicht als ihre eigne, vereinte Macht, sondern als eine fremde, außer ihnen stehende Gewalt, von der sie nicht wissen woher und wohin, die sie also nicht mehr beherrschen können, die im Gegenteil nun eine eigentümliche, vom Wollen und Laufen der Menschen unabhängige, ja dies Wollen und Laufen erst dirigierende Reihenfolge von Phasen und Entwicklungsstufen durchläuft.
Diese „*Entfremdung*", um den Philosophen verständlich zu bleiben, kann natürlich nur unter zwei *praktischen* Voraussetzungen aufgehoben werden. Damit sie eine „unerträgliche" Macht werde, d. h. eine Macht, gegen die man revolutioniert, dazu gehört, daß sie die Masse der Menschheit als durchaus „Eigentumslos" erzeugt hat und zugleich im Widerspruch zu einer vorhandenen Welt des Reichtums und der Bildung, was beides eine große Steigerung der Produktivkraft, einen hohen Grad ihrer Entwicklung voraussetzt – und andrerseits ist diese Entwicklung der Produktivkräfte (womit zugleich schon die in *weltgeschichtlichem*, statt der in lokalem Dasein der Menschen vorhandne empirische Existenz gegeben ist) auch deswegen eine absolut notwendige praktische Voraussetzung, weil ohne sie nur der *Mangel* verallgemeinert, also mit der *Notdurft* auch der Streit um das Notwendige wieder beginnen und die ganze alte Scheiße sich herstellen müßte (. . .).
(. . .) Der Kommunismus ist empirisch nur als die Tat der herrschenden Völker „auf einmal" und gleichzeitig möglich, was die universelle Entwicklung der Produktivkraft und den mit ihm zusammenhängenden Weltverkehr voraussetzt.
Der Kommunismus ist für uns nicht ein *Zustand*, der hergestellt werden soll, ein *Ideal*, wonach die Wirklichkeit sich zu richten haben (wird). Wir nennen Kommunismus die *wirkliche* Bewegung, welche den jetzigen Zustand aufhebt.*

16.3 Versöhnung mit der bürgerlichen Demokratie?

16.3.1 Kritik an der Diktatur der Revolutionäre – Rosa Luxemburg

Wladimir Iljitsch Uljanow (1870–1924), seit 1901 Lenin genannt, wendet die Theorien von Marx und Engels auf die Bedingungen des ökonomisch rückständigen russischen Reiches an. Mit Hilfe der radikalen kommunistischen Partei der Bolschewiki kann Lenin in der von Leo Dawidowitsch Trotzki (1879–1940) geplanten Revolution vom Oktober 1917 die Macht übernehmen, eine Regierung von Sowjets (Räten) einsetzen, die privaten Gutsbesitzer enteignen und nach Ausschaltung aller oppositionellen Kräfte den Aufbau einer sozialistischen Gesellschaft beginnen.
Unter denen, die Lenins Politik mit Sympathie und kritischem Mißtrauen beobachten, ist Rosa Luxemburg. Gegen Lenins zentralistische und hierarchisch aufgebaute Elitepartei erwartet Rosa Luxemburg die Heilung der Gesellschaft von spontanen ungehemmten Massenaktivitäten.
Ihre Fragment gebliebene Schrift „Die russische Revolution", im Herbst 1918 im Breslauer Gefängnis verfaßt, wird erst drei Jahre nach ihrem Tod veröffentlicht; in den sozialistischen Ländern wird sie unterdrückt. Das Revolutionsjahr 1989 beginnt in der DDR mit einer Demonstration zur Erinnerung an die Ermordung Rosa Luxemburgs am 15. 1. 1919; viele Demonstranten werden verhaftet, weil sie im Namen Luxemburgs das Recht auf freie Meinungsäußerung sowie Versammlungs- und Pressefreiheit fordern.

* Ebd. S. 31–35

Freiheit nur für die Anhänger der Regierung, nur für Mitglieder einer Partei – mögen sie noch so zahlreich sein – ist keine Freiheit. Freiheit ist immer nur Freiheit des anders Denkenden. Nicht wegen des Fanatismus der „Gerechtigkeit“, sondern weil all das Belehrende, Heilsame und Reinigende der politischen Freiheit an diesem Wesen hängt und seine Wirkung versagt, wenn die „Freiheit“ zum Privilegium wird.

Die Bolschewiki werden selbst mit der Hand auf dem Herzen nicht leugnen wollen, daß sie auf Schritt und Tritt tasten, versuchen, experimentieren, hin- und herprobieren mußten und daß ein gut Teil ihrer Maßnahmen keine Perle darstellt. So muß und wird es uns allen gehen, wenn wir daran gehen – wenn auch nicht überall so schwierige Verhältnisse herrschen mögen.

(...) Das Negative, den Abbau, kann man dekretieren, den Aufbau, das Positive, nicht. Neuland. Tausend Probleme. Nur Erfahrung ist imstande, zu korrigieren und neue Wege zu eröffnen. Nur ungehemmt schäumendes Leben verfällt auf tausend neue Formen, Improvisationen, erhellt schöpferische Kraft, korrigiert selbst alle Fehlgriffe. Das öffentliche Leben der Staaten mit beschränkter Freiheit ist eben deshalb so dürftig, so armselig, so schematisch, so unfruchtbar, weil es sich durch Ausschließung der Demokratie die lebendigen Quellen allen geistigen Reichtums und Fortschritts absperrt. (...)

Ohne allgemeine Wahlen, ungehemmte Presse- und Versammlungsfreiheit, freien Meinungskampf erstirbt das Leben in jeder öffentlichen Institution, wird zum Scheinleben, in der die Bürokratie allein das tätige Element bleibt. Das öffentliche Leben schläft allmählich ein, einige Dutzend Parteiführer von unerschöpflicher Energie und grenzenlosem Idealismus dirigieren und regieren, unter ihnen leitet in Wirklichkeit ein Dutzend hervorragender Köpfe, und eine Elite der Arbeiterschaft wird von Zeit zu Zeit zu Versammlungen aufgeboten, um den Reden der Führer Beifall zu klatschen, vorgelegten Resolutionen einstimmig zuzustimmen, im Grunde also eine Cliquenwirtschaft – eine Diktatur allerdings, aber nicht die Diktatur des Proletariats, sondern die Diktatur einer Handvoll Politiker, d.h. Diktatur im bürgerlichen Sinne, im Sinne der Jakobiner-Herrschaft[1] (...).

(...) Es ist die historische Aufgabe des Proletariats, wenn es zur Macht gelangt, an Stelle der

1 Jakobiner: der radikalste politische Klub der Französischen Revolution; errichtete 1793–94 eine Schreckensdiktatur

Rosa Luxemburg redet auf dem Sozialistenkongreß in Stuttgart, August 1907

bürgerlichen Demokratie sozialistische Demokratie zu schaffen, nicht jegliche Demokratie abzuschaffen. Sozialistische Demokratie beginnt aber nicht erst im gelobten Lande, wenn der Unterbau der sozialistischen Wirtschaft geschaffen ist, als fertiges Weihnachtsgeschenk für das brave Volk, das inzwischen treu die Handvoll sozialistischer Diktatoren unterstützt hat. Sozialistische Demokratie beginnt zugleich mit dem Abbau der Klassenherrschaft und dem Aufbau des Sozialismus. Sie beginnt mit dem Moment der Machteroberung durch die sozialistische Partei. Sie ist nichts anderes als Diktatur des Proletariats.

Jawohl: Diktatur! Aber diese Diktatur besteht in der *Art der Verwendung der Demokratie*, nicht in ihrer *Abschaffung*, in energischen, entschlossenen Eingriffen in die wohlerworbenen Rechte und wirtschaftlichen Verhältnisse der bürgerlichen Gesellschaft, ohne welche sich die sozialistische Umwälzung nicht verwirklichen läßt. Aber diese Diktatur muß das Werk der *Klasse*, und nicht einer kleinen, führenden Minderheit im Namen der Klasse sein, d. h. sie muß auf Schritt und Tritt aus der aktiven Teilnahme der Massen hervorgehen, unter ihrer unmittelbaren Beeinflussung stehen, der Kontrolle der gesamten Öffentlichkeit unterstehen, aus der wachsenden politischen Schulung der Volksmassen hervorgehen.*

16.3.2 Ernüchterung marxistischer Träume – Ossip K. Flechtheim

Ossip K. Flechtheim, geb. 1909, 1952–1974 Professor für politische Wissenschaften, zieht anläßlich des 100. Todestages von Karl Marx 1983 eine Bilanz der politischen Umsetzung marxistischer Ideen.

Gerade das, was Marx im Gegensatz zu anderen versprochen und verheißen hatte – die Humanisierung der Gesellschaft, die Emanzipation der Massen, das Absterben des Staates, das Ende der Ausbeutung, Unterdrückung und Entfremdung, der Anbruch der klassenlosen Gesellschaft, die Einheit von Theorie und Praxis –, ist in immer weitere Ferne gerückt. Statt dessen haben gerade in der kommunistischen Welt immer wieder Unduldsamkeit und Verfolgung, Zwist und Haß, Terror und Täuschung, Not und Tod ungeahnte Siege gefeiert – und zwar unter Berufung auf Marx. (...)

Merseburg, Juni 1983

Der modernen Arbeiterbewegung, die innerhalb des Kapitalismus als eine Gegenbewegung entstanden war, ist es zwar gelungen, diesen weitgehend zu reformieren und scheinbar zu „sozialisieren", das heißt in Wirklichkeit, ihn „sozialer" zu gestalten; zugleich hat sich aber die sozialistische Arbeiterbewegung selbst immer weiter in diesen Kapitalismus integriert. Sie hat sich „saturiert" und „kapitalisiert". Teile des Mittelstandes und sogar der Bourgeoisie haben sich zwar ihrerseits „proletarisiert", andererseits haben sich aber auch proletarische Schichten immer wieder „verbürgerlicht" oder besser „vermittelständischt", so wie die Arbeiterorganisationen sich „institutionalisiert" und „bürokratisiert" ha-

* Rosa Luxemburg, Die russische Revolution. In: Ossip K. Flechtheim (Hrsg.), Politische Schriften III. Europäische Verlagsanstalt, Frankfurt/M. 1968, S. 134–136, 139

ben. Das Ergebnis ist eine neuartige Symbiose von Kapitalismus und Sozialismus, wobei dieser neue „Sozialkapitalismus“ freilich durchaus noch auf dem Boden des Kapitalismus bleibt. Für ein domestiziertes und verbürgerlichtes Proletariat muß das ursprüngliche Ziel der totalen Revolution in immer weitere Ferne rücken oder gar ganz verlorengehen. Der Übergang zum Sozialismus war nun – wenn überhaupt – nur noch denkbar nicht als rasche Umwälzung, sondern auf dem langen Wege friedlicher und bescheidener Reformen. (...) Die Entrevolutionierung des Proletariers in unseren Tagen mag noch eine andere wichtige Wurzel haben: 1848 war der europäische Arbeiter der Paria der Welt. Die Kolonialvölker standen außerhalb des Gesichtskreises des Europäers. Heute gehört, wie H. Gollwitzer andeutet, selbst der Durchschnittsarbeiter in der Bundesrepublik Deutschland, in Frankreich oder Norditalien, in den Vereinigten Staaten oder Australien zur sogenannten Arbeiteraristokratie in der Welt. Sein ganzer Lebenszuschnitt ist unvergleichlich höher als der der hungernden Massen in Asien, Afrika oder Lateinamerika. Nun lebt auch dieser Arbeiter davon, daß einerseits seine Industrieprodukte teuer an die Dritte Welt verkauft, andererseits deren Rohstoffe dort billig eingekauft werden. Auf kurze Sicht gesehen, scheinen die Ausbeutung der unterentwickelten Länder sowie die Aufrüstung die Dauerkonjunktur und die sogenannte Konsumentendemokratie erst ermöglicht zu haben.
In einer Welt, die noch lange nicht total durchindustrialisiert und durchkapitalisiert ist, zeichnet sich eine neue Polarisierung ab: Ein von Marx kaum vorhergesehener Rassenkampf überlagert den klassischen Klassenkampf. Der Planet zerfällt in das Lager der nördlichen „Satten“ und in das der südlichen „Habenichtse“. Die Arbeiter in der nördlichen Hemisphäre stehen dabei durchaus im Lager der Satten – auf der südlichen Halbkugel bilden dagegen die Proletarier immer noch nur eine Minderheit unter den Milliardenmassen der verelendenden Bauern. (...) 1848 hatten Marx und Engels kühn proklamiert: „Die Arbeiter haben kein Vaterland... Die nationalen Absonderungen und Gegensätze der Völker verschwinden mehr und mehr schon mit der Entwicklung der Bourgeoisie, mit der Handelsfreiheit, dem Weltmarkt, der Gleichförmigkeit der industriellen Produktion und der ihr entsprechenden Lebensverhältnisse. Die Herrschaft des Proletariats wird sie noch mehr verschwinden machen. Vereinigte Aktion, wenigstens der zivilisierten Länder, ist eine der ersten Bedingungen seiner Befreiung.“ In Wahrheit ist es aber eher – denken wir an die Multis – das Großkapital, das sich internationalisiert und keine Landesgrenzen mehr kennt. Die Arbeiter bleiben ihrer Nation immer noch viel stärker verhaftet. Geführt von ihren eigenen herrschenden Klassen haben sie sich nicht zufällig in zwei Weltkriegen zerfleischt.*

16.3.3 Marxistischer Humanismus – Helmut Gollwitzer

Zum gleichen Anlaß wie Flechtheim gibt der studierte Philosoph und Professor für Theologie Helmut Gollwitzer (geb. 1908) Rechenschaft über seine intensive Beschäftigung mit Marx und dem Marxismus:

Was ist von ihm in mich eingedrungen? Jetzt kann das nur noch in einigen Thesen aufgezählt werden.

1. Die menschentrennende und menschenprägende Kraft der Klassenunterschiede. Welche Eltern ich mir ausgesucht habe, ist ein entscheidendes Vor-Urteil über mein Leben. „Erkenne dich selbst!“ bedeutet vornehmlich auch: erkenne dich als Produkt der Klassengesellschaft, tief geprägt von deiner Klasse! Vergiß nicht, das bei allen Aussagen über dich selbst einzukalkulieren!

* Ossip K. Flechtheim (Hrsg.), Marx heute. Pro und contra. Hoffmann und Campe, Hamburg 1983, Zur Einführung, S. 11, 28–31

2. Die Geschichte ist eine Geschichte von Privilegienkämpfen. Hat es nicht immer Klassen im Sinne des kapitalistischen Klassenantagonismus[1] gegeben, so gab es doch immer die Ungleichheit der Menschen und aus ihr resultierend den Drang, möglichst viel vom gemeinsamen Gut an sich zu reißen, und die Lust der Macht, andere zu beherrschen und durch Befehle zum Werkzeug des eigenen Willens zu machen. Der Staat ist primär die Organisation zur Sicherung und Vererbung der eigenen Privilegien an Besitz und Macht, und zwar als Privilegien der eigenen Schicht, durch die allein auch meine persönlichen Privilegien garantiert werden.

3. Der Staat als Setzer und Garant von Recht für alle ist nicht primär Treuhänder des Gemeinwohls und nur sekundär Begünstiger von Gruppeninteressen, sondern umgekehrt: Was er an Rechten aller garantiert, soll das bestehende System von Privilegien und Herrschaft erhalten. Ist dieses gefährdet, so ist es auch mit den Rechten aller nicht mehr weit her. In Knappheitszeiten, in denen die Loyalität[2] der Massen durch Zuteilung des Auskömmlichen und durch Zusicherung von Rechten nicht mehr gewährleistet werden kann, müssen verschärfte Repression, Diktatur, Faschismus verschiedenster Art das System erhalten. Denn den Privilegierten ist das Gemeinwohl identisch mit ihrem Wohl.

4. Es muß verhütet werden, daß der Charakter des Gesellschaftssystems als eines Privilegiensystems der Masse der weniger und Unter-Privilegierten bewußt wird – um des ruhigen Gewissens der Herrschenden willen und zur Erhaltung von Massenloyalität. Dem dienen verschleiernde Ideologien, in diesen Dienst können Religionen gestellt werden. Dafür müssen die Forderungen von Freiheit, Gleichheit und Solidarität partiell erfüllt und als radikale Forderungen in den Bereich des Utopischen abgeschoben werden.

5. Die bürgerliche Gesellschaft hat durch die kapitalistische Produktionsweise einen enormen Aufschwung der Produktionskräfte gebracht, Wissenschaft aus selbstzwecklicher Erkenntnis-Neugier in ökonomische Produktivkraft verwandelt, durch Interesse an der Konsumfähigkeit der Massen Kaufkraft mobilisiert und sozialen Wohlstand in den Industrieländern geschaffen. Deren Proletariat wurde zur integrierten Arbeiter-Aristokratie gegenüber dem durch die globale Durchsetzung der kapitalistischen Produktionsweise produzierten Weltproletariat der Dritten Welt. Zugleich wurde der Großteil der Bevölkerung der Industrieländer objektiv proletarisiert zu Gehalts- und Lohnempfängern, subjektiv aber im Bewußtsein, nicht Proletariat zu sein, erhalten durch bürgerliche Freiheitsrechte und durch die Wirksamkeit traditioneller Ideologien.

6. Die bürgerliche Gesellschaft ist als Privilegiensystem ständig gefährdet durch ihre eigenen Versprechungen: Freiheit, Gleichheit, Solidarität. Da diese nie wirklich erfüllt werden können, stellen sie die bestehende bürgerliche Gesellschaft in Frage. Diese In-Frage-Stellung wird verschärft in Zeiten der Krise, in denen die Unfähigkeit der bürgerlichen Gesellschaft zur Erfüllung ihrer Versprechungen den betroffenen Gliedern der Gesellschaft massenhaft bewußt wird. Heute geschieht das von außen durch das wachsende Weltelend und durch die globale atomare Bedrohung, von innen her durch eine Krise, deren Ausmaß über die bisherigen zyklischen, also vorübergehenden Krisen hinausgeht. Das hängt zusammen mit dem der kapitalistischen Produktionsweise eigenen quantitativen Wachstumsbedürfnis, das an seine Grenzen stößt, vor allem durch seine zerstörerischen Wirkungen auf die Lebensbedingungen der an Natur und Bewohnbarkeit der Erde gebundenen Menschengattung. Die konstruktive Periode des Kapitalismus ist von seiner destruktiven Periode abgelöst, und dies drängt immer mehr, die Verschleierungsideologien durchstoßend, zur Menschheitsaufgabe der Überwindung der kapitalistischen Produktionsweise.

1 Antagonismus: Kampf, Gegensatz

2 Loyalität: Treue, Ergebenheit gegenüber der herrschenden Gewalt

7. (...) Die nötige planetarische Revolution erfolgt in Schritten, ungleichzeitig in den verschiedenen Ländern und Erdteilen, nicht notwendig mit Gewalt verbunden, oft – besonders in den Industrieländern – evolutionär, in sich steigernden Reformschritten, ideologisch pluralistisch, d. h. verbunden mit dem revolutionären Potential von Traditionen und Religionen, oft einsetzend an einzelnen, auf den Nägeln brennenden Fragen, die im traditionellen Marxismus einen geringen Platz hatten, heute vor allem an der ökologischen und an der Friedensfrage, wobei aber diejenigen, die an diesem „single issue“[3] in die gesellschaftskritische Bewegung hineingezogen werden, weitergetrieben werden und weitergetrieben werden müssen zur Erkenntnis der Ursachen dieser einzelnen Probleme und zur Teilnahme an der oft aus Einzelkämpfen sich formierenden revolutionären Bewegung.

8. So erfolgt die Revolution zur Überwindung des Kapitalismus. So erfolgt sie, wenn sie erfolgt. Daß sie erfolgt, davon hängt das Überleben der Menschheit ab (...).*

3 single issue (engl.): Einzelfrage

16.3.4 Was bedeuten die Revolutionen von 1989? – Jürgen Habermas

Das Jahr 1989 wendet die politischen Verhältnisse der Länder des real existierenden Sozialismus'. Durch Michail Gorbatschows Politik der Perestrojka (Umgestaltung) und der Glasnost (Öffentlichkeit, Transparenz, Publizität) ermutigt, erzwingen die Bevölkerungen in Ungarn, Polen, der Tschechoslowakei, der DDR und in Bulgarien durch unermüdliche Demonstrationen, daß die jeweilige kommunistische Partei ihren Alleinvertretungsanspruch aufgibt sowie freie Parlamentswahlen und Wirtschaftsreformen in Richtung auf eine freie Marktwirtschaft ermöglicht. Auch in Rumänien, Jugoslawien, der UdSSR und in Albanien setzt ein gesellschaftlicher Wandel ein. Zugleich brechen in den Vielvölkerstaaten Jugoslawien und UdSSR Nationalitätenkonflikte auf, deren gewaltsame Austragung die politischen Fortschritte ebenso gefährden kann wie die Wirtschaftsprobleme, die der Zusammenbruch sozialistischer Ökonomie hinterläßt.
In diese unsichere Situation hinein fragt Jürgen Habermas im März 1990, also vier Monate nach Öffnung der Mauer, unmittelbar vor den ersten freien Volkskammerwahlen in der DDR und sieben Monate vor dem Beitritt der DDR zur Bundesrepublik Deutschland (der völlige Zusammenbruch und der Zerfall der Sowjetunion und Jugoslawiens waren noch nicht absehbar), wie die revolutionären Veränderungen zu interpretieren sind.
Die verbliebenen Anhänger der kommunistischen Parteien sehen im Zusammenbruch ihres Machtapparates ein Werk der Konterrevolution (so die Stalinisten) oder doch zumindest (so die Leninisten) das Ergebnis einer „konservativen Revolution“ (ein Begriff, den Marx für die englische Revolution von 1688 verwendete). Solche Deutungen, meint Habermas, verschließen die Augen vor den Tatsachen, insbesondere vor der Misere, durch die die Wut der Massen erregt wurde, und sie beschreiben die Gesellschaftsentwicklung mit dem veralteten Modell des Klassenkampfes, dessen Ziel für die Kommunisten a priori feststeht.
Habermas wendet sich nun einer dritten Interpretation zu, dem Reformkommunismus. Als „Dritter Weg“ sollte er die Formen des demokratischen Rechtsstaats verbinden mit einer (durch Versuch und Irrtum erst noch zu erarbeitenden) sozialistischen Marktwirtschaft, die nicht auf die Verstaatlichung, sondern auf die demokratische Vergesellschaftung der Produktionsmittel setzt.

Heute können wir die Frage der Reformfähigkeit und des demokratischen Entwicklungspotentials eines von innen revolutionierten Staatssozialismus auf sich beruhen lassen. Ich vermute, daß sie sich auch in der Sowjetunion angesichts des in jeder Hinsicht verheerenden stalinisti-

* Helmut Gollwitzer: Dank an Karl Marx. In: Ossip K. Flechtheim (Hrsg.), Marx heute. A.a.O. S. 43–46

Hausinschrift in Dresden

schen Erbes (und der drohenden Desintegration[1] des Vielvölkerstaates) gar nicht mehr auf eine realistische Weise wird stellen können. Die Frage, ob die Revolution in der DDR einen Dritten Weg hätte beschreiten können, wird auch dann, wenn diese Interpretation auf richtigen Prämissen beruht, unbeantwortet bleiben müssen; denn die einzige Möglichkeit einer Überprüfung hätte in der Praxis eines durch Volkswillen legitimierten und „mit ein wenig Phantasie und Pragmatismus“[2] unternommenen Versuchs bestanden. Die Masse der Bevölkerung hat sich inzwischen unmißverständlich dagegen entschieden. Nach dem vierzigjährigen Desaster kann man die Gründe verstehen. Diese Entscheidung verdient Respekt, erst recht von seiten derer, die von den Folgen eines möglicherweise negativen Ausgangs persönlich nicht betroffen wären. Wenden wir uns deshalb den drei sozialismuskritischen Deutungsmustern zu.

Auch auf dieser Seite wird die extreme Position nicht sehr überzeugend artikuliert. Aus der Sicht einer *postmodernistischen*[3] *Vernunftkritik* stellen sich die weitgehend unblutigen Umwälzungen als eine Revolution dar, die das Zeitalter der Revolutionen beendet – ein Gegenstück zur Französischen Revolution, die den aus Vernunft geborenen Terror ohne Schrecken an der Wurzel überwindet. Die unruhigen Träume der Vernunft, aus denen seit zweihundert Jahren die Dämonen aufsteigen, sind ausgeträumt. Die Vernunft erwacht nicht – sie selbst ist der Alptraum, der mit dem Erwachen zerfällt. Auch hier passen freilich die Tatsachen nicht recht in das diesmal idealistisch von Nietzsche und Heidegger inspirierte Geschichtsschema, wonach die Neuzeit ausschließlich im Schatten einer sich selbst ermächtigenden Subjektivität steht. Die nachholende Revolution entlehnte ja ihre Mittel und ihre Maßstäbe sehr wohl dem bekannten

1 Desintegration: Zerfall

2 Zitat der Herausgeberin der „Zeit“, Marion Gräfin Dönhoff, in: Die Zeit, 29. 12. 1989

3 Postmoderne: Nachmoderne. Umstrittene Bezeichnung für die gegenwärtige Epoche, die gekennzeichnet sei durch den Verlust des Vernunftvertrauens einerseits und durch größtmögliche Freiheit und Vielfalt aller kulturellen Ausdrucksformen andererseits. Die Postmoderne folgt auf die Moderne, deren Projekt der Aufklärung und des Fortschritts gescheitert sei.

Repertoire der neuzeitlichen Revolutionen. Erstaunlicherweise war es die Präsenz der auf Plätzen versammelten, in Straßen mobilisierten Massen, die ein bis an die Zähne bewaffnetes Regime entmachtet hat. Es war jener schon totgeglaubte Typus der spontanen Massenaktion, der so vielen Revolutionstheoretikern als Vorbild gedient hatte. Zum ersten Mal vollzog diese sich freilich in dem nicht klassischen Raum einer weltweiten, durch die stets gegenwärtigen elektronischen Medien hergestellten Arena von teilnehmenden, parteinehmenden Zuschauern. Und wiederum waren es die vernunftrechtlichen Legitimationen der Volkssouveränität und der Menschenrechte, aus denen die revolutionären Forderungen ihre Kraft bezogen. So dementierte die beschleunigte Geschichte das Bild von der stillgelegten Posthistoire[4]; sie zerstörte auch das postmodern ausgemalte Panorama einer von allen Legitimationen losgerissenen, universal ausgebreiteten, kristallin erstarrten Bürokratie. Eher kündigt sich im revolutionären Zusammenbruch des bürokratischen Sozialismus ein Ausgreifen der Moderne an – der Geist des Okzidents holt den Osten ein, nicht nur mit der technischen Zivilisation, sondern auch mit seiner demokratischen Tradition.

Aus *antikommunistischer* Sicht bedeuten die revolutionären Veränderungen im Osten die siegreiche Beendigung des 1917 von den Bolschewisten erklärten Weltbürgerkrieges: wiederum eine gegen ihren eigenen Ursprung gewendete Revolution. Der Ausdruck „Weltbürgerkrieg" übersetzt den „internationalen Klassenkampf" aus der Sprache der Gesellschaftstheorie in die Sprache einer hobbistischen[5] Machttheorie. (...)

Die Denkfigur des Weltbürgerkrieges verfestigt nur eine der heißen Phase des Kalten Krieges entliehene Situationsdeutung zu einer Strukturbeschreibung, die dann polemisch imprägniert und einer ganzen Epoche übergestülpt wird.

Bleibt die *liberale Deutung*, die zunächst nur registriert, daß sich mit dem Staatssozialismus die letzten Formen totalitärer Herrschaft in Europa aufzulösen beginnen. Eine Epoche, die mit dem Faschismus begann, geht zu Ende. Mit dem demokratischen Rechtsstaat, der Marktökonomie und dem gesellschaftlichen Pluralismus setzen sich liberale Ordnungsvorstellungen durch. (...)

Die liberale Deutung ist nicht falsch. Aber sie sieht den Balken im eigenen Auge nicht.

Es gibt nämlich triumphierende Varianten dieser Deutung, die dem ersten Abschnitt des *Kommunistischen Manifests* entlehnt sein könnten, wo Marx und Engels die revolutionäre Rolle des Bürgertums hymnisch feiern: „Die Bourgeoisie reißt durch die rasche Verbesserung aller Produktionsinstrumente, durch die unendlich erleichterten Kommunikationen alle, auch die barbarischsten Nationen in die Zivilisation. Die wohlfeilen Preise ihrer Waren sind die schwere Artillerie, mit der sie alle chinesischen Mauern in den Grund schießt, mit dem sie den hartnäckigsten Fremdenhaß der Barbaren zur Kapitulation zwingt. Sie zwingt alle Nationen, die Produktionsweise der Bourgeoisie sich anzueignen, wenn sie nicht zugrunde gehen wollen; sie zwingt alle, die sogenannte Zivilisation bei sich selbst einzuführen, d. h. Bourgeois zu werden. Mit einem Wort, sie schafft sich eine Welt nach ihrem Bilde." – „Und wie in der materiellen, so in der geistigen Produktion. Die geistigen Erzeugnisse der einzelnen Nation werden Gemeingut. Die nationale Einseitigkeit und Beschränktheit wird mehr und mehr unmöglich, und aus vielen nationalen und lokalen Literaturen bildet sich eine Weltliteratur." (...)

Nur in dem einschränkenden Adjektiv der „sogenannten" Zivilisation verrät sich ein Vorbehalt. Bei Marx handelt es sich freilich nicht um den deutschen Vorbehalt für eine der Zivilisa-

4 Posthistoire (franz.): Nachgeschichte. Den Begriff verwendet z. B. Arnold Gehlen ähnlich wie andere den Begriff Postmoderne: als Mischung von Stilen und Möglichkeiten; impliziert zugleich die These, die Geschichte sei insofern abgeschlossen, als der Rahmen für künftige Entwicklungen bereits endgültig festgelegt sei.

5 hobbistisch: nach Art von Thomas Hobbes

tion angeblich überlegene Kultur, sondern um den tiefergehenden Zweifel, ob sich eine Zivilisation *als ganze* in den Strudel der Antriebskräfte eines ihrer Subsysteme[6] überhaupt hineinziehen lassen darf – nämlich in den Sog eines dynamischen, wie wir heute sagen, rekursiv geschlossenen Wirtschaftssystems[7], dessen Funktionsfähigkeit und Selbststabilisierung davon abhängt, daß es alle relevanten Informationen allein in der Sprache des ökonomischen Wertes aufnimmt und verarbeitet. Marx meinte, daß jede Zivilisation, die sich den Imperativen der Selbstverwertung des Kapitals unterwirft, den Keim der Zerstörung in sich trägt, weil sie sich damit gegen alle Relevanzen blind macht, die sich nicht in Preisen ausdrücken lassen.*

6 Subsystem: Untersystem. Die Wirtschaft gilt in der Systemtheorie Niklas Luhmanns als Teil des Gesamtsystems Gesellschaft.

7 rekursiv geschlossenes Wirtschaftssystem: ein Wirtschaftssystem, das sich nur nach ökonomischen Gesetzen richtet, für das also nur das zählt, was sich in Marktpreisen ausdrückt

16.4 Lexikalisches Stichwort: Entfremdung

Entfremdung: Begriff zur Kennzeichnung eines gesellschaftlichen Zustandes, in dem eine als ursprünglich organisch gedachte Beziehung zwischen Menschen untereinander, zwischen Menschen und ihrer Arbeit, zwischen Menschen und dem Produkt ihrer Arbeit sowie von Menschen zu sich selbst für aufgehoben, verkehrt oder zerstört angesehen wird. Der Begriff der Entfremdung läßt sich bis in die mittelalterliche Scholastik und Mystik zurückverfolgen. Der Ausdruck steht hier wertfrei für Trennung, aber auch pejorativ für den Abfall von Gott oder positiv für die Abkehr von den irdischen Dingen. Rousseau verwendet Entfremdung (französisch aliénation) in einem vertragstheoretischen Sinn von Ver- bzw. Entäußerung. Der Begriff der „totalen Entäußerung" (aliénation totale) bezeichnet die vollständige, vorbehaltlose Entäußerung der natürlichen Freiheit des einzelnen an die Gemeinschaft im Gesellschaftsvertrag. Die Freiheit des Individuums im Naturzustand muß in die Identifikation des Bürgers (citoyen) mit dem Allgemeinwillen (Volonté de tous/Volonté générale) übergehen, damit ein gleiches und gesichertes Recht aller möglich wird und die moderne bürgerliche Gesellschaft entstehen kann. Der zivilisierte Mensch lebt als Bürger faktisch im Zustand der Entfremdung von sich selbst (Selbstferne). Er kann seine Identität nur im „Spiegel der Meinung der anderen" erfahren. Für Hegel ist einerseits der Durchgang durch Entfremdungen, aufgefaßt als Moment des Selbstverlustes, die Voraussetzung für die Entwicklung des Selbstbewußtseins. (...)
In einem anderen Sinne bezeichnet Hegel mit Entfremdung ein Phänomen, das später in veränderter Form u. a. von Marx und Lukács wieder thematisiert wird. In einem Stadium ihrer Entwicklung erscheint der selbstbewußten Subjektivität die von ihr geschaffene „wirkliche Welt" von Hegel als „Staatsmacht" und „Reichtum" identifiziert, nicht als eigenes Produkt. Die Subjektivität entfremdet sich ihrer selbst, indem sie sich ihrem eigenen Produkt als einem fremden ausliefert und sich selbst ihm gemäß macht. Analog dazu entfremdet sie sich auch in der Religion als der „unwirklichen Welt". – Durch Marx wurde Entfremdung als die Vergegenständlichung, die den Menschen als Produzenten dem Produkt seiner Arbeit entfremdet, in den historischen Zusammenhang kapitalistischer Produktionsverhältnisse gestellt. Durch das Privateigentum an Produktionsmitteln im Kapitalismus wird der Arbeiter in dem Maß als Mensch „entwirklicht", als er Werte schafft, die aufgrund fremder Aneignung zu ihm „fremden" Gegenständen werden. Durch die Fremdbestimmtheit seiner Arbeit wird der Mensch gleichzeitig den anderen Menschen entfremdet, da die Gleichzeitigkeit ihrer Arbeit ebenfalls fremdbestimmt und damit, vom einzelnen ungewollt, diesem als zufällig erscheint. Endgültig beseitigt wird die Entfremdung erst mit der Errichtung der Diktatur des Proletariats und dem Aufbau der sozialistischen Gesellschaft. – Im Unterschied zu dieser an der Analyse der „entfremdeten" Produktionsverhältnisse orientierten Interpretation wurde der Begriff Entfremdung häufig verwendet als Grundkategorie des gestörten Verhältnisses von Mensch zu Mitmensch sowie des gestörten Verhältnisses des Menschen zu seiner Arbeit.**

* Jürgen Habermas, Nachholende Revolution und linker Revisionsbedarf. Was heißt Sozialismus heute? In: Ders., Die nachholende Revolution. Suhrkamp, Frankfurt/M. 1990, S. 184–187

** Schülerduden Philosophie. A.a.O.

16.5 Lexikalisches Stichwort: Sozialismus

Sozialismus (zu lateinisch socialis „kameradschaftlich, bundesgenössisch"): seit dem frühen 19. Jahrhundert Bezeichnung für eine gesellschaftstheoretische Lehre, die die Umgestaltung der Gesellschaft mit dem Ziel, soziale Gleichheit und Gerechtigkeit für alle herzustellen, anstrebt; für eine politische Bewegung, die die Gesellschaft im Sinne dieser Lehre zu verändern versucht, sowie für einen dieser Lehre entsprechenden Zustand der Gesellschaft. Gemeinsam sind den unterschiedlichen sozialistischen Positionen die Forderungen nach Aufhebung des Privateigentums an Produktionsmitteln, d.h. der in der Klassengesellschaft herrschenden Ausbeutung, der Entfremdung und der materiellen Verelendung der unteren Schichten; nach gesamtgesellschaftlicher Planung der ökonomischen Prozesse zur Überwindung der krisenhaften Konjunkturzyklen; nach Solidarität mit den Unterprivilegierten und Minderheiten innerhalb und außerhalb der jeweiligen Gesellschaft; nach Versöhnung von Mensch und Natur. – Die Lehre des Sozialismus ist im Zeitalter der Industrialisierung und der Entwicklung des kapitalistischen Wirtschaftssystems als Gegenbewegung zur liberalistischen Theorie, wonach die Verfolgung des Eigennutzes zugleich das beste Mittel zur Beförderung der allgemeinen Wohlfahrt sei, entstanden im Sinne einer – sei es revolutionären, sei es reformistischen – Antwort auf die immer dringlicher sich stellende „soziale Frage". Den utopischen Sozialismus (Saint-Simon, Fourier, Blanc, Owen, Proudhon) vor der 1848er Revolution kennzeichnen eine moralisch oder religiös motivierte Verurteilung gesellschaftlicher Mißstände, utopische Gesellschaftsentwürfe sowie der Appell an die Einsicht aller. Seit den 1840er Jahren entwickelt Marx im Unterschied dazu den wissenschaftlichen Sozialismus, v.a. in seiner „Kritik der politischen Ökonomie" (1859). Darin tritt der Entwurf eines gesellschaftlichen Idealzustands zurück hinter die Analyse der bestehenden Verhältnisse mit dem Ziel der Aufdeckung notwendiger innerer Widersprüche der kapitalistischen Wirtschaftsordnung, die unausweichlich zur sozialistischen Revolution führen müssen. (...) Da aufgrund der Klassenstruktur der kapitalistischen Gesellschaft und des von ihr geprägten Bewußtseins der Menschen die Einsicht aller nicht erreichbar ist, wird die Arbeiterklasse (Proletariat) zum Träger des revolutionären Klassenkampfes, dessen Ziel die Verwirklichung des Sozialismus ist. Während vor Marx die Begriffe Kommunismus und Sozialismus synonym verwendet werden, deutet sich schon bei ihm eine Unterscheidung an, die Lenin dann ausdrücklich macht (...), wenn er als Sozialismus die Übergangsphase zwischen Klassengesellschaft (Kapitalismus) und klassenloser Gesellschaft (Kommunismus) bezeichnet. In dieser Übergangsgesellschaft übt die Arbeiterklasse (vertreten durch die Kommunistische Partei) die politische Herrschaft im Staat (der im Kommunismus aufgehoben sein wird) aus („Diktatur des Proletariats"); ist das Privateigentum an Produktionsmitteln in Staatseigentum übergegangen; gilt der Grundsatz „Jeder nach seinen Fähigkeiten, jedem nach seiner Leistung" (im Gegensatz zu dem kommunistischen Grundsatz „Jeder nach seinen Fähigkeiten, jedem nach seinen Bedürfnissen"). Der anarchistisch geprägte libertäre Sozialismus (...) fordert dagegen die unmittelbare revolutionäre Abschaffung des Herrschaftsinstrumentes Staat zugunsten einer basisdemokratischen Selbstverwaltung frei assoziierter Kommunen (Rätedemokratie). Die reformistisch eingestellten westeuropäischen sozialistischen bzw. sozialdemokratischen Parteien streben einen demokratischen Sozialismus innerhalb parlamentarischer Mehrparteiendemokratien an, der – anders als der real existierende Sozialismus osteuropäischer Staaten mit ihren bürokratischen Einparteiendiktaturen – individuelle Freiheitsrechte, soziale Sicherheit und Gerechtigkeit zugleich garantieren soll.*

Arbeitsanregungen

1. Welche „neueren Staatsrechtslehrer" meint Hegel zu Beginn von Text 16.1.1, wenn er sagt, sie hätten den Staat nur als „Gemeinsamkeit" verstanden? Warum führt diese Gemeinsamkeit nur zum „Not- und Verstandesstaat"?
2. Erklären Sie die Entwicklung der bürgerlichen Gesellschaft, wie Hegel sie in 16.1.1 beschreibt.
3. Wie denkt Hegel über Sozialhilfe für Arme? (16.1.1) Denkt man heute noch genauso?
4. Erörtern Sie Hegels Begriff der Bildung. (Beginn von 16.1.2)

* Ebd.

5. Hegels Behauptung, daß Vernunft und Wirklichkeit zusammenfallen (16.1.2), hat viel Widerspruch hervorgerufen. Können Sie Hegels These einen guten Sinn abgewinnen?
6. Inwiefern kann sich nach Hegels Theorie das Individuum erst im Staat wirklich entfalten? (16.1.2) Geht die Individualität nicht verloren, wenn der Mensch im Staat aufgeht?
7. Welche Probleme stellen sich nach Taylors Meinung für unsere heutige Gesellschaft? Was kann Hegel zur Lösung der Probleme beitragen? (16.1.3)
8. Können Sie die These von Marx anerkennen, daß es die Aufgabe der Philosophie sei, die Welt zu verändern? (Vgl. Zitat zu Beginn von 16.2.) – Ziehen Sie zur Vertiefung dieser Frage Poppers Kritik in 11.4 heran.
9. Was bedeutet die Gleichsetzung von „Bewußtsein" mit „bewußtem Sein"? (16.2.1) Versuchen Sie die Gleichsetzung anhand konkreter Beispiele zu erklären.
10. Erklären Sie den Zusammenhang von Basis und Überbau (z. B. am Verhältnis von Religion und Wirtschaft).
11. Wie kommen Marx und Engels dazu, Privateigentum und Arbeitsteilung gleichzusetzen? (16.2.2)
12. Ist das Leben in der kommunistischen Gesellschaft, wie Marx und Engels es im Text 16.2.2 ansatzweise schildern, verlockend? Welche Vorteile und welche Nachteile hat es?
13. Was verstehen Marx und Engels unter Entfremdung? (Vgl. 16.2.2 und 16.4.)
14. Welche Bedingungen einer kommunistischen Revolution nennen Marx und Engels? (16.2.2) Sind diese Bedingungen plausibel? Vergleichen Sie damit z. B. die Lage zur Zeit der russischen Oktoberrevolution 1917.
15. Wieso ist der Kommunismus nicht als Ideal zu verstehen? (Ende von 16.2.2 – im Gegensatz zu Poppers Darstellung in 11.4.)
16. Warum tritt Rosa Luxemburg sowohl für Demokratie wie auch für Diktatur ein? (16.3.1) Ist die Verknüpfung beider Ziele möglich?
17. Welche gesellschaftlichen Entwicklungen sind für die „Entrevolutionierung des Proletariats" (16.3.2) verantwortlich?
18. Diskutieren Sie die acht Punkte, die Gollwitzer in 16.3.3 als bleibende Einsichten aus der marxistischen Theorie vorstellt. Gibt es darunter Punkte, die Sie durch die revolutionären Veränderungen des Jahres 1989 widerlegt sehen?
19. Welche der von Habermas in 16.3.4 vorgelegten Interpretationsmöglichkeiten der Ereignisse von 1989 überzeugt Sie am meisten?
20. Schreiben Sie den Artikel „Sozialismus" (16.5) fort, so daß er die neueste Entwicklung berücksichtigt.
21. Die Publizistin Marion Gräfin Dönhoff vertrat in einem Symposion die These, daß sich Sozialismus und Marktwirtschaft gegenseitig korrigieren. „Infolgedessen ist es für uns wichtig, daß es die beiden Systeme nebeneinander gibt und nicht das eine das andere verdrängt." (Die Zeit, 29.12.89) Wie kann sich die Marktwirtschaft korrigieren, wenn der Sozialismus keine wirkliche Konkurrenz mehr darstellt?
22. Kann die Wirtschaft letztlich nur durch den Markt oder auch durch sozialethische Zielsetzungen gesteuert werden?
23. Was ist der Staat: ein freiwilliger Zusammenschluß (Vertragstheorie), die Verkörperung von Vernunft (Hegel) oder der Herrschaftsapparat der Ausbeuter (Marx)? Können Sie, falls alle drei Auffassungen Sie nicht überzeugen, eine eigene formulieren? Ziehen Sie dazu den Text 11.5 heran.

17 Politik jenseits der Gesetze: Widerstand – Terror – Anarchie

Bürgerinnen und Bürger haben unter bestimmten Umständen ein Recht auf Widerstand gegen den Staat. Ausdrücklich anerkannt wird das Widerstandsrecht *in der Virginia Bill of Rights von 1776, in der Unabhängigkeitserklärung der USA, in der französischen Erklärung der Menschen- und Bürgerrechte von 1789 (vgl. 14.3), schließlich auch – allerdings erst seit 1968 – im Grundgesetz der Bundesrepublik Deutschland. Der Artikel 20, der zum unabänderlichen Teil des Grundgesetzes gehört, legt unseren Staat auf die Demokratie, die Bundes-, Rechts-, und Sozialstaatlichkeit fest, um dann in Absatz 4 fortzufahren:*
„Gegen jeden, der es unternimmt, diese Ordnung zu beseitigen, haben alle Deutschen das Recht auf Widerstand, wenn andre Abhilfe nicht möglich ist."
Damit ist im äußersten Fall sogar Gewaltanwendung legitim. Der Widerstand kann sich natürlich auch gegen eine bestehende Rechtsordnung wenden. Zwar darf jeder andere Gesellschaftsvorstellungen in die Diskussion der kritischen Öffentlichkeit einbringen. Wer seine Ziele jedoch mit Gewalt durchsetzen will, erzeugt Schrecken, Terror. *Der Terrorismus versucht seine schrecklichen Mittel und Wege durch das Ziel einer besseren Gesellschaft zu rechtfertigen.*
Wenn sich die Abneigung gegen einen Staat und seine Gesetze auf alle Staaten und auf Herrschaft überhaupt ausdehnt – etwa weil Herrschaft mit Knechtschaft assoziiert wird –, bleibt als einzige Lösung die Anarchie, *die Herrschaftslosigkeit.*

17.1 Das Höchstmaß politischer Freiheit

Wenn die liberale Auffassung des Staates als eine organisierte Gesellschaft von Individuen radikalisiert wird, führt sie zur Ablehnung aller festen Institutionen, weil sie die Freiheit des Individuums beschneiden; dazu zählt insbesondere der Staat.
Schon kurz nach der Französischen Revolution verurteilt der englische Schriftsteller William Godwin (1756–1836), ehemals ein calvinistischer Geistlicher, alle Versuche, den Staat zu begründen – sei es als gottgegebene Institution, sei es durch den Gesellschaftsvertrag oder den Zweck des Gemeinwohls.
Als eigentlicher Begründer des Anarchismus gilt Pierre-Joseph Proudhon *(1809–1865), der sich durch autodidaktische Studien und späten Universitätsbesuch vom einfachen Drucker zum international bekannten Sozialrevolutionär entwickelt. In seiner berühmten Schrift „Was ist das Eigentum?" (1840) gelangt er zu der provozierenden Antwort „Eigentum ist Diebstahl!" (Nicht gemeint ist das persönliche, durch eigene Arbeit erworbene Eigentum.)*
Seine Lösung der gesellschaftlichen Probleme: solidarische gegenseitige Hilfe („Mutualismus") und Selbstverwaltung statt hierarchischer Abhängigkeit; freie und wechselnde Verträge statt fester institutioneller Zwangsbindungen und Gesetze; ein Netz von freien Assoziationen (Föderalismus) statt Zentralismus; Vertrauen in die Selbstverantwortung des einfachen Volkes statt Lenkung durch irgendwelche (intellektuelle, politische oder religiöse) Autoritäten. So sollen die Forderungen der Französischen Revolution verwirklicht werden: Freiheit, Gleichheit, Brüderlichkeit. Weder die Demokratie („Tyrannei der Mehrheit") noch die Diktatur des Proletariats erfüllen Proudhons Ansprüche. Marx, dem er 1844 in Paris begegnet, warnt er 1856 in einem Brief: „(...) machen wir uns, da wir an der Spitze einer Bewegung stehen, nicht zu Wegbereitern einer neuen Intoleranz, gebärden wir uns nicht als Apostel einer neuen Religion."
Michail Bakunin *(1814–1876) trifft beide, Marx und Proudhon, gleichfalls 1844 in Paris, und auch er bekommt den Verdacht, daß Marx das Volk und die Freiheit nicht genug achte; Marx sei autoritär und doktrinär; um so mehr bewundert Bakunin seine Intelligenz und Gelehrtheit.*

Aus der von Bakunin und Marx 1864 mitbegründeten 1. „Internationalen Arbeiter-Assoziation" werden die „Bakunisten" 1872 ausgeschlossen. Im Unterschied zu Proudhons „solidarischem Anarchismus" setzt Bakunins „kollektiver Anarchismus" auf die Vergesellschaftung aller Produktionsmittel und des Bodens.

Noch weiter geht Petr Kropotkin *(1842–1921) in seinem „kommunistischen Anarchismus": Das Lohnsystem soll abgeschafft, die Güter nach dem Prinzip „Jedem nach seinen Bedürfnissen" verteilt werden.*

Problematisch bleibt bis heute das Verhältnis des Anarchismus zur Gewalt. Während z. B. Bakunin und v. a. Kropotkin gewalttätige Aktionen (z. B. Attentate) befürworten, lehnen andere Anarchisten sie konsequent ab, z. B. der christliche Anarchist und Schriftsteller Leo Tolstoi (1828–1910) oder der als Mitglied der Münchner Räteregierung im Januar 1919 ermordete Gustav Landauer (1870–1919).

17.1.1 Anarchistischer Katechismus – Michail Bakunin

a) Verneinung Gottes.

b) Achtung der Menschheit muß den Kult der Gottheit ersetzen. Die menschliche Vernunft wird als einziges Kriterium der Wahrheit anerkannt, das menschliche Gewissen als Grundlage der Gerechtigkeit und die individuelle und kollektive Freiheit als Quelle und einzige Grundlage der Ordnung in der Menschheit.

c) Die Freiheit des einzelnen kann nur in der Gleichheit Aller verwirklicht werden. Die Verwirklichung der Freiheit in der Gleichheit ist die Gerechtigkeit.

d) Absoluter Ausschluß des Prinzips der Autorität und Staatsräson. Die Freiheit muß das einzige konstituierende Prinzip der ganzen sozialen Organisation, der politischen sowie der ökonomischen sein. Die Ordnung in der Gesellschaft muß das Gesamtergebnis der größtmöglichen Entwicklung aller lokalen, kollektiven und individuellen Freiheiten sein. *Die ganze politische und ökonomische Organisation muß folglich nicht, wie heute, von oben nach unten und vom Zentrum zur Peripherie ausgehen nach dem Prinzip der Einheit, sondern von unten nach oben und von der Peripherie zum Zentrum nach dem Prinzip der freien Assoziation und Föderation.*

e) Politische Organisation. Abschaffung jeder vom Staat geschützten und bezahlten offiziellen Kirche. Absolute Gewissens- und Kultusfreiheit mit unbeschränktem Recht eines Jeden, seinen Göttern Tempel zu errichten und seine Priester zu bezahlen. Absolute Freiheit der religiösen Assoziationen, die übrigens keine politischen und bürgerlichen Rechte besitzen und sich nicht mit der Erziehung von Kindern werden beschäftigen können. *Abschaffung und Bankrott des zentralisierenden und bevormundenden Staates.* – Absolute Freiheit des einzelnen, Anerkennung der politischen Rechte nur derer, die von ihrer Arbeit leben, unter der Bedingung, daß sie die Freiheit der Anderen achten. Allgemeines Stimmrecht, unbegrenzte Presse-, Propaganda-, Rede- und Versammlungsfreiheit (für öffentliche und private Versammlungen). Absolute Assoziationsfreiheit, wobei aber die juridische Anerkennung nur denen zuteil wird, die durch ihren Zweck und ihre innere Einrichtung sich nicht in Gegensatz zu den Grundprinzipien der Gesellschaft stellen. *Absolute Autonomie der Gemeinde* mit dem Recht der Verwaltung und selbst der inneren Gesetzgebung, sobald dieselben den der Provinzialverfassung zugrundeliegenden Prinzipien entsprechen, falls die Gemeinde zur Föderation gehören und die Provinzialgarantie genießen will. *Die Provinz soll nur die Föderation der Gemeinden sein. – Autonomie der Provinz gegenüber der Nation* mit dem Recht der Verwaltung und inneren Gesetzgebung, sobald dieselben den Grundprinzipien der Nationalverfassung entsprechen, falls die Provinz zur Föderation gehören und die Nationalgarantie genießen will. – *Die Nation soll nur die Föderation der Provinzen sein, die freien Willens zu ihr gehören wollen*; sie hat die Pflicht, die Autonomie jeder Provinz zu achten, aber das Recht zu verlangen, daß die Verfassung und besondere Gesetzgebung einer Provinz, die zur Föderation gehören und die Nationalgarantie genießen will, der nationalen Verfassung und Gesetzgebung in den wesentlichen Punkten entsprechen, daß in Sachen der gegenseitigen Beziehungen der Provinzen und der allgemeinen Interessen der Nation jede Provinz die von dem Nationalparlament votierten und ihr von der Nationalregierung mitgeteilten Dekrete ausführe, und daß jede Provinz sich den Entscheidungen des Nationalgerichts füge, vorbehaltlich des Appells an das internationale Gericht, wenn dieses bestehen wird. Bei Verweigerung des Gehorsams in einem dieser drei Fälle wird die Provinz außerhalb des Gesetzes und außerhalb der nationalen Solidarität gestellt und im Fall eines Angriffs ihrerseits gegen eine der föderierten Provinzen wird sie von der nationalen Armee zur Räson gebracht werden.

Abschaffung des sogenannten historischen Rechts, des Rechts der Eroberung und jeder auf Arrondierung[1], *Vergrößerung, Ruhm und äußere Macht des Staates abzielenden Politik.* Wohlstand und Freiheit aller Nationen sind solidarisch, und jede muß ihre Macht in ihrer Freiheit suchen. Die nationale Unabhängigkeit ist ein nationales, unveräußerliches Recht wie die des einzelnen; aufgrund dieser Tatsache muß sie heilig sein, aber nicht aufgrund des historischen Rechts. Daraus, daß ein Land mit einem andern durch Jahrhunderte vereinigt war, auch wenn dies freiwillig geschehen, folgt nicht, daß es diese Vereinigung weiterhin dulden muß, wenn es nicht mehr will; denn die vergangenen Generationen haben nie das Recht, die Freiheit der gegenwärtigen und künftigen Generationen zu veräußern. Jede Nation, Provinz und Gemeinde wird also das absolute Recht haben, über sich selbst zu verfügen, sich mit andern zu alliieren oder die früheren und gegenwärtigen Allianzen zu brechen und neue einzugehen, ohne daß ein anderes Land das Recht und das Interesse hätte, sie daran zu hindern. Jede Gewalttätigkeit auf diesem Gebiet muß von der ganzen nationalen Föderation unterdrückt werden, denn jeder Angriff gegen die Freiheit eines einzigen Landes ist eine Beleidigung, eine Bedrohung, ein indirekter Angriff gegen die Freiheit aller Nationen. – Schließlich internationale Föderation und revolutionäre Solidarität der freien Völker gegen die reaktionäre Koalition der noch versklavten Länder.

f) *Soziale Organisation.* – Die politische Gleichheit ist unmöglich ohne ökonomische Gleichheit. – Die ökonomische Gleichheit und soziale Gerechtigkeit sind unmöglich, solange nicht in der Gesellschaft für jedes ins Leben tretende menschliche Wesen *vollständige Gleichheit des Ausgangspunkts* besteht, gebildet durch Gleichheit der Mittel für Unterhalt, Erziehung und Unterricht und später für Betätigung der verschiedenen Fähigkeiten und Kräfte, welche die Natur in jeden einzelnen gelegt hat. (...)

Grund und Boden, das Eigentum aller, werden nur im Besitz derer sein, die sie bebauen. Gleichheit von Mann und Weib in allen politischen und sozialen Rechten. Abschaffung der auf dem bürgerlichen Recht und dem Eigentum begründeten legalen Familie. Freie Ehe. Die Kinder gehören weder den Eltern noch der Gesellschaft. Die oberste Vormundschaft der Kinder, die Erziehung und ihr Unterricht gehören der Gesellschaft. – *Die Schule wird die Kirche ersetzen.* Ihr Ziel: die Schaffung des freien Menschen. Abschaffung der Gefängnisse und des Henkers. – Achtung und Sorgfalt für die Alten, die Arbeitsunfähigen und die Kranken. (...)*

1 Arrondierung: Zusammenlegung

* Michail Bakunin, Zusammenfassung der Grundideen des Revolutionären Katechismus, 1866. In: A. v. Borries/I. Brandies (Hrsg.), Anarchismus. Theorie, Kritik, Utopie. Texte und Kommentare. Joseph Melzer Verlag, Frankfurt/M. 1970, S. 107–110

17.1.2 Statt Anarchie und Bürgerkrieg: der gerechte Staat – Otfried Höffe

Das politische Projekt der Moderne entzündet sich an zwei Grunderfahrungen: an der Radikalkrise des Gemeinwesens, der Erschütterung der Rechts- und Staatsordnung, und an der Radikalkritik der politischen Verhältnisse, der Erfahrung von Ausbeutung und Unterdrückung. Den Höhepunkt der Unterdrückung bildet die Verweigerung elementarer Menschenrechte. Den Höhepunkt der Staatserschütterung bilden jene politisch-religiösen Bürgerkriege, die zu den historischen Bedingungen gehören, unter denen Hobbes' Staatsphilosophie entsteht, und die in pluralistischen Demokratien stark abgemildert, aber auch perpetuiert[1] werden zum Interessenkampf der Gruppen und Verbände.

Da beide Erfahrungen gegenläufig sind, verteidigt die politische Philosophie, je nach der Grunderfahrung, an der sie sich orientiert, ein anderes Leitziel. Die Erfahrung des Bürgerkrieges führt zum positiven Recht und der dafür verantwortlichen Staatsmacht (die abgemilderte Erfahrung des demokratischen Interessenkampfes zur „Legitimation durch Verfahren"[2]), die Erfahrung politischer Unterdrückung dagegen zur Idee der Herrschaftsfreiheit als Gesellschaftsprinzip. Die Antinomie des Politischen, der Gegensatz des Rechts- und Staatspositivismus zum Anarchismus, läßt sich daher auch aus der einseitigen Wahrnehmung politischer Grunderfahrungen erklären.

Im Bürgerkrieg erlebt man geradezu handgreiflich, warum es die politischen Grundinstitutionen braucht. Recht und Staat sind notwendig, um den Frieden zu garantieren und um das Überleben, die Freiheit und das Glück der Menschen zu ermöglichen. Eine politische Philosophie, die wie gebannt auf die Gefahr des Bürgerkrieges schaut (in jüngerer Zeit etwas weniger dramatisch auf die Gefahr der Unregierbarkeit), denkt in Kategorien von Freund und Feind, von Entscheidung und ihrer Durchsetzung, von Befehl und Gehorsam und neigt zu einer Absolutsetzung von positivem Recht und Staat. Dies trifft mehr oder weniger deutlich für den Rechts- und Staatspositivismus, in abgeschwächter Form auch für rein prozessuale (liberalistische oder funktionalistische) Demokratietheorien zu, nach denen bloß in den Verfahren, nicht auch den Zielen der Maßstab der Demokratie liege.

In all diesen Arten von politischer Philosophie und Rechtstheorie werden Recht und Staat vom Begriff der Macht und Konkurrenz her gedacht, während dem Begriff der Gerechtigkeit eine konstitutive Bedeutung für das Politische bestritten wird. Recht und Staat werden nicht nur religiös, sondern auch moralisch neutralisiert; die Theorien neigen zu einem politischen Amoralismus und zu einem Zynismus der Macht.

Die entgegengesetzte Richtung schlägt eine Rechts- und Staatskritik ein, die von der anderen Grunderfahrung, der Erfahrung von Ausbeutung und Unterdrückung, ausgeht. Sie übergeht die Bedeutung von Macht und Konkurrenz in der Politik, blendet die Angst vor dem Extremfall, dem Bürgerkrieg, aus und spielt folgerichtig die Notwendigkeit einer positiven Rechtsordnung und ihrer öffentlichen Sicherung durch Staatsgewalten herunter. Es sind die verschiede-

1 perpetuieren: fortsetzen

2 Legitimation durch Verfahren: Buchtitel des Soziologen Niklas Luhmann, 1969; gemeint ist eine Rechtfertigung der Staatsgewalt nicht durch bestimmte *Inhalte* (z. B. traditionelle Sitte), sondern dadurch, daß politische Entscheidungen durch rechtmäßige *Verfahren* zustande kommen

nen *kritischen Theorien*, die auf offene, auch auf verborgene Formen von Unterdrückung und Ausbeutung aufmerksam machen und die Formen auf Strukturprinzipien der Gesellschaft, etwa ihre kapitalistische Wirtschaftsweise oder die Einführung des Privateigentums, zurückführen. Nicht selten verschärfen sich diese Theorien zu einem Anarchismus, behaupten das Rechts- und Staatswesen als letzten Ursprung aller Unterdrückung und fordern dann sein Absterben.

Solange sich die kritischen Theorien nur gegen einen „Mehrwert“ an politischer Herrschaft, nämlich gegen Rechts- und Staatsverhältnisse wenden, die der Idee eines gerechten Zusammenlebens widersprechen, liegt – von Einzelheiten der Begriffsbildung und Diagnose abgesehen – eine gerechtigkeitstheoretisch unproblematische Behauptung vor. Bedenken tauchen jedoch auf, sobald die Gerechtigkeit ohne jede öffentliche Zwangsgewalt gesucht wird. Dann entkommen die kritischen Theorien dem tendenziellen Zynismus ihres positivistischen Gegners nur auf Kosten eines Hangs zur Schwärmerei.

Die Erfahrung von Unterdrückung und Ausbeutung, auf die die kritischen Theorien zu Recht aufmerksam machen, ist nicht bloß zur Bürgerkriegserfahrung gegenläufig. Sie ist auch das gegenläufige Moment in der Bürgerkriegserfahrung selbst. Der Bürgerkrieg stellt nämlich nicht nur eine politische Anarchie dar, die durch eine staatlich gesicherte Friedensordnung überwunden werden könnte. Er resultiert auch häufig aus massiven Ungerechtigkeiten, die die Bürger nicht länger ertragen wollen. Deshalb wird der Bürgerkrieg auf Dauer nicht durch irgendeine Staatsmacht überwunden; der wahre Friede beruht auf der Achtung grundlegender Gerechtigkeitsansprüche, während aus ihrer Mißachtung Unfrieden entspringt. Die (politische) Gerechtigkeit, so scheint es, ist kein moralischer Luxus, sondern eine notwendige Bedingung menschlichen Zusammenlebens: *opus iustitiae pax*, der Friede ist ein Werk der Gerechtigkeit.

Die Absolutsetzung der einen Grunderfahrung zu Lasten der anderen und die daraus folgende Isolierung der Leitbegriffe „Recht und Staat“ und „Gerechtigkeit“ voneinander bedeuten ebenso einen wissenschaftlich-philosophischen Fehler mit praktischen Folgen wie eine politische Vormeinung mit theoretischen Konsequenzen. Eine politische Philosophie, die den beiden politischen Grunderfahrungen gerecht wird, der Radikalkrise des Gemeinwesens und der Radikalkritik seiner Grundstruktur, muß deshalb alle drei Begriffe berücksichtigen: Recht, Gerechtigkeit und Staat. Auch dürfen die Begriffe nicht äußerlich neben- und nacheinander behandelt werden. Denn für die gemeinsame Behandlung spricht nicht etwa das enzyklopädische Interesse, das menschliche Zusammenleben möglichst umfassend darzustellen. Entscheidend ist ein systematischer Zusammenhang, der in der folgenden *dreiteiligen Hypothese* formuliert wird: Soll das menschliche Zusammenleben eine legitime Gestalt annehmen, dann muß es erstens den Charakter des Rechts haben, muß zweitens das Recht die Qualität der Gerechtigkeit erlangen und muß drittens das gerechte Recht den Schutz einer öffentlichen Rechtsordnung, folglich die Gestalt eines (gerechten) Staates, annehmen. Die dreiteilige Leitthese der politischen Philosophie läßt sich auch in veränderter Reihenfolge lesen: (1) Der Staat ist auf die Gerechtigkeit verpflichtet, (2) die politische Gerechtigkeit bildet den normativ-kritischen Maßstab des Rechts, und (3) das gerechte Recht ist die legitime Form menschlichen Zusammenlebens.*

* Otfried Höffe, Politische Gerechtigkeit. Suhrkamp, Frankfurt/M. 1987, Taschenbuch 1989, S. 22–25

17.2 Die Übersteigerung politischer Moral

So freudig die Französische Revolution anfangs von vielen Aufklärern begrüßt wird, so enttäuscht und entsetzt sind bald viele angesichts des blutigen Schreckens, in den die Jakobiner um Robespierre das vom Absolutismus befreite Land stürzen. Robespierre erklärt am 5. Februar 1794:

*„Wenn die Triebkraft der Volksregierung im Frieden die Tugend ist, so ist in revolutionärer Zeit diese Triebkraft zugleich die Tugend und der Schrecken; die Tugend, ohne die der Schrecken unheilvoll wäre, der Schrecken, ohne den die Tugend ohnmächtig bliebe. Der Schrecken ist nichts anderes als die rasche, strenge, unbeugsame Gerechtigkeit; er ist also ein Ausfluß der Tugend (. . .).“**

Hegel hat den Tugendterror analysiert; auf seine Untersuchung greift Hermann Lübbe zurück, um damit den Terror linker Gruppen zu erklären, der seit Anfang der siebziger Jahre in der Bundesrepublik praktiziert wird, um aus dem Untergrund heraus den Boden für eine sozialistische Revolution zu bereiten.
Das Interview mit Werner Lotze bietet die Möglichkeit, die Analysen von Hegel bzw. Lübbe mit authentischen Aussagen eines ehemaligen Terroristen zu vergleichen.

17.2.1 Interview mit einem Ex-Terroristen

Werner Lotze war von 1978 bis 1980 Mitglied der „Rote Armee Fraktion“ (RAF). In dieser Zeit erschoß er einen Polizisten, nahm an einem Banküberfall und an einem Attentatsversuch teil. Weil er Skrupel bekam, tauchte er mit neun anderen RAF-Mitgliedern in der DDR unter. Zehn Jahre führte er ein bürgerliches Leben; nach dem Ende der sozialistischen Regierung der DDR wird Lotze im Juni 1990 festgenommen. Ein halbes Jahr später sagt er vor den Fernsehkameras über seine terroristische Vergangenheit aus, um damit ins reine zu kommen und weiterkämpfende RAF-Terroristen von ihrem Weg abzubringen. Die folgenden Auszüge sind Teile aus einem insgesamt vierstündigen Gespräch.

F: Herr Lotze, Anfang der siebziger Jahre, als die „Rote Armee Fraktion“ entstand, studierten Sie. Waren Sie damals schon politisiert?

L: Was zu der Zeit an Politisierung gelaufen ist, das war die Teilnahme an Demonstrationen gegen den Vietnamkrieg, gegen Fahrpreiserhöhungen und gegen bestimmte Studienbedingungen, also nichts groß Übergreifendes. Ich hab' allerdings so nach und nach angefangen, mich theoretisch mit dem Marxismus-Leninismus auseinanderzusetzen.

F: Weshalb?

L: Weil ich zum Beispiel den Vietnamkrieg als eine Auseinandersetzung zwischen Imperialismus auf der einen Seite und Sozialismus auf der anderen Seite begriffen habe und das verknüpft habe mit der Frage von Gut und Böse. Und da war der Sozialismus für mich das Gute. (. . .)

F: Was für ein Bild haben Sie damals von der Bundesrepublik gehabt?

L: Ich habe die Bundesrepublik als einen imperialistischen Staat gesehen. Als einen Staat, dessen Reichtum darauf beruht, daß die Länder in der Dritten Welt ausgeplündert werden. Die Kriege in Vietnam, in Afrika habe ich als Mittel gesehen, mit dem der Imperialismus seinen Wohlstand aufrechterhält. Ich habe die Gesellschaft in der BRD als unmoralisch

* Maximilien de Robespierre, Oeuvres Bd. 10, Paris 1967, S. 350ff. Teilübersetzt in: I. u. P. Hartig, Die Französische Revolution, Quellen- und Arbeitshefte zur Geschichte und Politik. Klett, Stuttgart 1981, S. 95f.

empfunden. Nicht nur irgendwelche staatlichen Strukturen haben in meinen Augen Verbrechen begangen, sondern auch die Bevölkerung, indem sie diesen Reichtum akzeptiert und versucht, darin zu leben und sich selber immer wieder zu bereichern.

F: Haben Sie diese Schuld einzelnen, der Gesellschaft als solcher oder Repräsentanten der Gesellschaft gegeben?

L: Ja, die Repräsentanten, das waren die Exponierten, sicherlich. Aber zu der Zeit habe ich das auch auf mich bezogen. Also, die Tatsache, bestimmte Sachen erkannt zu haben und theoretisch nachvollzogen zu haben, aber daraus nicht die Konsequenz zu ziehen.

F: Haben Sie sich als Moralist verstanden?

L: Ja.

F: Sie haben als Moralist zur Gewalt gefunden?

L: Ja.

F: Haben Sie Haß gegenüber der Bundesrepublik empfunden?

L: Zum Schluß ist es nur noch Haß gewesen, in letzter Konsequenz auch Haß auf die Menschen.

F: Auf jeden einzelnen, der nichts tut?

L: Ja.

F: Viele RAF-Mitglieder haben erklärt, sie seien in die RAF reingerutscht und hätten irgendwann automatisch Gewalt angewandt. Würden Sie das von sich auch sagen?

L: Nein. Ich bin zu der Erkenntnis gekommen, daß man den Staat nicht mit seinen eigenen Mitteln kippen kann. Ich war der Meinung, man muß den Staat zerstören. (...)

F: Gehörte die totale Opferbereitschaft, das Todesrisiko, auch zu dem „neuen Menschen", den die RAF schaffen wollte?

L: Ja, das gehörte mit dazu. Ein neuer Mensch, das sollte einer sein, der nicht mehr bestimmt wird von den Kompromissen und von den Lügen, die man in diesem Leben immer eingehen muß. Das war eine Form von Ehrlichkeit. Damit ist die Radikalität gemeint, mit der man das Ziel verfolgt, und die Bedingungslosigkeit, mit der man die Aktionen macht. Zwangsläufig muß daraus ein anderes Verhältnis untereinander entstehen. Das heißt, daß sich die Beziehungen der Leute untereinander nicht mehr mit irgendwelchen Kategorien wie freundlich, nett und hilfsbereit definieren lassen. Jeder sieht, daß der andere bereit ist, das gleiche Risiko einzugehen, und vom anderen die gleiche Kompromißlosigkeit und Offenheit fordert. Die Offenheit, die notwendig ist, um alte Ängste abzulegen. Um nicht mehr vor dem Staat zurückzuweichen, weil irgendeine Aktion zu groß ist, weil man Angst hat, vor Repressionen, vor dem Fahndungsdruck oder letztlich auch vor dem Knast oder davor, erschossen zu werden. Jeder ist voll und ganz in dem Ziel, was die Gruppe hat, aufgegangen. Und alles andere ist nebensächlich geworden.

F: Wie kommt Ihnen dieses Konzept heute vor?

L: Die Veränderung, die wir angestrebt haben, die hat es natürlich schon gegeben. Aber das hatte nichts mit Selbstbefreiung zu tun. Ich war damals davon überzeugt, daß es ein Wertesystem gibt, das rechtfertigen wird, Menschen zu töten. Aber die Erfahrung in der Gruppe war, daß es dieses Wertesystem nicht gibt. Und die Veränderung, die mit dem einzelnen in der Gruppe vonstatten ging, ist eben, daß er akzeptiert hat, Menschen zu töten.

F: Das ist die einzige Veränderung gewesen?

L: Ja. Darauf reduziert sich alles.

F: Wie sollte ein Wertesystem aussehen, das es rechtfertigt, Menschen zu töten?

L: Ich habe ja mit der RAF ein Ziel verfolgt. Das war eine konkrete Gesellschaftsform, die charakterisiert wird durch Stichworte wie: keine Kriege, keine Armut, Gerechtigkeit, soziale Gleichheit. Und auf dem Weg dahin habe ich geglaubt, daß es gerechtfertigt ist, daß es notwendig ist, Menschen zu töten. Durch das, was ich in der Gruppe tat, habe ich gemerkt, daß es eben nicht gerechtfertigt ist, Menschen zu töten. (...)

F: Wie haben Sie den 9. November 89, die Öffnung der Mauer, erlebt? Was hat das für Sie bedeutet?

L: Den Zusammenbruch der DDR hab' ich als Niederlage aufgefaßt, weil ich die DDR als ein sozialistisches Land gesehen habe. So hab' ich meine Arbeit in der DDR verstanden – als Beitrag zum Aufbau des Sozialismus. Ich habe auch immer sehr gerne in der DDR gearbeitet. Deshalb war es eine Niederlage, und ich habe mich fast wieder da gesehen, wo ich 1980 schon mal stand. (...)

F: Sie haben früher gegen diese Gesellschaft gekämpft, weil Sie sie für unmoralisch hielten. Haben Sie eigentlich noch politische Ansprüche?

L: Die Vorstellung von einer besseren Gesellschaft habe ich immer noch, sicherlich. Aber ich habe erst mal keine Rezepte mehr.*

17.2.2 Freiheit, Terror und Moral – Georg Wilhelm Friedrich Hegel, Hermann Lübbe

Lübbe fragt nach dem Wert der Terror-Theorie Hegels:

Diese lehrt uns, den Terror als ein moralisches Phänomen zu verstehen – als eine Praxis der Tugend. Nicht Barbarei, nicht Verwilderung, sondern der Mensch in der Verwirklichung äußerster Möglichkeiten ist das Subjekt des Terrors. Er ist kein Zufall in der Geschichte der Freiheit, vielmehr eine Form ihres politischen Daseins. (...) Auch enthält die Hegelsche Konzeptualisierung[1] des Terrors Elemente, die zum Verständnis seines gegenwärtigen Daseins nützlich, ja unentbehrlich sind. Das möchte ich zeigen.

„Es herrschen nun“, schreibt Hegel zur Charakteristik des politischen Zustands in Frankreich vorm 9. Termidor des Jahres II neuer Zeitrechnung[2], „die abstracten Principien – der *Freiheit*, und wie sie im subjectiven Willen ist – der *Tugend*. Diese Tugend hat jetzt zu regieren gegen die Vielen, welche mit ihrer Verdorbenheit und mit ihren alten Interessen... der Tugend ungetreu sind. Die Tugend ist hier ein einfaches Princip und unterscheidet nur solche, die in der Gesinnung sind und solche, die es nicht sind. Die Gesinnung aber kann nur von der Gesinnung erkannt und beurtheilt werden. Es herrscht somit der *Verdacht*; die Tugend aber, sobald sie verdächtigt wird, ist schon verurtheilt. ... Von Robespierre wurde das Princip der Tugend als das Höchste aufgestellt, und man kann sagen, es sey diesem Menschen mit der Tugend Ernst gewesen. Es herrschen jetzt die *Tugend* und der *Schrecken*; denn die subjective Tugend, die bloß von der Gesinnung aus regiert, bringt die fürchterlichste Tyrannei mit sich. Sie übt ihre Macht ohne gerichtliche Formen, und ihre Strafe ist ebenso nur einfach – der Tod.“[3]

1 Konzeptualisierung: Umsetzung in Begriffe

2 9. T(h)ermidor des Jahres II: Datierung gemäß dem 1793 eingeführten Revolutionskalender; entspricht dem 27. Juli 1794, dem Tag, an dem Robespierre gestürzt wurde

3 Georg Wilhelm Friedrich Hegel, Vorlesungen über die Philosophie der Geschichte. In: Ders., Werke in 20 Bänden. Bd. 12. Suhrkamp, Frankfurt/M. 1970, S. 533

* aus: Die Zeit, 23. 11. 1990

Soweit die Hegelschen Worte. Wir können ihnen eine Antwort auf die terrortheoretische Schlüsselfrage entnehmen, was Menschen instand setzt zu tun, was sie in der Praxis des Terrors einander antun. Ich expliziere diese Antwort in drei knappen Absätzen:

1. Der Terror ist eine Praxis, die ihre Legitimität[4] unmittelbar aus unseren höchsten Zwecken bezieht. In der terroristischen Aktion verschwindet die Partikularität individueller Interessen in der Universalität dieser Zwecke.

2. Die subjektive Bedingung der Möglichkeit des Terrors ist das gute Gewissen. Nur in der Reinheit der Gesinnung erträgt man, was im Vollzug des Terrors krude Faktizität[5] ist. Die Kraft der Tugend und die Sensibilität des Gewissens bewegen und führen die terroristische Praxis, und noch das Gerät, dessen sich der Tugendterror bediente, war ja technisch als Instrument zur Beförderung der Humanität konzipiert worden.

3. Die terroristische Praxis ist revolutionäre Praxis. Sie verflüssigt alle Institutionen. Sie ist ungeteilte, schlechthin durchgreifende Gewalt. Gegen die Sprüche, die sie vollstreckt, gibt es so wenig wie gegen die Sprüche des Jüngsten Gerichts eine Berufung, und ihren Geltungsgrund haben diese Sprüche nicht in verfahrensmäßig korrekter Entscheidung entscheidungskompetenter Instanzen, sondern unmittelbar in ihrer Wahrheit und Gerechtigkeit. In der terroristischen Praxis sind Legalität und Legitimität versöhnt und verschmolzen. Um es in Anlehnung an eine Formulierung von Odo Marquard[6] ganz kurz zu sagen: die Instanzen des Terrors haben kein Gewissen; sie sind es.*

4 Legitimität: Übereinstimmung mit dem Verfassungsrecht, Rechtmäßigkeit – im Unterschied zur Legalität: Übereinstimmung mit dem geltenden (positiven) Recht
5 krude Faktizität: rohe Wirklichkeit
6 Odo Marquard: an der Universität Gießen lehrender Philosoph – vgl. 7.2.1

17.3 Widerstand gegen Unrecht

Der Widerstand gegen politische Herrschaft, die als unrecht angesehen wird, kann verschiedene Formen annehmen. Wer z. B. aus Gewissensgründen der Einberufung zum Wehrdienst nicht Folge leistet, begnügt sich mit passivem Widerstand. *Als aktive Form der Gegenwehr in einer Demokratie wurde der* zivile Ungehorsam *entwickelt: gezielte gewaltfreie Rechtsverletzungen (wie z. B. Sitzstreiks), die an die Einsicht der Herrschenden und der öffentlichen Meinung appellieren, die Politik bzw. bestimmte Gesetze gerechter zu gestalten. Wenn die Hoffnung auf solche Einsicht fehlt und keine gemeinsame Basis von Grundwerten mehr akzeptiert wird, beginnt der* gewaltsame Widerstand.
Die beiden aktiven Widerstandsformen werden nun in zwei Teilkapiteln näher betrachtet.

17.3.1 Ziviler Ungehorsam in der Demokratie – Martin Luther King

Wer zum zivilen (auch: „bürgerlichen") Ungehorsam aufruft, kann auf den ermutigenden Erfolg von Mahatma Gandhi *(1869–1948) verweisen. Inspiriert von den Schriftstellern Henry David Thoreau (1817–1862) und Leo Tolstoi (1828–1910), vom Christentum und vom Hinduismus, gelingt es Gandhi nach dreißig Jahren gewaltfreien Widerstands, Indien von der englischen Kolonialherrschaft zu befreien (1947).*

* Hermann Lübbe, Freiheit und Terror. In: Ders., Praxis der Philosophie. Praktische Philosophie. Geschichtstheorie. Reclam, Stuttgart 1978, S. 78–96, Auszug S. 79–81. Erstdruck in: Merkur 9 (1977), S. 819–829

Gandhi hält das Recht auf zivilen Ungehorsam für „ein angeborenes Recht des Bürgers". Wer es wahrnimmt, muß bereit sein, sich selbst zu überwinden und geduldig zu leiden, denn „Leiden öffnet die Augen zum Verstehen" selbst da, wo die Vernunft nicht mehr gehört wird. Der zivile Widerstand will den Gegner zum Lernen bewegen, statt ihn zu vernichten. Gewaltlosigkeit sei die stärkste Kraft, glaubt Gandhi; gleichwohl sieht er Grenzen:

*„Wo man nur die Wahl hat zwischen Feigheit und Gewalt, würde ich zur Gewalt raten. Als mein ältester Sohn mich fragte, was er hätte tun sollen, wenn er den Anschlag auf mein Leben im Jahr 1908 miterlebt hätte: Davonlaufen und mich ermorden lassen oder, wie er gekonnt und gewollt hätte, mich mit allen Kräften zu beschützen, da erwiderte ich, es wäre seine Pflicht gewesen, mich zu schützen, auch unter Anwendung von Gewalt."**

Im Dezember 1955 wird in den USA der zivile Ungehorsam wiederbelebt: Die Schwarzen beginnen sich gegen die diskriminierende Ungleichbehandlung gegenüber den Weißen zu wehren. Anführer der Bürgerrechtsbewegung wird der junge Geistliche Martin Luther King. *Eines seiner Vorbilder ist Mahatma Gandhi, dessen Schriften er seit 1948 kennt:*

*„Der Utilitarismus eines Bentham und Mill, die revolutionären Methoden eines Marx und Lenin, die Sozialvertragstheorie eines Hobbes, der ‚Zurück zur Natur'-Optimismus Rousseaus und die Übermenschphilosophie Nietzsches gaben mir keine intellektuelle und moralische Befriedigung, in der Philosophie des gewaltlosen Widerstandes aber fand ich sie bei Gandhi. Ich gelangte zu der Überzeugung, daß dies die einzige moralisch und praktisch gesunde Methode war, die sich unterdrückten Menschen in ihrem Freiheitskampf eröffnete."***
*„Von Christus stammt der Geist; Gandhi zeigte, wie er sich in der Welt realisieren ließ."****

Bei einer der vielen Demonstrationen, an denen sich Martin Luther King beteiligt, wird er am 12. April 1963 in Birmingham festgenommen und (zum wiederholten Mal) im Gefängnis eingesperrt. Dorthin schreiben ihm acht weiße Geistliche und werfen ihm vor, er sei ein Extremist. In einem heimlich aus dem Gefängnis geschmuggelten Antwortbrief erklärt King sein Vorgehen als einen Weg zwischen Apathie und gewaltsamem Widerstand. Er vertraut auf „Direktaktionen", auf gewaltfreie Handlungen, die politische Ziele direkt verwirklichen möchten – im Unterschied zum indirekten Weg über Gesuche an Ämter und Bittschriften an das Parlament:

Die gewaltlosen Direktaktionen bemühen sich, ein so kritisches Spannungsverhältnis zu schaffen, daß eine Gemeinde, die sich bis dahin hartnäckig geweigert hat, Verhandlungen zu führen, sich nun gezwungen sieht, den Tatsachen ins Auge zu blicken. Die Direktaktion will die Streitfrage so dramatisch herausstellen, daß man sie nicht länger zu ignorieren vermag. Wenn ich hier darlege, daß die Erregung einer solchen Spannung zu dem Bestreben des gewaltlosen Widerständlers gehört, dann mag dies für manche schockierend klingen. Ich bekenne jedoch, daß ich mich nicht vor dem Wort „Spannung" ängstlich hüte. Ich war und bin immer gegen Opposition, die Gewalt anwendet, aber ich weiß, daß es fruchtbare und aufbauende gewaltlose Spannungen gibt, und der Fortschritt erheischt sie. Wie einst Sokrates wußte, daß er im Geist des Menschen Spannungen hervorrufen mußte, damit der einzelne sich aus den Fesseln der Mythen und der Halbwahrheiten lösen und aufsteigen konnte in das ungefesselte Reich der schöpferischen Analyse und objektiven Wertung, so müssen wir erkennen, daß gewaltlose lästige Außenseiter in der Gesellschaft jene Spannung auslösen, welche die Menschen befähigen wird, aus den dunklen Niederungen des Vorurteils und des Rassismus zu den hellen Höhen gegenseitigen Verständnisses und echter Brüderlichkeit aufzusteigen.

* Die Zeit, Nr. 46, 11.11.1983
** Heimo Rau, Mahatma Gandhi. Rowohlt, Reinbek 1970, S. 136
*** Gerd Presler: Martin Luther King Jr. Rowohlt, Reinbek 1984, S. 60

(...) Meine Freunde – ich muß Ihnen sagen, daß es auf dem gesamten Gebiet der Bürgerrechte keinen einzigen Schritt vorwärts gegeben hat, ohne entschiedene, gesetzliche und gewaltlose Druckausübung. Es ist nun einmal eine betrübliche, aus der Geschichte sich ergebende Wahrheit, daß privilegierte Gruppen nur höchst selten ihre Vorrechte freiwillig aufgeben. Einzelne Menschen mögen, vom Licht der Moral geleitet, zur Erkenntnis finden und freiwillig Positionen aufgeben, die sie zu Unrecht einnehmen, aber – wie Reinhold Niebuhr[1] uns erinnerte – Gruppen sind weit weniger als einzelne geeignet, moralisch zu handeln.
Aus langen und schmerzlichen Erfahrungen haben wir die Lehre gezogen, daß Freiheit nie vom Unterdrücker freiwillig gewährt wird: sie muß vielmehr von ihm gefordert werden.
(...) Man kann sehr wohl fragen: „Wie können Sie dazu aufrufen, das eine Gesetz zu brechen und das andere zu achten?" Die Antwort liegt darin, daß es zweierlei Gesetze gibt – gerechte und ungerechte. Ich werde immer in der vordersten Reihe derer zu finden sein, die für die Achtung gerechter Gesetze kämpfen. Nicht nur juristisch, sondern auch moralisch sind wir verpflichtet, dem gerechten Gesetz zu folgen. Gleichermaßen ist man moralisch dazu verpflichtet, gegen das ungerechte Gesetz Widerstand zu leisten. Ja, ich teile die Meinung des heiligen Augustin, der da sagt, daß „das ungerechte Gesetz überhaupt kein Gesetz ist". Nun, worin liegt denn der Unterschied zwischen den beiden, und wie kann man beurteilen, ob ein Gesetz gerecht oder ungerecht ist? Gerechte Gesetze sind im Einklang mit dem moralischen, mit dem

1 Reinhold Niebuhr: amerikanischer Theologe, der King beeinflußte; Niebuhr hatte schon 1938 den Gedanken erwogen, die Schwarzen könnten sich mit Gandhis Methode die Gleichberechtigung erkämpfen

Martin Luther King jr. (1929–68) beim Marsch auf das Gerichtsgebäude in Montgomery/Alabama, 17. 3. 1965

göttlichen Gesetz. Ein ungerechtes Gesetz widerspricht der moralischen Weltordnung. Um Worte des Thomas von Aquin zu benutzen: „Ein ungerechtes Gesetz ist ein Menschengesetz, das seine Wurzeln nicht im ewigen und natürlichen Recht gründet.“ Jedes Gesetz, das die Persönlichkeit des Menschen auf eine höhere Ebene versetzt, ist gerecht, und jedes, das ihn erniedrigt, ist ungerecht. Alle Verordnungen der Rassentrennung sind ungerecht und unrecht, weil die Segregation die Seele zerstört und die Persönlichkeit schädigt.

(...) In keiner Weise plädiere ich dafür, Gesetze zu umgehen oder sich ihnen zu widersetzen, wie es der radikale Segregationist[2] täte. Das wäre der Weg zur Anarchie. Derjenige, der sich gegen ein ungerechtes Gesetz vergeht, muß dies offen, mit Hingabe an die gute Sache und in der Bereitschaft, die Strafe auf sich zu nehmen, tun. Ich bin davon überzeugt, daß derjenige, der ein Gesetz bricht, von dem ihm sein Gewissen sagt, daß es Unrecht ist, und der gewillt ist, dafür ins Gefängnis zu gehen und das Gewissen der Gemeinschaft über das Unrecht zu wecken, fürwahr den höchsten Respekt für Gesetz, Recht und Gerechtigkeit unter Beweis stellt.

(...) Tatsächlich sind wir, die gewaltlose Direktaktionen praktizieren, nicht diejenigen, welche die Spannung erzeugen. Wir enthüllen lediglich die verborgene Spannung, die bereits besteht. Wir bringen sie ans Tageslicht, so daß man sie erkennen und behandeln kann. Genau wie eine Geschwulst nicht geheilt werden kann, solange sie nicht in all ihrer Häßlichkeit den natürlichen Heilkräften von Luft und Licht bloßgelegt wird, so muß auch die Ungerechtigkeit mit all der Spannung, die dieser Vorgang mit sich bringt, bloßgelegt und dem Licht des menschlichen Gewissens und der Luft der öffentlichen Meinung dargeboten werden, bevor eine Heilung eintreten kann.*

2 Segregationist: Vertreter der Rassentrennung; Segregationisten gab es auch unter den Schwarzen, seit 1966 unter dem Namen „Black Power“.

17.3.2 Wann ist gewaltsamer Widerstand gerechtfertigt? – Robert Spaemann

Die Frage ist, wer für den Rückfall in Gewalt verantwortlich ist. Die Frage auch nur zu stellen, scheint von Kant ebenso wie von Hobbes her gesehen unsinnig, denn es ist gerade der Sinn des Staates, durch Monopolisierung der Gewalt mit dem Aufwerfen dieser Frage auch deren Gegenstand zum Verschwinden zu bringen. Dennoch hat die Frage Sinn. Der Inhaber der Staatsgewalt kann seinen Anspruch auf Loyalität verlieren auf doppelte Weise: durch Duldung von Anarchie oder durch Despotismus. Der erste Fall ist gegeben, wenn der Staat das Gewaltmonopol tatsächlich nicht ausübt, also unfähig oder nicht bereit ist, seine Bürger gegen physische Gewalt zu schützen und den Gehorsam gegen die Gesetze zu erzwingen. Ohne Einsatz seiner repressiven Gewalt liefert er den Schwächeren schutzlos der gesetzlosen Willkür des Stärkeren aus. Wo eine Gewalt sich als gleichstark oder stärker erweist als die des Staates, da existiert der Staat nicht mehr. Wo der Staat die Rebellion nicht im Keim zu ersticken vermochte, aber zu einem bestimmten Zeitpunkt gleichwohl zur Gegenwehr greift, kommt es zum Bürgerkrieg. In diesem Falle muß der einzelne Bürger erneut optieren[1], zu welcher der Parteien er sich schlagen will, wessen Sache er zu der seinen machen und wessen Schutz er sich unterstellen will. Die Tatsache, daß er es so weit kommen ließ, beraubt den Inhaber der Staatsgewalt des Anspruchs auf unbedingte Loyalität. Prinzipiell macht es keinen Unterschied, ob der Staat als der vom Rechtsbrecher Besiegte oder als dessen Komplize betrachtet wird beziehungsweise selbst als Rechtsbrecher auftritt. Das letztere ist der Fall des Despotismus.

1 optieren: sich frei entscheiden

* Martin Luther King, Brief aus dem Gefängnis von Birmingham, 16. April 1963. In: Ders., Warum wir nicht warten können. Fischer Taschenbuch Verlag, Frankfurt/M. 1965, © Econ Verlag 1964

Despotismus ist nicht schon dann gegeben, wenn der Staat seinen Bürgern irgendwelche Verpflichtungen auferlegt, die überflüssig sind oder nur dem partikularen Interesse einer Gruppe dienen. Darüber kann jederzeit Streit sein, und um diesen zu domestizieren[2], dazu gibt es einen Staat. Der Staat hört jedoch auf ein Staat, also eine Gestalt möglicher Vereinigung der in ihm lebenden Willen zu einem allgemeinen Willen zu sein, wo er einzelne Menschen oder Gruppen von Menschen, statt sie zu verpflichten, in einen Zustand versetzt, in welchem sie gar nicht mehr Subjekt von Rechten und deshalb auch von Pflichten sein können, sondern nur noch Objekt von bedingungslosem Belieben sind. Der Sklave hat, wie Kant sagt, keine Pflichten, auch wo er selbst sich in die Sklaverei begeben hat. Denn ein bedingungsloser Unterwerfungsvertrag löscht den Unterworfenen als Freiheitssubjekt aus. Aber nur wo Freiheit ist, kann es Pflichten geben. Ein Staat, der also Menschen ihrer Rechte – zu leben, Sachen zu erwerben, gültige Verträge zu schließen usw. – beraubte aufgrund von Eigenschaften, die zu haben in niemandes Willkür liegt, folglich auch gar nicht verboten werden kann, wie eine bestimmte religiöse Überzeugung, eine unheilbare Krankheit, eine bestimmte nach Rasse oder Klasse gekennzeichnete Abstammung – ein solcher Staat hat aufgehört, ein Staat zu sein. Man ist zum Naturzustand zurückgekehrt: Bestimmte Menschen treten hier anderen Menschen als Feinde gegenüber. Hier ist nicht nur vom „rechtmäßigen" Zustand im Sinne Kants abgewichen, sondern der „rechtliche" aufgelöst.

Es gibt in diesem Sinne drei Kriterien, die die Rechtsvermutung zugunsten des Inhabers der öffentlichen Gewalt aufheben. Das erste ist die Beseitigung der Redefreiheit. Die Sphäre der die Verhältnisse gestaltenden Macht kann von zwei Seiten beeinflußt werden: durch Kritik und durch Gewalt. Die Freiheit der Kritik ist, wie Kant richtig sah, die Folgerung aus der Prämisse, daß die Staatsmacht grundsätzlich das bonum commune[3] intendiert und deshalb daran interessiert sein muß, Belehrung über dieses zu erhalten. Wo Kritik unterdrückt wird, kann angenommen werden, daß die Macht nicht willens oder nicht imstande ist, ihre Maßnahmen zu rechtfertigen. Das aber berechtigt zu dem Schluß, daß die Ziele der Macht ausschließlich partikulare Ziele der Herrschenden sind, die im gewollten Widerspruch zum gemeinen Wohl stehen, das heißt, daß die Herrschenden den Weg der Sezession[4] gehen. Gehorsamspflicht gegen die Gesetze ist deshalb gebunden an das Recht, sie zu kritisieren, und die Unterdrückung der Redefreiheit scheint mir ein hinreichendes, objektives, inhaltlich neutrales Kriterium einer „Tyrannis ex parte exercitii"[5]. Damit ist übrigens noch nichts entschieden über das Recht der Staatsmacht, sich in der Benutzung der Massenmedien eine privilegierte Stellung zu sichern. Diese Medien gehören selbst bereits der Sphäre der Macht an. Die Existenz eines staatlichen Rundfunkmonopols, so bedenklich dies auch sein mag, ist deshalb noch kein Beweis für Tyrannei und kein Rechtsgrund für gesetzwidrige Gewalt. Auch ist nichts entschieden über die Frage, wann, wie und wem gegenüber die Inhaber der Staatsgewalt sich zu rechtfertigen oder wie sie auf die Kritik zu reagieren haben. Genug, sie dürfen sie nicht verhindern. Und auch nicht zulassen, daß nichtstaatliche Gruppen die Freiheit der Rede durch gewaltsame Aktionen verhindern.

Das zweite Kriterium, das den Betroffenen gegenüber der Staatsgewalt in den Naturzustand zurückversetzt, ist das Verbot der Auswanderung nichtstraffälliger Bürger in Friedenszeiten. (...) Und wenn auch meine Zustimmung, überhaupt in einer Rechtsgemeinschaft zu leben, mir als Pflicht zugemutet werden kann, so kann doch meine Zustimmung, gerade in *diesem* Staate und unter *diesen* Gesetzen zu leben, nur dann vorausgesetzt werden, wenn ich die Möglichkeit habe, diese Zustimmung auch durch die Tat zu verweigern, d.h. auszuwandern. Wo dieses

2 domestizieren: zähmen
3 bonum commune (lat.): Gemeinwohl
4 Sezession: Absonderung
5 Tyrannis ex parte exercitii (lat.): Tyrannis hinsichtlich der Handhabung (der Macht)

Recht nicht existiert, kann der, der auswandern möchte, sich dem Staat gegenüber als im Zustand der Feindschaft stehend betrachten; er ist schuldlos Gefangener, nicht Bürger, und also auch zur Gewalt berechtigt. Das Monopol des Staates auf Interpretation des bonum commune ist für den gleichgültig, der dieser communitas[6] gar nicht angehören will. Das heißt wiederum nicht, daß der Staat die Auswanderung nicht an erschwerte Bedingungen knüpfen, also zum Beispiel die Einhaltung bestimmter Termine verlangen kann, damit er weiß, mit welchen Bürgern er für eine bestimmte Zukunftsspanne rechnen darf.

Schließlich kann als Kriterium für einen Zustand fehlender Rechtlichkeit die gesetzliche Unmöglichkeit betrachtet werden, einen „rechtmäßigen" Zustand auf „rechtliche" Weise herbeizuführen, also die verfassungsmäßige Unmöglichkeit einer Änderung der Gesetze in Richtung auf den Abbau von Diskriminierungen. Platon spricht von dem oligarchischen[7] Staat, wo der Zugang zu den Staatsämtern an eine bestimmte Vermögensgröße geknüpft ist. Ein solcher Staat ist, sagt Platon, „nicht einer, sondern eigentlich zwei Staaten auf demselben Wohnplatz, nämlich der Staat der Armen und der Staat der Reichen, die sich ständig gegenseitig auflauern"[8]. Die bloße Tatsache religiöser, rassischer oder sozialer Diskriminierungen rechtfertigen als mangelnde „Rechtmäßigkeit" an sich nicht schon außergesetzlichen Widerstand. Der rechtliche Zustand ist ja der erste Schritt, so sahen wir, auf dem Wege zum rechtmäßigen. Aber er ist dies nur, wo er nicht diesen Weg grundsätzlich verbaut. Wo also etwa der Klassengegensatz durch die Verfassung nicht relativiert, sondern fixiert und zum staatspolitischen Gegensatz gemacht wird, zum Beispiel durch die Knüpfung des Wahlrechts an Bedingungen, die prinzipiell nicht von allen erfüllbar sind – da können die Ausgeschlossenen den Schluß ziehen, die herrschenden Gesetze seien nur die Gesetze der Herrschenden.

Dieser Fall tritt mit besonderer Prägnanz auf in ethnisch[9] nicht homogenen Staaten. Das demokratische Prinzip der Majorität reicht dort nicht aus, wo die Majorität durch Konstanten determiniert ist, die der willkürlichen Beeinflussung entzogen sind. Die undifferenzierte Anwendung des Mehrheitsprinzips – ohne Proporz[10], ohne Regionalautonomie usw. – kann, wo die Lebensgewohnheiten, also der konkrete Inhalt der Freiheit, sehr differieren, bedeuten, daß der Wille des Staates in bezug auf die Minorität ein partikularer, fremder Wille ist, und kann die Sezession mit dem Ziel der Errichtung eines eigenen Gemeinwesens rechtfertigen. Die Bedingungen für die Rechtfertigung von Sezession lassen sich gar nicht a priori inhaltlich präzisieren, weil es nicht a priori zu deduzieren ist, welche unterscheidenden Inhalte Menschen zum Politikum machen, an dem sich Freundschaft und Feindschaft entscheiden. Hier gilt Analoges wie für das Auswanderungsrecht. Die Pluralität von Staaten macht offenbar, daß jeder öffentlichen Gewalt ein Moment naturwüchsiger Kontingenz[11] anhaftet. Der Versuch, durch Sezession zu einem Staat in ein äußeres Verhältnis zu treten, ist deshalb nicht schlechthin Rückfall vom gesetzlichen in den Naturzustand, sondern der Versuch, in die kontingente naturwüchsige Struktur der Staatengemeinschaft verändernd einzugreifen. In der Sezession geht es nicht um die Durchsetzung moralischer Imperative, sondern um die Selbstbehauptung geschichtlicher Gemeinschaften. Gerade deshalb ist Sezession das eigentliche Modell kollektiver ungesetzlicher Gewalt, das nicht von vornherein moralisch disqualifiziert ist.*

6 communitas (lat.): Gemeinschaft, Gesellschaft
7 Oligarchie: Herrschaft einer kleinen Gruppe
8 Platon, Der Staat, 551e
9 ethnisch: der Volkszugehörigkeit nach
10 Proporz: Ämterbesetzung im Verhältnis der Gruppengröße (hier: im Verhältnis der Volksgruppengröße)
11 Kontingenz: Zufälligkeit

* Robert Spaemann, Moral und Gewalt. In: Ders., Philosophische Essays. Reclam, Stuttgart 1983, S. 173–178. Erstdruck 1972

Arbeitsanregungen

1. Der Artikel 20, Absatz 4 des Grundgesetzes formuliert ein Widerstandsrecht (siehe Beginn des Kapitels 17); unter welchen Bedingungen und gegen wen darf man Widerstand leisten? Auf welches Rechtsprinzip kann man sich dabei berufen? Ist es nicht in sich widersprüchlich, Widerstand (als eigentlich illegale Handlung) vorab zu legalisieren?
2. Aus welchen Motiven heraus entstand der Anarchismus?
3. Auf welche Grundwerte beruft sich Bakunin am Beginn seines „Katechismus“ (17.1.1)? Können Sie diese Werte alle akzeptieren? Welcher ist Bakunins höchster Wert?
4. Skizzieren Sie den Aufbau der anarchischen Gesellschaft. (17.1.1)
5. Kommt die anarchische Gesellschaft ohne Zwang aus? Wo liegen in Bakunins Modell die Grenzen anarchistischer Freiheit?
6. Grenzen Sie den Anarchismus vom Marxismus ab. (Vgl. dazu 13.4.)
7. Gibt es Elemente in Bakunins Modell, die unsere Demokratie übernehmen sollte?
8. Gliedern Sie Höffes Text. (17.1.2)
9. Worin liegen nach Höffe berechtigte Anliegen und Grenzen des Anarchismus?
10. Was versteht Höffe unter dem gerechten Staat? (Vgl. dazu 13.4.)
11. Welche Beweggründe und Ziele führten Werner Lotze zum Terrorismus? (17.2.1)
12. Welche Rolle spielten die Gewalt und das Leben des einzelnen für den Terroristen Lotze?
13. Zu welchen Ergebnissen kommt Lotze bei der Beurteilung des Terrorismus?
14. Erklären Sie anhand des Robespierre-Zitats (Beginn von 17.2) und Hegels Robespierre-Interpretation (17.2.2) den Zusammenhang von Tugend und Schrecken.
15. Was leistet Hegels Terror-Theorie?
16. Warum hält das Gewissen den Terroristen nicht von seinen Aktivitäten ab? (17.2.2)
17. Ist die von Lübbe beklagte Versöhnung von Legalität und Legitimität nicht ein wünschenswertes Ziel der Rechtsentwicklung? An welche Gefahren mag Lübbe dabei denken?
18. Henry David Thoreau, der Gandhi beeinflußt hat, fragt 1849 in seinem Essay „On Civil Disobedience“: „Könnte es nicht eine Regierung geben, in der nicht die Mehrheit über falsch und richtig befindet, sondern das Gewissen? In der die Mehrheit nur solche Fragen entscheidet, für die das Gebot der Nützlichkeit gilt?“ Wie würden Sie diese Frage beantworten?
19. Können Sie Kings Anspielung auf Sokrates (in 17.3.1) durch Ihre philosophiegeschichtlichen Kenntnisse genauer erklären?
20. Stimmt die von King wiedergegebene These Niebuhrs, daß Gruppen weniger als einzelne moralisch verantwortlich handeln? Was bedeutet das für den zivilen Ungehorsam, z. B. für Kings „Direktaktionen“?
21. Gibt es gegen ungerechte Verhältnisse nur ein *Recht* auf Widerstand oder sogar, wie King in 17.3.1 behauptet, eine *Pflicht* zum Widerstand?
22. Warum ist Rassendiskriminierung ungerecht? Welche Begründung gibt King?
23. Nach welchen Grundsätzen richtet sich King beim zivilen Ungehorsam?
24. Man warf King vor, seine Aktionen seien zwar selbst gewaltfrei, erzeugten aber Gewalt. King verteidigte sich: „Klingt dies nicht so, als ob man das Opfer eines Raubüberfalls verurteilen würde, weil die Tatsache, daß es Geld besaß, Voraussetzung für die Übeltat des Räubers war?“ Nehmen Sie Stellung zu diesem Streit.
25. Geben Sie die logische Struktur von Spaemanns Text (17.3.2) wieder.
26. Nennen und diskutieren Sie Spaemanns Kriterien zur Rechtfertigung gewaltsamen Widerstands.

18 Die Legitimation von Herrschaft

Ein zentrales Problem der politischen Philosophie ist von jeher die Frage, wie politische Herrschaft legitimiert (gerechtfertigt) werden kann, da doch jede Herrschaft notwendigerweise durch die Gesetzgebung, die Rechtsprechung und die Regierung samt den ihr unterstellten Institutionen Zwang ausübt.
Die Legitimation einer bestimmten Herrschaft kann aufgebaut werden, aber sie kann auch ihre Kraft wieder verlieren. Ein eindrucksvolles Beispiel von Legitimationsverfall bietet sich im Jahr 1989, als der Herrschaftsanspruch der kommunistischen Parteien in den sozialistischen Ländern nicht mehr anerkannt wird, was zu revolutionären Veränderungen führt.
Als Legitimationstheorie verliert der Gesellschaftsvertrag im 19. Jahrhundert an Überzeugungskraft. In den neueren Diskussionen zu diesem Thema entwickeln sich Max Webers sozialwissenschaftliche Beobachtungen zu einem fruchtbaren Kristallisationspunkt.

18.1 Drei Typen der Legitimation – Max Weber

Legitimität der Herrschaft; Legitimitätsgründe

Herrschaft, d. h. die Chance, Gehorsam für einen bestimmten Befehl zu finden, kann auf verschiedenen Motiven der Fügsamkeit beruhen: Sie kann rein durch Interessenlage, also durch zweckrationale Erwägungen von Vorteilen und Nachteilen seitens des Gehorchenden, bedingt sein. Oder andererseits durch bloße „Sitte", die dumpfe Gewöhnung an das eingelebte Handeln; oder sie kann rein affektuell, durch *bloße* persönliche Neigung des Beherrschten, begründet sein. Eine Herrschaft, welche *nur* auf solchen Grundlagen ruhte, wäre aber relativ labil. Bei Herrschenden und Beherrschten pflegt vielmehr die Herrschaft durch *Rechtsgründe,* Gründe ihrer „Legitimität", innerlich gestützt zu werden, und die Erschütterung dieses Legitimitätsglaubens pflegt weitgehende Folgen zu haben.
An „Legitimitätsgründen" der Herrschaft gibt es, in ganz reiner Form, nur drei, von denen – im reinen Typus – jeder mit einer grundverschiedenen soziologischen Struktur des Verwaltungsstabs und der Verwaltungsmittel verknüpft ist.

I. *Legale Herrschaft*

Legale Herrschaft kraft Satzung. Reinster Typus ist die bürokratische Herrschaft. Grundvorstellung ist: daß durch formal korrekt gewillkürte Satzung beliebiges Recht geschaffen und (bestehendes beliebig) abgeändert werden könne. Der Herrschaftsverband ist entweder gewählt oder bestellt, er selbst und alle seine Teile sind *Betriebe*. Ein heteronomer und heterokephaler[1] (Teil-) Betrieb soll Behörde heißen. Der Verwaltungsstab besteht aus vom Herrn ernannten *Beamten,* die Gehorchenden sind Verbands-*Mitglieder* („Bürger", „Genossen").
Gehorcht wird nicht der Person, kraft deren Eigenrecht, sondern der gesatzten *Regel,* die dafür maßgebend ist, wem und inwieweit ihr zu gehorchen ist. Auch der Befehlende selbst gehorcht,

1 heteronom: fremdbestimmt (Gegensatz: autonom, selbstbestimmt); heterokephal: die Vorgesetzten werden von außen bestimmt, nicht vom Betrieb selbst (Gegensatz: autokephal)

indem er einen Befehl erläßt, einer Regel: dem „Gesetz“ oder „Reglement“, einer *formal* abstrakten Norm. Der Typus des Befehlenden ist der *„Vorgesetzte“*, dessen Herrschaftsrecht durch gesatzte *Regel* legitimiert ist, innerhalb einer *sachlichen „Kompetenz“*, deren Abgrenzung auf Spezialisierung nach sachlicher Zweckmäßigkeit und nach den fachlichen Ansprüchen an die Leistung des Beamten beruht. Der Typus des Beamten ist der geschulte *Fach*beamte, dessen Dienstverhältnis auf Kontrakt beruht, mit festem, nach dem Rang des Amtes, nicht nach dem Maß der Arbeit abgestuftem Gehalt und Pensionsrecht nach festen Regeln des Avancements[2]. Seine Verwaltung ist *Berufs*arbeit kraft *sachlicher Amtspflicht;* ihr Ideal ist, „sine ira et studio“[3], ohne allen Einfluß persönlicher Motive oder gefühlsmäßiger Einflüsse, frei von Willkür und Unberechenbarkeiten, insbesondere „ohne Ansehen der Person“ streng formalistisch nach rationalen Regeln und – wo diese versagen – nach „sachlichen“ Zweckmäßigkeitsgesichtspunkten zu verfügen. Die Gehorsamspflicht ist abgestuft in einer Hierarchie von Ämtern mit Unterordnung der unteren unter die oberen und geregeltem Beschwerdeverfahren. Grundlage des technischen Funktionierens ist: die *Betriebsdisziplin.*
Unter den Typus der „legalen“ Herrschaft fällt natürlich nicht etwa nur die moderne Struktur von Staat und Gemeinde, sondern ebenso das Herrschaftsverhältnis im privaten kapitalistischen Betrieb, in einem Zweckverband oder Verein gleichviel welcher Art, der über einen ausgiebigen hierarchisch gegliederten Verwaltungsstab verfügt. (...) Die ganze Entwicklungsgeschichte des modernen Staates insbesondere ist identisch mit der Geschichte des modernen Beamtentums und bürokratischen Betriebes (s. u.), ebenso wie die ganze Entwicklung des modernen Hochkapitalismus identisch ist mit zunehmender Bürokratisierung der Wirtschaftsbetriebe. Der Anteil der bürokratischen Herrschaftsformen steigt überall.

II. *Traditionelle Herrschaft*

Traditionelle Herrschaft, kraft Glaubens an die Heiligkeit der von jeher vorhandenen Ordnungen und Herrengewalten. Reinster Typus ist die patriarchalische Herrschaft. Der Herrschaftsverband ist Vergemeinschaftung, der Typus des Befehlenden der „Herr“, der Verwaltungsstab „Diener“, die Gehorchenden sind „Untertanen“. Gehorcht wird der Person kraft ihrer durch Herkommen geheiligten Eigenwürde: aus Pietät. Der Inhalt der Befehle ist durch Tradition gebunden, deren rücksichtslose Verletzung seitens des Herrn die Legitimität seiner eigenen, lediglich auf ihrer Heiligkeit ruhenden, Herrschaft selbst gefährden würde. Neues Recht gegenüber den Traditionsnormen zu schaffen, gilt als prinzipiell unmöglich. Es geschieht der Tatsache nach im Wege der „Erkenntnis“ eines Satzes als „von jeher geltend“ (durch „Weistum“). Außerhalb der Normen der Tradition dagegen ist der Wille des Herrn nur durch Schranken, welche im Einzelfall das Billigkeitsgefühl zieht, also in äußerst elastischer Art gebunden: seine Herrschaft zerfällt daher in ein streng traditionsgebundenes Gebiet und ein solches der freien Gnade und Willkür, in dem er nach Gefallen, Zuneigung, Abneigung und rein persönlichen, insbesondere auch durch persönliche Gefälligkeiten zu beeinflussenden Gesichtspunkten schaltet. Soweit aber der Verwaltung und Streitschlichtung Prinzipien zugrunde gelegt werden, sind es solche der materialen ethischen Billigkeit, Gerechtigkeit oder utilitaristischen Zweckmäßigkeit, nicht solche formaler Art wie bei der legalen Herrschaft. Ganz ebenso verfährt sein Verwaltungsstab. Dieser besteht aus persönlich Abhängigen (Hausangehörigen oder Hausbeamten) oder aus Verwandten oder persönlichen Freunden (Günstlingen) oder durch persönliches Treuband Verbundenen (Vasallen, Tributärfürsten)[4]. Der bürokratische Begriff der „Kompetenz“ als einer sachlich abgegrenzten Zuständigkeitssphäre fehlt. (...)

2 Avancement (französ.): Beförderung
3 sine ira et studio (lat.): ohne Zorn und Eifer (also: objektiv)
4 Vasall: Lehnsmann, Gefolgsmann; Tributärfürst: abgabenpflichtiger Fürst

III. *Charismatische Herrschaft*

Charismatische Herrschaft, kraft affektueller[5] Hingabe an die Person des Herrn und ihre Gnadengaben (Charisma), insbesondere: magische Fähigkeiten, Offenbarungen oder Heldentum, Macht des Geistes und der Rede. Das ewig Neue, Außerwerktägliche, Niedagewesene und die emotionale Hingenommenheit dadurch sind hier Quellen persönlicher Hingebung. Reinste Typen sind die Herrschaft des Propheten, des Kriegshelden, des großen Demagogen[6]. Der Herrschaftsverband ist die Vergemeinschaftung in der Gemeinde oder Gefolgschaft. Der Typus des Befehlenden ist der *Führer.* Der Typus des Gehorchenden ist der *„Jünger“*. Ganz ausschließlich dem Führer rein persönlich um seiner persönlichen, unwerktäglichen Qualitäten willen wird gehorcht, nicht wegen gesatzter Stellung oder traditionaler Würde. Daher auch nur, solange ihm diese Qualitäten zugeschrieben werden: sein Charisma sich durch deren Erweise *bewährt.* Wenn er von seinem Gotte „verlassen“ oder seiner Heldenkraft oder des Glaubens der Massen an seine Führerqualität beraubt ist, fällt seine Herrschaft dahin. Der Verwaltungsstab ist ausgelesen nach Charisma und persönlicher Hingabe: dagegen weder nach Fachqualifikation (wie der Beamte), noch nach Stand (wie der ständische Verwaltungsstab), noch nach Haus- oder anderer persönlicher Abhängigkeit (wie im Gegensatz dazu der patriarchale Verwaltungsstab). Es fehlt der rationale Begriff der „Kompetenz“ ebenso wie der ständische des „Privilegs“. Maßgebend für den Umfang der Legitimation des beauftragten Gefolgsmannes oder Jüngers ist lediglich die Sendung des Herrn und seine persönliche charismatische Qualifikation. Der Verwaltung – soweit dieser Name adäquat ist – fehlt jede Orientierung an Regeln, sei es gesatzten, sei es traditionalen. Aktuelle Offenbarung oder aktuelle Schöpfung, Tat und Beispiel, Entscheidung von Fall zu Fall, jedenfalls also – am Maßstab gesatzter Ordnungen gemessen – *irrational*, charakterisiert sie. (...)
Es versteht sich, daß der Ausdruck „Charisma“ hier in einem gänzlich wertfreien Sinn gebraucht wird. Der manische[7] Wutanfall des nordischen „Berserkers“[8], die Mirakel und Offenbarungen irgendeiner Winkelprophetie, die demagogischen Gaben des Kleon[9] sind der Soziologie genau so gut „Charisma“ wie die Qualitäten eines Napoleon, Jesus, Perikles. Denn für uns entscheidend ist nur, ob sie als Charisma galten und *wirkten,* d. h. Anerkennung fanden.*

5 affektuell: aus Gefühlen heraus
6 Demagoge: Volksführer, -verführer
7 manisch: tobsüchtig
8 Berserker: wilder Krieger der altnordischen Sage
9 Kleon: nach Perikles' Tod (429 v. Chr.) einflußreicher, rücksichtsloser Politiker Athens

18.2 Legitimation durch Argumente – Jürgen Habermas

18.2.1 Der Wahrheitsbezug von Legitimation

Die Brauchbarkeit des Legitimitätsbegriffs, der je nach den Formen und Inhalten der Legitimation eine Abgrenzung von Typen legitimer Herrschaft im Sinne Max Webers erlaubt, ist in der gegenwärtigen Soziologie unbestritten; kontrovers hingegen ist der *Wahrheitsbezug von Legitimationen.* Diesen Wahrheitsbezug muß man voraussetzen, wenn man eine Motivationskrise für möglich hält, die aus einer systematischen Verknappung der Ressource[1] „Sinn“ entsteht. (...)

1 Ressource: Hilfsmittel

* Max Weber, Die drei reinen Typen der legitimen Herrschaft. In: J. Winckelmann (Hrsg.), Soziologie. Universalgeschichtliche Analysen. Politik. Kröner, Stuttgart ^{5}1973, S. 151–161

Die Kontroverse über die Wahrheitsabhängigkeit von Legitimationen hat sich auf soziologischer Ebene an Max Webers zweideutiger Fassung der „rationalen Herrschaft“ entzündet, d. h. des Typus von gesetzesförmiger und verfahrensregulierter Herrschaft, der für moderne Gesellschaften charakteristisch ist. „Keine Herrschaft“, sagt Weber, „begnügt sich, nach aller Erfahrung, freiwillig mit den nur materiellen oder nur affektuellen oder nur wertrationalen Motiven als Chancen ihres Fortbestandes. Jede sucht vielmehr den Glauben an ihre Legitimität zu erwecken und zu pflegen.“ Weber behauptet sogar allgemein „das Bedürfnis jeder Macht, ja jeder Lebenschance überhaupt, nach Selbstrechtfertigung“.

Wenn nun der Legitimitätsglauben als eine empirische Erscheinung ohne immanenten Wahrheitsbezug begriffen wird, haben die Gründe, auf die er sich explizit stützt, allein psychologische Bedeutung; ob solche Gründe einen bestimmten Legitimitätsglauben hinreichend stabilisieren, hängt von den institutionalisierten Vorurteilen und den beobachtbaren Verhaltensdispositionen[2] der Bezugsgruppe ab. Wenn dagegen für jeden wirksamen Legitimitätsglauben ein immanenter Wahrheitsbezug vorausgesetzt wird, haben die Gründe, auf die dieser sich explizit stützt, einen rationalen Geltungsanspruch, der unabhängig von ihrer psychologischen Wirkung geprüft und kritisiert werden kann. Im einen Fall kann allein die motivationale[3] Funktion der Rechtfertigungsgründe Gegenstand der Untersuchung sein; im anderen Fall kann ihre motivationale Funktion nicht unabhängig von ihrem logischen Status, d. h. von ihrem kritisierbaren Anspruch, *rational* zu *motivieren*, gesehen werden; das gilt auch dann, wenn, wie üblich, dieser Anspruch kontrafaktisch[4] erhoben und stabilisiert wird.

Diese Alternative bedeutet für die Auffassung der rationalen Herrschaft, daß im ersten Falle eine Herrschaft als legitim angesehen wird, wenn mindestens zwei Bedingungen erfüllt sind: a) die normative Ordnung muß positiv gesetzt sein, und b) die Rechtsgenossen müssen an ihre Legalität, d. h. an das formal korrekte Verfahren der Rechtsschöpfung und Rechtsanwendung glauben. Der Legitimitätsglauben schrumpft zum Legalitätsglauben: es genügt die Berufung auf das legale Zustandekommen einer Entscheidung. Im Falle der Wahrheitsabhängigkeit des Legitimitätsglaubens genügt jedoch die Berufung auf die Tatsache, daß der Staat das Monopol der Rechtsschöpfung und -anwendung nach einem System gesatzter rationaler Regeln ausüben darf, ersichtlich nicht. Ein Verfahren kann nicht als solches Legitimation erzeugen, vielmehr steht die Prozedur der Satzung selbst unter Legitimationszwang. Mindestens *eine* weitere Bedingung muß mithin erfüllt sein, wenn legale Herrschaft als legitim angesehen werden soll: es müssen Gründe für die legitimierende Kraft dieses formalen Verfahrens angegeben werden, beispielsweise der, daß die Verfahrenskompetenz bei einer Staatsgewalt liegt, die verfassungsmäßig konstituiert ist.

Die *erste* der genannten Positionen wird heute von Niklas Luhmann[5] vertreten: „Das Recht einer Gesellschaft ist positiviert, wenn die Legitimität reiner Legalität Anerkennung findet, wenn also Recht deswegen beachtet wird, weil es nach bestimmten Regeln durch zuständige Entscheidungen gesetzt ist. Damit wird in einer zentralen Frage des menschlichen Zusammenlebens Beliebigkeit Institution.“ Luhmann folgt hier der von Carl Schmitt[6] begründeten dezisionistischen[7] Rechtslehre: „Die Positivierung des Rechts bedeutet, daß für beliebige Inhalte legitime Rechtsgeltung gewonnen werden kann, und zwar durch eine Entscheidung, die das

2 Disposition: Neigung, Anlage zu einem typischen Verhalten
3 motivational: die Motive (Beweggründe) betreffend
4 kontrafaktisch: entgegen den Tatsachen
5 Niklas Luhmann (geb. 1927): lehrt seit 1968 Soziologie an der Universität Bielefeld
6 Carl Schmitt (1888–1985): sehr umstrittener Staatstheoretiker in der Nachfolge von Hobbes; Gegner der Weimarer Republik; rechtfertigte die autoritäre Herrschaft der Nationalsozialisten
7 dezisionistisch: auf einer Dezision (Willkürentscheidung) aufbauend (statt auf einer Norm)

Recht in Geltung setzt und ihm seine Geltung auch wieder nehmen kann. Positives Recht gilt kraft Entscheidung."*

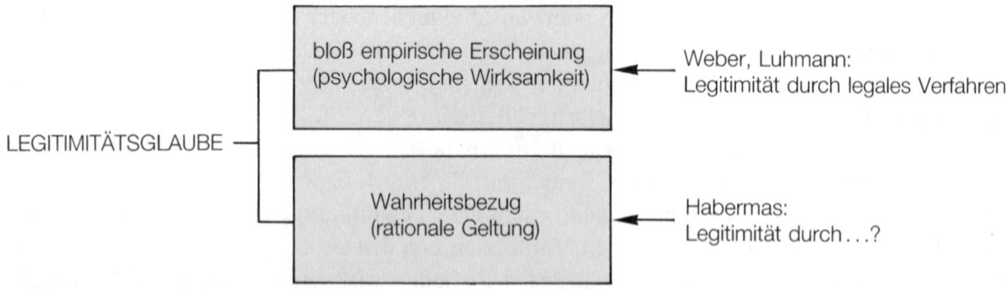

18.2.2 Verschiedene Niveaus der Legitimation

Unter *Legitimität* verstehe ich die Anerkennungswürdigkeit einer politischen Ordnung. Der *Legitimitätsanspruch* bezieht sich auf die sozialintegrative[1] Wahrung einer normativ bestimmten Identität der Gesellschaft. *Legitimationen* dienen dazu, diesen Anspruch einzulösen, d. h. zu zeigen, wie und warum bestehende (oder empfohlene) Institutionen geeignet sind, politische Macht so einzusetzen, daß die für die Identität der Gesellschaft konstitutiven[2] Werte verwirklicht werden. Ob Legitimationen überzeugen, ob sie geglaubt werden, hängt gewiß von empirischen Motiven ab; aber diese Motive bilden sich nicht unabhängig von der formal zu analysierenden Rechtfertigungskraft der Legitimationen selber, wir können auch sagen: vom Legitimationspotential oder von den *Gründen,* die mobilisiert werden können. Was als Grund akzeptiert wird und konsenserzielende, damit motivbildende Kraft hat, hängt vom jeweils geforderten *Niveau der Rechtfertigung* ab. (...)
In den frühen Hochkulturen haben sich herrschende Familien mit Hilfe von Ursprungsmythen gerechtfertigt. So haben sich die Pharaonen zunächst selbst als Götter, z. B. als Gott Horus, Sohn der Osiris, dargestellt. Auf dieser Ebene genügen narrative[3] Gründe, nämlich mythische Erzählungen. Mit der imperialen Entfaltung der alten Hochkulturen wächst der Legitimations*bedarf*; nicht mehr allein die Person des Herrschers muß gerechtfertigt werden, sondern eine politische Ordnung (gegen die sich der Herrscher vergehen kann). Dazu dienen die kosmologisch[4] begründeten Ethiken, die Hochreligionen und Philosophien, die auf die großen Stifter: Konfuzius, Buddha, Sokrates, auf die israelischen Propheten und Jesus zurückgehen. Diese rationalisierten Weltbilder haben die Form dogmatisierbaren Wissens. Argumente treten an die Stelle von Erzählungen. Es gibt freilich letzte Gründe, einheitsstiftende Prinzipien, die die Welt im ganzen (Natur- und Menschenwelt) erklären. Auf dieser Stufe steht auch die ontologische Denktradition[5]. In der Neuzeit schließlich, zumal seit Entstehung der modernen Wissenschaft,

1 sozialintegrativ: die Gesellschaft verbindend
2 konstitutiv: grundlegend, unerläßlich
3 narrativ: erzählend
4 kosmologisch: gemäß der Lehre von der Ordnung des Kosmos
5 Ontologie: allgemeine Lehre vom Sein bzw. vom Seienden; reicht von Parmenides (ca. 515–445 v. Chr.) bis Leibniz (1646–1716)

* Jürgen Habermas, Legitimationsprobleme im Spätkapitalismus. Suhrkamp, Frankfurt/M. 1973, S. 133–135. Zitatnachweise sind weggelassen.

lernt man, theoretische Argumentationen strenger von praktischen zu unterscheiden. Der Status letzter Gründe wird problematisch. Das klassische Naturrecht wird rekonstruiert; die neuen Naturrechtstheorien, die den entstehenden modernen Staat legitimieren, erheben unabhängig von Kosmologien, Religionen oder Ontologien Anspruch auf Geltung.

Diese Entwicklung führt bei Rousseau und Kant zu der Konsequenz, daß in praktischen Fragen, in Fragen der Rechtfertigung von Normen und Handlungen, an die Stelle inhaltlicher Prinzipien, wie Natur oder Gott, das formale Prinzip der Vernunft tritt. Hier *stützen* sich Rechtfertigungen nicht nur auf Argumente – das war auch im Rahmen der philosophisch geprägten Weltbilder der Fall. Jetzt, da letzte Gründe theoretisch nicht mehr plausibel gemacht werden können, *erhalten die formalen Bedingungen der Rechtfertigung selber legitimierende Kraft.* Die Prozeduren[6] und Voraussetzungen vernünftiger Einigung werden selber zum Prinzip. In den Vertragstheorien von Hobbes und Locke bis John Rawls[7] hat die Fiktion des Naturzustandes oder einer original position[8] *auch* den Sinn, die Bedingungen zu spezifizieren, unter denen eine Vereinbarung das gemeinsame Interesse aller Beteiligten ausdrücken wird – und insofern als vernünftig gelten darf. (...)

Für die Legitimitätsprobleme der Neuzeit ist jedenfalls entscheidend, daß das Niveau der Rechtfertigung reflexiv wird. Die Prozeduren und Voraussetzungen der Rechtfertigung selber sind nunmehr die legitimierenden Gründe, auf die sich die Geltung von Legitimationen stützt. Die Idee der Vereinbarung, die unter allen, und zwar als Freien und Gleichen zustande kommt, bestimmt den prozeduralen Legitimitätstypus der Neuzeit. (Hingegen war es die Idee des lehrbaren Wissens von einer geordneten Welt, die den klassischen Legimitätstypus bestimmt hatte.) Dem entspricht eine veränderte Stellung der Subjekte. Der Mythos wird in naiver Einstellung für wahr gehalten. Das Ordowissen[9] von Gott, Kosmos und Menschenwelt ist als die überlieferte Lehre von Weisen oder Propheten kenntlich. Diejenigen, die unter idealisierten Bedingungen Vereinbarungen treffen, haben die Interpretationskompetenz[10] *selbst* in die Hand genommen. (...)

Wenn man genau die politischen Ordnungen Demokratien nennt, die dem prozeduralen Legitimitätstypus genügen, dann können Fragen der Demokratisierung als das behandelt werden, was sie sind: als Organisationsfragen. Dann hängt es nämlich von der konkreten gesellschaftlichen Ausgangssituation, von gegebenen Interessenlagen, von Dispositionsspielräumen, Informationen usw. ab, welche Organisationstypen und welche Mechanismen jeweils geeigneter sind, um prozedural legitime Entscheidungen und Institutionen hervorzubringen. Hier muß man freilich in Prozeßkategorien denken. Ich kann mir nämlich den Versuch, eine Gesellschaft demokratisch einzurichten, nur als selbstkontrollierten Lernvorgang vorstellen. Es geht darum, Einrichtungen zu finden, die die Vermutung begründen können, daß die Basisinstitutionen der Gesellschaft und die politischen Grundentscheidungen die ungezwungene Zustimmung aller Betroffenen finden würden, wenn diese an diskursiver Willensbildung – als Freie und Gleiche – teilnehmen könnten.*

6 Prozeduren: Verfahren, Vorgehensweisen. (Als Bedingungen, um bei praktischen Rechtfertigungen zu einem Konsens zu kommen, sind die hier gemeinten Prozeduren nicht zu verwechseln mit den *legalen Verfahren,* die Max Weber und Niklas Luhmann für ausreichend halten, um Legitimation zu gewährleisten.)

7 John Rawls (geb. 1921): amerikanischer Vertragstheoretiker (vgl. Kap. 19)

8 original position (engl.): Urzustand, Naturzustand

9 Ordo (lat.): Ordnung; Ordowissen: Wissen von der Ordnung

10 Interpretationskompetenz: Fähigkeit, Zuständigkeit, (z. B. die Ordnung der Welt) zu interpretieren

* Jürgen Habermas, Legitimationsprobleme im modernen Staat. In: Ders., Zur Rekonstruktion des Historischen Materialismus. Suhrkamp, Frankfurt/M. 1976, S. 276–279

18.3 Abstimmung statt Argumente – Hermann Lübbe

Hermann Lübbe diskutiert das Legitimationsproblem unter der Frage: Auf welchen Grund ist die politische Geltung von Normen zurückzuführen? Auf eine (willkürliche) Dezision oder auf (wahrheitsfähige) Argumente? Lübbe möchte den Dezisionismus, wie ihn Weber vertritt, verteidigen und unterscheidet dazu die (argumentative) Normenbegründung von der (dezisionistischen) Normendurchsetzung.

Indem wir Normen begründen, sichern wir ihre sachliche oder, was den Ableitungszusammenhang der sie begründenden Sätze anbelangt, ihre logische Geltung. Erst in Normendurchsetzungsverfahren erlangen die Normen politisch ihre soziale, speziell gesetzliche Geltung. Die auch mit wissenschaftlichen Mitteln besorgte Normenbegründung ist in den Verfahren der Normendurchsetzung oder Normeninkraftsetzung immer nur ein Element unter anderen, und zwar gerade nicht das Element, das nach getroffener Entscheidung die soziale Geltung der Norm begründet. In jeder parlamentarischen oder synodalen[1] Debatte kommt ja schließlich der Punkt, an welchem Argumente nicht mehr gewogen, sondern Stimmen gezählt werden. Und selbst wenn wir unterstellen wollen, daß in den der Begründung von Normenvorschlägen dienenden Debatten exklusiv sonnenklare Argumente vorgetragen worden sind, wird ja der Gesetzesentwurf nicht durch diese sonnenklaren Argumente, sondern durch die Abstimmung, in der er eine Mehrheit findet, zum geltenden Gesetz erhoben. Die Abstimmung ist der dezisionistische Akt, in welchem gerade auch in demokratischen Entscheidungsverfahren die Debatte beendet wird. „Verbindlich" ist auch in diesem Falle nicht die „Diskussion", sondern das Abstimmungsergebnis. Die getroffene Entscheidung gilt nicht wegen der guten Gründe, die für sie sprechen mögen, sondern kraft der Legitimität des Verfahrens. Anders formuliert: nicht die sachlichen Gründe und auch nicht der logische Ableitungszusammenhang zwischen begründenden Sätzen stiftet die Verbindlichkeit der Normen, deren Geltung wir unterworfen sind, sondern die anerkannte Legitimität der Instanzen, die über die politische Kompetenz der Normensetzung verfügen.

Die Rolle des Mehrheitsprinzips in politischen Entscheidungsverfahren bekundet die Unausweichlichkeit eines dezisionistischen Elements im politischen Handeln. (...)

Natürlich ist im Prinzip eine politische Ordnung vorstellbar, in der gut begründete Normen aus keinem anderen Grunde gelten, weil sie gut begründet sind. In einer solchen Ordnung wäre in der Tat der einzig herrschende Zwang der Zwang zwingender Argumente und alle Verbindlichkeit wäre die Verbindlichkeit verbindlicher Diskussionen. Das Ideal einer solchen Ordnung käme zustande über eine Verschmelzung von Republik und Akademie, und genau diese Verschmelzung hat Platon bekanntlich gewollt. Leider lehrt uns die Erfahrung, daß die politische Orientierung am Ideal einer solchen Ordnung der Einheit von Republik und Akademie zur Erziehungsdiktatur, ja zu schlimmerem Terror drängt, und das ist nicht zufällig so, wie man zeigen könnte. Das bedeutet umgekehrt: Wer die spezifisch bürgerlichen Freiheitsrechte von der Glaubensfreiheit über die Meinungsfreiheit bis zur Preß- und Wissenschaftsfreiheit sichern will, muß durch institutionelle Vorkehrungen den Kurzschluß zwischen Wahrheitsanspruch und sozialer Geltung politischer Ziele zu verhindern suchen. Die Probe aufs liberale Exempel dieser dezisionistischen Entscheidungstheorie Max Webers kann jedermann machen. Dafür genügt, sich vorzustellen, daß man als Angehöriger einer unterlegenen Minderheit gezwungen ist, auch für sich selbst gelten zu lassen, was die Mehrheit beschlossen hat. Diese Zumutung, die nur der Utopist als Element politischer Ordnung wegdenken kann, würde unerträglich, wenn sie mit der bindenden Verpflichtung verbunden wäre, nun auch noch die Wahrheitsansprüche anerkennen zu sollen, von deren Geltung die siegende Mehrheit überzeugt war.*

1 synodal: eine Synode betreffend; Synode: Kirchenversammlung

Arbeitsanregungen

1. Was ist der zentrale Unterschied zwischen einer sozialwissenschaftlichen und einer philosophischen Theorie der Legitimation?
2. Vergleichen Sie Max Webers Definition der Herrschaft (Beginn von 18.1) mit der Definition zu Beginn von 13.4.
3. Fassen Sie die wesentlichen Kennzeichen der drei von Weber beschriebenen Herrschaftsformen zusammen.
4. Warum ist die legale Herrschaft die fortschrittlichste?
5. Inwiefern kann Weber den kapitalistischen Wirtschaftsbetrieb zum Typ der „legalen" Herrschaftsbeziehung rechnen?
6. Kann die legale Herrschaft ganz ohne traditionelle und charismatische Elemente auskommen?
7. Was ist der Unterschied zwischen „psychologischer" und „rationaler" Geltung von Herrschaftsbegründung? (18.2.1)
8. Warum kann nach Habermas' Meinung ein (legales) Verfahren „nicht als solches Legitimation erzeugen"? (18.2.1)
9. Der Soziologe Luhmann erklärt: „Positives Recht gilt kraft Entscheidung." (Zitat am Ende von 18.2.1) Welchen Vorteil hat diese Rechtsauffassung? Welche Gefahren birgt sie? Ist positives Recht nicht weiter begründbar? Vergleichen Sie dazu in Kapitel 14 die Ansprüche des Naturrechts, die Weber für überholt hält.
10. Inwiefern distanziert sich Habermas gleich mit dem ersten Satz von 18.2.2 von Max Weber?
11. Was hat die Legitimation der Herrschaft mit der Identität der Gesellschaft zu tun? (Beginn von 18.2.2)
12. Welche Stufen der Legitimation nennt Habermas in 18.2.2?
13. Ist die Abfolge dieser Stufen als Fortschrittsentwicklung anzusehen?
14. Vergleichen Sie die höchste Stufe mit Habermas' Erläuterungen des idealen Diskurses. (Kapitel 9)
15. Habermas definiert die Demokratie nicht über bestimmte Herrschaftsinstitutionen (z. B. Parlament, Verfassungsgericht ...), sondern über den Typ der Herrschaftslegitimation (18.2.2, letzter Absatz); reicht diese Definition aus?
16. Geben Sie den Gedankengang von Hermann Lübbe wieder (18.3). Kann Lübbe damit die Legitimationstheorie von Habermas widerlegen?
17. Vergleichen Sie Lübbes Darlegungen mit den Bedenken Weinrichs gegen die Diskursethik (9.4.1).

* Hermann Lübbe, Dezisionismus – eine kompromittierte politische Theorie. in: Ders., Praxis der Philosophie. Praktische Philosophie. Geschichtstheorie. Reclam, Stuttgart 1978, S. 75–77

19 Rückkehr zum Gesellschaftsvertrag

Gerechtigkeit ist, gemeinsam mit dem Frieden, die zentrale Aufgabe politischen Handelns. Es gibt keinen Frieden ohne Gerechtigkeit und keine Gerechtigkeit ohne Frieden. Der Frieden ist eine notwendige Bedingung für eine funktionierende Rechtsordnung; höchstes Beurteilungskriterium (und somit Legitimationsprinzip) der Rechtsordnung kann die Gerechtigkeit *sein – es sei denn, man hält sich an das* utilitaristische *Kriterium des* kollektiven Nutzens *oder man verzichtet ganz auf ein solches Beurteilungsprinzip und begnügt sich mit dem* positivistischen *Verständnis der Gesetze als bloße* Akte der Willkür.
Die seit Platon immer wieder gestellte Grundfrage, was denn Gerechtigkeit sei, hat durch die „Theorie der Gerechtigkeit" des amerikanischen Philosophen John Rawls *eine neuartige und seitdem ausgiebig diskutierte Antwort gefunden. Das Überraschende an dieser Theorie ist weniger, daß sie den im englischsprachigen Raum dominierenden Utilitarismus für gescheitert erklärt, als daß Rawls die Theorie des* Gesellschaftsvertrags *wiederbelebt:*
Wir werden zu der Überlegung angehalten, auf welche gesellschaftlichen Grundprinzipien sich Menschen in einem Naturzustand vertraglich einigen würden. Rawls versetzt sich bei diesem Gedankenexperiment nicht auf den Standpunkt der Unparteilichkeit, sondern er greift auf die Entscheidungs- und Spieltheorie zurück; sie geht davon aus, daß die Menschen durchaus parteilich sind, aber sich nicht von Gefühlen und Trieben leiten lassen, sondern als rationale Egoisten *entscheiden.*
Kann man jedoch tatsächlich die sittliche Perspektive der Gerechtigkeit aus dem Egoismus ableiten? Otfried Höffe, der grundsätzlich die Vertragstheorie akzeptiert, weist diesen Anspruch zurück.

19.1 Kritik des Utilitarismus – John Rawls

Eine menschliche Gesellschaft kann man sich als eine mehr oder weniger unabhängige soziale Vereinigung vorstellen, die sich von einer gemeinsamen Gerechtigkeitsauffassung leiten läßt und auf die Förderung des Wohls ihrer Mitglieder abzielt. Als Gemeinschaftsunternehmen zur Herbeiführung wechselseitigen Nutzens ist sie sowohl durch Interessenkonflikt als auch durch Interessengleichheit gekennzeichnet. Interessengleichheit besteht, da die soziale Kooperation allen ein besseres Leben ermöglicht, als jeder es führen würde, wenn er versuchte, nur von seiner eigenen Arbeit zu leben. Doch gleichzeitig ist es den Menschen nicht gleichgültig, wie der durch ihre gemeinsame Anstrengung erzielte größere Nutzen verteilt wird; denn jeder zieht zur Beförderung seiner eigenen Ziele einen größeren Anteil einem geringeren vor. Eine Gerechtigkeitskonzeption nun besteht aus einer Reihe von Prinzipien zum Zweck der Entscheidung zwischen jenen sozialen Institutionen, die diese Verteilung regeln sollen, und zur Erzielung einer Übereinkunft hinsichtlich der je angemessenen Anteile.
Die Gerechtigkeitskonzeption des Utilitarismus dürfte auf den ersten Blick als die vernünftigste erscheinen. Man bedenke folgendes. Mit Sicherheit kann der *einzelne* bei der Verwirklichung seines Wohles seine Verluste und seine Gewinne gegeneinander abwägen: Man kann sich gegenwärtig ein Opfer auferlegen, um später einen größeren Nutzen zu erzielen. Wer den größtmöglichen Nutzen zu erzielen und seine Ziele so gut wie möglich zu befördern sucht, handelt, solange andere nicht davon betroffen werden, durchaus richtig. Warum nun sollte eine *Gesellschaft* nicht dem gleichen Prinzip folgen? Weshalb ist das, was im Falle des einzelnen

vernünftig ist, nicht auch im Falle einer Gruppe von Menschen richtig? Gewiß ist die Maximierung des Wohls die einfachste und am wenigsten umständliche Auffassung davon, was recht ist, und damit auch von der Gerechtigkeit. Dabei wird zwar vorausgesetzt, worin das Wohl besteht, aber man kann sich das Wohl als durch die Interessen vernünftiger Individuen bereits gegeben denken. Ebenso wie die Erlangung des größten Wohls und die bestmögliche Beförderung des eigenen Systems rationaler Wünsche das Prinzip der *individuellen* Wahl darstellt, besteht ganz entsprechend das Prinzip der *gesellschaftlichen* Wahl darin, das (ähnlich definierte) größte Wohl, additiv auf alle Angehörigen der Gesellschaft bezogen, zu verwirklichen. Zum Prinzip des Utilitarismus gelangt man also auf ganz natürliche Weise: Eine Gesellschaft ist dann richtig geordnet und folglich gerecht, wenn ihre Institutionen so geartet sind, daß die größte Summe von Befriedigungen zustande kommt.

(...) Das Utilitarismusprinzip kann nicht erklären, daß Freiheit und Gleichheit der Staatsbürger selbstverständliche Voraussetzungen einer gerechten Gesellschaft sind und daß die durch Gerechtigkeitsprinzipien gesicherten Individualrechte weder politischen Verhandlungen noch dem Kalkül gesellschaftlicher Interessen unterworfen sind.

Die natürlichste Alternative zum Utilitarismusprinzip ist seine traditionelle Rivalin, die Theorie des Gesellschaftsvertrags. Das Ziel dieser Theorie besteht genau darin, die Striktheit der Gerechtigkeitsprinzipien durch die Annahme zu erklären, daß diese Prinzipien sich aus einer Abmachung zwischen freien und unabhängigen Personen in einem Urzustand der Gleichheit ergeben und somit die Unversehrtheit und gleichberechtigte Souveränität jener rationalen Individuen widerspiegeln, die den Vertrag miteinander schließen. Anstelle der Annahme, eine Konzeption des Richtigen und damit der Gerechtigkeit sei einfach eine Erweiterung des für den einzelnen geltenden Entscheidungsprinzips auf die Gesellschaft als ganze, geht die Vertragstheorie davon aus, daß jene vernünftigen Individuen, die der Gesellschaft angehören, zusammen, in einem gemeinsamen Akt, entscheiden müssen, was für sie als gerecht oder ungerecht gelten soll. Sie müssen miteinander und ein für allemal festlegen, wie die gerechte Gesellschaft für sie aussehen soll. Und zwar wird diese Entscheidung in einer angemessen definierten Ausgangssituation getroffen, zu deren hervorstechenden Merkmalen es gehört, daß jemand nicht seine spätere gesellschaftliche Stellung, ja nicht einmal sein Maß an natürlichen Begabungen und Fähigkeiten kennt. Die Gerechtigkeitsprinzipien, auf die sich alle Individuen ein für allemal verpflichten, werden ohne solche spezifischen Informationen beschlossen. Ein Schleier des Nichtwissens verhindert, daß irgend jemand aufgrund der zufälligen Faktoren sozialer Klassenzugehörigkeit oder glücklicher Anlagen bevorteilt oder benachteiligt wird; deshalb bleibt die Wahl der Prinzipien von jenen Verhandlungsproblemen, die sich im Alltag aus dem Besitz solcher Kenntnisse ergeben, unberührt. Der Vertragstheorie zufolge gehört somit die Gerechtigkeitslehre, ja die Ethik überhaupt, zur allgemeinen Theorie vernünftigen Entscheidungsverhaltens – ein Umstand, der aus der Kantischen Formulierung dieser Theorie sehr deutlich hervorgeht.

Ist man erst einmal zu der Vorstellung gelangt, Gerechtigkeit ergebe sich aus einer solchen ursprünglichen Vereinbarung, so muß das Utilitarismusprinzip als problematisch erscheinen. Denn warum sollten vernünftige Individuen mit einem System von Zielen, das sie befördern möchten, einer Verletzung ihrer Freiheit zustimmen, damit andere ein Mehr an Befriedigungen genießen können? Es ist doch einleuchtender anzunehmen, daß sie in einem Urzustand der Gleichberechtigung auf Institutionen bestehen werden, die erforderliche Opfer durch entsprechende Vorteile ausgleichen. Wer vernünftig ist, wird keine Institution nur deshalb akzeptieren, weil sie die Gesamtsumme *aller* Vorteile, ohne Rücksicht auf die Konsequenzen für die eigenen Interessen, maximiert.*

* John Rawls, Eine Vertragstheorie der Gerechtigkeit. In: Norbert Hoerster (Hrsg.), Recht und Moral. Texte zur Rechtsphilosophie. Reclam, Stuttgart 1987, S. 197–201. Engl. Original 1967

19.2 Gerechtigkeit durch fairen Vertrag – John Rawls

Rawls formuliert nun die beiden Gerechtigkeitsprinzipien, die wir im Urzustand („original position“) wählen würden. Dabei ist das erste Prinzip (Freiheit) dem zweiten (Gleichheit) im Konfliktfall vorgeordnet; ebenso hat der zweite Teil des zweiten Prinzips (faire Chancengleichheit) Vorrang vor seinem ersten Teil (Differenzprinzip).

Die beiden Gerechtigkeitsprinzipien, die wir erörtern wollen, lassen sich folgendermaßen formulieren:

1. Jeder an einer Institution Beteiligte oder von ihr Betroffene hat ein gleiches Recht auf die größtmögliche Freiheit[1], die mit der gleichen Freiheit für alle übrigen vereinbar ist.

2. Ungleichheiten, durch die Struktur der Institutionen festgelegt oder gefördert, sind willkürlich, es sei denn, man kann vernünftigerweise erwarten, daß sie sich zu jedermanns Vorteil auswirken, und die Positionen und Ämter, mit denen diese Ungleichheiten verknüpft sind beziehungsweise aus denen sie sich ergeben, stehen allen offen.

Diese Prinzipien bestimmen die Verteilungsaspekte der Institutionen, indem sie die Zuweisung von Rechten und Pflichten in der gesamten Gesellschaftsstruktur regeln. Das geschieht zunächst im Wege der Annahme einer politischen Verfassung, der gemäß die Prinzipien dann auf die Gesetzgebung anzuwenden sind. Es ist die richtige Entscheidung für die Grundstruktur der Gesellschaft, für ihr grundlegendes System von Rechten und Pflichten, von der die Verteilungsgerechtigkeit abhängt.
Die beiden Gerechtigkeitsprinzipien gelten in erster Linie für diese Grundstruktur, das heißt für die wichtigsten Institutionen des Gesellschaftssystems und ihr Zusammenspiel. Zu dieser Grundstruktur gehören die politische Verfassung sowie die hauptsächlichen wirtschaftlichen und gesellschaftlichen Institutionen, die zusammen die Freiheiten und Rechte einer Person definieren sowie ihre Aussichten im Hinblick auf soziale Position und Lebensqualität berühren.
Die intuitive Vorstellung ist hier die, daß diejenigen, die in verschiedenen sozialen Positionen oder in verschiedenen sozialen Klassen in das Gesellschaftssystem hineingeboren werden, unterschiedliche Lebensaussichten haben, die zum Teil durch das System politischer Freiheiten und persönlicher Rechte sowie durch die wirtschaftlichen und gesellschaftlichen Chancen bestimmt werden, die man diesen Positionen zugänglich macht. Auf diese Weise begünstigt die Grundstruktur der Gesellschaft bestimmte Menschen gegenüber anderen; hier liegen die grundlegenden Ungleichheiten, welche die gesamten Lebensaussichten der Bürger berühren. Es sind solche Ungleichheiten – Ungleichheiten, die sich vermutlich in keiner Gesellschaft vermeiden lassen –, auf die die beiden Gerechtigkeitsprinzipien vor allem anwendbar sind.
(...) Wir interpretieren das zweite Prinzip nun so, daß diese Unterschiede genau dann gerecht sind, wenn die höheren Erwartungen der Bevorteilten, in ihrer Funktion im Rahmen des gesamten Gesellschaftssystems, die Erwartungen der am schlechtesten Gestellten verbessern. Die Grundstruktur ist danach *durchgehend* gerecht, wenn die Vorteile der Glücklicheren die

1 In späteren Veröffentlichungen redet Rawls nicht mehr abstrakt von „Freiheit“, sondern konkreter von den „Grundfreiheiten“ und nennt als wichtigste: „die politische Freiheit (das Recht, zu wählen und öffentliche Ämter zu bekleiden) und die Rede- und Versammlungsfreiheit; die Gewissens- und Gedankenfreiheit; die persönliche Freiheit, zu der der Schutz vor psychologischer Unterdrückung und körperlicher Mißhandlung und Verstümmelung gehört (Unverletzlichkeit der Person); das Recht auf persönliches Eigentum und der Schutz vor willkürlicher Festnahme und Haft“. (J. Rawls, Eine Theorie der Gerechtigkeit. Übers. v. H. Vetter, Suhrkamp, Frankfurt/M. 1979, S. 82.) Und später erläutert er: „Eine unter den ersten Grundsatz fallende Grundfreiheit kann nur um der Freiheit selbst willen eingeschränkt werden, d. h.: nur um derselben oder einer anderen Grundfreiheit willen und zur Optimierung des ganzen Systems der Freiheiten.“ (Ebd. S. 232.)

Lebensqualität der am wenigsten Glücklichen steigern, das heißt, wenn eine Minderung dieser Vorteile die am wenigsten Glücklichen noch schlechter stellen würde, als sie ohnehin schon stehen. Mit anderen Worten: Die Grundstruktur ist ganz und gar gerecht, wenn die Aussichten der am wenigsten Glücklichen so gut wie möglich sind.

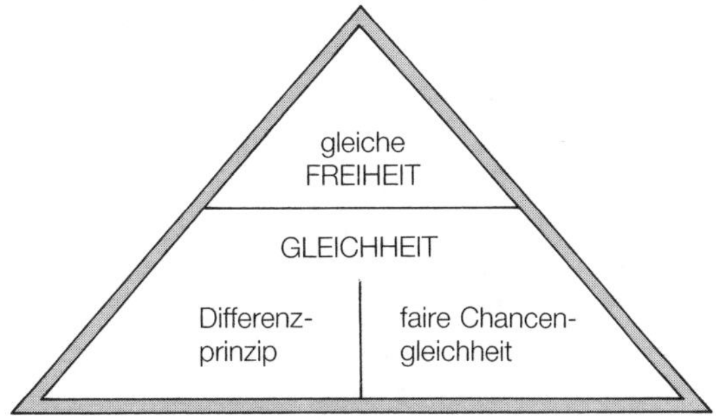

Das Gerechtigkeitsmodell von John Rawls

Bei der Interpretation des zweiten Prinzips (oder vielmehr seines ersten Teils, den wir aus offenkundigen Gründen als „Differenzprinzip" bezeichnen können) nehmen wir an, daß das erste Prinzip gleiche Grundfreiheiten für alle fordert und daß das politische System, das sich ergibt, sofern möglich eine Form der konstitutionellen Demokratie ist. Es muß Freiheit der Person geben, politische Gleichheit sowie Gewissens- und Gedankenfreiheit: Alle Bürger sind gleichgestellt und besitzen denselben Status. Es herrscht Chancengleichheit und ein fairer Wettbewerb um die vorhandenen Stellen auf der Basis einer vernünftigen Qualifikation. Die Unterschiede nun, die vor diesem Hintergrund gerechtfertigt werden müssen, sind die verschiedenen wirtschaftlichen und sozialen Ungleichheiten in der Grundstruktur, die im Rahmen einer solchen Gesellschaft ganz unweigerlich entstehen. Es handelt sich hierbei um die Ungleichheiten in der Einkommens- und Vermögensverteilung und um das unterschiedliche Maß an gesellschaftlichem Prestige und Status, das mit den verschiedenen Positionen und Klassen verbunden ist. Das Differenzprinzip besagt, diese Ungleichheiten seien genau dann gerecht, wenn sie Teil eines umfassenderen Systems sind, in dem sie sich zum Vorteil des am wenigsten glücklichen Repräsentanten auswirken. Die gerechten, durch die Grundstruktur festgelegten Verteilungen sind dann diejenigen, die sich aus diesem eingeschränkten Maximierungsprinzip ergeben. (...)

Es sei darauf hingewiesen, daß das Differenzprinzip im Grunde eine ursprüngliche Abmachung darstellt, alle Individuen an den Vorteilen der unterschiedlichen Verteilung natürlicher Begabungen und Fähigkeiten partizipieren zu lassen, gleichgültig wie diese Verteilung im einzelnen aussieht, um soweit wie möglich jene willkürlichen Benachteiligungen auszugleichen, die sich aus den unterschiedlichen Ausgangspositionen ergeben. Wer von der Natur begünstigt ist, darf – wer immer er auch sein mag – nur unter der Bedingung Vorteile aus seiner Begünstigung ziehen, daß auch die Benachteiligten profitieren. Die von der Natur Begünstigten dürfen nicht einfach deshalb besser dastehen, weil sie begabter sind, sondern nur zu dem Zweck, daß die Kosten für die Ausbildung ihrer Begabung gedeckt sind und sie diese so zur Verbesserung der Lage der weniger Glücklichen nutzen können.*

* Ebd. S. 202 f., 209–212

19.3 Gerechtigkeit als Prämisse des fairen Vertrags – Otfried Höffe

In der klassischen Vertragstheorie ist der Naturzustand die theoretische Konstruktion eines Zustandes, in der die Menschen nach ihrer freien Willkür handeln, dabei in Konflikte geraten und für solche Fälle keinen entscheidungskompetenten Richter haben. Ein solcher Zustand ist mit dem Grundansatz der Entscheidungs- und Spieltheorie vorausgesetzt. Nach ihrem Rationalitätsbegriff sind die Mitglieder einer politischen Gemeinschaft nicht schon sittlich oder gerecht, sondern vielmehr in einem formalen Sinne egoistisch: sie verfolgen ihre eigenen Interessen, unabhängig davon, ob diese Interessen auch in einem inhaltlichen Sinne egoistisch, altruistisch oder sozial unbestimmt sind. Gemäß der Veränderung, die die Spieltheorie einführt, geht es um eine Mehrzahl von rationalen Egoisten, die wechselseitig ihre Ansprüche gegeneinander geltend machen; die Wahl wird von freien Personen abgeschlossen, die keine Autorität über einander haben.

Rawls' Gerechtigkeitstheorie geht von diesem Grundsatz des Naturzustandes bzw. der Entscheidungs- und der Spieltheorie aus. Doch werden die Gerechtigkeitsprinzipien nicht aus diesem Grundsatz allein abgeleitet. Gemäß dem vertragstheoretischen Element findet die Wahl unter besonderen, für die Entscheidungs- und Spieltheorie ungewöhnlichen Randbedingungen statt: zunächst geht es um die Wahl von Prinzipien; dann um die Prinzipien, die Konflikte regeln, für alle also gleichermaßen gültig sind, für den Einzelnen daher gewichtige Einschränkungen bei der Erfüllung seiner persönlichen Interessen nach sich ziehen. Ferner werden in der Wahl nicht die Macht- und Drohpotentiale der jeweiligen Individuen berücksichtigt; denn Rawls setzt für die Wahl einen Zustand ursprünglicher Gleichheit voraus. Diese Gleichheit bedeutet aber einen Verzicht des Stärkeren auf seine Überlegenheit, sie bedeutet eine Handlung wechselseitiger Anerkennung der Menschen als freier und gleicher Personen. Diese Handlung wird von Rawls in die Entscheidungstheorie durch die Annahme eines bestimmten Informationsdefizits aufgenommen, des sogenannten „Schleiers der Unwissenheit". Danach kennt man weder seine individuelle natürliche und gesellschaftliche Lage noch die Besonderheiten seiner Gesellschaft ganz. Folglich befinden sich alle Individuen in einer gleichrangigen Situation, die überdies Koalitionsbildungen und damit eine Verzerrung der ursprünglichen Gleichheit *(Symmetrie)* im Fortgang der Wahl nicht zuläßt.

Da die Wählenden ihre persönlichen und geschichtlich-gesellschaftlichen Besonderheiten nicht kennen, handelt es sich bei ihnen nicht um geschichtlich-konkrete Individuen, die ihre persönlichen Interessen wählen könnten, sondern um das gedankliche Konstrukt einer Art Gattungssubjekt, für das es keine Differenz mehr zwischen dem Allgemeinen und dem Besonderen gibt. Durch diesen Kunstgriff gelingt es Rawls, eine für die Wahl von Gerechtigkeitsprinzipien angemessene Situation zu konstruieren. Zugleich verdeckt er aber auch die wirklich sittliche Qualität der Wahlsituation:

Denn Gerechtigkeit ergibt sich nicht aus einem Selbstinteresse, dem bestimmte Informationen mangeln, sondern aus der in der wechselseitigen Anerkennung verwirklichten *Negation* des Selbstinteresses. Die Wahl der Gerechtigkeitsprinzipien ist keine rationale Klugheitswahl, sondern eine sittliche Wahl, eine Wahl im Namen der praktischen Vernunft.*

* Otfried Höffe, Politische Gerechtigkeit. In: Karl-Otto Apel u. a. (Hrsg.), Funkkolleg Praktische Philosophie/Ethik. A. a.O. S. 757 f.

19.4 Lexikalisches Stichwort: Gerechtigkeit

Gerechtigkeit: in der Philosophie in zwei Bedeutungen verwendeter Begriff. 1. Zunächst bezeichnet Gerechtigkeit eine Tugend, d. h. eine ethische Haltung oder Gesinnung, aus der heraus ein Mensch zu handeln pflegt (Gerechtigkeit in subjektivem Sinn). Wo Ethik in Form einer Tugendlehre betrieben wird, erscheint in aller Regel die Gerechtigkeit als höchst relevante Kategorie (↑ Kardinaltugenden). – 2. Zum besonderen philosophischen Problem wird die Bestimmung von Gerechtigkeit, als man den Begriff aus dem Kontext der Tugendlehre löst und als Prinzip begreift, aus dem sich ein Maßstab zur Beurteilung sittlicher, rechtlicher, sozialer und politischer Handlungsnormen ableiten läßt (Gerechtigkeit in objektivem Sinn). Hier dominieren zwei Bedeutungselemente, der Gesichtspunkt der Gleichheit und der gesetzlichen Allgemeinheit. Von gerechten Normen erwartet man, daß sie für die Normadressaten prinzipiell in gleichem Maß gelten, einzelne Individuen oder Gruppen nicht bevorzugen bzw. benachteiligen. Andererseits kann die strikt unterschiedslos verfahrende („blinde") Gleichbehandlung aber auch zu Ungerechtigkeiten führen, da zwischen den Individuen faktisch Unterschiede bestehen hinsichtlich ihrer Bedürftigkeit, Fähigkeiten, Möglichkeiten und Chancen, so daß ihnen in verschiedenen Lebensbereichen nur in unterschiedlichem Maß Rechte und Pflichten zugewiesen werden können. Gleichheit muß daher als „vernünftige", d. h. als angemessene Gleichheit verstanden werden. – Gesetzliche Allgemeinheit meint, daß es, bezogen auf besondere Situationen, unter Berufung auf die Gerechtigkeit erlaubt sein muß, eine Norm den Erwägungen einzelner Individuen bzw. Gruppen überzuordnen. – Platons Bestimmung von Gerechtigkeit stützt sich v. a. auf den Aspekt der „vernünftigen Gleichheit": So wie die einzelnen Seelenteile in einer natürlichen Stufenordnung stehen, ist auch unter den Tugenden wie politischen Ständen eine von Natur vorgegebene Hierarchie anzunehmen, da nur so jedem einzelnen die Rechte und Pflichten zugewiesen werden, die seinem Wesen, seinen natürlichen Fähigkeiten und seiner gesellschaftlichen Stellung entsprechen. – Zu einer differenzierteren Analyse gelangt Aristoteles: Von einer Gerechtigkeit, die ausnahmslos alle zur Beachtung der staatlichen Gesetze anhält, unterscheidet er eine weitere, die in Fragen des Umgangs der Menschen untereinander oder der Verteilung der Güter und Ämter in besonderem Maß die vernünftige Gleichheit der Bürger zu wahren sucht. Die austeilende Gerechtigkeit des zweiten Typs entfaltet sich auf der Grundlage einer „geometrischen" (verhältnismäßigen) Gleichheit, bei der der spezifische Wert jedes einzelnen eine Rolle spielt, wohingegen bei der ausgleichenden Gerechtigkeit der ersten Form von einer „arithmetischen" (unterschiedslosen) Gleichheit aller ausgegangen wird. Nach aristotelischer Handlungstheorie zielt menschliches Tun auf Glückseligkeit (Eudaimonia) hin. Als die Sozialform, die die Verwirklichung dieses Handlungsziels erst ermöglicht, wird die Polis mit ihren Gesetzen angesehen. Im Zuge der historischen Entwicklung, die die Auflösung dieses Sozialgebildes erzwingt, löst sich auch der für das griechische Denken so selbstverständliche enge Zusammenhang von Glückseligkeit und allgemeinen Gesetzen der Polis auf. In der für das römische Recht klassisch gewordenen Definition des Ulpianus (Gerechtigkeit ist fester und beständiger Wille, jedem sein Recht zu gewähren) taucht die gesetzliche Allgemeinheit im Definiens daher auch nicht mehr auf. Was jemand jeweils als „sein Recht" anzusehen hat, wird in der stoischen und nachfolgend in der christlichen Philosophie unter Berufung auf die natürliche bzw. gottgegebene Ordnung aller Dinge dargelegt. Als dieser Orientierungsrahmen zu Beginn der Neuzeit ins Wanken gerät, bilden sich beim Versuch, die erneut entstandene Begründungsproblematik zu lösen, allmählich die beiden Grundpositionen heraus, die auch die gegenwärtigen Überlegungen bestimmen: die Kantische und die utilitaristische. Kant stützt seine Überlegungen auf den Gesichtspunkt der Würde der Person, die auch einen Anspruch auf Freiheit im „äußeren Verhältnis der Menschen untereinander" zusichert. Die Anerkennung dieser Freiheit – sowohl auf eigenen Wegen Glück zu suchen (Freiheit der Willkür) als auch sich selbst ein Gesetz zu sein (Freiheit des Willens) – wird dabei ausdrücklich als konstitutives Element von Recht und Gerechtigkeit expliziert. Gerechtigkeit ist nach Kant das Prinzip der Sicherung dieses Rechts auf Freiheit. Die individuelle Freiheit der Willkür wird damit prinzipiell als ein Recht begründet, gleichzeitig aber auch eingeschränkt, indem Freiheit dem einzelnen nur soweit zugestanden wird, wie dies im Rahmen einer allgemeinen gesetzlichen Regelung noch möglich ist. Mithin dominiert in Kants Reflexion auf die Gerechtigkeit der Aspekt der Allgemeinheit; der Gesichtspunkt der vernünftigen Gleichheit bedarf hingegen keiner eigenen Begründung mehr, da er sich aus dem Willen zur gesetzlichen Allgemeinheit ergibt. – In der Auseinandersetzung mit Kant wurde darauf hingewiesen, daß ein solches formales Gerechtigkeitsprinzip zur Bestimmung einzelner Rechte nicht ausreichen könne. So ist auch nach materialen Begründungsmöglichkeiten gesucht worden. Die Gerechtigkeitskonzeption des Utilitarismus etwa führt als Prüfungskriterium für Gerechtigkeit den Gesichtspunkt der Nützlichkeit an. Grundsätzlich ist allerdings anzumerken, daß Nützlichkeitserwägungen nicht zur Anerkennung des Rechts anderer auf Verwirklichung ihres eigenen Willens führen; außerdem sind sie abhängig von konkreten Bedürfnissen und Situationen. – In der neueren philosophischen Literatur gibt es zahlreiche Versuche, eine Theorie der Gerechtigkeit über die Verbindung eines formalistischen Prinzips im Sinne Kants mit den materialen Bestimmungen der Utilitaristen zu begründen. In Anknüpfung an Kant begründet Rawls ein erstes Gerechtigkeitsprinzip, wonach jedermann ein gleiches Recht auf ein größtmögliches System von Grundfreiheiten zuzubilligen sei; dieses System muß allerdings mit dem der Freiheit für alle verträglich sein. Ein zweites Prinzip, das dem ersten untergeordnet ist, fordert in bezug auf alle faktisch bestehenden sozialen und ökonomischen Ungleichheiten den Nachweis, daß sie in der gegebenen Situation den am wenigsten begünstigten Personen immer noch den größtmöglichen Vorteil bringen.*

Gerechtigkeit (...) Den Kern unserer Vorstellungen von G. bildet das ethische Prinzip der Gleichheit: Menschen in gleichen Umständen sollen gleich handeln bzw. gleich behandelt werden (Gleichheitsgebot, vgl. Goldene Regel), negativ formuliert: jede willkürliche Ungleichbehandlung ist ungerecht (Willkürverbot). Die Grundordnung einer politischen Gemeinschaft ist dann schon als wesentlich gerecht anzusehen, wenn das Gleichheitsprinzip eine alle drei Gewalten des Staates bindende Verfassungsbestimmung ist (vgl. für die Bundesrepublik Deutschland Art. 3 zusammen mit Art. 1 III des Grundgesetzes). – Um dem Gleichheitsprinzip zu genügen, muß das geltende Recht erstens aus Bestimmungen bestehen, die nicht Einzelpersonen und Einzelfälle als solche, sondern Typen von Fällen (Einkommensteuer, Diebstahl, Totschlag usf.) mit Hilfe gewisser Kriterien regeln (die Einkommensteuer z. B. nach Höhe des Einkommens, nach Familienstand und Kinderzahl). Auch die Kriterien dürfen nicht willkürlich sein. Rechtsregeln sind zweitens nach Maßgabe derselben Regeln zweiter Ordnung zu gewinnen, nach den in der Verfassung niedergelegten Verfahrensregeln über die Entstehung von Gesetzen sowie nach normativen Leitprinzipien (etwa dem Sozialstaatsgebot). Drittens müssen Exekutive u. Rechtsprechung die Gesetzbestimmungen unparteiisch, ohne Ansehen der Person (ihres Geschlechts, ihrer Religion, Rasse, sozialen oder wirtschaftlichen Stellung) anwenden (in der bildenden Kunst wird deshalb die G. mit verbundenen Augen dargestellt).

Die nähere Bestimmung der G. ist umstritten. Bei der Verteilung von Rechten und Pflichten, Gütern und Lasten (austeilende oder distributive G.) gibt es vor allem drei Kriterien: Jedem das Gleiche oder jedem nach seinem Wert als Mensch überhaupt; jedem nach seiner Leistung oder Leistungsfähigkeit; jedem nach seinen Bedürfnissen. Gemäß der Idee der unantastbaren Würde des Menschen (...) und der Unverletzlichkeit der Person ist es im allgemeinen unumstritten, daß in bezug auf die Grundrechte jedem das Gleiche zukommt. Soziale Positionen und wirtschaftliche Güter dagegen sollen nach Leistungs-, nach Bedürfnisgesichtspunkten oder einer Verbindung beider verteilt werden (der individuelle Lohn richtet sich meist nach der Leistung, die Sozialhilfe nach Bedürftigkeit, die Steuern nach beidem: nach der Höhe des Lohns, aber auch nach Familienstand und Kinderzahl). Den genauen Maßstab zu bestimmen, gehört in den Aufgabenbereich politischer Diskussion, für die die Idee der G. eine normativ-kritische Funktion hat. Allgemein läßt sich sagen, daß zur unantastbaren Würde des Menschen auch die elementare Existenzsicherung gehört, hier deshalb der Bedürfnisaspekt den Vorzug verdient, während die Ausgestaltung der eigenen Existenz der Freiheit des einzelnen überlassen bleiben soll, wobei die Idee der G. als Fairneß fordert, daß alle Güter, Positionen und Ämter grundsätzlich für jeden offenstehen und die Ordnung des wirtschaftlich-sozialen Systems nicht bloß zum Vorteil gewisser Gruppen ist, sondern dem Wohlergehen aller dient. Ferner kann man es zur sozialen Gerechtigkeit zählen, vorgefundene natürliche und soziale Nachteile auszugleichen. – Die ausgleichende G. betrifft den Tausch verschiedenartiger Dinge (Kauf, Miete usf.). Der Tausch ist dann gerecht, wenn die getauschten Dinge den gleichen Wert haben, wobei das Geld als allgemeiner Wertmaßstab dient. (...) Obwohl in der zeitgenössischen Debatte der Gedanke der VerteilungsG. vorherrscht, empfiehlt es sich, selbst grundlegende G.saufgaben von der TauschG. her zu lösen (...). Die Idee der G. fordert auch, verschuldete Schäden in der Höhe des Schadens wiedergutzumachen sowie Strafen für Rechtsverletzungen nicht beliebig, sondern nach der Schwere der Übertretung zu verhängen. – Die Anwendung einer allgemeinen Rechtsregel kann in besonderen Einzelfällen zu offensichtlich nicht gerechten Ergebnissen führen. Hier fordert das Prinzip der Billigkeit (Epikie), vom Buchstaben des geltenden Rechts abzuweichen, und zwar nicht deshalb, weil die Idee der G. suspendiert, sondern weil sie auch dort beachtet werden sollte, wo es sich um außergewöhnliche Umstände handelt, die der Gesetzgeber nicht vorausgesehen hat.**

* Schüler-Duden Philosophie. A. a. O.

** Otfried Höffe (Hrsg.), Lexikon der Ethik. A. a. O.

Arbeitsanregungen

1. Ist Gerechtigkeit das höchste Kriterium für politisches Handeln? Ist Sicherheit nicht vorzuziehen? Oder kollektives Wohlergehen?
2. Wiederholen Sie, bevor Sie sich mit John Rawls beschäftigen, die Ethik des Utilitarismus.
3. Erörtern Sie Rawls' Kritik am Utilitarismus (19.1).
4. Lassen sich Grundprinzipien der Gerechtigkeit tatsächlich, wie Rawls meint (19.1), „ein für allemal" festlegen?
5. Wie lassen sich die Bedingungen, welche den Urzustand definieren, rechtfertigen?
6. Was soll mit dem „Schleier des Nichtwissens" (19.1) erreicht werden?
7. Versuchen Sie die einzelnen Elemente des Gerechtigkeitsmodells von Rawls plausibel zu machen.
8. Ist die Reihenfolge, in der Rawls die Gerechtigkeitsprinzipien angewandt wissen will, notwendig? (19.2)
9. Vergleichen Sie Rawls' Theorie mit dem Gesellschaftsvertrag von Locke (14.1) bzw. mit dem von Rousseau (14.2) oder auch mit dem Gerechtigkeitsmodell Platons (11.2.1).
10. Gibt Rawls' Gerechtigkeitstheorie unsere intuitiven Gerechtigkeitsvorstellungen wieder, oder verlangt sie eine Modifikation?
11. Bei Maßnahmen der Sozial- und Wirtschaftspolitik liegt (soweit nicht Grundfreiheiten betroffen sind) Rawls' entscheidendes Gerechtigkeitskriterium im Wohlergehen der sozial Schwächsten. Wird die Politik unseres Landes diesem Kriterium gerecht? Wie könnte Rawls' Forderung institutionell abgesichert werden?
12. Von welcher Tragweite ist Höffes Rawls-Kritik?
13. Der Philosoph Norbert Hoerster hat prinzipielle Bedenken gegen eine Vertragstheorie: „Es will mir nicht einleuchten, warum meine Option für gewisse Moralprinzipien von der völlig fiktiven Frage berührt sein sollte, welche Prinzipien ich *im eigenen Interesse* wünschen *würde,* wenn ich u. a. alle möglichen Fakten über meine persönliche Lage – Fakten, die mir in Wahrheit täglich vor Augen liegen – nicht kenne. Aber auch abgesehen von seiner mangelnden intuitiven Plausibilität vermag ich kein methodologisches Argument für das Vertragsmodell zu erblicken." (In: Otfried Höffe (Hrsg.), Über John Rawls' Theorie der Gerechtigkeit. Suhrkamp, Frankfurt/M. 1977, S. 64.)
    Nehmen Sie zu diesen Bedenken Stellung.
14. Berücksichtigt Rawls die wichtigsten Bedeutungen des Gerechtigkeitsbegriffs? (Vgl. 19.4)
15. In der Tradition wurde die austeilende Gerechtigkeit (Verteilungsgerechtigkeit) von der ausgleichenden Gerechtigkeit (Tauschgerechtigkeit) unterschieden (vgl. 19.4); auf welchen der beiden Aspekte konzentriert sich Rawls?
16. Versuchen Sie an einem praktischen Beispiel aufzuzeigen, warum das Prinzip der Gerechtigkeit durch das der Billigkeit (vgl. Ende von 19.4) ergänzt werden muß.

20 Die Aufgabe heutiger Politik: Weltfrieden

Das Römische Weltreich der Antike und das christliche Abendland des Mittelalters begriffen sich als Universalreiche; erst in der Neuzeit entstehen Einzelstaaten als gleichberechtigte souveräne Partner, die sich neben- und gegeneinander behaupten wollen. Allmählich entwickelt sich auch der Gedanke einer Rechtsgrundlage zwischen den souveränen Staaten – erstmals systematisch ausgearbeitet von dem holländischen Philosophen Hugo Grotius *(sein Hauptwerk: Drei Bücher vom Recht des Krieges und des Friedens, Paris 1625). Einen Gesetzgeber für ein solches* Völkerrecht *gibt es nicht; so beruft man sich auf drei Rechtsquellen: auf Gewohnheitsrecht, auf zwischenstaatliche Verträge und auf allgemeine Rechtsgrundsätze, von denen allerdings nur einer wirklich unumstritten ist: das Gebot der Vertragstreue (lat.: pacta sunt servanda).*
Das klassische Völkerrecht spricht jedem souveränen Staat noch ein Recht zum Krieg zu (ius ad bellum). Um einen dauerhaften Frieden zwischen den Staaten zu erreichen, verlangt Immanuel Kant, *die Staaten sollten sich zu einem* Völkerbund *(als Rechtsgemeinschaft) zusammenschließen (in: Zum ewigen Frieden, 1795).*
Verwirklicht wird der Vorschlag nach dem 1. Weltkrieg im Völkerbund (1919–1946) und in seiner Nachfolgeorganisation: den Vereinten Nationen (United Nations, abgek.: UN). Fast alle Länder der Erde haben die am 24.10.1945 in Kraft getretene Charta der Vereinten Nationen unterzeichnet.
Darin wird den Völkern nur noch „im Falle eines bewaffneten Angriffs" ein „naturgegebenes Recht" zur Selbstverteidigung zugestanden (Art. 51). Das Hauptziel der UN ist es, „den Weltfrieden und die internationale Sicherheit zu wahren und zu diesem Zweck wirksame Kollektivmaßnahmen zu treffen" (Art. 1); dazu gehören nicht nur diplomatische und wirtschaftliche Maßnahmen, sondern im Notfall auch Militäraktionen (Art. 41 und 42).
Dennoch hat es seit Bestehen der UN mehr als 160 Kriege gegeben mit über 20 Millionen Toten.
Hoffnungen, daß die Zeit der Kriege mit dem Ende der Konfrontation zwischen dem Westen und dem Ostblock im Jahr 1990 überwunden sei, werden sehr schnell zerstört, als der Irak im August 1990 Kuwait überfällt. Besonders in Deutschland wird heftig darüber gestritten, ob die von den Vereinten Nationen geforderte Befreiung Kuwaits nicht besser ohne Kriegshandlungen hätte erzwungen werden sollen und können. (20.1)
Von weltgeschichtlich weit größerer Tragweite dürfte die Notwendigkeit sein, das immense Arsenal der Atomwaffen dauerhaft zu bändigen. Selbst die konsequenteste militärische Abrüstung und die engagierteste moralische Entrüstung können die Fähigkeit, Atomwaffen zu bauen, nicht mehr aus der Welt schaffen; deshalb bleibt jeder künftige Friede ein fundamental ungesicherter Friede. (20.2)
Ob eine Förderation aller Staaten oder gar ein universaler Weltstaat den vielfältigen Motiven, Krieg zu führen, den Boden entziehen kann, bleibt fraglich. (20.3)

20.1 Streit um den Golfkrieg

So einhellig man in allen Ländern den Wert des Friedens preist, so umstritten ist es im Einzelfall, ob nicht doch gewisse Bedingungen den Einsatz von Waffengewalt für einen „gerechten Krieg" erlauben oder gar gebieten.
Während des 43tägigen Golfkriegs (ab 17. Januar 1991), in dem Kuwait von den irakischen Invasoren befreit wird, erscheinen die beiden Stellungnahmen des Liedermachers Wolf Biermann und des Philosophen Ernst Tugendhat.

20.1.1 Gegen den totalen Frieden – Wolf Biermann

In Frankreich fragten die linken Friedenskämpfer 1938: *Mourir pour Dantzig?*[1] – und die Antwort war klar: Nein! Laß doch dem Herrn Hitler das bißchen Österreich und Tschechoslowakei und Polen ... Füttert das Raubtier, dann beißt es uns nicht. Darf man vergleichen mit damals? Ist heute alles anders, vielleicht weil die Waffen furchtbarer geworden sind und weil das Leben der Menschheit auf dem Spiele steht? – Ihr lieben Friedensfreunde, dieses Leben steht sowieso auf dem Spiel, auch ohne Krieg. Ihr selbst verbraucht zuviel von dem Öl, um das es den Gangstern geht, ihr selbst freßt der hungernden Welt die Haare vom Kopf.
Ich fahre Auto wie ihr, heize mit Öl, esse gut und rase mit euch in die Umweltkatastrophen. Ein Fuß drückt aufs Gaspedal, der andre auf die Bremse. Aber ich kaue in diesen Tagen auch die Losungen auf den Demos in Deutschland und kriege das große Kotzen. Lieber pazifistisch gesinnter Leser, liebe friedensbewegte Leserin, damit wir einander von Anfang an richtig mißverstehn: Ich bin für diesen Krieg am Golf. (...)
Wollt ihr den totalen Krieg? fragte Goebbels.
In den Geschichtsbüchern steht, was eure Großväter Hitlers hinkendem Gehirnauskratzer im Berliner Sportpalast entgegenjauchzten: Jaaaaa!!!! Wer mich aber heute fragt: Willst du den totalen Frieden? – dem sage ich nein danke.
Krieg, das weiß man, da schlagen sich junge Männer gegenseitig tot, die einander gar nicht kennen und die einander nichts taten. Sie tun dies auf Befehl von alten Männern, die sich sehr wohl kennen und die in der Regel sehr alt werden. Die Idee ist drollig und wurde oft gedacht: Man sollte lieber die kriegsgeilen Politiker und Generäle mit Messer und Gabel in einer Arena aufeinander loslassen. In alten Zeiten gab es das: Anstelle des Heeres kämpfen die beiden Anführer gegeneinander. Lang ist's her!
Aber was heißt schon lange her. Vorgestern bissen wir einander noch auf den Bäumen und balgten uns auf dem Affenfelsen. Gestern kämpften wir Steinbeil gegen Lanze. Vor einer Stunde stach Odysseus dem Kyklopen Poylphem mit einem glühenden Pfahl das eine Auge aus. Vor einer halben Stunde erledigte David Goliath mit einer Steinschleuder. Dann die Pfeile der Armbrust, sie durchschlugen die Ritterrüstungen wie bloße Haut. Grad erst vor einer Minute wurde das Schießpulver erfunden und vor einer Sekunde die Atombombe. Lang lang ist's her.
Der Fortschritt in der Menschheitsgeschichte ist eine Schnecke, schleimige Blutspur, hegelmarxistisches Dogma. Fortschritt unaufhaltsam, rasend schnell und geht nach hinten los. Fortschritt – ein blindes Mischmonster aus Löwe, Maulwurf und Drache im Krebsgang. Chimäre[2] Fortschritt, vernünftiges Hirngespinst der Aufklärung und trotz alledem unsere einzige Hoffnung.*

1 Mourir pour Dantzig? (franz.): Sterben für Danzig?
2 Chimäre: Fabeltier der griechischen Sage; in übertragener Bedeutung: Hirngespinst

* Wolf Biermann, Kriegshetze, Friedenshetze. In: Die Zeit, 1. 2. 1991

20.1.2 Gegen vorgeschobene Kriegsgründe – Ernst Tugendhat

Die offizielle Begründung für diesen Krieg lautet: Ein Land darf nicht ein anderes überfallen. Wenn das geschieht, muß es gezwungen werden, sich wieder zurückzuziehen, notfalls mit Krieg.

Das ist ein gutes Prinzip. Doch wenn es ein Prinzip sein soll, müßte es allgemein angewandt werden, denn sonst stellt sich der Verdacht, daß es ein Vorwand ist. Warum gerade bei Kuwait, oder: warum gerade jetzt? Man denke an den Einmarsch der Sowjetunion in Afghanistan [Dezember 1979], den Überfall der USA auf Panama [Dezember 1989].

Man könnte antworten: Gegenüber einer Supermacht geht das nicht. Man muß also das Prinzip schon etwas abschwächen: Es soll nur gelten, wenn ein kleiner Staat von einem *mittleren* überfallen wird. Die Vereinigten Staaten bleiben frei, gegen Panama oder Nicaragua oder andere, besonders lateinamerikanische Länder Krieg zu führen, niemand wird sie daran hindern, weil niemand es kann. Man mag sagen: Auch ein so eingeschränktes Prinzip ist besser als nichts. Aber auch in dieser Einschränkung ist das Prinzip bisher nicht angewandt worden. Man denke an den Einmarsch von Israel in den Libanon [Juni 1982], an den Überfall des Irak auf den Iran [Juni 1980], der Türkei auf Zypern [Juli 1974], Indonesiens auf Osttimor [Dezember 1975] und so weiter.

Man könnte entgegnen: Einmal muß man den Anfang machen. Aber die Frage ist dann berechtigt: Warum gerade jetzt und hier? Liegt es nicht nahe zu antworten: hier, wegen des Öls; jetzt, wegen des Wegfalls der West-Ost-Bipolarität? (...)

Man könnte einwenden: Die Begründung für einen Krieg ist meist überdeterminiert. Die Interessen der Ölindustrie, der Rüstungsindustrie und der Hegemonie der USA kämen hier eben mit dem moralischen Prinzip überein. Doch das ist unsauber gedacht. *Der* Teil der Begründung ist der entscheidende, ohne den der Krieg nicht stattgefunden hätte. Es ist zwar richtig, daß man ein Volk (oder einen Teil der Welt) nicht in einen Krieg führen kann, wenn man keinen „moralischen“ Grund angibt. Ein Krieg, der nicht einem wie immer definierten „Guten“ gilt, kann nicht geführt werden. Aber man muß eben unterscheiden zwischen vorgegebenen und wirklichen Gründen.

Doch nehmen wir an, das sei alles falsch, „der“ Grund für diesen Krieg sei das genannte völkerrechtliche Prinzip. Dann würden jedoch noch zwei grundsätzliche Prinzipien des „gerechten“, das heißt berechtigten Krieges verletzt.

1. Auch ein an sich berechtigter Krieg ist nur dann gerechtfertigt, wenn alle nichtkriegerischen Mittel zur Beseitigung des Übels ausgeschöpft worden sind. 2. Die Übel, die der Krieg selbst mit sich bringt, dürfen nicht voraussichtlich außer Proportion stehen zu dem zu beseitigenden Übel. Beide Prinzipien sind in unserem Fall eindeutig verletzt worden. Dabei hätte auch nur die Verletzung eines dieser Prinzipien den Krieg zu einem Unrechtkrieg gemacht.

Man frage mich nicht, wie diese Prinzipien ihrerseits zu begründen sind. Wer Zweifel hat, frage sich, wie er bei einer Auseinandersetzung zwischen Individuen entscheiden würde.

Dieser Krieg war also nicht nur vermeidbar, er verletzt das Völkerrecht, er hätte nicht begonnen werden dürfen und müßte sofort gestoppt werden. (...)

Wichtig ist zu sehen, daß dieser Krieg sich immer mehr zu einem Krieg zwischen der zwangshaften, sterilen Industriewelt, die sich „der Westen“ nennt, ausweitet und der lebensvollen, industriell zurückgebliebenen, ölreichen und gedemütigten Welt des Islam, die eine große humanistische Tradition und genausoviel Aufklärungspotential hat wie der Westen. Wichtig ist zu sehen, wie sich auf Seiten des Westens in die Leichtfertigkeit, mit der dieser Krieg geführt wird, rassistische Obertöne mischen.

(...) Die USA haben eine große innenpolitische Tradition, vielleicht die am wenigsten schlechte, die es in der Moderne überhaupt gibt. Hier haben wir viel zu lernen. Aber die Idee von einem demokratischen Rechtsstaat war von vornherein fast ausschließlich innenpolitisch orientiert. Nach außen hin galt der Wilde Westen, die eigenen Interessen, nicht Menschenrechte.

Die amerikanische Unabhängigkeitserklärung beginnt mit dem tiefsinnigen Satz *„all men are created equal“*, aber in der außenpolitischen Praxis galt dann: *„some men are more equal than others“*. Es ist naiv anzunehmen, daß ein demokratischer Staat außenpolitisch gegen Ungeheuerlichkeiten gefeit ist. Die Amerikaner sind auf ihre selbsternannte Rolle eines Weltpolizisten so schlecht vorbereitet wie nur irgend möglich.

Zum Schluß dieses Abschnittes noch ein Wort zu Max Webers trefflicher Unterscheidung zwischen Gesinnungsethik und Verantwortungsethik. Der Unterschied zwischen diesen beiden Ethiken besteht darin, daß die erste bestimmte Prinzipien hochhält, egal, was die Konsequenzen sind („ein Versprechen muß gehalten werden“, „ein Verbrechen muß bestraft werden“), die zweite hingegen auf die ethische Beurteilung der Konsequenzen sieht. Die angebliche moralische Begründung des jetzigen Krieges, wenn sie denn wirklich maßgebend wäre, wäre eine gesinnungsethische. *„Fiat justitia, pereat mundus.“*[1]

Das Proportionalitätsprinzip hingegen ist verantwortungsethisch: Um ein Verbrechen wiedergutzumachen, darf man nicht noch ungeheuerlichere Verbrechen begehen. Tausende unschuldiger Kinder zu töten ist (auch wenn es nur Semiten sind) kein Kavaliersdelikt. Und das Risiko, die ganze Welt zu verseuchen, sollte man nicht eingehen, um ein gesinnungsethisches Prinzip angeblich zu wahren.

Die andere Begründung für den Krieg hingegen, er sei ein notwendiger Präventivkrieg, ist der Idee nach eine verantwortungsethische. Sie müssen wir jetzt überprüfen. (...)

Meines Wissens sind Präventivkriege völkerrechtlich nicht anerkannt, aus guten Gründen. Mit einer gesinnungsethisch nicht gezügelten Verantwortungsethik läßt sich viel Unheil stiften. Der Zweck heiligt die Mittel *nicht.**

1 Fiat iustitia, pereat mundus (lat.): Es herrsche Gerechtigkeit, gehe auch die Welt (daran) zugrunde.

20.2 Frieden mit Atomwaffen

20.2.1 Atomwaffen – die Vernunft einer unvernünftigen Zeit? – André Glucksmann

Glucksmann präsentiert in literarischer Form eine Rede, in der sich die vielgeschmähte Atomrakete vor uns verteidigt.

Ich entstamme glücklosen Friedenshoffnungen und dauere fort, indem ich Kriegshoffnungen enttäusche. Durch mich wird das Pokerspiel des Sieges um jeden Preis ungewiß, ohne daß dafür die internationale Sicherheit gewährleistet schiene. Ich verkörpere die Vergänglichkeit der Dinge dieser Welt, die Fragwürdigkeit der Versprechen, das schillernde Wesen der guten Absichten und das nicht minder unstete der bösen. Ich zeige mit Fingern auf die Labilität weltlicher Gleichgewichte und die Brüchigkeit unverbrüchlicher Glaubenshaltungen. Ich schaffe Unbehagen, indem ich demjenigen, der mich anwendet, der mir ausgesetzt ist, oder der mich noch nicht einmal von ferne gesehen hat, die allen gemeinsame Sterblichkeit vor Augen

* Ernst Tugendhat, Der Golfkrieg, Deutschland und Israel. In: Die Zeit, 22.2.1991

führe. Freud, von dem man mir allerlei vorgehalten hat, hob gern hervor, daß der Narzißmus der Menschheit drei unheilbare Wunden erlitten habe. Betrachten Sie mich als das vierte Trauma des modernen Narziß.[1] (...)

Welcher Mensch tut nicht laut und deutlich seine Friedensbereitschaft kund? Allen voran, wie Thomas von Aquin und Karl von Clausewitz[2] mit einem zeitlichen Abstand von fünf Jahrhunderten bemerken, der Eroberer: Er wünscht nichts sehnlicher, als den Sieg friedlich davonzutragen. Ich kratze voller Tücke an dieser verlogenen Fassade. Aus beruflichen Gründen plaudern die Diplomaten über Vereinbarungen und Bündnisse, ich zwinge sie zu größerer Aufrichtigkeit, künftig werden sie potentielle Entladungen kaum noch unterschlagen können. Aus Berufsblindheit hüteten die Militärs die blutrünstigen Prognosen, die die Politiker lieber übergingen, wie einen Trumpf. Ich werfe diese Arbeitsteilung über den Haufen: Wer Raketen unterhält, kann nicht den Frieden propagieren, ohne den Krieg ins Auge zu fassen, noch Kriegsvorkehrungen treffen, ohne sich ein gegenseitiges Hochschaukeln in den Selbstmord auszumachen, angesichts dessen längere Phasen des Waffenstillstands an Reiz gewinnen. Der Friedensbefürworter besäße keine atomare Rüstung, wenn er um jeden Preis für den Frieden wäre; der Kriegsbefürworter kann nicht, koste es, was es wolle, für den Krieg sein, wenn er auf einen Gegner trifft, der genau wie er imstande ist, den großen Trumpf auszuspielen. Angesichts der Raketen verlieren die Militärs ihre einfache Denkstruktur, die Politiker ihre Leichtfertigkeit und die Staatsbürger ihre fatale Einäugigkeit. Es reicht nicht mehr aus, die Vernunft der Friedensstunden mit der Risikobereitschaft kriegerischer Abenteuer abwechseln zu lassen, es geht darum, Risikobereitschaft im Frieden und Vernunft im Kriege zu begründen.

Meine apokalyptischen Eigenschaften lösen Eure Probleme und problematisieren Eure Lösungen. Seit meinem Bestehen erscheint der Krieg „leibhaftig" in jedem Frieden. Durch mich offenbart sich mitten im Krieg unablässig die Notwendigkeit eines Friedens. Ebensogut wie man sagen kann, daß ich Eure elementaren Denkstrukturen blockiere, bringe ich Absichten miteinander in Berührung, die vorgaben, nichts voneinander zu wissen: Ich schaffe eine brenzlige Gefühlsverwirrung. Sollte ich etwa der letzte Aberwitz sein, von dem eine hinfort mitteilsame und vernünftige Menschheit befallen ist? Seht in mir vielmehr das außergewöhnliche Heilmittel einer heillosen Situation oder die Vernunft einer unvernünftigen Zeit. Ich bin weder Gott noch der Teufel, ich bringe keinerlei Welt oder Anti-Welt hervor, ich schaffe nichts, ich entlarve. Eure Feindseligkeiten haben nicht auf mich gewartet, um aufeinanderzuprallen, Eure immerwährenden Konflikte sind meine Wegbereiter, Eure Missetaten haben mich vorprogrammiert, Eure weltweiten Blutbäder leiten meine Herrschaft ein. Rechnet Euch Eure Genozide[3] selbst zur Ehre an, ich bin nur ein langes Rohr, weiter nichts. (...)

Erkennt wenigstens an, daß die Raketen das Geschäft der Lüge erschweren. Vorbei die fröhlichen Aufmärsche, die das Glück der Menschheit durch die bedingungslose Vernichtung des Feindes verheißen. Es dürfte künftig schwerfallen, in einem Wechselbad von paradiesischen Seelenzuständen und mörderischen Regungen zu leben, ohne nach ihrer heimlichen Verwandtschaft zu fragen.*

1 Das vierte Trauma: Anspielung auf Sigmund Freuds Behauptung, der Mensch sei in seiner Eigenliebe dreifach gekränkt worden: durch Kopernikus' Entdeckung, daß wir Erdenbewohner nicht im Mittelpunkt der Welt leben, durch Darwins Aufdeckung unserer animalischen Ursprünge und durch seinen (Freuds) Nachweis, daß wir Menschen zum großen Teil nicht von der Vernunft, sondern vom Unterbewußtsein geleitet werden.

2 Karl v. Clausewitz (1780–1831): preußischer Militärtheoretiker; in seinem einflußreichen Werk „Vom Kriege" gibt er der Politik den Vorrang vor militärischer Logik: „Der Krieg ist eine bloße Fortsetzung der Politik mit anderen Mitteln."

3 Genozid: Ausrottung eines Volkes oder einer religiösen Gruppe

* André Glucksmann, Philosophie der Abschreckung. A. a. O. S. 26f., 32f.

20.2.2 Atomwaffen – rechtsphilosophisch beurteilt. – Reinhard Brandt

Zur Erörterung des vorgetragenen Problems trennen wir die in normativer Hinsicht sicher problematischere Frage der Herstellung und Stationierung von der Frage nach der rechtlichen Möglichkeit des Einsatzes von Atomwaffen und wenden uns zunächst dieser zweiten Frage zu. In einer rechtlichen Beurteilung, so ist zu präzisieren, ist entscheidend die Handlung der Vernichtung der Zivilbevölkerung, nicht die Verwendung eines bestimmten Mittels. Die Bombardierung von Lüttich am 6. August 1914, das „Ausradieren" von Coventry, Hamburg und Dresden und frühere Formen der Völkvernichtung sind rechtlich gesehen nicht vom Atombombenabwurf über Hiroshima und Nagasaki unterschieden. Die Atombombe könnte nur insofern speziell angesprochen werden, als sie unter Umständen ausschließlich der Massenvernichtung dient. Des weiteren ist die Nuklearwaffe als solche von der traditionellen Bombe dadurch unterschieden, daß sie Schäden an Personen bewirkt, die, weil noch nicht geboren, an den Kriegshandlungen auch nicht beteiligt gewesen sein können.

Wir formulieren also neu: Ist die Massenvernichtung von Zivilbevölkerung als Mittel der Kriegsführung ein Verbrechen in dem Sinn, daß die Verantwortlichen vor einem Gerichtshof zur Rechenschaft gezogen werden könnten?

(...) Die Massenvernichtung der Zivilbevölkerung eines anderen Staats steht nicht außerhalb der Kriterien des Menschenrechts, auch wenn es kein gesetzliches Zwangssystem gibt, das den rechtlichen Grenzen der Willkür, die durch die bloße Tatsache der Menschen als rechtlicher Person gegeben sind, korrespondiert – es sind Rechtsgesetze ohne Sanktion, ihre Läsion[1] kann einzig in einem imaginären Vernunftgerichtshof bestimmt werden (in günstigen Fällen können bislang öffentliche Tribunale oder Instanzen wie die Nürnberger Gerichte[2] dem Vernunftrecht eine gewisse Geltung verschaffen). Wir können also auch da am Rechtsbegriff festhalten, wo eine positive Kodifizierung[3] nicht oder noch nicht vorliegt und das Handlungsverbot oder -gebot nicht mit einer Strafandrohung begleitet ist. Verzichtet man auf den Rechtsbegriff in unserem Fragenkomplex und spricht nur von ethischen, moralischen, sittlichen Gesetzen oder Werten, so wird das Problem sogleich verinnerlicht und damit die eigentliche Dimension der Verantwortung für äußere Handlungen, bei denen die zufällige Gesinnung der ausführenden Personen irrelevant ist, zerstört. An die Stelle der Bemühung um eine präzise rechtliche Bestimmung tritt dann das unbestimmte Reden über Lebensängste und Schicksalsfragen.

Wie ist nun vor einem derartigen Forum die Vernichtung der oder beliebiger Teile der Zivilbevölkerung eines feindlichen Staates zu beurteilen? Unsere Frage unterstellt die Unterscheidung von Zivilbevölkerung und Kombattanten[4], es wird weiter unterstellt, daß diese Unterscheidung in bestimmten Fällen eine eindeutige Anwendung findet, etwa beim eingangs genannten Atombombenabwurf auf Hiroshima und Nagasaki oder auch dem deutschen Bombenangriff von Lüttich zu Beginn des 1. Weltkrieges. Die Tötung nun eines Angreifers muß rechtlich möglich sein, soll nicht das Recht aus bloßen Worten bestehen. Der Pazifismus ist rechtswidrig, weil er die Möglichkeit des Rechtsschutzes und damit die Verwirklichung von

1 Läsion: Verletzung; zugehöriges Verb: lädieren

2 Die Nürnberger Gerichte waren von 1945 bis 1949 von den Siegermächten des 2. Weltkriegs eingesetzt, um die Hauptkriegsverbrechen zu bestrafen, darunter „Verbrechen gegen die Menschlichkeit" und „gegen den Frieden" – Tatbestände, die bis dahin noch nicht Gegenstand des Völkerrechts waren.

3 positive Kodifizierung: Niederlegung systematisch geordneter Rechtsnormen als geltendes (positives) Recht

4 Kombattant: mitkämpfender Kriegsteilnehmer (im Unterschied zu Zivilpersonen und nichtkämpfenden Truppenteilen wie z. B. Sanitäter, Feldpostbeamte u. a.)

Recht überhaupt leugnet. Bei der Vernichtung von Zivilbevölkerung ist die Tötung von Personen jedoch nicht die Abwehr einer drohenden Läsion, sondern das *Mittel* einer militärischen oder politischen Zielsetzung. Die Tötung von Menschen als Mittel zu einer wie auch immer bestimmten Zwecksetzung ist Mord, ihre Massenvernichtung ein Akt des Völkermords. So ist der Gebrauch von Atomwaffen zur Massenvernichtung von Menschen ein Verbrechen, das durch keine Klugheitserwägungen gemildert wird.

(...) Beim Abwurf der Atombombe oder bei anderen Formen der Massenvernichtung wird durch bestimmte Handlungen verantwortungsfähiger Personen das Recht anderer Menschen unmittelbar lädiert; bei der Herstellung und Stationierung dagegen wird zwar eine Unrechtshandlung durch die Vorbereitung des Völkermordes begangen, es gibt jedoch keinen bestimmten Personenkreis, dessen Recht durch die Rüstung lädiert wird. Diese Differenz gibt uns die Möglichkeit, die Verwendung der Massenvernichtungswaffen zu den strikt verbotenen Handlungen zu zählen, die Aufstellung jedoch zu den provisorisch erlaubten Unrechtshandlungen. Dies letztere bedeutet nach den vorhergehenden Ausführungen, daß die Regierung unter der Rechtspflicht steht, die Unrechtmäßigkeit anzuerkennen und die Eliminierung zu ihrer politischen Zielsetzung zu machen. Die atomare Rüstung kann rechtlich nur erlaubt sein unter der Bedingung ihrer reziproken Zurücknahme.

Man wird gegen die Vorstellung, daß die Verwendung von Massenvernichtungswaffen strikt verboten ist, die Herstellung und Stationierung dagegen provisorisch erlaubt sein kann, wenn die gegnerische Rüstung dies militärisch notwendig macht, einwenden, daß die atomare Rüstung zur Attrappe wird, wenn ihr Gebrauch nicht vorgesehen ist. Die Drohwirkung darf einzig und kann tatsächlich auf der Unsicherheit beruhen, ob der Gegner einen atomaren Erstschlag nicht doch mit der strikt verbotenen Handlung des Völkermordes beantwortet. Weiter ist zu beachten, daß das Erlaubnisgesetz sich nur auf ein Rüstungsquantum bezieht, das einen Gegner, der bei Vernunft ist, von einem Angriff abschreckt. Jeder Versuch, ein Übergewicht zu erhalten, bereitet die Möglichkeit vor, einen Angriffskrieg zu gewinnen und ist damit kriegsfördernd und aus eben diesem Grund strikt verboten.

Die einzige Möglichkeit, das Gebot der Abschaffung rechtswidriger Waffen zu befolgen, scheint in einer politischen Lösung zu bestehen, die eine Friedensunion der Staaten zum Ziel haben muß.*

20.2.3 Untergang der Menschheit? – Dieter Henrich

Dieter Henrich ist bemüht, die Lage, die sich für uns aus der Existenz der Atomwaffen ergibt, nüchtern zu sehen. Auch wenn der Gebrauch dieser Waffen gemäß Kants kategorischem Imperativ moralisch zu verurteilen ist, kann die Moral diese Waffe nicht aus der Welt schaffen. Es bleibt nur die Möglichkeit, daß man die Rüstung kontrolliert, beschränkt und die Verfügbarkeit der Atomwaffen „der ausschließlichen Kontrolle durch diejenigen entzieht, die sie gebrauchen würden." Aber wird diese Politik auf Dauer erfolgreich sein?

Wer über die Tatsache der Entdeckung dieser Waffe nachdenkt, wird in der Ambivalenz von zumindest zwei Gedanken auf sie reagieren: im Erstaunen über die Entdeckung, die in ihr zur physischen Gewalt umgestaltet ist, und im Erschrecken darüber, daß diese Gewalt über eine

* Reinhard Brandt, Menschenrecht und Kriegsrüstung. In: Information Philosophie, Heft 3/1985; revidierte Fassung eines Vortrags von 1983

Höchstleistung, welche aus der Distanz zu allen primären[1] Weltinterpretationen heraus erbracht wurde, nunmehr in die Verfügung der Menschen und gar ihrer Politiker gelangt ist. Daß eine Lebensweise in dieser Art über ihren eigenen Bestand disponieren kann, und zwar durch Maßnahmen, die in ihrem Vollzug ebenso einfach wie unwiderruflich geworden sind, war zuvor eine von niemandem bedachte oder gar erwartete Möglichkeit. In dies Erschrecken geht bald auch die Überlegung ein, es sei nur schwer vorzustellen, daß, was auf diese Weise real möglich geworden ist, doch niemals wirklich geschehen werde. Zur Lebensart des Menschen und mehr noch zu den Implikationen des modernen Bewußtseins gehört es doch, alles das, was ihm möglich ist, auch zu erkunden und somit irgendwann geschehen zu lassen. Und wenn auch die stärksten Gründe dafür sprechen, in diesem Falle das Geschehen des real Möglichen abzuwenden, so scheint dies, daß es dennoch ausgelöst wird, noch immer eine Wahrscheinlichkeit zu haben, die keineswegs zu vernachlässigen ist, – ungewollt oder über den Willen von irgendwem, der sich jenen Gründen entzogen hat. Insofern aber damit zu rechnen ist, kann man schlußfolgern, daß die Menschheit nunmehr unter Bedingungen existiert, deren Verfassung sich mit einem sich selbst zerstörenden Mechanismus vergleichen läßt. Und so kann man in der Verfügbarkeit der Waffe geradezu eine Demonstration für die Wahrheit der Einsicht sehen, daß das Menschenleben, jenseits aller Entwürfe, an denen es sich orientiert, zuletzt und in Wahrheit doch nur wie ein objektiver Ablauf zu betrachten ist. Es folgt Gesetzen, die weder selbstgegeben noch von innen heraus zu beherrschen sind. (...)

Man kann einwenden, daß zu vielen Religionen und kosmologischen[2] Weisheitslehren apokalyptische[3] Visionen gehörten: Im Untergang dieser Welt sollte sich das Reich des Gottes begründen oder in der Feuersbrunst der Welt würden sich deren Kräfte immer wieder neu formieren, aus denen dann ein neuer Weltbau hervorgehen kann und wird. Und es ist wahr, daß niemand sich leichter mit dem Gedanken an die Katastrophe, die heraufkommen mag, vertraut machen kann, als die, die ihre Gedanken in solchen Lehren Halt finden ließen. Doch die neue Waffe entstand aus einem anderen Verständnis der Kräfte, die in den Atomen der Materie wirken. Was die Menschheit sich selbst zerstören ließe, ist nichts anderes als das, was als solarer Prozeß zugleich ihr Leben ermöglicht. Insofern wäre die Katastrophe der Menschheit nicht auch die Katastrophe eines Weltbaus, sondern ein Dokument der Gleichgültigkeit der Natur gegen sie. Für eine Deutung aus der Apokalyptik, die den transzendenten[4] Gott zum Ausgang hat, ist die Waffe noch weniger geeignet. In ihr scheint sich die Vernunft des Menschen, das vermeintlich höchste Gottesebenbild, gegen sich selbst zu kehren, indem sie ihre Basis, das menschliche Leben, aus der Welt eliminiert und damit auch alle weltübergreifenden Geltungsansprüche eben dieser Vernunft in ihrer Haltlosigkeit aufzeigt. Auch dieser Gedanke hat zwar eine Expressivität[5], die ihm auch einen Anschluß an die apokalyptischen Visionen verschafft. Und sicher entspricht ein solcher Untergang der Menschheit den Bildern, die in solchen Visionen zur Anschauung gekommen sind. Doch wäre die Apokalypse, welche die neue Waffe einleiten kann, noch am ehesten ganz welt- und natur-immanent zu denken: ein Untergang, wie der vieler Arten und symbiotischer Systeme, den die materielle Natur der Menschheit und mit ihr allen Illusionen bereitet, an die sie ihr Leben hat binden wollen und müssen. Und gewiß würde dem Untergang kein neues Reich, kein neuer Lebenszyklus folgen.*

1 primär: hier im Sinne von vorwissenschaftlich
2 kosmologisch: die Kosmologie (Lehre vom Weltall) betreffend
3 apokalyptisch: die Apokalypse betreffend; Apokalypse: Offenbarung des Weltendes (z. B. die Offenbarung des Johannes im Neuen Testament); Apokalyptik: Deutung von Ereignissen im Hinblick auf ein bevorstehendes Weltende
4 transzendent: jenseits der Welt unserer (sinnlichen) Erfahrung; im Gegensatz zu „immanent“
5 symbiotisch: in Symbiose lebend; Symbiose: Zusammenleben verschiedenartiger Lebewesen

* Dieter Henrich, Ethik zum nuklearen Frieden. Suhrkamp, Frankfurt/M. 1990, S. 122–124

20.3 Der Weltstaat – Bedingung des Friedens? – Ernst Tugendhat

Jeder Konflikt zwischen Menschen oder sozialen Gruppen kann zur Gewaltsamkeit eskalieren. Das gilt auch für Konflikte zwischen einzelnen Menschen oder Gruppen innerhalb eines Staates oder gegen den Staat, wobei der Staat der Träger eines rechtlich anerkannten Gewaltmonopols ist. Das Rechtssystem verhindert jedoch im allgemeinen, freilich nur im allgemeinen, die Eskalation eines Konflikts zur Gewalt. Das ist anders, wenn die sozialen Einheiten kein Gewaltmonopol über sich haben, also wenn die, die sich im Konflikt befinden, souveräne Staaten sind.

Nun befinden wir uns seit einigen Jahrzehnten unter technischen Bedingungen, die zur Folge haben, daß man sagen kann: es ist ziemlich unwahrscheinlich, daß die Menschheit noch lange überleben kann, wenn das gegenwärtige System souveräner Staaten fortbesteht. Da die Welt wirtschaftlich und ökologisch heute eine *interdependente*[1] Einheit bildet, ist die Fortsetzung eines politischen Systems der *Independenz* souveräner Staaten ein Anachronismus. Er scheint wirtschaftlich, ökologisch und militärisch zur Katastrophe zu führen.

Bei der wirtschaftlichen Katastrophe ist es noch denkbar, daß sie nur einen Teil der Menschheit betrifft, bei der ökologischen und der militärischen kaum.

Der Untergang der Menschheit ließe sich also im gegenwärtigen politischen System nur durch freiwillige Selbstbeschränkung verhindern, aber diese kann man praktisch ausschließen. Sollte eine Selbstbeschränkung auf allen Gebieten doch möglich sein, wäre sie es nur mit Hilfe von wechselseitig als bindend anerkannten multinationalen Verträgen. Diese wären dann aber im Ergebnis äquivalent mit der in Wirklichkeit einzig denkbaren Alternative, der Ersetzung des heutigen politischen Systems durch einen Weltstaat oder eine Weltföderation.

Viele Menschen finden diese Alternative schrecklich, und sie ist es auch. Denn es gibt keine Sicherheit, daß die Ungerechtigkeit und Rechtlosigkeit, die in diesem Weltstaat herrschen wird, nicht größer sein wird, als die Ungerechtigkeit und Rechtlosigkeit, die im Durchschnitt auf der Welt heute besteht.

Jedoch erstens: wenn die Alternative wirklich heißt, Weltstaat oder Weltuntergang, wäre es irrational, nicht den Weltstaat vorzuziehen.

Zweitens: es ist reine Spekulation anzunehmen, daß die durchschnittliche Ungerechtigkeit und Rechtlosigkeit in einem Weltstaat größer wäre als ohne diesen; denn die einzige Korrelation, die uns hier für eine Wahrscheinlichkeitsannahme zur Verfügung steht, ist die zwischen Ungerechtigkeit und ökonomischer Knappheit. Da die ökonomische und ökologische Knappheit in einem Weltstaat auf jeden Fall geringer sein wird als ohne ihn, ist es bei allen sonstigen Unsicherheiten zumindest wahrscheinlicher, daß auch die durchschnittliche Rechtlosigkeit und Ungerechtigkeit geringer sein wird. Der Weltstaat ist also zwar ein Übel, wie übrigens jeder Staat, aber er ist das geringere Übel.

Gleichwohl ist es müßig, für dieses Ziel zu werben, denn es erscheint sehr wahrscheinlich, daß die Staaten sich nicht freiwillig zu einer Föderation zusammentun werden. Ich behaupte jedoch: 1. die Staaten sind frei, eine Föderation einzugehen, 2. es ist im Interesse wirklich aller, 3. eine Föderation wird gleichwohl kaum freiwillig zustandekommen.

Die Menschen handeln im allgemeinen hinsichtlich ihrer langfristigen kollektiven Interessen

1 interdependent: voneinander abhängend

nicht rational. Darunter verstehe ich solche Interessen, die die Vermeidung von kollektiven Übeln betreffen, die sich nicht genau datieren lassen und bei denen sich daher jeder Einzelne sagen kann, daß sie erst nach seinem Tod eintreffen werden. Ich stelle nun eine Hypothese auf, die ich nicht beweisen kann und von der ich nur hoffe, daß sie durch das weitere an Plausibilität gewinnen wird: im allgemeinen sind die meisten von uns nicht in der Lage, die langfristigen kollektiven Interessen zu berücksichtigen, wenn ihnen kurzfristige Interessen widersprechen. Man kann das die Kurzsichtigkeit der Menschen nennen.

Nun scheint der Besitz von Macht die Kurzsichtigkeit der Menschen noch zu steigern. Das zeigt sich daran, daß die Interessen, die diejenigen verfolgen, die politische oder wirtschaftliche Macht haben, von den Interessen ihrer Kinder – und daran erkennt man die langfristigen Interessen – noch weiter entfernt sind als das bei uns anderen der Fall ist.

Eine solche Divergenz zwischen kurzfristigen und langfristigen Interessen ist ein Charakteristikum unserer heutigen Zeit. Sie hängt zusammen mit der Komplexität der Handlungskreisläufe.

Ich meine nun: es ist wenig aussichtsreich, unsere langfristigen Interessen gegen unsere kurzfristigen einfach zu beschwören. Das mag in Einzelfällen gelingen, in größerem Maßstab scheint es uns zu überfordern. Damit will ich nicht sagen, daß wir unsere langfristigen Interessen preisgeben sollen, ich meine aber, daß wir versuchen müssen, unsere Chancen dort wahrzunehmen, wo sie eher realisierbar sind, dort also, wo unsere kurzfristigen Interessen und besonders die kurzfristigen Interessen derer, die die Macht haben, mit den langfristigen Interessen eher übereinstimmen.

Deshalb ist die freiwillige Realisierung eines Weltstaats unwahrscheinlich. Nicht, weil das den Interessen derer, die die Macht haben, widerspricht, es widerspricht ihren wohlverstandenen langfristigen Interessen gerade nicht, sondern weil es ihren kurzfristigen Interessen widerspricht. Ihr nächstliegendes kurzfristiges Interesse ist es, ihre Macht zu erhalten.

Wenn also die freiwillige Realisierung eines Weltstaats unwahrscheinlich ist, weil alle wichtigen Kontrahenten auf ihre Macht freiwillig verzichten müßten, gibt es nur die andere Möglichkeit, daß ein Weltstaat durch gewaltsame Machtdurchsetzung einer Seite und die Unterwerfung der anderen, also durch Krieg realisiert wird. Vielleicht gab es nach dem Zweiten Weltkrieg eine kurze Zeit, in der dieser Weg, so grauenhaft die Vorstellung ist, zumindest denkbar gewesen ist. Immerhin verdient es nicht vergessen zu werden, daß der größte Pazifist unserer Zeit, Bertrand Russell, im Jahr 1948 den Vorschlag machte, die Vereinigten Staaten sollten durch Kriegsdrohung und notfalls Krieg die Sowjetunion zwingen, einem zu gründenden Weltstaat beizutreten („The Future of Mankind", in *Unpopular Essays,* New York 1950).

Dieser Vorschlag war ein Akt der Verzweiflung, den Russell schnell wieder zurücknahm, aber bevor man ihn entrüstet von sich weist, sollte man ihn wenigstens einen Moment lang aushalten.

Wenn es wahr ist, daß nur ein Weltstaat uns vor dem Untergang bewahren kann, und wenn es wahr ist, daß wir nur durch einen Krieg zu einem Weltstaat kommen, so stünden wir ja vor einem entsetzlichen Dilemma: das einzige Mittel, künftige Kriege zu verhindern, wäre ein Krieg.

(...) Der einzig denkbare Versuch, den Weltstaat zu realisieren, bewirkt also gerade das, was der Weltstaat verhindern sollte.

Wenn wir somit auf die Idee eines Weltstaats verzichten müssen, dann heißt das, daß wir überhaupt keine Perspektive haben, wie der Untergang verhindert werden kann. Das einzige, was uns bleibt, ist das permanente Dahinlavieren[2] am Abgrund, ein Krisenmanagement von Tag zu Tag. Genau das ist das Problem der Entspannung. Die Rede von einer Entspannung setzt voraus, daß die Konflikte andauern und weiterhin potentiell gewaltsam bleiben.

Wir müssen also die großen Lösungen, die Entwürfe einer totalen Veränderung der Menschen den pseudo-religiösen Propheten überlassen. Politisch sinnvoll ist nur die schwache Lösung der kleinen Schritte, die Entspannung der potentiell gewaltsamen Konflikte, nicht ihre Überwin-

2 lavieren: sich hindurchwinden

dung. Die Unrealisierbarkeit eines definitiven Friedenszustandes zu betonen, ist wichtig, um nicht in eine illusionäre Haltung zu geraten. (...)

Um die „schwache Lösung“ der Entspannung befördern zu können, hält Tugendhat es für ratsam, die Faktoren zu berücksichtigen, die eine Entspannung behindern können: vor allem die ökonomischen Interessen (Sicherung des Weltmarkts) und die „Feindbildtendenz“. Zum zweiten Faktor führt Tugendhat aus:

Die Feindbilder werden zum Teil von der Propaganda produziert; in wie großem Ausmaß, kann man an der Bereitschaft der Amerikaner sehen, Rotchina, das in den fünfziger Jahren noch negativer besetzt war als die Sowjetunion, in der Kissinger-Ära[3] auf einmal neu zu sehen. Das Feindbild-Denken ist vergeßlich.

Die latente[4] Bereitschaft zur Bildung von Feindbildern und ihre Ursachen sind zweifellos historisch kompliziert, aber die Vorurteilsforschung scheint nachgewiesen zu haben, daß es durch alle Besonderheiten hindurch eine ziemlich allgemeine sozialpsychologische Bedingung gibt: das Ressentiment[5], und dieses ist eine Reaktion auf – oft unbewußt – erlittene Demütigungen. Die Identifikation mit einem machtvollen Kollektiv und die damit einhergehende Abwertung der Außenstehenden und das erlaubte Aggressionsventil gegen diese kompensieren[6] für individuelle Ohnmachtsgefühle. So ist der Boden vorbereitet für die staatliche Bewältigung sozialer Krisen durch patriotische Kriege oder eben: Kriegsvorbereitung.

Wenn es stimmt, daß erlittene Demütigungen die wesentliche Ursache für die Bereitschaft zu Feindbildern sind, so scheint daraus zu folgen, daß eine Bevölkerung in dem Maße weniger anfällig für diese Art der Manipulation wird, in dem sie sich aus Individuen zusammensetzt, die ein „gefestigtes Selbstwertgefühl“ haben. Das ist der Traum von einer Gesellschaft, die durch Freiheit und Gleichheit bestimmt ist. Ohne freie Selbstentfaltung kein gefestigtes Selbstwertgefühl.

Ist das nicht ebenso eine innenpolitische Utopie wie der Weltstaat eine außenpolitische ist? Wahrscheinlich schon, und in beiden Fällen sind es dieselben Gruppen, nämlich die, die die Macht besitzen, deren kurzfristige Interessen eine Veränderung verhindern. Sie haben ein Interesse an der Erhaltung der Disposition für Feindbilder und also an der Erhaltung von außenpolitischen Spannungen. Gleichwohl besteht ein wichtiger Unterschied zwischen der außenpolitischen Utopie und dieser innenpolitischen, die ein wirkliches positives Ideal ist. Die Gründung eines Weltstaates wäre ein einmaliger Akt, der noch dazu von den vorhandenen Mächtigen selbst ausgeführt werden müßte, während die Idee einer freien und gleichen Gesellschaft ein Ideal ist, auf das hin es beliebig graduelle Approximationen gibt. Hier haben wir eine Vision langfristiger Interessen, für die diejenigen, die gegen die Mächtigen wühlen, etwas tun können.

Aber woher sollen sie ihre Kraft nehmen, wenn sie doch unter Bedingungen leben, die sie verkrüppeln? Auf diese Frage habe ich keine Antwort. Ich habe nur einen Glauben an ein in uns allen (ja sogar in den Mächtigen) mehr oder weniger vorhandenes Gefühl für unsere Selbstachtung und unsere langfristigen Interessen, das nicht ganz auszutreten ist und manchmal, gerade wenn es zertreten wird, wieder aufflammt. Weiß Gott, woher wir es haben – aber ist es nicht ein Faktum?*

3 Kissinger-Ära: Zeit, in der Henry Kissinger (geb. 1923) amerikanischer Außenminister war (1973–1977)
4 latent (lat.): verborgen
5 Ressentiment (franz.): unausgesprochener Neid, Rachegefühl
6 kompensieren: entschädigen, ausgleichen

* Ernst Tugendhat, Überlegungen zum Dritten Weltkrieg. Philosophische Gedanken zu einem unphilosophischen Thema. In: Die Zeit, 27.11.87

20.4 Lexikalisches Stichwort: Krieg und Friede

Krieg (griech. πόλεμος (polemos), lat. bellum)
I. In vielen bekannten mythologischen und religiösen Systemen nimmt der K. eine wichtige Stellung ein. Entsprechend scheint bei Heraklit dem K. – als dem Kampf der Gegensätze – die Bedeutung eines kosmischen Prinzips zuzukommen, wenn es von ihm heißt, er sei „Vater und Herrscher aller Dinge“ (...).
Philosophische Erörterungen über den K. als soziales Phänomen beginnen zu dem Zeitpunkt, an dem in Griechenland das überlieferte Ethos fragwürdig wird. Platon sah im K. in Analogie zur Krankheit einen Zustand, der nicht wünschenswert, nicht natürlich, aber praktisch schwer vermeidbar ist und dem man am besten durch ständige Vorbereitung auf ihn und Übung der Kräfte für ihn vorbeugen, ja ihn durch perfekte Vorbereitung geradezu verhindern könne. Aristoteles behandelt die K.-Kunst als Teil der *Erwerbskunst,* nämlich als Jagd auf Menschen, „die von Natur zum Dienen bestimmt sind, aber nicht freiwillig dienen wollen, so daß ein solcher K. dem Naturrecht entspricht“. Wegen dieser Instrumentalisierung des K. zur Erwerbskunst ist der K. nur dann moralisch verwerflich, wenn er zum Selbstzweck wird; er hat stets Mittel zu Zwecken zu sein. Dem Frieden dagegen bemißt Aristoteles einen Selbstwert zu. Ciceros einflußreiche Definition bestimmt den K. als gewaltsamen Modus der Konfliktaustragung (genus decertandi: per vim) im Gegensatz zum eigentlich menschlichen der argumentativen Auseinandersetzung. Damit der K. ein gerechter K. *(bellum iustum)* sei, gelten für ihn besondere moralische Regeln; im besonderen sind die einzigen gerechten K.-Gründe: Vergeltung und Abwehr der Feinde.
Während das frühe, nicht staatskirchlich organisierte Christentum den K.-Dienst weitgehend ablehnte, wurde durch Augustin in Beantwortung der Frage, ob K. Sünde sei, der justum-bellum-Topos in die christliche Philosophie eingeführt. Jedes K.-Führen will letztlich den Frieden in einem gerechten Zustand. Wenn ein bestehender Friedenszustand ungerecht ist, so ist der K., der auf dem Interesse an der Verbindung von Frieden und gerechtem Zustand geführt wird, unvermeidlich. Das Gute selbst, das sich dem Bösen gegenübersieht, ist zum K. gezwungen.
(...) Im Anschluß daran bestimmt Thomas von Aquin die Kriterien eines gerechten K.: Auctoritas principis (Legitimität der Herrschaft), iusta causa (gerechter Grund) (d. h. diejenigen, die bekämpft werden, müssen dieses wegen einer bestimmten Schuld verdienen) intentio recta (d. h. die Absicht muß sein, Gutes zu fördern oder Böses zu verhindern). So wird der Begriff des gerechten K. an den des Gemeinwohls (bonum commune) angebunden. Auch ein Angriffs-K. kann ein gerechter K. sein; insbesondere bei K. gegen Heiden ist das Erfordernis der causa iusta ohne weiteres erfüllt.*

Friede ist durch die Gültigkeit des Rechts gekennzeichnet, als Zustand nach Beendigung eines Krieges durch Vertrag (negativer F.) oder als Zustand rechtlich geregelter und an humanen Leitprinzipien orientierter Lösung politischer, sozialer und rechtlicher Konflikte (positiver F.), nicht aber als konfliktfreier Zustand. *Kant* sah den F. durch das öffentliche Recht, durch Legalität und Moralität der Politik in der republikanischen Verfassung gewährleistet, d. h. durch die Prinzipien der Freiheit der Bürger, ihre Abhängigkeit von der Gesetzgebung und ihre Gleichheit vor dem Gesetz. F. als Bedingung der Selbstverwirklichung des Menschen setzt dessen Moralität voraus. *Kants* Zuversicht, daß sich als Bedingung des F. in der Geschichte das Gute gegen die selbstzerstörerische Kraft des Bösen durchsetzt, teilt die christliche Ethik. Sie unterscheidet den weltlichen vom jenseitigen F. und identifiziert F. allgemein als spirituelles Ordnungsprinzip mit dem Heil durch Erlösung. Der Tod Christi hat F. als *Versöhnung* zwischen Gott und den Menschen ermöglicht. Sie wirkt von Gott her auch im zwischenmenschlichen Bereich als Nächstenliebe und Bemühen um Eintracht zur Herstellung des weltlichen F. und ist Grundlage der Hoffnung auf den jenseitigen F. *(Paulus).* Die christliche Forderung nach *Gewaltlosigkeit* schließt die Sicherung des weltlichen F. und der mit ihm verbundenen Güter der Wahrheit und Gerechtigkeit als sittliche Pflicht ein, so daß auch Gewaltanwendung im Gegensatz zum *Pazifismus,* der Gewalt auch als Mittel gerechter Verteidigung des F. ablehnt, proportional zur Gefährdung des F. gerechtfertigt wird. Die christliche Ethik lehnt zwar *Krieg* als bewaffnete Auseinandersetzung zwischen Staaten, als Mittel der Interessenpolitik gesellschaftlicher Gruppen (Bürgerkrieg) und als Revolutionskrieg ab, hält ihn aber als äußerstes Mittel zur Wiederherstellung der Rechtsordnung und des F. nach Ausschöpfung aller vernünftigen und friedlichen Mittel für gerechtfertigt. Die durch den Krieg entstehenden Schäden müssen jedoch im Verhältnis zur Rechtsverletzung legitimierbar sein.

* J. Ritter und K. Gründer (Hrsg.), Historisches Wörterbuch der Philosophie. Bd. 4. Schwabe u. Co., Basel 1976. Stark gekürzt, Literaturangaben sind weggelassen.

Die Möglichkeiten der politischen und sozialen F.-Sicherung und die Ursachen für Gewalttätigkeit und Krieg untersucht die *F.-Forschung*. Sie hält Krieg im Zeitalter der Abschreckung durch nukleare Vernichtungswaffen nicht für moralisch legitimierbar. (...)
Dagegen fordern die *F.-Strategien* einen Abbau von Spannungen durch Beseitigung von Vorurteilen, die Lösung politischer Streitfragen oder durch Abrüstung *(C. Osgood)*. Sie halten ein minimales Abschreckungspotential unentbehrlich für eine rationale Außenpolitik und hoffen auf rationale Lern- und Kommunikationsprozesse, die langfristig den F. von der Abschreckung durch die Vernichtungsgefahr befreien sollen.*

Arbeitsanregungen

1. Was ist Krieg? Was ist Friede? (Vgl. 20.4)
2. Welche Position(en) vertritt das Christentum gegenüber dem Krieg? (20.4)
3. Sind die Bestimmungen des Grundgesetzes (vgl. Art. 24–26) geeignet und ausreichend, um unseren Staat auf eine friedliche Politik zu verpflichten?
4. Können Sie sich vorstellen, daß die Zeit der Kriege nur eine historische Epoche ist, die eines Tages überwunden sein wird?
5. Was hat die Stadt Danzig (Schauplatz des Beginns des Zweiten Weltkrieges) mit dem Golfkrieg zu tun? (Beginn von 20.1.1)
6. Was bewegt Wolf Biermann, der häufig gegen Krieg und Aufrüstung gesungen hat, den Golfkrieg zu befürworten? Was meint Biermann wohl mit dem Begriff „totaler Frieden“? (20.1.1)
7. Welche Bedeutung haben die Bemerkungen über Umweltkatastrophen und über die Menschheitsgeschichte für Biermanns Argumentation?
8. Geben Sie die Argumentationsstruktur von 20.1.2 wieder.
9. Tugendhat nennt in 20.1.2 zwei Prinzipien des gerechten Krieges. Können Sie diese Prinzipien begründen? Vergleichen Sie damit die drei Kriterien des Thomas von Aquin (20.4). Welche Prinzipien sind besser geeignet, die des Thomas oder die Tugendhats?
10. Diskutieren Sie Tugendhats These (in 20.1.2), daß eine Demokratie außenpolitisch leicht die Grundsätze ignoriert, auf die sie sich innenpolitisch beruft.
11. Welche Argumente liefert Webers Unterscheidung von Gesinnungs- und Verantwortungsethik (vgl. 7.2.3) für Tugendhats Hauptthese?
12. Nennen und diskutieren Sie die Vorzüge, die Glucksmann der Atomrakete zugesteht (20.2.1).
13. Welche Schlußfolgerung ziehen Sie aus dem Text 20.2.1?
14. Wie ist eine rechtsphilosophische von einer moralphilosophischen Betrachtung der Atomwaffen zu unterscheiden? (20.2.2)
15. Teilen Sie Brandts Aussage in 20.2.2, daß der Pazifismus rechtswidrig ist?
16. Welche rechtsphilosophischen Unterschiede macht Brandt zwischen der Herstellung und dem Gebrauch von Atomwaffen? (20.2.2)
17. Was können Sie sich unter einer „Friedensunion der Staaten“ vorstellen? (Ende von 20.2.2)
18. Können Sie Henrichs Gefühle gegenüber den Atomwaffen (Beginn von 20.2.3) nachempfinden und ergänzen? Kann man diesen Gefühlen jeweils einen rationalen Kern zugestehen?

* Otfried Höffe (Hrsg.), Lexikon der Ethik. A. a. O.

19. Was meint Heinrich, wenn er das Menschenleben als „objektiven Ablauf" betrachtet? (20.2.3) Ist dies eine angemessene Betrachtungsweise?
20. Worin sieht Henrich den Unterschied zwischen traditionellen Apokalypsen und der atomaren Untergangsvision? (20.2.3)
21. Was spricht gegen die Existenz souveräner Staaten? (20.3)
22. Was spricht gegen die Existenz eines Weltstaates? Ergänzen und konkretisieren Sie Tugendhats Bedenken. (20.3)
23. Treffen diese Bedenken auch eine Staatenföderation? (20.3, vgl. auch die Frage 17 zum Ende von 20.2.2)
24. Was meint Tugendhat mit der „Kurzsichtigkeit der Menschen"? (20.3) Gibt es – trotz Tugendhats Skepsis – nicht doch eine Medizin gegen diese Kurzsichtigkeit?
25. Welche Gründe sprechen gegen Russells zeitweise vertretenen Vorschlag, einen Weltstaat gewaltsam zu erzwingen? (20.3)
26. Wäre die Gesellschaft, von der Tugendhat träumt (Schlußteil von 20.3) nicht mehr anfällig für (kriegerische) Gewaltausübung?
27. Halten Sie Tugendhats Gesellschaftsideal für ein wohlbegründetes und brauchbares Leitbild politischen Handelns?

Autorenverzeichnis

Arendt, Hannah (1904–1975) war fasziniert von der Existenzphilosophie, vor allem von Karl Jaspers' Leitideen Vernunft und Freiheit. Erst mit den Judenverfolgungen 1933 begriff sie sich als Jüdin, floh nach Paris und schließlich nach New York. Sie untersuchte die Zerstörung politischen Lebens in totalitären Staaten. Zum Vorbild stilisierte sie die griechische Polis: „Politisch zu sein, in einer Polis zu leben, das hieß, daß alle Angelegenheiten vermittels der Worte, die überzeugen können, geregelt werden und nicht durch Zwang oder Gewalt."

Aristoteles (384–322 v. Chr.) studierte ab 367 bis zu Platons Tod (347) in dessen Akademie, war für einige Jahre am makedonischen Hof Erzieher des späteren Alexanders des Großen, schließlich gründete er (335) eine eigene Hochschule in Athen, „Lykeion" oder „Peripatos" genannt. Nach Alexanders Tod floh er vor einer Anklage wegen Gottlosigkeit aus Athen.

Augustinus, Aurelius (354–430) findet gegen seine eigene Skepsis in der Selbstgewißheit des menschlichen Bewußtseins eine sichere Grundlage der Erkenntnis. Das vollkommene Glück erhofft er im Jenseits von Gottes Gnade: als Schau und Liebe Gottes.

Bakunin, Michail (1814–1876), aus liberalem adligem Elternhaus, bricht die Offizierslaufbahn ab, studiert in Moskau und übersetzt Schriften Fichtes und Hegels ins Russische. In Berlin bekommt er 1841 Kontakt mit Linkshegelianern; er wird Atheist und Revolutionär. Wegen seiner aufrührerischen Artikel und Reden verfolgt man ihn überall. 1851 wird er an Rußland ausgeliefert; zehn Jahre später flieht er aus Sibirien. In England, Frankreich und Italien propagiert er weiter seine Ideen, arbeitet zeitweilig mit Marx in der „Internationalen" und will (vergeblich) einen Geheimbund zur Vorbereitung der Revolution gründen. Verarmt und vereinsamt stirbt er in Bern. Seine Gedanken wirken vor allem in der Arbeiterbewegung der romanischen Länder nach.

Bentham, Jeremy (1748–1832), mit zwölf Jahren schon Jurastudent in Oxford, war 1825 Mitbegründer der Universität von London, an der erstmals in England auch der studieren konnte, der nicht der anglikanischen Kirche anhing oder gar, wie Bentham selbst, Atheist war. Gemäß seinem letzten Willen steht Benthams Skelett, ausgestopft, mit Wachskopf, in einem Schaukasten der Universität; sein Totenschädel liegt konserviert zwischen seinen Füßen.

Bloch, Ernst (1885–1977) war vor den Nationalsozialisten in die USA geflüchtet. Nach dem Krieg wirkte er als Philosophieprofessor in Leipzig, bis er 1957 Lehrverbot bekam und schließlich 1961 nach Tübingen übersiedelte. Vom Boden eines humanen, undogmatischen Marxismus entwickelte er eine Philosophie der Hoffnung, zur der v. a. auch die Hoffnung auf Überwindung der kapitalistischen Wirtschaft und Gesellschaft gehörte.

Blumenberg, Hans (geb. 1920) lehrte von 1970–1985 Philosophie an der Universität Münster. Sein besonderes Interesse gilt den Metaphern, die in der Wissenschafts- und Philosophiegeschichte das Denken gestützt und gefördert haben.

Brandt, Reinhard (geb. 1937) ist Professor für Philosophie an der Universität Marburg und leitet das dortige Kant-Archiv.

Brandt, Richard B. (geb. 1910) lehrte bis 1981 Philosophie an der Universität Michigan (USA).

Cicero, Marcus Tullius (106–43 v. Chr.) widmete sich, von Cäsar aus der politischen Tätigkeit verdrängt, in vielen Schriften der Übertragung griechischer Philosophie in die Sprache und das Denken der Römer. In der Übernahme griechischer Kultur entwickelte sich das humanistische Bildungsideal.

Epikur (342–271 v. Chr.) vertraute auf Sinneswahrnehmung („aisthesis") und Gefühl („pathos"), um das Glück zu bestimmen. Seine Maxime: „Lebe im Verborgenen." Die Welt erklärt er materialistisch mit einer von Demokrit übernommenen Atomtheorie, ohne den Rückgriff auf Götter.

Frankena, William K. (geb. 1908) ist Professor für Philosophie an der Universität Michigan (USA).

Freud, Sigmund (1848–1939) war Begründer der Psychoanalyse, als der er (in der Nachfolge Nietzsches) die These von der Überlegenheit der menschlichen Triebe über die Vernunft, des Unbewußten über das Bewußtsein ausarbeitete. Als Jude 1938 von Wien nach London vertrieben, wo er ein Jahr später starb.

Fromm, Erich (1900–1980) verband die Philosophie (vor allem des jungen Marx) mit Freuds Psychologie und mit der Soziologie. 1933 floh er – er war Jude – vor den Nationalsozialisten nach New York, wo er als Psychoanalytiker und Wissenschaftler arbeitete, sich aber auch politisch engagierte. Sein Ziel war ein humanistischer Sozialismus, in dem der Mensch seine Bedürfnisse und Fähigkeiten produktiv, lebensdienlich entfalten kann. In „Haben oder Sein" unterscheidet Fromm zwei grundlegende Existenzweisen: Der nichtautonome Charakter begreift sich durch das, was er hat, durch Besitz und Konsum; da die Habe leicht verlorengehen kann, lebt er in Unsicherheit und Angst. Der freie Mensch versteht sich dagegen durch das, was er ist; er öffnet sich der Welt und den Mitmenschen und begegnet ihnen produktiv und solidarisch.

Glucksmann, André (geb. 1937) wurde ein Jahr, nachdem seine jüdischen Eltern aus Deutschland flüchten mußten, in Frankreich geboren. Er gehört zur Gruppe der „Neuen Philosophen" in Paris, die ursprünglich für eine kommunistische Revolution eintraten, sich aber unter dem Eindruck von Solschenizyns Schilderung des stalinistischen Terrors (in: Der Archipel Gulag, Paris 1973) gegen jede totalitäre Ideologie wandten.

Habermas, Jürgen (geb. 1929), Philosoph und Sozialwissenschaftler an der Universität Frankfurt. Davor war er von 1971 bis 1983 in Starnberg Direktor am Max-Planck-Institut zur Erforschung der Lebensbedingungen der wissenschaftlich-technischen Welt. Er entstammt der „Frankfurter Schule", die die Theorien von Marx mit den Ideen des demokratischen Rechtsstaats verbinden wollte, um die gegenwärtige Gesellschaft kritisch zu analysieren. Indem sich Habermas zunehmend auch auf die angelsächsische Philosophie (vor allem die Sprachanalyse) stützte, ging er über die „kritische Theorie" der Frankfurter Schule hinaus. Er ist gegenwärtig der international angesehenste deutsche Philosoph.

Hegel, Georg Wilhelm Friedrich (1770–1831). Nach dem Studium war er Hauslehrer, dann wurde der Schwabe von Goethe in Jena als Philosophie-Dozent angestellt. Gerade als Napoleons Truppen 1806 bei Jena und Auerstedt Preußen vernichtend schlugen, beendete Hegel seine „Phänomenologie des Geistes". In diesem Werk stellt er die Bildungsstufen des Bewußtseins dar, das im absoluten Wissen der (Hegelschen) Philosophie seine Krönung finden soll. (Die dialektische Methode, nach der Hegel philosophiert, wird Marx später übernehmen.) Erst zehn Jahre später, nach der Tätigkeit als Journalist und als Rektor eines Gymnasiums, bekommt der inzwischen berühmte Philosoph eine angemessene Professorenstelle in Heidelberg und dann in Berlin. Dort können auch Schopenhauers wütende Angriffe das konkurrenzlose Ansehen dieses Verehrers des preußischen Staates nicht schmälern.

Henrich, Dieter (geb. 1927) ist Professor für Philosophie an der Universität München und lehrt in der Tradition Hegels.

Hobbes, Thomas (1588–1679) mißfiel die trockene aristotelisch-scholastische Lehrweise an der Universität. Ihn faszinierte der Empirismus Francis Bacons und die streng logisch aufgebaute Geometrie Euklids. Er stritt sich mit Descartes und besuchte Galilei. Als er sich im Machtkampf zwischen dem englischen Parlament und Karl I. (1649 hingerichtet) auf die Seite des Königs schlug, mußte er ins französische Exil fliehen (1640–51). Dort schrieb er sein anstößiges politisches Hauptwerk „Leviathan", das 1651 in London erschien, wohin Hobbes nach einer allgemeinen Amnestie durch den dortigen Militärdiktator Cromwell zurückkehrte. Nach Cromwells Tod wurden die Stuarts wieder eingesetzt (1660); König Karl II. versorgte nun seinen ehemaligen Mathematiklehrer Hobbes mit einer Pension. Hobbes' Einfluß blieb gering. 1682 verbrannte die Universität Oxford seine als atheistisch verrufenen Schriften.

Höffe, Otfried (geb. 1943) war zunächst Privatdozent in München und lehrte von 1978 bis 1992 an der Universität Freiburg in der Schweiz Rechts- und Sozialphilosophie sowie Ethik; seitdem ist er Professor für Philosophie an der Universität Tübingen.

Hoerster, Norbert (geb. 1937) ist Professor für Rechts- und Sozialphilosophie an der Universität Mainz.

Homer lebte im 8. Jh. v. Chr. Er stellt den Übergang von der Königs- zur Adelsherrschaft dar. Seit dieser Zeit entwickelt sich die Polis, der Stadtstaat, eine Entwicklung, die durch die Gründung von Kolonien begünstigt wird.

Kambartel, Friedrich (geb. 1935) lehrt seit 1966 Philosophie an der Universität Konstanz.

Kant, Immanuel (1724–1804) war Hauslehrer, dann Philosophie-Professor in Königsberg, seiner Heimatstadt, die er kaum je verließ. Seine akkurate Lebensführung entsprach seinem scharfsinnigen Denken. In der „Kritik der reinen Vernunft" (1781) kritisiert er die traditionelle Metaphysik, weil sie fälschlich glaubte, durch reine Vernunft, d. h. ohne Erfahrung, Erkenntnisse über Gott und die Welt gewinnen zu können. Die Möglichkeit wissenschaftlicher Gesetze erklärt Kant dadurch, daß sich die Gegenstände der Erkenntnis nach den Strukturen unserer Erkenntnis richten – eine „kopernikanische Wende" in der Erkenntnistheorie. Daneben bleibt in Kants Theorie Raum für die moralische Gesetzgebung der praktischen Vernunft und für den Glauben an die Freiheit des Menschen, an die Unsterblichkeit der Seele und an die Existenz Gottes.

King, Martin Luther (1929–1968) kämpfte 13 Jahre lang für die Gleichberechtigung der Schwarzen und Weißen, kämpfte von rassistischen Attentätern bedroht, vom amerikanischen Geheimdienst verfolgt, wiederholt verhaftet und ins Gefängnis gesteckt. 1964 bekam er den Friedensnobelpreis zugesprochen; in seiner Dankesrede zog er das stolze Fazit: „Neger in den USA haben – dem indischen Volk nachfolgend – bewiesen, daß Gewaltlosigkeit nicht sterile Passivität bedeutet, sondern eine machtvolle moralische Kraft darstellt, die zu gesellschaftlichen Veränderungen führt."

Kutschera, Franz v. (geb. 1932) lehrt Philosophie an der Universität Regensburg.

Locke, John (1632–1704) galt wegen seines enzyklopädischen Wissens als „moderner Aristoteles". Er arbeitete nicht nur über Politische Philosophie und Erkenntnistheorie, sondern auch über Theologie, Mathematik, Pädagogik, Weinbau u. a. m. War Locke ursprünglich Royalist, wurde sein politisches Denken zunehmend vom Stuart-Gegner Earl of Shaftesbury beeinflußt, dessen Vertrauter und Leibarzt Locke war und mit dem er bis zur Thronbesteigung Wilhelms von Oranien ins Exil nach Amsterdam ging (1683–1989). Locke lieferte als erster eine moralische Rechtfertigung für die Aneignung und Vermehrung des Eigentums. Er selber hinterließ als Mitbegründer und Aktionär der Bank von England (1694) ein großes Vermögen.

Lübbe, Hermann (geb. 1926) lehrt seit 1956 Philosophie an verschiedenen Universitäten. 1966–70 unterbrach er die akademische Arbeit, um als Staatssekretär in Nordrhein-Westfalen Erfahrungen aus der politischen Praxis zu gewinnen. Seitdem Professor für Philosophie und Politische Theorie an der Universität Zürich.

Luxemburg, Rosa (1870–1919) suchte bereits auf dem Warschauer Mädchengymnasium Anschluß an die Arbeiterbewegung. 1889 verläßt sie ihre polnische Heimat, studiert Ökonomie, Recht und Philosophie in Zürich, promoviert und wird in Berlin Dozentin an der SPD-Parteischule (1907–14). Mit Karl Liebknecht führt sie 1914 die linke Opposition gegen den 1. Weltkrieg an. 1917 gründen beide den marxistischen Spartakusbund, Ende 1918 bringen sie ihn in die Neugründung der KPD ein. Seit 1915 ist Rosa Luxemburg mit wenigen Unterbrechungen inhaftiert. Wie Karl Liebknecht wird sie am 15. 1. 1919 verhaftet und ermordet.

Machiavelli, Niccolò (1469–1527) stand im Dienst der Repbulik Florenz, bis die Medici den angesehenen Ratssekretär verbannten (1512–1526). Notgedrungen nutzte Machiavelli die Zeit zu schriftstellerischer Tätigkeit; sein umstrittenes Werk „Il Principe" erschien erst fünf Jahre nach seinem Tod; 1557 erließ die Kirche ein Druckverbot.

Marquard, Odo (geb. 1928) lehrt seit 1965 Philosophie an der Universität Gießen.

Marx, Karl (1818–1883) diskutierte schon während seines vielseitigen Studiums Politik und Philosophie im Kreis der Junghegelianer (auch Linkshegelianer genannt, sozialrevolutionär gesonnene Hegelschüler – im Unterschied zu den konservativen Alt- oder Rechtshegelianern, die für eine konstitutionelle Monarchie plädierten). Nach seiner Promotion 1841 (über Epikur) wird Marx in Köln bei der liberaldemokratischen Rheinischen Zeitung Journalist, bis diese im Mai 43 von der preußischen Zensur verboten wird. Mit seiner Frau flüchtet er, wie Heinrich Heine und andere freiheitsliebende Deutsche, nach Paris. Hier verbindet er seine Philosophie mit der Arbeiterbewegung und beginnt ein Studium der Nationalökonomie. 1845 wird er wieder ausgewiesen, bleibt nun drei Jahre in Brüssel, wieder ein Jahr in Deutschland, um mit seiner Familie ab 1849 recht ärmlich in London zu leben. Allein und mit Friedrich Engels (1820–1895) verfaßt er wichtige Schriften wie „Die deutsche Ideologie" (1845/46), das „Manifest der Kommunistischen Partei" (1848) und „Das Kapital" (1. Band 1867). Daneben gilt seine Hauptarbeit der politischen Organisation der Arbeiterbewegung, v. a. als leitender Kopf der Internationalen Arbeiter-Assoziation. (Die I. Internationale, gegründet 1864 in London, zerbrach 1872 an den Differenzen zwischen Marx und dem Anarchisten Bakunin.)

Mill, John Stuart (1806 – 1873) lernte bereits mit drei Jahren durch seinen Vater, einen Verehrer Benthams, Griechisch, dann Latein und mit zehn die Differentialrechnung; mit zwölf schrieb er sein erstes Buch, mit siebzehn gründete er eine „utilitaristische Gesellschaft". Drei Jahre später hatte er eine schwere geistige Krise zu überwinden. Er schrieb grundlegende Werke zur Logik und zur Ökonomie. Gegen Bentham hielt er, ein liberaler Sozialist, den Wert der individuellen Freiheit hoch. Als Abgeordneter trat er für das allgemeine Wahlrecht und für die Emanzipation der Frau ein.

Montesquieu, Charles de (1689–1755) erbt von seinem Onkel nicht nur den adligen Namen, sondern auch das Amt eines Senatspräsidenten von Bordeaux, das er allerdings später verkauft. Ein satirischer Roman, in dem Montesquieu eine scharfe Kritik am absolutistischen Frankreich als exotische Erzählung tarnt, 1721 heimlich in Holland gedruckt, findet weithin Beifall. Auf einer Reise durch Europa lernt er Englands fortschrittliches Regierungssystem kennen, ein Leitbild für sein Hauptwerk „Vom Geist der Gesetze" (1758 in Genf erschienen, drei Jahre später auf dem kirchlichen Index verbotener Bücher). Weil Montesquieu die Gesetze der Länder aus ihren natürlichen und gesellschaftlichen Umständen heraus begreift, gilt er als Urvater der Soziologie.

Nietzsche, Friedrich (1844–1900) entdeckte seine Leidenschaft für die Philosophie durch Schopenhauer-Lektüre. Bereits mit 24 Jahren erhält er eine Professur in Basel. Doch bei Studenten und Fachkollegen finden seine außergewöhnlichen Schriften keine Anerkennung. Seine Freundschaft mit dem Komponisten Richard Wagner geht 1878 in die Brüche. Ein Jahr später muß er, der seit Studentenzeiten mit Krankheiten zu kämpfen hat, seine Professur aufgeben. In polemischen Schriften diagnostiziert er die Brüchigkeit des Vernunft- und Subjektbegriffs sowie aller traditionellen Werte. Die letzten 13 Jahre seines Lebens verbringt er in geistiger Umnachtung.

Platon (ca. 427–348 v. Chr.) entstammt hohem athenischem Adel; dennoch verfolgt er nicht die politische Laufbahn, sondern schließt sich im Alter von 20 Jahren Sokrates an, der acht Jahre später zum Tod verurteilt wird (399 v. Chr.). Nach längeren Reisen gründet er schließlich 387 die Akademie in Athen, das Vorbild der späteren Universitäten. Drei Reisen nach Sizilien (die dritte mit 67 Jahren) sind insofern erfolglos, als seine politischen Ideen beim Tyrannen von Syrakus kein Gehör finden. Nun widmet sich Platon nur noch der Arbeit an der Akademie, wo sich bereits seit 368 sein bedeutendster Schüler Aristoteles aufhält.

Popper, Karl Raimund (geb. 1902) war kurze Zeit Anhänger des Kommunismus, bevor er sich noch vor seinem 17. Geburtstag enttäuscht abwandte. Er studierte Mathematik und Physik. 1935 begründete er mit seiner Schrift „Logik der Forschung" die Philosophie des „Kritischen Rationalismus". Er geht dabei davon aus, daß sich keine Theorie als wahr erweisen läßt, wohl aber durch kritische Prüfung mittels Vernunft und Erfahrung widerlegt oder korrigiert werden kann (Falsifikation statt Verifikation). – 1937 flüchtet er vor den Nationalsozialisten aus seiner österreichischen Heimat nach Neuseeland. Hier schreibt er sein zweites Hauptwerk: „Die offene Gesellschaft und ihre Feinde". Beide Werke verbindet die Skepsis gegen Heilslehren jeglicher Art. – Von 1946 bis 69 lehrt Popper Philosophie in London und erwirbt sich hohes Ansehen, v. a. auch bei liberalen Politikern.

Protagóras (ca. 485–415 v. Chr.). war ein berühmter Sophist, ein Wanderlehrer, der gegen Bezahlung bürgerliche Tugenden zu lehren versprach (zum Ärger des Sokrates, vgl. Platons Dialog „Protagoras"). Er vertrat die relativistische These: „Der Mensch ist das Maß aller Dinge." Zu seinen Freunden zählten der Dichter Euripides und Athens großer Staatsmann Perikles.

Rawls, John (geb. 1921), Professor für Philosophie an der Harvard-Universität (USA), ist geprägt von einem liberalen Politikverständnis. Vom Utilitarismus übernimmt er die Absicht, eine Philosophie ohne irrationale Anleihen (aus der Metaphysik oder Religion) zu betreiben, von Locke und Rousseau das Vertragsmodell und von Kant die Auffassung der Gerechtigkeit als Fairneß. Mit einer im Unterschied zu den klassischen Theorien bis in viele Einzelheiten ausgearbeiteten „Theorie der Gerechtigkeit" (1971) gelingt es Rawls, die Theorie des Gesellschaftsvertrags wieder zu einem anerkannten Ansatz der politischen Philosophie der Gegenwart zu machen – neben dem Utilitarismus und der Diskurstheorie.

Ricœur, Paul (geb. 1913), französischer Philosoph.

Rousseau, Jean-Jacques (1712–1778) verläßt seine Vaterstadt Genf und führt ein wechselhaftes, insgesamt unglückliches Wanderleben. Berühmt wird er 1750 durch einen ersten Preis für seine Abhandlung „Über die Frage, ob die Wiederherstellung der Wissenschaften und Künste zur Läuterung der Sitten beigetragen hat?"; auch ein zweiter „Discours" über die Ungleichheit (1755) findet große Beachtung. Mit dem Entschluß, gemäß seinen Grundsätzen von Freiheit und Tugend auch wirklich zu leben, wird er zunehmend zum Sonderling. Auch mit dem befreundeten Enzyklopädie-Herausgeber Diderot bricht er (1757). Der bereits 1754 geschriebene „Contract social" erscheint 1762 in Amsterdam und wird in Frankreich sofort verboten, ebenso wie der im gleichen Jahr veröffentlichte Erziehungsroman „Emile"; bevor „der arme Jean-Jacques", wie er sich nennt, als angeblicher Atheist verhaftet wird, flieht er. Über ein Jahr kommt er in England bei dem Philosophen David Hume unter (1766), wo er seine aggressive Lebensbeschreibung beginnt. Als verarmter Notenkopist schlägt er sich mit seiner Lebensgefährtin noch acht Jahre in Paris durch. Die französischen Revolutionäre rehabilitieren ihn, indem sie seinen Sarkophag 1794 feierlich ins Pariser Panthéon überführen, neben Voltaire.

Sartre, Jean-Paul (1905–1980) verdankt seine immense Breitenwirkung nicht nur seinem politischen Engagement und seinen philosophischen Schriften, sondern auch seinen literarischen Werken: Der Ekel (1938), Die Fliegen (1943), Die schmutzigen Hände (1948). Darin beschäftigt er sich immer wieder mit den Schwierigkeiten des einzelnen, aus seiner absoluten Freiheit sinnvoll zu handeln und dafür, auch in extremen Situationen, die Verantwortung zu übernehmen. Sartres Grundthese: „daß die Existenz der Essenz vorausgeht".

Schopenhauer, Arthur (1788–1860) bezeichnete unsere Welt als die „schlechteste aller Welten". Alles Dasein ist Übel und Schuld und verdient Mitleid. Zeitweiligen Trost bietet die Kunst; letztlich hilft nur die Verneinung des Willens.

Schulz, Walter (geb. 1912), lebt in Tübingen, wo er 1955–78 an der Universität Philosophie lehrte.

Singer, Peter (geb. 1946), seit 1977 Professor für Philosophie in Australien, hält Abtreibung und aktive Sterbehilfe in manchen Fällen für moralisch zulässig. Deshalb wurden seine Vorträge bei einem Besuch in der Bundesrepublik 1989 teilweise gewaltsam verhindert und philosophische Seminare über seine Thesen gestört.

Smart, John J. C. (geb. 1920) lehrte bis 1972 Philosophie an der Universität Adelaide (Australien).

Spaemann, Robert (geb. 1927) lehrt Philosophie an der Universität München. Dabei verbindet er das Gedankengut Kants mit der christlichen Philosophie sowie dem antiken Eudämonismus und behauptet: „Es gibt keine Ethik ohne Metaphysik."

Taylor, Charles (geb. 1931) lehrte zunächst in Oxford, nun in Montreal Politische Philosophie.

Thomas von Aquin (1224–1274) entstammt einer normannischen Adelsfamilie aus Aquino (nahe Neapel); sein Vater stand im Dienst Kaiser Friedrichs II. Gegen den Willen der Familie tritt Thomas als 20jähriger in den Bettelorden der Dominikaner ein. Er studiert bei Albertus Magnus in Paris (der damals angesehensten Universität) und in Köln (wo er vielleicht die Grundsteinlegung des Doms miterlebt). Unermüdlich lehrt und schreibt er, um christlichen Glauben und wissenschaftliche Erkenntnis zu verbinden. 1323 wird er heiliggesprochen. Seit 1879 ist seine Lehre für die katholische Kirche verbindlich.

Tugendhat, Ernst (geb. 1930) war zunächst Professor für Philosophie in Heidelberg (seit 1966), arbeitete dann von 1975 bis 1980 mit J. Habermas und C. F. v. Weizsäcker in Starnberg am Max-Planck-Institut zur Erforschung der Lebensbedingungen der wissenschaftlich-technischen Welt; nun lehrt er an der Freien Universität Berlin.

Weber, Max (1864–1920) ist der bedeutendste deutsche Gesellschaftswissenschaftler. Im Streit um die richtige Forschungsmethode fordert er eine verstehende und zugleich wertfrei analysierende Soziologie. Das hält ihn als verantwortungsvollen Bürger jedoch nicht von politischen Stellungnahmen ab (insbesondere für den Gedanken nationaler Macht). Gegen Marx weist er nach, daß die Religion (als Teil des geistigen Überbaus) nicht nur Reflex der ökonomischen Basis ist, sondern umgekehrt die protestantische Ethik Voraussetzung dafür war, daß sich die kapitalistische Wirtschaft so erfolgreich entfalten konnte. Die moderne Gesellschaft sieht Weber geprägt von der „Entzauberung der Welt" durch die Wissenschaft; parallel zum zunehmenden Rationalismus beobachtet Weber schon sehr früh die wachsende Bürokratisierung unserer Gesellschaft.

Weizsäcker, Carl Friedrich v. (geb. 1912) ist Professor für Physik und Philosophie. 1957 regte er die „Göttinger Erklärung" an, in der sich 18 Atomphysiker gegen deutsche Herstellung, Besitz und Einsatz von Atomwaffen wenden. Bis heute arbeitet er in der Friedensforschung sowie an einer einheitlichen Welterklärung, die sich auf die Quantentheorie und auf die Philosophien von Kant und Platon stützt.